总 主 编　李红权　朱宪
本卷主编　李红权　朱宪

近代蒙古文献大系

政治卷

◇ 第十六册 ◇

中华书局

目　录

苏、蒙、日关系之检讨

孙翰文　撰

一　引言

以蒙古问题为中心的苏日关系，因为蒙伪与苏伪边境冲突的推演，双方形势日趋紧张。这种纠纷，虽然是蒙伪或苏伪之间的斗争，然而事件的背后，事实上却是苏日的冲突。因此，不论是蒙伪的冲突或苏伪的冲突，却总是苏日两国的攻讦抗议。苏联极东军司令部发表的声明说："日满两军集中于国境，派侦察队跑到苏联的领土内，国交上非常遗憾。"日本关东军当局谓："历次的境界事件，就现地的状况看来，马上就可以证明曲在苏联。"结果，促成满州〔洲〕里的国境调整会议，不久，因日本无诚意的狡猾，而告流产。以后苏蒙和日"满"两方面，各自调遣大军，增厚边防实力，彼此现在的关系，已由小冲突的演进，而步入战事的状态了。日本自从得到内蒙以后，积极做军事上的建设，使外蒙受其严重威胁。复以"外蒙已被赤化，威胁满州〔洲〕国的安全"为口实，非取得外蒙，似不足以保障伪满的安全。另一方面，苏联以外蒙为惟一的东方屏障，在军事上占有重要的地位，苏联不能轻易放弃，而让日本来经营西伯利亚。十数年来，苏联在外蒙培植了很牢固的基础，不惜以种种方法来扶助外蒙，以全力来阻挡日本侵略外蒙的野心，外蒙已成为苏联远东国防的第一线。由是则日本夺取外蒙的目的，和苏联的保障外蒙，在自卫上，有极大的利害冲突。这种三角关系的延长，使苏日战争的危险性愈形增加，现在已到暴风雨的前夕了。

二　日本侵略外蒙的阴谋

蒙古是一个经济制度落后而经济富源广大的地方，正是日本帝国主义者发展的最好的对象。侵略满、蒙，原是日本一贯的计划，只是在伪满未造成以前，对外蒙是无从下手的。自从"九一八"事件日本夺取我东四省以后，得陇望蜀，于是征蒙的企图，便有急转直下的趋势了。当时日本参谋本部授意关东军对蒙古的计划，大致如下：（一）将热河境内东蒙古的政治形态改变，将旧有的政治组织粉碎，置于"满洲国"体系之下。（二）再扶助西蒙亲日及亲"满"当局，组织自治政府，形成半独立的局面。（三）然后将东蒙及西蒙镕成一体，实现"大源共和国"的计划。（四）再以"大源共和国"的力量，打击外蒙，并夺取外蒙的统治权。关于第一项粉碎东蒙的政治组织，"九一八"事件后，完全实现了。其次又煽动内蒙其余各部效法伪满，利用特务机关，收买王公、喇嘛，自进占察北六县之后，直接控制外蒙与内蒙交通之要冲，同时完成朝阳、承德间的铁路，更在热河境内开辟汽车路，建筑飞机场，设立无线电台，以热河为统制内外蒙古的中心。这种种军事建设，给予外蒙很大的威胁，于是向外蒙寻隙挑衅。三四年来，蒙伪所发生的边界冲突，不下百数十起，日本利用伪满做进攻外蒙的前卫。从日本的见地看来，对于外蒙的作为，是要使外蒙脱离苏维埃联邦的体系，而置于伪满统治或保护下，把现有的蒙古地带统一起来，造成一个傀儡的"蒙古帝国"。所以在蒙伪边境纠纷不断发生的时候，日本曾授命伪满当局向外蒙表示："一切边境纠纷，都是由于外蒙门户不开放的原故。"因而日伪方面对于蒙伪纠纷的解决办法，在满州〔洲〕里蒙伪会议席上，向外蒙代表团曾提出以下的要求：（一）"满"政府要求在外蒙共和国境内设置"满"政府的代表机关，以免发生各种纷争。（二）该代表机关与本国政府间，当有通信之自由，如蒙政府承认此事项，则"满"政府亦准蒙政府在其境内设置蒙政府的代表机关。（三）"满"蒙两国，互相接近，两国交换代表机关，为国际上应有之处置，且为"满"蒙两国间应办之急务。伪满这种要求，虽经两度的蒙"伪"满州〔洲〕里会议，都未能获得相当解决的办法，伪满要求开放外蒙古的门户，被蒙方坚决的拒绝。外蒙当局深恐日本的势力伸入，同时苏联更不愿日本的势力，过于接近苏联的领土，假如日本的势力伸入外蒙，则西伯利亚西部直到乌拉尔为止，将公开受日本的攻击，结果所蒙受的危险，将与东西伯利亚相同。同时在苏联对外的战略上，外蒙适居其右翼，所处的地位，非常重要，因为这种关系，苏联对蒙伪边境的纠纷，更加关怀了。

　　日本关东军领袖，原想借满州〔洲〕里会议的外交方式，压迫外蒙屈服，结果，这种手段完全失败，于是对外蒙不得不改变新的姿态。日本参谋本部及关东军作张大的宣传，谓："外蒙赤化势力威胁'满州〔洲〕国'及华北。中国方面对于蒙古既不能加以保护，或加以防御，则日本为保障'满州〔洲〕国'的安全起见，对外蒙的赤化势力，自将予以扫荡。"这样一来，日本准备进攻外蒙的企图，更形明显了。同时利用伪兴安省与东部内蒙古的军队，取包围外蒙古的形式，由二条路线进攻外蒙！一方由伪兴安省的蒙军西下；一方面从东蒙（指热、察两省境的蒙古）北上，这两条路线，均以进攻库伦为目的。关东军对外蒙的新计划决定后，接着蒙伪边境上的冲突，又不断的发生了。外蒙处在这个险恶势力威胁之下，已无再从事交涉的余地，只有以自己的武力来应付侵略者的打击。外蒙对此种非常事态，早与苏联取得相当的联络，已下最后之决心，准备抗敌。最近因环境的紧张，南部国境军事公路网，业已完成，国防警备队也强化起来，此外如飞机场的广泛建设，一般军队的机械化，这种种的准备，都在充实与加强外蒙的自卫能力，现在全境已陷入战时状态，布满了战争的风云了。

三　苏联与外蒙古

外蒙北接苏联，苏蒙壤〈地〉交错达三千俄里之长，地理上的环境，易于使苏蒙的关系密切。外蒙在帝俄时代，即与俄国发生商业关系，同时在政治上，沙皇亦攫得相当地位，以后乘辛亥革命的机会，宣告独立，同时借帝俄的人力和财力，开始接受西洋的文化，所以在政治上和经济上都十足的成了帝俄的保护国。及俄国发生大革命，帝俄政府崩溃，日本借机利用白俄谢米诺夫占据库伦，唆使活佛宣布独立，组织临时政府。不久，苏联国内渐次恢复常态，曾向中国发出声明，谓：“中国政府，如不派军队驱逐维克尔（谢米诺夫的部将），则苏联政府即认为有出以适当的处置的必要。”当时我国奉直战争正酣，无暇北顾，未几，外蒙临时政府因青年派不满于谢米诺夫的设施，发生内哄，苏联便乘机援助外蒙青年群众，把谢米诺夫赶走，于是以活佛为元首的“蒙古国民政府”出现了。一九二四年五月，活佛逝世，又成立“蒙古人民共和国”，同年十一月，在蒙古国民大会之下，发表了《蒙古劳动国民权利宣言》，及完全模仿一九一八年苏联宪法的《蒙古共和国新宪法》也颁布了，由是外蒙已无异成为苏联的一个联邦，而苏蒙经济上的关系，［更］因此更形密切了，仅以苏蒙的贸易一项，已足以证明此点。兹将一九二三年度至一九二六年度苏联对外蒙的贸易情形列表如下（单位：吨；金额：千卢布）：

年度 数量及金额 品名	一九二三		一九二四		一九二五		一九二六	
	数量	金额	数量	金额	数量	金额	数量	金额
食料品	四,一八九	六五八	三,九〇	一,二五一	五,四三七	一,四八七	七,四一〇	一,七七四
工业原料及半制造品	九,一六	三三二	一,九一七	五七一	二,〇八一	五六一	二,〇八七	七二七
制造品	六,一二	五二一	九〇五	九四七	一,六四〇	一,四六九	一,四六九	二,一二三
总输入额	五,七一七	一,五〇二	六,八一二	二,七六九	九,一五四〔九,一五八〕	三,六六二〔三,五一七〕	一〇,九六六	四,六三三

一九二七年以后，苏蒙贸易的进展，更较迅速，一九二八至一九三三，四个年度中，形成苏蒙贸易的对流，一九三三至一九三四年这个期间，外蒙在苏联对外贸易的总额上所占的地位，亦逐渐提高，一九三三年苏联对外蒙的输出，占对外贸易总额的百分之七，一九三四年增到百分之十。苏联由外蒙的输入，一九三三年占对外贸易总额的百分之四，一九三四年增到百分之八以上。现在外蒙商业，由苏联贸易公司及蒙古中央合作社统制，中央合作社与蒙古银行，为外蒙金融与经济组织的中心，事实上，外蒙已形成整个苏联经济的一环。至于外蒙的政治组织和国防建设，完全采苏联的方式，因为日本积极进行大陆政策的实现，与边界不断的挑衅，促成苏联与外蒙紧密的联系。苏联内部的经济计划，还有许多急待完成，在未完成以前，不欲与日本发生冲突，而损失整个一体的力量。另一方面，日德军事同盟签订以后，因为希特拉挑战的怒吼，苏联的西部国境，也不能不有所戒备，所以公开的战争，苏联希望发生的愈晚愈好。外蒙夹在日、苏势力之间，有阻碍大战立即爆发的作用，如一旦外蒙陷入日本之手，则日本即可很快的进攻苏联，所以苏联积极的扶助外蒙，造成苏维埃的政治组织，加强外蒙国防实力，作成一个防御日本坚固的堡垒。现在外蒙已成为一个现代化的国家，农业、工业都很广泛的采用苏联新量〔式〕机器，司法制度、公共卫生，以及教育系统，都由莫斯科派遣专家协助组织与发展。自《苏蒙互助公约》签订以后，苏联与外蒙间合作的态度公于世人，给日本一个明确的声明，就是苏联将尽全力来保护外蒙。该约经苏联全权代表泰洛夫，与外蒙人民共和国"小库拉尔"主席阿穆尔，及总理兼外长赓登，双方在库伦签字。条约的要旨，大致如下：（一）苏联或蒙古人民共和国之领土，如受第三国家或政府之攻击威胁，则苏联及蒙古人民共和国应立即共同考虑发生情形，并采用防卫及保全两国领土所必需的各种方法。（二）苏联及蒙古人民共和国政府，承认在缔约国之一国受军事攻击时，相互予以各种援助，包括军事在内。（三）苏联及蒙古人民共和国政府，认为缔约国中一国军队，根据互助公约，为完成以上（一）（二）两项之义务起见，屯驻另一缔约国内，至无此必要时，应立即撤退。该约签订以后，史达林曾言："日本如攻击蒙古人民共和国而图毁灭其独立时，吾人决帮助蒙古人民共和国。"同时李特维诺夫之助理斯托蒙尼亚科夫将史氏之声明即通知驻莫斯科日本大使，并阐明"一九二一年来，苏联与蒙古人民共和国保持友好关系，始终未变，苏联将尽全力援助蒙古人民共和国"的态度。不久，日本即表示其对苏、蒙切实合作之反应。东京方面传出的消息，谓："苏联与外蒙成立协定之后，使苏联政府对'满'蒙之争执，有发言权。窥苏联之目的，乃欲以重大打击加于日本在华之进步，与日本大陆政策的开展，借以破坏中日两国防御布尔希维克主义共同合作之成立，苏联对维持边界和平之举，长此不具诚意，日本以为边界争执，实无和平解决之可能，日本因实现大陆政策，纵日'满'合为一方，与苏联一方发生至不幸之事件，亦在所不惜。"同时关东军之机关报，所发表的言论，更为激烈，不啻对苏联下一警告，彼谓："如苏联对日施行攻击时，则日、德两国将联合反对之。"同时并传出："关东军现在北界增加兵力，其势力之雄厚，不下于苏联军队，如苏联不撤退边界军队，则日本军队将被迫而有所举动，亦未可知。"由是，以外蒙问题为中心的日苏关系，日趋紧张，蒙伪的冲突事件，已有因量的增多而成为质的突变的倾向。武力的接触，不断的表演，苏日双方的军官、士兵，已不复藏头缩尾的在暗中替蒙"满"牵线了，这两个根本不相容的体系的国家，彼此关系日趋尖锐化，前哨战已逐渐的展开，其前途的险恶，由此而〔可〕想而知了。

四　苏联与日本

苏、伪与蒙、伪的边界纠纷，大致情形已如上述，因为事态不断的演变，现在已直接成为苏日的边界纠纷了。更以苏日双方对于边界纠纷所持的态度不能接近，所以很少圆满解决的希望。苏联主张是："现有的苏、伪界线，日本应该予以承认，以免再度发生边界冲突事件，否则，苏联决不退让寸土。"而日本关东军方面则谓："苏联主张维持现在界线一节，断难赞同，边界冲突之发生，乃苏联当局误认为日'满'联军侵入苏境所致，关东军当局以为划定边界实为和平之基本条件，边界之划分，须以历史为根据。"日本主张的以历史为根据重划边界，则新界线将推入现有苏联领土之内，苏联则本"不能退让寸土"的主张，对日本提出的划界的办法，断难承认，双方始终在这个圈子里周旋，同时日本不放弃夺取外蒙古的野心，苏日关系很少改善的希望。如从另途谋苏日关系的好转，至少须具以下两个条件：第一是苏联将自己的势力无条件的自动的退出外蒙；第二便是中国收复失地。否则，苏日纠纷不特很多，且由纠纷的不能解决而卒于发生战争，也是很有可能的。

日本自九一八事件以后，即以伪满为根据地，以苏联为其进攻的对象。据一九三六年的统计，日本在伪满的兵力，约有步兵七师团、骑兵一旅、战车五百余辆、飞机五百余架，此外尚有工兵、辎重、化学等各种部队，此项军队大半配置在中东铁路一带，而以哈尔滨至昂昂溪，及昂昂溪至满洲里一带，军事的配备尤为紧密。加以十□万以上的伪军与白俄军，及日本内地移来的大批在乡军人，全数当在二十五万人以上，海军及伪满的江防舰队尚不在内。交通方面，则日本在伪满建筑的铁路，大部分在黑龙江、吉林及热河境内，为进攻苏联的准备。此项铁路，今已完成者有长图线、朝峰线、拉纳〔讷〕线、拉滨线、图宁线、长大线、哈北线（亦称滨北线，由哈尔滨至北安镇）、齐北线（齐齐哈尔至北安）、宁佳线（宁北至佳木斯）。公路方面，则日本在伪满境内已完成的有一万余公里，此项公路有六大中心，即齐齐哈尔、伊〔依〕兰、敦化、洮南、通辽、凌源，前四个中心都在伪满的北境，为对苏联作战的准备，显而易见了。空军方面，日本在伪满已竟〔经〕完成五十余处大规模的飞机场，足以威胁苏联的东部国境和外蒙古。海军方面，为加强对海参崴的防御能力计，已筑成在朝鲜的清津、雄基、罗津三个海军要塞港。并分远东军为三集中区，集中于朝鲜北部区域者，有罗津师团及骑兵师团，负有辅助海军夺取海参崴要塞与库页岛石油矿的企图；集中于兴安岭及黑龙江区域者，当〔有〕第十、第十四两师团，及伪满军队，负有夺取布哈曰心斯基（海兰泡）及哈巴罗夫斯基（伯力）的任务；集中于龙山及热河区域者，主力有日军及伪满军队约八师团，负有略取赤塔及伊尔库次克的任务，企图出击苏联远东军的后路，断绝其后方的交通，而完成其夺取西伯利亚的雄心。

同时苏联自九一八事件以后，针对远东的情势，对东部国防亦有充分的准备。将东部西伯利亚划分为五处军事集中区（即海参崴、哈巴罗夫斯基、布哈曰心斯基、赤塔、伊尔库次克）。所设的防线有五：从海参崴到五站与中国密山临界处为第一道防线；哈巴罗夫斯基到布哈曰心斯基为第二道防线；布哈曰心斯基〈到〉黑河间为第三道防线；斯特列与田斯科中间为第四道防线；尼布楚与满洲里阿巴海图间为第五道防线。苏联除在沿海筑有坚固的要塞外，更以科姆苏莫里斯科与布哈曰心斯基为远东军事根据地。科姆苏莫里斯科原为黑龙江岸〈边〉的一个渔村，自苏联改为军事根据地以后，乃繁荣其地，从事于各种工事与军事上的建设，现在已变成人口为八万以上的大都市了。布哈曰心斯基也是苏联远东军事的重心之一，现筑有极坚固的炮垒，以应将来战事的需要，苏联远东较强的空军根据地，即在布哈曰心斯基与博赤喀里渥站之间，其势不仅威胁伪满的大黑河与黑河路，且可随时轰炸齐齐哈尔、哈尔滨和松花江沿岸的各城市。

苏联远东的海军，虽不能与日本的海军相比拟，但尚可以自卫，其以小型军舰在海参崴、乌苏里江、淞〔松〕花江和黑龙江一带，也很活跃，此外尚有小型灵活的鱼雷艇、驱逐舰及潜水艇，常在黑金角和黑龙江湾一带从事作战的演习。其海军根据地，以海参崴为中心，布防于黑龙江一带，远东海军司令为维克多维夫，属有两个舰队：远东海参崴第一舰队属有特务舰一九、特种舰一九、潜水舰四〇、驱逐舰九、鱼雷舰八〇、碎冰舰四，总计一百七十一艘。远东黑龙江第二舰队属有航空母舰四、特务舰一、炮舰四、炮艇八、河用炮舰一一、小型潜水艇一〇，总计三十八艘。最近以中日战争的情势严重，苏联远东海防实力，也续有增加。空军方面，则远东空军的实力，配合轰炸、驱逐、侦察各机的总数，当在八百架至一千架左右。此外，外蒙古的空军大队，亦有飞机百余架。苏联远东的空军，以海参崴、赤塔、大乌苏里、哈巴罗夫斯基、后贝加尔、亚历山大斯基、乌苏里、阿尔斯基、堪察加、库页岛等十余处为根据地，而海参崴、双城子、哈巴罗夫斯基、瑷珲、兴凯湖等处，复有水上飞机场。如果苏日的战争爆发，则苏联的远东空军，可以重轰炸机，载十六人及一百公斤的炸弹三十枚，十四小时续航的能力，五小时即可飞到东京的上空，且随时可以空袭横滨、名古屋、大阪、神户、门司、小仓、佐世保、长崎等处，而日本的亚洲大陆运输队中心点下关、函馆、小樽等处，亦在苏联空军威胁之下，苏联远东空军在对付日本的战斗力上是绰有余裕的。至于苏联的远东交通方面，除已完成西伯利亚铁路的双轨外，其计划建筑的新西伯利亚铁路，亦将逐渐完成。同时苏联的远东军备，现在已完成独立作战的能力，即便西伯利亚铁路的交通运输不幸为日本切断，对军事上亦无若何损失。

苏联对远东的军备，除海陆空军的准备外，非武器的居民，亦有非常时期的准备，对外蒙古共和国的国民军备，也异常关心。当一九三六年五一劳动纪念节开会的时候，对远东国境及外蒙国民的宣传标语中有"日本帝国主义者，对于远东国境地带的苏联领土，不停止的侵略，我们要警戒，对此种侵略，我们要做准备击灭的防御"及"除要求苏联自国领土的自由和不可侵犯外，对于外蒙古共和国的国民，有如同胞似的欢迎，我们应予以援助"。这种标语揭出以后，民间军事团体的国防飞行化学协会，便在远东活跃起来，作对日作战的准备，阿穆尔州各非武装团体二万四千余人，已武装团体化，同时各团体均保有兵器和弹药库，作一旦有事立即移于军事行动的准备，而阿穆尔州的国防飞行化学协会，对于协会会员，加紧的训练，其航空射击的技能、部队战斗、化学战斗、汽车驾驶法及妇女战时救护等工作，并时常以日伪军队联合进攻的假想下，作种种实施的演习。远东军事当局在远东各州，亦动员青年同盟会会员与预备军人所编成的汽车队，作种种的战斗演习，这一些活动，均使远东各民间团体作战时充分的准备。更因为苏日冲突形势的严重，将来战争爆发的时候，外蒙古适为苏联对日的前哨，所以在苏蒙协定签字以后，苏联注其全力扶植外蒙古共和国的发展，外蒙古在这种环境下，境内的军队，已施行近代化的装备，由苏联的将校指挥，从事近代战争的训练。复用苏联的资金，敷设军事铁路，现在从库伦经买卖城、维尔夫涅到上乌丁斯克的铁路，已经通车，其他科布多、乌里雅苏台线、赤塔、库伦线及库伦、桑贝等十余线，亦在建筑中。其他国防工业，最近亦有迅速的进步。在苏联对日作战的时候，外蒙古实是他一个最有力的右翼。

由苏日双方军事上的布置，益使他们的关系对立，我们以为苏日国境的纠纷，不啻一个危险的信号，苏日战事的爆发，只是一个时间问题了。

五　尾语

自从"芦沟桥事件"发生以后，日本即开始其有计划的侵略行动，其军队于攻击我们的开始，即全部动员，除大举攻占我们的领土、杀戮我们的同胞以外，还加紧的准备进攻苏联。在去年八、九两月，整天整夜的运兵到伪满的北境，十月底以前，完成集中六十万兵力的准备。所以这样双管齐下的，一方面是积极的侵略中国预备将来对苏联作战占绝对优势的条件，其他方面因为中国抱定抗战到底的决心，日本知道征服中国的困难，生怕世界干涉，特别不放心苏联，他觉悟对中国的战争，越延长，越危险，所以他索兴蛮横到底，准备对苏联一战。

日本军阀一向的政策，是咬定中国要被"赤化"，苏联要"赤化"远东，用这种口实来希望英美承认他扩充军备和在远东的霸权。所以过去中国无论怎样的反共，他仍说是勾结"赤化"，中苏关系怎样平淡，他总说是有密约。日本军阀把中苏两国同视为眼中钉与目的物，苏联虽然不援助中国，但日本军阀始终认为是他们征服中国的障碍。他们向中国进军的时候，同时有两个目的：第一便是要铲除东亚的"赤化"势力；第二是日本需要煤油、黄金和西伯利亚的资源，于是对派遣中国和伪满的军队讲，他们最后作战的目的，不是中国，而是苏联。

最近苏联对日的态度，因为日军在中国的横行，已直接威胁苏联远东领土的安全，去年十二月间，苏联远东军总司令加伦（普留赫）曾发表宣言谓："假如吾人被迫放弃和平时，苏联必将战争扩展至苏联疆土以外，余深信法西斯国家之向中国与西班牙进攻，实为向苏联进攻的一种预备。"十二月二十九日的巴黎《每日报》载："苏联领袖史大林，正以全副精神注意远东时局。"最近苏联国防委员长伏罗希洛夫的视察远东防务，苏联的对日断绝邮政关系，以及苏联对日停止彼此交换陆军军官的见习，在在都表示苏联对日态度的严重。本年一月间，苏联外交委员长李特维诺夫，曾向英、美、法三国提议："如果他国对苏联西部边境安全给予充分的保障时，则苏联愿以强硬的行动，对付日本。"由此已足以证明苏联对日作战的决心了。一旦苏日的战争爆发，因此引起世界大战，亦有可能。中华民族也只有在这一次世界战争的狂潮中，奋斗出来一条民族永远存在的生路。

《西北论衡》（月刊）

西安西北论衡社

1938 年 6 卷 3、4 期

（朱宪　整理）

伊克昭盟何以未继绥、包沦陷

独清　撰

本文著者独清先生一年来即在绥省伊克昭盟从事军事、政治工作，文中所述伊克昭盟何以未继绥、包沦陷之事实经过，俱其一年来所亲身经历者，是国内各大报与杂志从未发表过之宝贵材料。其文后提出对伊盟军政工作之意见，尤可重视。本文可与本刊十三至十五三期中崧如、茫雨两先生之《绥西一年抗战实录》，及克难先生之《记盘踞绥远之伪军》两文相互参看，则对目前绥西抗战之军政情形，益可以明了也。

——编者志

一　包头被占后之伊盟

二十六年十月十七日包头失陷，伊盟顿失屏藩与秉承，时敌人嗾使德王组织伪蒙古联蒙〔盟〕自治政府，以乌蓝察布盟、伊克昭盟及巴彦特拉盟（为德王新成立，包括土默特旗及绥东四旗）组成。适逢伊盟国军尽撤，各王公大起恐慌。乃该盟达拉特旗旅长森盖，于二十四年已为敌包头特务机关长滨田收买，并与德王发生密切关系，德王派森盖征收白灵庙蒙政会在伊盟各旗所设税卡款项。自经二十五年绥远抗战，德王积极扩充军队，密令森盖以伊盟所收税款尽数扩充军经费，由森盖全权处理。因此森盖积极招收军士，由队成团，由团编旅，人数由二百余增至千余。森盖既拥重兵，复听命倭寇与德王，久思蠢动，当绥远危急时，率队进驻黄河南岸，欲渡河占领包头。时以挺进军驻守包头城内，绥远民众抗日自卫军屯集黄河南岸，早有戒备，致图谋未遂。及我军相继南下，森盖立即易帜投伪，分派爪牙往各旗横施威迫利诱。同时敌人派绥省著名汉奸李照星，及日本特务人员与飞机等相继往各旗，大肆恫吓各王公，各王公既为威势所迫，对国事复欠认识，其僚属又多趋利避害者，故伊盟骤为阴影所笼罩。当时各旗纷纷扩充纯蒙古人之军队，摈去原有之汉人官兵，致整个伊盟扰攘不宁。至最严重时期，不时发现枪杀过境旅客及零散军队，汉人往蒙旗者视为畏途。反之敌所派人则通行无阻，遍布各旗。德王揭橥大蒙古民族复兴之最佳时期降临，积极煽动伊盟王公，使之赴绥参与伪府，少数王公迫不得已赴绥。德逆虽号召内蒙王公全体参加，仍未能放弃旧嫌，对昔未能极力支持白灵庙蒙政会，而重组绥境蒙政会之伊盟各王公表示不满。如达旗康王被其旅长森盖挟持，往谒德王，遭无端申斥，且受侮辱。各旗王公惶恐不宁，徘徊犹豫于现实及将来，谣言纷起，各处骚动。受害者不仅旅客，即居留蒙旗年久之汉民遭受损害者亦不甚〔胜〕枚举。至十一月初形势更险恶，达拉特旗派兵占领东胜，各旗咸集结军队，陕北与绥境交通陷于断绝，甚至驻陕北之××师派出之步哨，为×最高蒙旗长官勒令离境。而敌人汽车则络绎不绝来往于各王府，倭军官戎服武装，往来频繁，伊盟危急达极点矣。

二　敌人高压下蒙古王公之苦衷

各旗王公受敌人与德王双层威迫，其僚属渐摇动，妄信德王"大元"重建，先之利用日寇，一旦实力充足，即反戈相向，脱日寇羁拌〔绊〕，独立自主之说。复存保守禄位与产业观念，受敌人甘言蛊惑，而动摇犹豫。各王公处此险恶境况中，"拒"、"从"难决，敌人则加紧威迫。敌包头特务机关要员内田勇四郎，复于十一月上旬率倭兵及汽车数辆先后往杭锦、达拉、郡王、扎萨克各旗，迫各王公先后聚集扎萨克王府，使之表明态度。诸王公计无所出，乃不得已举行祭祖，以为最后之决定，在十一月十五日邀集伊盟各王公举行大祭于伊金霍洛。七旗中除乌审与鄂托克二旗派代表参加外，其他各旗王公均亲往致祭，即阿拉善及额济纳亦派代表参与。诸王公与各代表于十五日前齐集伊金霍洛，不期斯日乌云满布，在绥主持要政之×王飞来不便，不得已展期一日。次日又逢大雪纷飞，内田性急，当即举行大祭。其宗教仪式之最重要者，用牛、驴各一，使立于一起。于祭成吉始汗毕，令蒙兵一名盲目向牛、驴发射，第一次中牛，复令二次发射，仍中牛。诸王大恸，谓为不详〔祥〕。盖牛、驴蒙人以迷信认为代表蒙汉民族，其中弹者表示兴复无望，未中者必可继续兴盛。诸王此举乃于万分无奈中行之，谋祈诸祖先为之决"拒"、"从"，结果如斯，诸王之烦恼倍增，其苦衷尤使人万分感动！

三　敌人对伊盟之阴谋

敌人深悉蒙旗统制中心为王公，倘挟持王公使附〔俯〕首听命，则支配伊盟甚为容易。其企图为强迫各王公赴绥，委以伪府中要职，原有王位仍保留。各旗政务以各该旗之与德王有勾结者充任，派顾问操实权，行其灭亡计划。军事亦另派德王亲信，除原有军队外，拟征蒙旗壮丁，扩大编制，造成崭新之蒙古骑兵。军事、政治双管齐下，以求强化伊盟统治，充实伪蒙古联盟自治政府。阴谋实现，即可接连陕北，毗界山西，临近宁夏，使我军克复绥远之南部根据地尽失。如此既可保全伪政权，复能南犯陕北，西窥宁夏；且可囊括绥境所有利源，进而谋东、南、北三面包围我保卫五原、临河之守军。不特以天富之粮秣出产地资敌，并使拱卫大西北之门户洞开。敌人西可长驱直入，侵阿拉善、额济纳，完成占领内蒙企图。复由宁夏南下，分东西威胁西安与兰州。因此内田于祭大〔大祭〕完毕，当即强迫各王公乘其备妥之汽车向绥远进发。

四　敌人阴谋为我军粉碎

当内田于十一月中旬率大批汽车经郡王旗，入东胜县境之吉劳庆村（位据县城之西南，距县城五十里）时，适马占山将军率大军进驻东胜县城，达拉特旗派往占领东胜之森盖部，闻风逃窜。内田得悉，知通过难能，即偕各王公折返扎萨克王府，独自化装逃包〔跑〕。马将军当时坐镇东胜，所部驻扎于东、包境内，悉敌图伊盟阴谋，筹谋应付之法。除派员分往各旗宣慰外，并召集各王公赴东胜县城协议维持现状及应付敌伪办法，以某种原因王公未能如期赴会。马将军洞悉症结所在，加速进行军事计划，遂有十二月十七日破晓奇袭达拉特王府之战，击溃敌伪，救出康王。敌人经此打击，阴谋顿挫，而康王离旗，实予敌阴谋以致命打击。斯时××师之一部，已驻防伊盟中心之东胜。中央特派员亦返扎萨克王府，同时负蒙旗工作任务之绥境蒙政会亦开始办公于扎萨克王府。伊盟阴影经马将军扫荡一空，仅杭锦及达拉特旗仍为敌伪军出没地带。伊盟各旗王公见国军云集境内，力足以打击敌伪，渐趋安定。虽敌伪特务人员仍往来频繁，只作秘密活动，不敢公然行之。继马将军而后，粉碎敌伪军事阴谋者，为现任绥远民众抗日自卫军第×路第×团团长冯子明（绰号冯二黑眼）。本年二月间德王派豢养多年之伊盟西公旗大喇嘛曼头，分往伊盟各旗秘密组织蒙军，携有大批委任状、关防、番号等。曼头带卫兵随员七八人，着蒙人服装，由达拉特旗至杭锦旗时，冯子明正充杭锦旗杨营长（蒙人）卫兵，与曼头及其随员素相识，悉曼头负重大使命来，诡言恳求收彼为护兵，曼头初不肯，经再三恳求，甚至发誓，始允许。冯觅得同志数人，与曼头偕行，行抵包头第四区境，冯诡称腹痛饮水，诱曼之随员入某村，缴械上缚，立即供出阴谋。适曼头至，冯请其另入别屋休息，曼头闻哀乞声，拨马奔驰，冯持枪猛追，曼头且跑且回击，忽滑入一冰滩。冯赶至，发弹猛击，曼头睹状知难逃跑，遂自毙。冯取其头，尽携其所带物品往谒驻××之门炳岳军长，门军长奖千元，并转报军委会，至此敌伪谋伊盟之军政阴谋，为马、冯彻底粉碎矣。

五　敌伪统治达拉特旗及杭锦旗之失败

达拉特旗投伪最早，但非康王之本意，乃纯属森盖挟持所为也。德王拟以森部扩编为伪第十师，森自告奋勇，占东胜，并谋瓦解绥自卫军第二路，派代表多次接洽，皆碰壁。及康王随挺进军去，旗政纷乱，森盖欲继操大权而不得。因彼为达旗贱民之子，由带兵渐起，旗中贵族皆卑视之。蒙民之传统观念极牢固，故森虽居高位，不能服民。蒙官民有深固之尊崇王公意识，咸以王爷既随国军去，应即多与国军接近，先求王公返旗为首要，若维持旗政则较次之。且诸士官各不相下，殊不欲某同僚突起，继掌大权。因之德王亦深悉康王一去，不易统治全旗，故遂搁置之。

杭锦旗自阿王被迫飞绥，不久即有伪军二百余驻王府。杭旗官兵散居各地，仅少数上官仍留王府，未待其集结整顿，门炳岳军长已派兵一团往监视，各军官及士官持观望态度，静待演变，以归附任何一方俱非上策也。继门军开往杭旗东境者，为××师邬、段两支队。经此镇压，伪军处大包围中，除终日游散于王府附近蹂躏人民外，不能有所作为。且蒙民之有资产者，皆挟财物，携武器，避居沙漠中，形成大分散形势。伪军不敢远离王府，致无法结合杭锦军队。至本年三月底伪军逃遁，门部即入王府安民。

　　达、杭二旗所以未为敌伪盘据，而施展其充实伪府之阴谋者，其主因有二：（一）德王及倭寇咸认占领扎萨克盟长所在地，各旗必可附〔俯〕首听命，若是全盟可以保持，伊盟新军可以建立成功。因扎萨克不特为伊盟政治中心，且可由此南下威胁陕北，兼可控制乌审及鄂托克诸旗，以迅速建成新军。由本年三月十二日敌为〔伪〕猛犯东胜企图进占扎萨克，可资证明。（二）德王与倭寇以兵力不敷分配，倘向各旗同派出相当兵力个别统治，则绥、包空虚，恐为我军所乘。反之，若集中力量占扎旗，集各旗原有之军队以求扩编，则既省力，又收全部统治之功效，并能增强伪府力量。虽敌伪计算极尽经济与巧妙之能事，惜不聪明之东胜战役，以四面包围式，为我军侧击大败，予以严重打击。我大军随之北上，蹙敌势于一隅，使敌伪计划周到之阴谋，完全粉碎无余。

六　由敌人失败给予我们之教训

　　一、蒙旗军政中心为王公，借其号召，任何事皆易进行，否则非有相当军队与干练人员负责工作不能生效。如敌伪虽强迫支配达拉特旗及杭锦旗，但终未获得预期效果。

　　二、拢络王公绝不能使其坚强内向，力量存则凡事听命，力量去则唯切身利害是虑，绝未想及对国家应负何种义务。质言之，各王公多唯力是视而已。

　　三、对仅有之伊盟应以有效方法，处置其军事及政治，并须派人地相宜或了解其实际情形，而确有能力者，及有训练之部队以襄助，授以统负全责之权。若委诸今存机关或某德高望重者负大责，必蹈白灵庙蒙政会及云王之覆辙。

四、倘无妥善办法，亟应于军队离境时，邀请各王公及旗中有实力之士官携眷赴安全地带，并移成吉始汗灵寝于政府所在地，及予各王公等以优渥待遇。

《西北论衡》（月刊）
西安西北论衡社
1938 年 6 卷 19 期
（李红权　整理）

伪蒙自治政府

新三 撰

　　自芦沟桥事变发生，日寇即以重兵沿平绥线大举西犯，企图侵占整个内蒙，完成其并吞满蒙之大陆政策。南口战役以后，不幸察南、绥东，相继失陷。阴狠残暴的日寇，于武力侵占之后，复用其侵略东北之故技，制造傀儡政权，以便实行其吞并阴谋，于是所谓"蒙古自治政府"，遂于去冬在归绥宣告成立。丧心病狂、认贼作父之德逆（德穆〈楚克〉栋鲁普）在日顾问监督指使之下，强以称病不出之云王，为空头伪主席，而自任伪副主席，总揽一切大权，实行其卖国媚日之主张，并发表荒谬谈话，竟谓"蒙古必须毅然首倡，建立大亚细亚，由日本保护之"云云。其寡廉鲜耻，甘作傀儡，而出卖民族国家利益之居心，已暴露无遗。

　　此次日寇大举侵略我国，其目的原在灭亡整个中国，无论汉、满、蒙、回、藏，任何一族，任何一人，均为其侵略之标的，决非仅对某族某人为仇，而与某族某人特别亲善，朝鲜、琉球、台湾民族今日所感受之痛苦，可为铁证。惟其侵略之法，惯用离间分化之毒计，使我五族不和，自动干戈，彼则乘机取巧，各个击破，由分裂而蚕食，由蚕食而鲸吞，以遂其整个灭亡中国之迷梦。故日寇每在武力侵据地带，制造形形色色之傀儡组织，以为其统治及榨取之工具，故伪蒙自治政府之产生，其作用不外下列诸端：

　　一、离间汉蒙两族亲密关系，破坏抗敌阵线　日寇此次进攻我国，原抱速战速决策略，逼我屈服，不意我全国团结，发动全面长期抗战，使彼穷于应付，而蒙汉两族，关系亲密，在绥东及百灵庙两役，联合抗日，已充分表现光荣之战绩，即察、绥蒙古王公，除极少数之媚日分子外，其余大多数，莫不忠于民国抗战到底，尤使倭寇扼腕嫉视，故于占据察、绥后，即积极树立傀儡组织，以掩其丑，颠倒是非，以挑拨蒙汉固有之亲善关系，借达其分裂我国家，破坏我统一抗敌阵线之目的。

二、利用蒙古同胞勇敢精神，驱赴战场为其牺牲　日寇全国人口不过七千万，而我国口人〔人口〕则有四万万五千万，约为六与一之比，在此长期战争过程中，死伤必大。日寇丁壮虽全部驱赴前线，亦不能制胜吾人。现在战事方延长数月，彼国内兵役，已征至十五六岁之小孩，及五十余岁之老年，狼狈之状，大可概见。日寇为减少兵士补充上之困难，故在我东北及内蒙各地，借伪组织之命令，强迫征募壮丁，骗〔驱〕赴战场，使我演出自相残杀之惨剧，快彼以华制华之毒计。上月山西西北各线，我军即发现不少内蒙壮丁，为敌军充当敢死队，且事先皆被日寇用药酒灌醉，失却良知，暗哑无言，边民何辜，遭其残毒，令人发指。

三、攫夺蒙古地方天然富源，供其开拓榨取　内蒙各地，农牧矿产，均极丰富，日寇垂涎已非一日，尤以矿产一项，埋藏尤多，因内蒙旧习重视风水，严禁外人探察，迄未开采。日寇现假伪组织名义，将大肆开发，用其侵略我东北之技俩，重演于内蒙，使一切富源均归其掌握，而我民众颠连劳苦，反难获得一饱。日前报载满铁会社，已获得内蒙某项经济权利，不旋踵间内蒙同胞当可领略其剥削榨取之毒辣滋味矣。

夫蒙汉两族，同为中国国民，共存共荣，已历数百年，关系亲密，始终无间。民国以来，五族共和，汉、满、蒙、回、藏同为构成民国之分子，法律明定应享权利一律平等，各族之间毫无轩轻。国民政府成立，一本总理之三民主义，对于蒙、藏、回各族，尤尽量提携扶植，各族均有领袖人物在中央任职，共理国政，而于边地之政治、经济、社会诸端，亦逐渐改进，以解边民痛苦，以视日本之对朝鲜、台湾，以奴隶、牛马视之者，真不可以比数矣。自九一八以来，阴险狡猾的日人，因地理关系，对我内蒙同胞，濒〔频〕施其煽惑离间之阴谋。虽我内蒙同胞不乏明达之士，但少数野心分子，希图个人利禄，遂以此为千载一时之机会，丧心病狂，置民族国家之利益于不顾，诚我民族国家之大罪人。深望我内蒙同胞，明喻斯旨，勿为敌人利用，奋起武装，共同推翻伪组织，驱除日寇，保卫内蒙，所以尽国民之天职者，即所以争取我整个国家民族之光荣独立也。

《蒙藏月报》

重庆蒙藏委员会

1938 年 8 卷 1 期

（丁冉 整理）

日苏关系恶化中之外蒙古

萧恩承　撰

一　日苏关系之恶化

甚嚣尘上的所谓"南进政策"，以及咄咄逼人的所谓"北进政策"，乃日本整个侵略政策的两种步骤。日本势力北进的根据地在朝鲜，南进的根据地在台湾；北进系以陆军为基干，南进系以海军为基干，双管齐下，相辅为用。北进之第一阶段为攻击满、蒙，于是乎又有所谓"满、蒙积极政策"。南进之第一阶段为夺取菲律滨、东印度以及马来亚，故远交德、意，近结暹罗。

与日本的大陆政策冲突最尖锐者，为苏俄的东进政策，缘苏俄之东进，不自今日始，而苏俄之欲取得太平洋门户，志在必行。早在明末年间，俄人已逾外兴安岭而南，由黑龙江入海。至清初，更建筑雅克萨及尼布楚；降至乾隆时代，其势力竟进至库页及千岛。当彼得大帝在位时，除在波罗的海之滨建筑圣彼得堡外，且计划以君士但丁为国都，以谋出黑海及地中海。嗣因扼于英、法，乃转而谋诸中亚，欲出印度洋，但又为英人所拒，于是不得不经营远东。一八九一年亚历山大命太子尼古拉二世在海参崴开工修筑西伯利亚铁路，从此远东风云变色，而日、俄两国间之关系，遂日趋复杂。

四十年来，日本因推行膨胀政策，故积极向亚洲大陆侵略，苏俄因开辟海口，故努力向远东经营，已往的日俄战争，日本之陈兵于西伯利亚，和近数年的渔业纠纷、边界冲突，都是这两大势力摩擦的必然结果。日、苏关系，时而紧张，时而和缓，但根本的利害冲突，从未能彻底排除，这是可以波及远东局势乃至世界局势的一个关键。

日、苏关系，以一九二五年的北京谈判为起点，可划为三个时期。第一个时期为两国复邦交和商业互惠时期，自一九二五年起，至一九三一年止。第二个时期为苏俄退让时期，自"九一八"起，至一九三五年止。其事实的表现，有一九三三年五月，苏俄建议出售中东铁路之举，以及一九三四年三月，苏俄要求缔结互不侵犯条约之举。第三个时期为苏俄强硬时期，自一九三六年开始以迄现在。这短短的期间，两国常为着北洋〔海〕渔区问题以及满、蒙边境问题，发生争执，嗣因德、日《防共协定》成立，日、苏关系，益形恶化。

苏俄对日态度之忽转强硬，其根本原因是她的整个国力渐有把握了，她的两次五年计划都超过了原来的期望。第一次五年计划完成时，其国内工业生产增至四百二十亿卢布，农业生产增至一百三十一亿卢布，至一九三七年第二次五年计划告成时，则工业生产增至五百二十七亿卢布，农业生产增至二百六十二亿卢布。其生产中最著成效者为重工业，计农具占世界第一位，油与铁占第二位，电与钢占第三位，煤占第四位。其用于国防者，一九三五年为八十二亿卢布，一九三六年为一百四十八亿卢布，一九三七年则增至二百零一亿卢布。常备军于一九三四年有官兵九十四万名，一九三五年为一百三十万名，一九三七年则增至一百八十万名。据苏俄当局公开宣言，其国防建设，系以德、日两国为对象，冀能在东西两国境同时独立作战。

　　在远东方面，苏俄亦不惜投下巨额资本，将榛莽荒芜的西伯利亚，变为富庶繁荣之区。一九三五及一九三六两年内，新建设投资总额达四十万万卢布，其生产总额已由一九三三年之三〇一百万卢布，增至一九三六年之将近六六五百万卢布。木材生产增加八百万立方公尺，煤产额由二，〇二〇，〇〇〇吨增至三，六一七，〇〇〇吨，库页岛石油产额由一九六，〇〇〇吨增至三〇八，〇〇〇吨，捕鱼总额由二，〇五四，〇〇〇公担增至三，一三四，〇〇〇公担。

二　中、苏、蒙之三角关系

　　蒙古原为一种族名称，至元世祖忽必烈时代，始偶然用作国名。从历史上观察，汉、蒙两族的关系至为悠久密切，夏代的鬻，商代的荤粥，都是蒙古旗〔族〕的命名，华北的万里长城，就是为防御蒙人内侵而建筑的。汉以还，蒙古民族的势力，忽断忽续，到了南宋，其势力膨胀，不但亚洲北部全被其占有，且在我国写就了一部元朝史。元太祖成吉思汗之子窝阔台，更西征俄罗斯，入据匈牙利，其先锋且达意大利，囊括欧、亚，建立人类有史以来稀有之武功。明以后，臣服我国，及至清代，始终未叛。迨民国成立，汉、满、蒙、回、藏五族共和，《临时约法》中亦规定"中华民国领土为二十二行省，内外蒙古、西藏、青海"。

　　帝俄与蒙古发生正式关系，始于一七二七年中俄缔结的《恰克图条约》，此条约划定了蒙古北部的疆界，并指定恰克图及孜尔喀脱为两国互市之地。帝俄的东进政策在取得太平洋门户，然而正当其着手经营时，首先遇到英国的阻挠，于是有一八九九年之《英俄协定》，相约以"扬子江流域为英国建筑铁路之范围，长城以北则为俄国建筑铁路之范围"。继而又受挫于日本，于是订过两次的《日俄协定》（一九〇七年及一九一〇年），规定"日本并吞朝鲜，俄国不加反对；俄国经营蒙古，日本亦不反对"。相传桂太郎于一九一二年赴俄时，曾成立密约，以南满与内蒙划为日本之势力范围，而北满与外蒙则划为俄国之势力范围。

帝俄既得英、日的谅解，遂一意孤行，或派遣军队，或煽惑喇嘛，以图离间外蒙与我国之关系。果然，外蒙四盟王公，乘我国鼎革之际，于一九一一年宣布独立，随即与俄国订立种种丧权辱国的条约，幸而一九一七年俄国革命爆发，于是外蒙古之独立，乃随俄帝国之倾覆而宣告取消。外蒙内附时，不幸我国内讧正烈，无暇顾及边务，于是白党侵入，日人亦乘机活动，遂酿成一九二一年三月二十一日之第二次独立，在白党领袖谢米诺夫之领导下，设临时政府于库伦。临时政府中之左倾青年，旋不听谢氏指挥，乃与赤党联络，一网而将谢氏党羽扫除，遂正式组织蒙古人民共和国，且于是年十一月与苏俄缔结《俄蒙修好条约》。

《俄蒙修好条约》缔结后，我国以苏俄政府损害我国主权，乃提出抗议，几经交涉，卒于一九二四年五月三十一日，在北京签订《中苏协定》，该协定第五条谓：苏俄政府承认外蒙古为构成中华民国之一部分，尊重中国在该地之主权。无如《中苏协定》虽已缔结，然《俄蒙协定》未尝取消，故我国仅在名义上有宗主权，实际则外蒙已夷为苏俄的附庸。至一九三四年，外蒙因感日本侵略的威胁，乃向苏俄要求军事援助，遂于十一月二十七日成立所谓《绅士协定》。翌年因满洲里会议决裂，外蒙当局乃走莫斯科磋商苏蒙互助问题，结果又有一九三六年三月十二日在库伦签订之《苏蒙互助条约》，规定于任何第三国攻击苏俄或外蒙时，彼此以全力互相援助，期间为十年。

在战略上，外蒙古直可视为苏俄的缓冲地带。日本若取得外蒙，则苏俄在贝加尔湖以东的军队，必发生给养运输的困难。加之，外蒙有一百七十余万头马匹，而蒙人类皆骁勇善战的骑士。一九三六年三月一日美国名记者何瓦德（Roy Howard）与史塔林会谈时，史氏曾以率直坦白的态度宣称："如日本竟敢攻击外蒙，企图侵犯其独立，则余等不得不援助外蒙，一如一九二一年所为。"同月三十一日，日本大使太田氏质问苏俄外交人民委员会副主席斯多莫尼耶哥夫时，斯氏答称："苏、蒙自一九二一年以来，关系极友善，本年三月十二日更正式签订《互助议定书》，苏联乃有援助外蒙之义务。"

三　外蒙古之现状

活佛死后，库伦政府乃将库伦易名为乌兰巴脱，意即"红英雄城"，且于一九二四年颁布宪法，将最高权力置于人民代表大议会。人民代表大议会每三年召集一次，在休会期间，政权属于人民小议会，而以小议会主席团及国务院为最高行政机关。政府之组织分为八部，即外交部、内政部、财政部、军政部、司法部、教育与卫生部、工商运输部、畜牧耕作部。关于地方行政，初则划全境为五大区，嗣于一九三一年划分为十二行政单位，其名称如下：（一）东部州；（二）肯泰州；（三）中部州；（四）东郭比州；（五）南郭比州；（六）塞列肯州；（七）阿尔汉格州；（八）乌布尔汉格州；（九）科索高尔州；（十）札勃汉州；（十一）乌勃河诺尔州；（十二）科勃托斯州。各州之行政机关为州议会及其州行政厅，在十二个州之下再分为三百零九个区，各区皆有区议会。

外蒙古人民主要的职业为畜牧，占全部国民经济收入百分之七十。据一九一九年的调查，全境内有牲口一千三百万头，至一九三五年则增至二千三百万头，计骆驼五十五万七千头，马一百七十七万头，牛二百三十五万一千头，羊一千七百六十九万四千头。其次为狩猎，每年出旱獭皮约二百万张，灰鼠皮约十八万张，狐皮约二万五千张，狼皮约一万五千张。工业多属手工业，至一九三四年始由苏联指导，在库伦设一联合工厂。矿产虽尚无明确调查，但已经开采者，有距库伦三十五公里的纳拉伊哈煤矿，其蕴藏量约为五百万吨。此外，东部桑贝子南十二公里地方，亦有丰富的煤矿，西部科布多则有煤矿三处。

外蒙对苏俄的贸易，无论在输出或输入，均占重要地位，即以一九三四年而论，外蒙在苏联对外贸易国别中，均居第三位，兹列表于后，以明之。

一九三四年苏联之对外贸易（单位：千卢布）

	输出		输入
德国	九八，四三一	英国	四六，二六五
英国	六九，一八二	德国	二八，七五八
外蒙	四四，八〇六	外蒙	二〇，五六一
荷兰	二二，二二四	美国	一七，八七五
法国	二一，八七九	荷兰	一五，七五一
意国	一八，九九三	伊兰	一四，三二六
比国	一七，二三〇	法国	一一，六三六
美国	一四，二七七	日本	六，九〇五
日本	五，七八二		

（注）是年输往中国本部及新疆者共值六，七八五，由中国本部及新疆输入者共值九，三八五。

苏蒙贸易自一九二三年以后，外蒙历年均居出超地位，惟自一九三二年以来，则改居入超地位。其原因甚明显，盖以前苏联工业尚未发达，今则苏联输往外蒙者多属工业品，而外蒙输往苏联者尽为原料品。

外蒙的交通，自古即有如库伦至张家口的大道，长一千零六十公里，库伦至科布多的大道，长一千四百八十四公里。这些大道，经骆驼、车马把砂砾、泥土踏压多年，形成了很坚固的道路，然而缺点是崎岖不平，难行汽车，所以外蒙有新道路网的筹设，而新汽车路线皆具有军事意义。纵横外蒙的铁道（自苏境的彼得罗夫斯克经恰克图、买卖城而至库伦添设复线，复自库伦南下，通至绥境）现正在积极进行，其他计划以库伦、乌里雅苏台、科布多为中心，以沟通新疆和苏联边境的铁路，亦含有政治和军事作用。至于航空，除有自苏境伊尔库次克经买卖城而至库伦的定期航空线外，现库伦至泰西开脱、库伦至新疆，亦辟有航空线，且将渐次伸展至西安。

　　外蒙的军力，包括正式苏俄军队和由苏俄教官编练之蒙军。苏俄军队驻扎于外蒙，实以一九二一年讨伐白党将军恩琴时为开端。当时有步兵一团驻于乌里雅苏台，步兵一团驻于伊尔登尼子，游击队一队驻于亨查尔，另步兵一团，骑兵一师，空军一队，炮兵一团，以及少数化学机械步队驻于库伦。一九三三年之反苏暴动，曾引起苏俄增兵三千名之举；翌年又从远东军中抽调一万八千名，附大炮十二尊，高射炮七尊，机关枪四百架，飞机十架，坦克车十八辆。至一九三六年，据日人调查（见一九三六年九月一日英文《满洲半月刊》），则苏俄驻外蒙的兵力，共达五师团，其配布如左：

　　（一）库伦驻步、炮、骑混合兵一万八千名，有大炮四尊，高射炮七尊，重机关枪一百三十架，轻机关枪二百四十架，坦克车八辆，装甲车十八辆，飞机库一，能藏飞机二百架。

　　（二）桑贝子有大飞机场，能容飞机一百架。

　　（三）克鲁伦河南岸之捷捷昌，常川驻有轰炸机三十架。

　　（四）哈神庙附近有骑兵队及摩托车队担任警备，另有步兵旅及骑兵旅驻于白诺附近。

（五）汗恒特有骑兵五百名，坦克车六辆及少数炮兵。

（六）乌里雅苏台有监视之部队，数目不明。

（七）祖祭安西比驻兵一团。

（八）亨查尔有游击队一队。

（九）伊尔登尼子驻兵一团。

（十）买卖城有兵营七所，军械所三。另有飞机场、飞机库及陆军学校。

外蒙人民军是由俄人指挥编练，其配备概以远东军为标准，另附有适合沙漠地带的设备。自满洲里会议决裂后，外蒙即秣马厉兵，实行征兵制度，自十八岁至四十五岁，均有入伍义务，其配布地点为库伦、桑贝子、汗恒特及塔莫波拉库。此外，在库伦建有五十基罗瓦之短波电台，借与莫斯科通报，另设有陆军大学及军官学校，共收学生三千五百名，其成绩优良者则送莫斯科继续训练。

外蒙今日的地位，实足以支配远东的命运，在目前中日战事正烈时，外蒙的动向，大可影响全盘战局。各方盛传，苏俄对于外蒙的处置，深感进退维谷，若任其维持现状，则与我国抗战力量有损，若将外蒙交还我国，则日苏战争，势不可免。不论外蒙情形将来如何演变，日、苏在伪国的所谓兴安省内，暗潮仍是激烈，因为该地人烟稀少，为蒙人居留之区，其行政组织，亦类似一自治区。

七月二十日，脱稿于长沙

《东方杂志》（月刊）

上海商务印书馆东方杂志社

1938 年 35 卷 16 期

（朱宪　整理）

奉移成吉思汗灵榇，沿途民众热烈欢迎

达尔扈特人通电全国拥护领袖抗战到底

作者不详

成吉思汗的陵寝是在伊克昭盟郡王旗内伊金霍洛地方，七百年来在那里安居无恙。每年三月会受着蒙古同胞盛大的祭礼，有时政府也派大员前往致祭。自从日本占领了绥远后，便有一个不好的消息传来，说是日寇要来盗取大汗的陵寝。但是我们蒙古同胞知道这是日寇的一个奸计，老早便加以提防，因为圣地是不容奸人窃取的。

沙王呈请中央移灵

今年春间伊盟盟长沙王赴京，就国民政府委员职，于拜望蒋委员长时，请他帮忙移出成吉思汗陵，以安在天之灵。沙王这远大的眼光和明澈的主张，极为中央所赞成，于是中央准其请，派员前来迎陵。

中央派员特来奉移

中央特派的奉移成陵护送专员三人，一为蒙藏委员会蒙事处处长楚明善，一为军委会科长唐井然，一为王子旗西协理贡布扎布。

他们由遥远的首都来到榆林，未曾停留，便驰往伊金霍洛恭移成吉思汗灵榇。

当大汗灵榇起动时仪式极隆，榆林各高级长官如邓总司令、高军长、石参赞、荣总管等皆亲身参加，恭与致祭。

榆林各界盛大祭礼

六月十五日下午大汗灵榇到达榆林。榆林各部队、各机关、各团体、各学校及老百姓三万多人都列队迎到北门后，作成三里长的一大队，人人手持红绿色小旗一面，上书各种欢迎标语，热烈状况为榆林城空前所未有。当大汗灵榇经过时，路旁观礼者，均肃然注视，对大汗表示景仰与敬礼。大汗是中华民族的伟大人物，他的威风光辉是每一个中国人都崇拜的。

灵榇到飞机场停放后，榆林各界便开始恭祭，摆了许多无皮的全羊，祭时，外面放着大炮，喇嘛和尚念经，军队唱歌吹军号，学生一千多人喊口号。

成陵在榆林停留一日，十六日上午五时就坐特备的花色汽车开赴甘肃兴隆山。那里风景十分美丽，风水也好。

达尔扈特通电全国

这回随护成陵而来的达尔扈特人三四十名，到了榆林看见官私的欢迎，空前热烈，都感动流泪了。他们说，谁想到汉人这样欢迎我们的祖宗？可见蒙古人的祖宗也是汉人的祖先了。他们打电全国，电文如下：窃自倭寇猖獗以来，不惟掠平、津，掳京、沪，侵武汉，而入×广，到处奸杀焚炸，极尽凶恶之能事。我伊盟虽远处荒漠，毫无军事价值，亦被轰炸数次。最可痛者，如公尼召、桃篱庙等处，死伤枕藉，神庙俱毁。最近更拟盗我太祖成吉思汗皇陵，以此号召蒙旗，欺骗世人。我达尔扈特，本为守灵专户，闻此企图，惊愤无状！幸我最高领袖贤明伟大，运筹周密，依顺蒙旗舆情，先则派令驻蒙部队就近护卫，继则又派大员莅我伊金霍洛致祭，移我太祖灵榇于安全地带，对我专司守灵之达尔扈特五百户，不但不使我等因移陵发生任何不安，且每户每人发放补助费。仰见对我蒙古同胞关怀之切，非但生者深蒙大恩，即我太祖圣遗，同受国惠，亦足慰其在天之灵。兹谨率全体守陵达尔扈特，誓本我太祖歼灭倭寇之遗志，竭诚拥护最高领袖，抗战到底，以完成建国使命，复兴民族大业。谨布下忱，统祈垂察。全体守陵达尔扈特五百户代表补英、巴图那逊、巴斯土孟克同叩。效。印。

贡协理谈奉移感想

奉移成陵的护送专员王子旗西协理贡布扎布对记者称：奉移大汗陵，于抗战胜利后即奉迎归安原地。中央对于达尔扈特人的生活，有整个办法与以维持，不患冻馁。且此次移陵，于整个中华民族身上说是一件大事，我们的祖先成吉思汗曾有抗日的遗志，现在我们抗战，如果大汗在天有知，当含笑预祝胜利。此次移陵意义重大，一切可表现蒙旗同胞抗战的决心。我们当誓死拥护中央，抗战到底，争取最后胜利，复兴中华民族。

《边疆通信报》（周刊）

榆林边疆通信报社

1939 年 1 期

（李红权　整理）

成吉思大汗灵榇和苏律定平平安安到兴隆山

蒋委员长派程主任恭祭，西安、甘肃各地热烈欢迎
汉、满、蒙、回、藏五族同祖，打仗完了回伊金霍洛

作者不详

成吉思汗的银棺，六月二十四日晚间到达了西安，西安各界都排队来到离城很远的地方，表示欢迎。长官们有省府蒋主席鼎文，军事参议院张副院长钫，其他公务员、学生、壮丁、老百姓等有三万多人。蒋主席见着灵车到来，便领导迎祭，行礼后，护送进城〔城〕里，满街悬旗彩挂，一抬路祭接着一抬路祭，鞭炮之声不绝于耳。上万的人立在街上，都来观看，情况的热烈是西安市上近年来所没有过。八时许，银棺到了礼堂。礼堂在钟楼底下，四周高搭牌楼，□结素彩，悲壮万分。当中四壁挂满了挽联祭幛，不下三百余付。灵台两旁，置满了花圈，约一百多只。烛影辉煌，香烟缭绕。接着主祭官、陪祭官和各机关团体代表到来，开始恭祭。由蒋主席主祭，祭礼很是庄严隆重，迄十一时才恭祭完了，准老百姓们上前行礼观看大汗的遗榇。各方的祭文很多，计有委员长的祭文，蒋主席和地方士绅的祭文，陕西省党部全体委员的祭文，军校第七分校胡主任宗南的祭文。委员长的祭文系派程主任代表致祭。文曰："维中华民国二十八年六月二十四日，军事委员会委员长蒋中正派天水行营主任程潜，谨以香花酒酿之仪，致

祭于元太祖灵椟之前。曰：深池不干，坚石难碎。惟穆特津，度越侪辈。启运开基，圣武帝赉。十世雄长，一并弱昧。秸藜羔儿，惩尔言悖。剑及飙发，蹶若压块。鄂诺河上，唐尧封内，黄屋九旒，铁扫云队。薛禅跃武，×弘地载。用夏与夷，立规垂海。规模震古，谟烈希代。奕叶守戍，祖孙无废。单辇省日，弓剑怀爱。玉匣珠襦，龙庭鹿塞。祁连并大，陪陵损佩。东海沸腾，中原横溃，上郡陆沉，孝陵芜秽。乃眷西顾，金天茂日，平城南指，和林东背，大河如练，陇阪浮黛，辒辌弭节，蒸黎瞻仰，于何妥神，玉×行在。渐被流沙，如亲英概。欢舞迎送，昭祀祇配。仰切云日，颂工藻绩。心契冥漠，戍贯显晦。谨颂。"

当日晚间十一时，蒋主席为护陵代表特在省府设筵招待，由各机关长官作陪。席间蒋主席致词欢迎，各护陵代表听完了蒋主席的欢迎词，均起立致敬，并鼓掌表示感谢。蒋主席的欢迎词首先说："我们知道，成吉思汗是我们中华民族远代祖宗中伟大的一位，他生前的事业武功，不但在我们东亚算是有数的杰出人物，就是在世界史上也找不出多少人可以和他比拟。以这样伟大的人物，远在七八百年以前，奉安在伊金霍洛的灵椟，到了七八百年以后，从我们的敌人日本帝国主义者的阴谋压迫中，我们不得不将这位远代祖宗的灵椟，迁地奉安，这种耻辱，我们应该很深刻的记在心中。"接着他指出日寇对于我们中华民族的挑拨离间的许多阴谋，并且说明日寇的阴谋，由于我们的抗战而粉碎了。"现在我们中华民族已团结起来，共同抗日，起来保卫国家、民族了。"最后结论说："今天到此的都是我们中华民族优秀分子，有蒙古同胞，有满洲同胞，有西藏同胞，有回教同胞，有汉族同胞，我们亲切的坐在一堂，我们并无什么隔膜，这业已打破了日本帝国主义恶毒的宣传。假设日本帝国主义者看见我们亲爱和睦的情形，也许也会惧恼。中华民族的伟大的地方就在这里。日本帝国主义绝对灭不了我们，从今天我们团聚一堂的情形看来，已保证了这事实。"第二天早晨，灵车启程，走了七天，沿途各县，也都热烈盛大举行恭祭。七月一日到了甘肃省。甘肃省朱主席绍良，先期前往主持一切。当大汗灵车到时，先由县长率同当地各界代表及老百姓二千余人，到郊外十余里迎祭。灵榇进了北门，由朱主席率同甘肃省党政军当局及各团体代表举行迎祭，祭完便直向兴隆山前进。沿途民众夹道相迎，鞭炮之声不绝于耳。陵到了山上，便奉移在××寺的大殿上，殿的四周全挂着黄缎子。成陵居上，左为福晋灵柩，右为太祖御剑。进行安陵后仍由朱主席主祭，仪式颇为隆重。成吉思汗的奉移大典，至此便告一结束。我们蒙旗同胞，看见本报，知道这个消息，该是多们〔么〕快乐呢？从此以后，再不怕日本小鬼来偷，也不怕日本飞机来炸了。等到打完了仗，仍旧把成吉思汗圣人请回伊金霍洛。

《边疆通信报》（周刊）

榆林边疆通信报社

1939 年 2 期

（李红权 整理）

蒙古旗之制造及使用办法

作者不详

第一条　蒙古旗须照左列各款制造之：

一、蒙古旗之制造须遵照本办法规定之尺度及图案（大小分为十号，附图及尺度表于后）。

二、蒙古旗为蓝地长方形。旗杆右上方顺次纵列红、黄、白三色，为全旗面四分之一，红、黄、白三色各等分之。

三、用染印法为原则。

四、旗身以市布或绢料等制成之。

第二条　商店制造蒙古旗，须将所制各号旗式呈送当地行政机关，核准备案后，方准发售。

第三条　凡制造蒙古旗，不依本办法第一条及第二条之规定者，各地方行政机关或警察机关得禁止其出售及使用。

第四条　悬挂蒙古旗之旗杆须依左列规定制造之：

一、旗杆全身为淡黄色，配以金黄色之球顶。

二、杆身之长须在旗身横长度二倍以上。

第五条　室外悬旗之时间，自日出起至日入止。

第六条　门首悬旗一面时，须于门楣之右上方，旗杆与门楣成三十度至四十度之角度，悬挂二面时，可成交叉形，但不妨并列。

第七条　蒙古旗与外国旗同挂时，可交叉或并列之，但其旗式之大小及旗杆之高低须相等。

交叉或并列时，蒙古旗须居外国旗之右，外国旗须居蒙古旗之左。

第八条　凡军政警宪各机关，各团体、学校，均须悬挂蒙古旗二面于会议厅、礼堂及集会场所之正面，各成角度三十至四十下垂形，并须于旗之中间挂元太祖之圣像。与外国旗并挂时，其方式与前条之规定同。

第九条　会议厅、礼堂悬挂之旗以第几号为适宜，须视该礼堂正面面积之大小而采用之。

第十条　凡遇典礼举行升旗时，在场人员须向旗肃立。

第十一条　悬旗时不得倒置。

第十二条　凡下半旗，须先将旗身徐升至杆顶，然后降下至旗身长二分之一若干尺而停止，下旗时，仍须将旗身升至杆顶，再行降落。

第十三条　凡商店、住户所悬之旗，以六号或七号为标准。

第十四条　蒙古旗不得作为他种用具，更不得作为商业上一切专用标记缀置各种符号，或印刷图写文字，及制为一切不庄严之装饰品。

第十五条　本办法自公布之日施行。

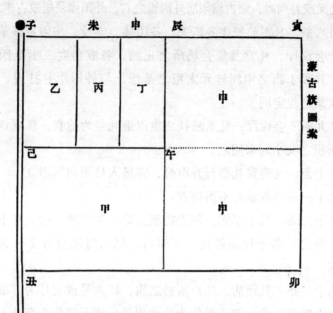

尺 度 比 例

以標準尺（公尺）之分（卽公分）爲單位　　附　　註

子巳辰午8子丑寅卯▅▅1：4　　　1本旗甲面積爲藍色
子巳▅▅巳丑子辰▅▅辰卯

子丑：子寅▅▅24：36　　　2乙面積爲紅色

子巳：子辰▅▅12：18　　　3丙面積爲黄色
子己：子甲▅▅12：12

子己：子未▅▅12：6　　　4丁面積爲白色

蒙古旗图案

蒙古旗各号尺度表						
旗号	尺别	子丑：子寅	子巳：子辰	子巳：子申	子未：子巳	
一号	标准尺	16：24	8：12	8：8	4：8	1. 本表尺度以公分为单位。
二号	标准尺	24：36	12：18	12：12	6：12	2. 标准尺为米突
三号	标准尺	32：48	16：24	16：16	8：16	尺，即一米突尺
四号	标准尺	48：72	24：36	24：24	12：24	为一律标准尺。
五号	标准尺	64：96	32：48	32：32	16：32	3. 每号约大前一
六号	标准尺	96：144	48：72	48：48	24：48	号三分之一，其
七号	标准尺	128：192	64：96	64：64	32：64	后横度皆为八之
八号	标准尺	160：240	80：120	80：80	40：80	倍数，以便计算。
九号	标准尺	192：288	96：144	96：96	48：96	
十号	标准尺	240：360	120：180	120：120	60：120	

《厚和特别市公署市政月报》

厚和特别市公署

1939 年 3 期

（李红权 整理）

外蒙最近之动向及其行政情况

邵罕　撰

俄国自彼得大帝以后，累代君主，均抱向外发展寻觅良港之志。西进则为英、法所阻挠，东向复为日本所惨败，时中国国势衰弱，于是俄国利用时机，南窥蒙疆，而外蒙首当其冲，遂难免其侵略矣。溯自成纪四八四年之《尼布楚条约》，俄人虽未能得志，然已渐露侵略之端倪。迄至公元一九一七年，俄罗斯发生革命，为"赤化"世界之企图，外蒙与西伯利亚土地毗连，其南向之意，愈为积极，会帝俄被迫南迁，于成纪七一六年，相继占据库伦、恰克图等城。而苏俄亦于同年，乘机进兵，攻破库伦，驱逐旧党，买卖城悉被焚毁，外蒙无自救之力，人民陷于水火，土地任其蹂躏。自此以后，外蒙民众，被其蛊惑，成立外蒙共和国，此不过遂其"赤化"之野心而已。欲探讨外蒙政府成立之由来，则由最近"满"蒙国境之冲突事件，即可明其梗概矣。

外蒙之军事及行政，当然系为苏俄所左右，而其本国军队，又无与"满洲"、日本作战之能力，然而此次无端兴戎，敢于不法侵入"满州〔洲〕国"境，其启衅之因究何在哉？不外苏俄暗中兴波作浪耳。据同盟社电讯，侵入"满"境之外蒙军队，均被歼灭。推想此事件之结局，外蒙不过为牺牲品而已。苏俄之所以必欲假外蒙之手，为侵略之谋者，盖欲减少自身威胁之故也。今日之外蒙士民，宜明螳臂当车谬见，及早猛醒，勿为苏俄所利用，则东亚新秩序建设完成，世界和平可期也。

关于外蒙之行政情况如何，想亦世人所乐闻者。自苏俄势力侵入外蒙以后，即彻底取缔国内实情之外泄，并取封锁政策，因此关于外蒙之内情，外人不易得其真相。据"满洲国"康德三年一月发行之《民政月刊》，内载外蒙行政组织概况，言之颇为详尽，兹摘要略述之如左：

（一）中央政府——外蒙共和国，不置大总统，设大弗拉尔坦议长（全外蒙代表会议长一人），政府委员即是各部大臣，由各党员中选出之。

其政府之组织如次：

上列表中之内防局，为外蒙最重要之机关，有绝大之权力，其指导干部，悉为苏联籍人，局员约有二百五十人，内有其他外国人数名。其主要任务，乃为搜查匪徒及监视内外反革命者也。

（二）行政区划——外蒙共和国之地方行政区划，为阿衣马知克（省）、侯雄（旗）、思门（区）、巴克（主村）及阿尔班（副村）之四级制也。兹注明之如下：

（1）阿衣马知克（省）：阿衣马知克为第一级之行政单位也。以前外蒙之境域，有车臣汗部、土谢图汗部、札萨克图汗部、三音诺颜汗部，是为喀尔喀四部，以及科布多地方，虽已分为五地域，但现在已改为如次之五省矣：

新省名	旧省名
汗肯特乌拉省	车臣汗部
博克多汗乌拉省	土谢图汗部
齐齐尔里克满达林乌拉省	三音诺颜汗部
汗台希里乌拉省	札萨克图汗部
杜尔伯德省	科布多

在此五省以外，依各地经济之特殊条件为基础，于全国分为十三经济区。

（2）侯雄（旗）：侯雄（旗），次于阿衣马知克，为第二级之行政单位也。一阿衣马知克，通常区分为二十至三十侯雄，每一侯雄管辖区域，可与日本二三县之面积相匹敌。

（3）思门（区）：思门为第三级之地方行政单位。于清朝时代，为军队编成骑马部队之通称，但于现在已为国家行政上之单位矣。

（4）巴克及阿尔班（主村及副村）：巴克及阿尔班为最下级之行政区，以先亦与思门同样为军队编成上一小部队之泛称，然现在已为地方上之最小行政区，每一巴克，区分为数个阿尔班。

（三）地方官吏——外蒙共和国之中央政府委员，多由党员中选出，已如前述，然而地方长官，由管辖内有权者中选出之。以前阿衣马知克及侯雄之长，皆为所谓成吉思汗直系或旁系之世袭制。然自成立共和国以来，此等特权阶级者及喇嘛僧等，其选举、被选举权均为所剥夺，以由省、旗、区、村等各行政区内之有权者中选出代表，而构成代表会议，由此会议被选为长者，即为各省长、旗长、区长、村长。此等被选为各行政长官者，以掌握外蒙之政权。

（四）侯德（市）——外蒙于现在所实施之侯德，只有乌兰巴德尔市（库伦），关于市制及其自治程序如何，尚未判明。

附外蒙各种调查表：

（1）人口（一九二六年调查）

省别	男		女	计	备考
	一般人	喇嘛僧			
博克多汗乌拉省	五六，○九○	二七，一五一	八二，五一六	一六五，七五七	
汗肯特乌拉省	四○，三五五	一九，三五五	六三，六一八	一二三，三二八	
汗台希里乌拉省	四六，六一四	一三，○四六	五七，二九八	一一六，九五八	内有男女不明者三千零八十二人
齐齐尔里〈克〉满达林乌拉省	八三，五七二	二三，四五九	一○一，一一五	二○八，一四六	
杜尔伯德省	二五，九七二	七，二五一	三一，六五二	六四，八七五	
计	二五二，六○三	九○，二六二	三三六，一九九	六八二，一四六〔六七九，○六四〕	

（2）豫算（一九二六年调查，单位：元）

岁入	一○，四○○，○○○	岁出	一○，三○二，○○○

（3）家畜（一九二六年调查）

羊	山羊	牛	马	骆驼	计
一二，七一六，○○○	二，五二九，○○○	一，九五七，○○○	一，五九○，○○○	四一九，○○○	一九，二一一，○○○

（4）贸易（一九二六年调查，单位：卢布）

输　出	输　入	计
二四，八三八，〇〇〇	二二，一一五，〇〇〇	四六，九五三，〇〇〇

《文化专刊》（月刊）

厚和蒙古文化馆研究部

1939 年 3 期

（朱宪　整理）

日本小鬼被外蒙打败了

作者不详

日本小鬼从今年五月一日起，出兵去打外蒙古。打了两个半月，不但没有打进外蒙一寸地方，而且被外蒙打死打伤了一万多名兵，打掉了二百多架飞机。再也不敢和外蒙打了，两国正在休兵。

他为什么要去打外蒙古呢？这有三种原因：

第一，外蒙也是成吉思汗的子孙，成吉思汗是有心打日本的，可惜去打西夏国的时候，他就死了。后来他的孙子忽必烈汗，顺着成吉思汗的心去打日本，可把日本打得利害了。直到现在，小鬼还要报这一次仇。他来占我们的内蒙，是为报仇，打外蒙也为报仇。

第二，外蒙古有许多的牛、羊、马，金银财宝都比内蒙多。外蒙王公的地窖里藏着几千万两白银，都被外蒙奸细们报告给了日本小鬼了，所以小鬼发兵去抢。

第三，我们中国不正和小鬼打仗吗？苏联国（俄大鼻子）帮助我国许多飞机、大炮、枪子、火药，都从外蒙路过，日本小鬼想去劫道。

可是外蒙古的同胞没有忘了成吉思、忽必烈二位圣人的心，小鬼来打，就打小鬼，并为了保护他们的金银财宝、马、牛、羊，保护苏联帮助我国的枪炮，外蒙古同胞恶狠狠的和小鬼打了两个月，到底把他打败了。

由此可见，日本小鬼也是受不住打的。只要打，他必败，如不打，他就来欺侮你，外蒙古一打就把他打败了，我们不是亲耳听见吗？

内蒙古同胞这几年也被小鬼欺侮苦了，他为什么不敢去欺侮外蒙，就因为外蒙打他，他为什么敢来欺侮内蒙，就因为内蒙不敢打他。

内蒙同胞如果敢出兵去打他，我敢保他就再也不敢来欺侮了。

《边疆通信报》（周刊）

榆林边疆通信报社

1939 年 4 期

（丁冉　整理）

伊盟形势严重

——粉碎敌人政治阴谋的进攻

克诺　撰

一　开头

我们要生存，我们要自由，我们要抗战，我们要胜利，全中国各民族都是一样的！一样的呼声，一样的拳头，一样的脚步！

由于欧战的扩大，中国更需要"自力更生，艰苦奋斗"，相持局面的到来□鄂北、豫西……的几次胜仗，充分说明此点。敌倭施展其更刻毒的政治阴谋的进攻，由于汪精卫之粉墨登场，和国内许多敌伪汉奸分子的造谣、欺骗，煽惑人心，造成了目前时局的主要危机。

无疑的，时局的好转，仍需全国人民来奋力争取——争取真正的精诚团结，争取真正的进步，争取真正的胜利，争取抗战建国的成功。

在精诚团结中求进步，在进步中加强精诚团结，在团结进步中去求胜利："走上抗战胜利的最高峰！"

当此之时，敌伪对我内蒙坚持抗战堡垒的伊克昭盟，加紧其更进一步的政治阴谋的进攻（在整个的政治形势下，我们并不觉奇怪），而伊盟内部之地方摩擦事件，亦时有所闻，我们听到的消息，固"其说纷纭"，不敢轻于置信，昨忽披阅沙王府《蒙旗民众日报》简载：

> 据悉骑三师（即前之蒙古独立旅——作者）骑兵连于四月十八日，派军士云连贵、赵德明等八名，枪马齐全，并带牛车二辆，牛驴共十九头，前往乌审地葫芦素地方买粮。讵于五月六日返归途中，实被×××支队第二大队士兵四十余人包围，悉数杀害，并劫去枪马暨军驮等物品……

倾读之余，不禁慨然。我终相信这是所谓"地方事件"，没有什么复新的政治问题："该师"既已"将肇事情形，调查明确"，"专函蒙政会"请饬乌审旗政府，严加究办。而"蒙政会已派会委任秉钧前往调查"，定能妥为"办理"，不为赘叙（引号中乃《民众日报》消息原语）。

这里，我要特加详明的是，粉碎敌人的政治阴谋，挽救由于敌人加紧政治阴谋进攻，所引起的严重的伊克昭盟的危机，争取伊盟形势的好转。

二　敌伪一贯的阴谋和伎俩

这里，所谓"敌伪一贯的阴谋和伎俩"，系指抗战后而言。

日本军阀、财阀的狂妄企图是要灭亡全中国的，内蒙哪能例外，对内蒙的侵略，像对全中国一样，不是偶然的一时的行为，而是长久的、一贯的政策。空说话，不算事，请用血的事实，来证明倭寇对内蒙的一贯阴谋。

"七七"事变后，以伪逆德王为招牌，以武力为后盾，一九三七年十月间"狼豕突奔"，铁蹄踏遍了绥东、绥中、绥南（内有绥东四旗及土默特旗）和乌兰察布盟，血腥沾污了包头、安北以东的塞外原野。寇骑所至：

（1）把"蒙疆"划成"防共特别区域"，以便其侵略行为。

（2）树内蒙以德王为首之伪组织，作为其侵略工具（先前之"察南"、"晋北"二伪"自治政府"和"蒙古联盟自治委员会"，月前之伪"蒙联政府"均为实例）。

（3）经济的掠夺和榨取，"经营"和"开发"。

（4）教育、文化的奴化，民族思想的割裂和取消。

（5）抗日思想的［去］取缔。

（6）简言之，倭寇是要把内蒙变成它的殖民地，供其压抑，供其榨取剥削，在政治、在经济、在文化、在教育。

这就是敌人一贯的阴谋，这就是倭寇的长久政策。无奈伊克昭盟在贤明的沙王领导下，在指署、蒙政会的积极工作中，在邓总司令、高军长的妥为筹计下，在全体蒙胞和抗日军队英勇的抵抗下，伊克昭盟这块肥美的土地，成为抗战的碉堡，而倭寇之"蒙疆统一化"并未完成，德王之"大元帝国"，仍成幻梦，但是并不就此放下屠刀，"不到黄河心不死"，敌伪仍企图用各种方法把伊盟拉向坟墓里去。于是它：

第一，积极的用政治上卑污的伎俩，来分化内蒙抗战的阵营，挑拨、离间蒙汉的感情。

第二，消极的派汉奸敌探，来侦察我们的消息，且造谣、欺骗、煽惑蒙汉民众，动摇人心。

其具体方式：

（甲）利用公开的机会，派其走狗——汉奸参加到我们抗战机关中，以开展其效忠"主子"的工作。

（乙）收买、利诱"唯利是图"来往包头的皮毛商人，乘其来往方〔便〕利，深入蒙旗，侦探报告消息，通讯连络，收买汉奸，煽动与挑拨蒙汉民众日常生活上的冲突。

（丙）派遣喇嘛或利用当地驻在"召庙"不明大义之喇嘛，供其利用，造谣生事，愚惑蒙民，掩护汉奸工作。

（丁）最希望能在伊克昭盟抗战内部，按〔安〕置下它的汉奸堡垒，指挥一切，不过终归失败。

（戊）派遣临时汉奸敌探。

但竟出乎敌伪的意料之外，在抗日军队的严密侦缉下，有的被"捉拿在案"了，隐藏分子有的在"光天化日"之下〔下〕，被发现了，有的根本装进棺材里去了……

三　给敌人的坚强回答

倭寇的侵略愈甚，我们的反抗愈烈，鬼子的鬼计越多，我们的方法越妙，不管敌寇怎样的"苦心焦虑"，伊克昭盟専〔事〕实上是更坚强的站在北国的原野上！

首先是以荣祥、白海风先生为代表的内蒙抗日的新兴力量，在中央的扶持与指导下，在"消灭敌人（不论其何种〈情〉形），发展自己"的原则下，在不断的战斗与刻苦中，发展与渐次的刚强起来。无疑的，这将给敌伪以最上的威胁与嫉妒。

其次，是"出类拔萃"的内蒙抗日青年，秉其一贯优秀的传统，在实际抗日斗争中，推进了工作，锻炼了自己，加强了抗日阵营，和敌伪统治下的青年相较，他们团结得更紧了，在民族革命战争中，他们将是最坚决、最刚强、最有劲的一支抗日战斗的内蒙生力军。

第三，伊盟各王公，在沙委员长的领导之下，〈认识到〉无耻敌伪的丑恶，而立在抗日的晴空之下，他们看见自己内蒙青年紧张的战斗情绪，自己也兴奋起来了，无疑的，抗战非使他们进步了不可。老实说，内蒙今天抗战，离了他们是不行的，要受他们指导，要把他们扶掖。

第四，内蒙的青年和王公团结得更紧了，因为他们都看清自己的自由幸福是在抗日方面。

第五，深居在蒙旗的蒙汉民众，在艰苦的生活中共同支持着抗战，相亲相爱如兄弟，历史上的惨痛痕迹，虽未能完全去掉，但至少走快二十年。

最后高擎着鲜明抗日旗帜的绥境蒙政会和宣慰使署，以及许多抗日英雄如荣祥、白海风、奇俊峰、巴云英等，更昭告全世界人士，内蒙是我们的，内蒙在继续战斗中。

这就是伊克昭盟以及整个内蒙给敌伪坚强的回答，让无耻的敌寇"目瞪口呆"吧。

窘促的敌人，还是要最后跳梁的，今春发动了小规模的进犯绥西，在政治阴谋上讲，它要：

一、完成其"蒙疆"统一化的阴谋。

二、扫荡伊盟抗日势力，树立伊盟的伪组织。

这是要在绥西战事得逞，才能实现，但在我傅作义将军所率全体将士的英勇战斗下，与伊盟驻在部队的严密警戒下，敌寇失败了！

倭寇对伊盟会罢手吗？不！

四　更刻毒，更阴险

敌人为将"蒙疆"作为其侵华溃败的最后根据地，无论如何总是企图囊括伊盟的。因此，它除继续它过去进攻的方式外，更进一步的去做挑拨、离间、分化、利诱、威胁的工作。

一、以盘据达拉特旗的森盖逆为导火线，可能的话，在各旗制造武装汉奸捣乱后方。

二、勾引蒙兵投伪，瓦解内蒙抗日部队，并资连络。

三、制造"磨擦"事件，分裂伊盟团结，挑拨抗日青年新兴力量与王公之关系，离间蒙旗与中央之关系，挑拨当地人民与驻军之友谊关系……

四、鼓使汉奸和隐藏的两面派的分子，向新兴的抗日年青的力量进攻，他们要布置成一个进攻的阵线，找到机会来发生事件。注意，这是更刻毒、更险恶的阴谋！它表面上好像是维护王公利益，实际却是取消王公的权益，因为大众都是抗日战线上的人，同在建国的阵营里，有着共同的利益存在，谁家被打击，都是减低自己战斗的勇气，削弱抗日的力量。

五　伊盟内部的逆流

我把乌审旗境××××支队和白海风先生部队发生的那个事件，叫做"伊盟内部的逆流"不对吗？那么它是"进步"吗？有利于抗战吗？

不幸在敌伪加紧对伊盟——这坚持绥蒙抗战的模范根据地——政治阴谋进攻的时候，乌审旗境发生了这个摩擦事件，的确，是应该觉醒和警惕的。

对此事的解决，不特注意于现在，尤须远谋于将来。在事件发生后，我曾经对身与其事者的部队双方内的人说：

第一，希望这件事能从公迅速和平解决，绝对避免扩大，影响伊盟，影响抗战。

第二，解决后要保持而且增进双方部队的友谊关系，因为征途尚远，需要吾人携手共进者正多。

结果，很令我们满意，这不能不佩服主其事者的远见。

六 目前的战斗任务

伊盟形势已至空前严重时期，由于敌伪政治进攻的加紧，今后的事件，恐怕一天比一天要多起来。我们要认识，目前的政治形势，和一九三七年冬季的形势根本不同，这排演开来，将是一个复杂的政治局面，不可忽视的。

为了粉碎敌伪的阴谋，巩固伊克昭盟的抗战根据地，我们必须马上奋起战斗：

第一，最重要的当然是消灭森逆盖驻在包头滩上的部队，取消这个导火线和祸害。军政当局已经在实施上，不必多谈。

第二，肃清汉奸与隐藏的两面派的分子，打落敌伪武器。

第三，打击汉奸与隐藏分子各种形式的挑战，在目前战斗胜利场合中，是特殊重要的，对进攻者去进攻，才能取得战斗的胜利。

第四，积极的巩固与团结内蒙的抗日部队的内部，消极的防向伪方逃跑。

第五，奖励军队铁的纪律，今年伊盟大旱，以免因民众对军队日常生活小的事情之不满，而给敌人以可乘之机，贤明的军队领导者和干部，当比我更清楚。

第六，加强青年与王公中间的团结——应该发扬过去的优良的传统精神，青年拥护王公，王公领导青年，在残酷的政治战斗场合，力的分散，便是力的取消。

第七，加强蒙汉两民族中间的团结，伊盟蒙汉杂居之处甚多，苟有不慎，而闹起冲突，对抗战、对内蒙都是罪恶。

第八，改善人民生活，深入的动员蒙民参加抗战，关于具体的问题和办法很复杂，有机会再谈。

第九，和一切内部"磨擦"行为作斗争——因为抗日力量的对打，便是抗日力量的对消。

第十，最后我要郑重地提出，团结、进步，抗战的总原则，必须严格遵守，这是我们战斗唯一有利的武器，有此可制敌之死命。

这是奋起战斗到临的良好时机，这是锻炼战斗力的场合，在战斗中可以将自己更坚强和壮大起来。

蒙古高原上的战士们呵！挥起你们的一切武器，战斗吧！战到底！看是敌人顽强呢？还是我们顽强？

否则，政治警觉性愚钝到可怕的程度，朦胧中让敌人夺去我们手中的武器，来打我们自己，那真是糊涂透顶了！

一九四〇，五，二十五日，于榆林

《塞风》（半月刊）

陕西榆林塞风社

1939 年 4、5 期合刊《蒙古专号》

（朱宪　整理）

论对蒙工作

汤昭武　撰

一、问题的提起

由于战争的烽火，使中华民族团结得如像巨人一个样，也正由于全民的精诚团结，便又使得抗战，乃至更能顺利的继续到现在。"能团结方能抗战，要抗战就要团结"，这是我们今天所应确切把握的唯一真理。

蒙古民族，便也是这个团结的主要因素之一。没有别的，因为蒙古有着广大的土地，更还有着广大的物力与财力。也正没有别的，惟独蒙古有了一切这些条件，因而蒙古民族便才在抗战事业中占有极关重要的地位。所以蒙古民族不仅是抗战的生力军，而在建国的将来，也还将是我们一个有力的组织成员。

只是这种努力，还没有达到应有的程度。就是说：为要争取并团结蒙古民族起来共同参加抗战，这仍是我们当前的紧急政治任务。

然而蒙古民族却是一个久经压迫的民族；满清入关，蒙古民族首被征服。统治阶级的压迫，汉商地主的剥夺，接着而日寇魔手也开始侵入到蒙古民族的心脏了。所以蒙古民族积弱之渐，满清专制政府实应首负其咎。民国成立，五族虽称共和，但夷考实际，蒙古民族仍未能享有权利尽到义务。特别自"九一八"后，由于日寇疯狂的惨无人道的继续侵略与进攻，中华民族危机加深，而蒙古民族更也陷入空前悲惨的命运了。这便是蒙古民族经过的历史环境；而这种历史环境的长成，也就是蒙古民族现状的基本特征。所以说：蒙古民族现在除了外蒙古我们暂且不谈外，而内蒙不管是沦陷区域或未沦陷区域，在今天，在他所表现于政治、经济、文化以及社会各方面的落后情形则是一致的，同时也不是偶然的。

　　蒙古民族的解放，不能离开中华民族的解放而独自进行。为什么？因为今天灭亡中国的敌人，也正是进行灭亡内蒙的敌人。换句话说：在今天，在完全没有把日寇赶跑以前，蒙古民族的命运与整个中华民族的命运，基本上并无什么不同之点，而且将来也还会相同。所以尽管日寇在宣传什么"扶助蒙古独立"，尽管日寇在组织什么"蒙古联合自治政府"，然而这套滑稽剧幕里头，实际都是彻底灭亡蒙古民族的阴谋导演。因而蒙古民族今天必须要有这种觉醒，也只有觉醒起来这才可以打倒共同的敌人日本帝国主义。反之，蒙古民族或整个中华民族的解放都是不可能的。可是在另一方面，中华民族的抗战，也必须要有蒙古民族的参加。因为只有蒙古民族的参加，中华民族的抗战才又更多一层保障。否则，不仅削弱了团结的力量，影响着国内的政治，即蒙古民族所在的察、绥两省重要战略地带，在保卫西北和收复失地的意义上也将必然遭受着严重的打击与创伤。

　　一句话：蒙古问题，不仅是蒙古民族自己的问题，而且由于利害的关系，他还影响于中国的抗战。所以解决蒙古问题，在今天实是刻不容缓之图。

二、正确的对蒙观与错误的对蒙观

为此目的，所以对蒙工作又有值得提出讨论和重视的必要。首先是认识问题，这尤其是决定一切工作的基本前提。那么，我们的对蒙认识是否有了错误呢？有的。让我们分别说明如下：

（一）蒙古不是一个民族：持这种见解的人，他们以为蒙古既是中国领土之一部，而且蒙古人民又同是中华民族的一个构成部分，那么，中国便无所谓蒙古民族了。正因为他们不把蒙古当做一个民族，因而这些人们便发出许多否定蒙古民族论，说什么由于历史的□□，血统的混合，以及多数蒙民早被汉化等话，其实，这□是蒙古民族的某些特殊□□，却并不是蒙古民族的本质和内容。必须指出：我们根据某种民族一定的结合特征，蒙古民族与中华各民族之间却只有一个住居地域的相同，而言语、文字、风俗、习惯以及经济生活等条件……则截然不同。惟独不同，所以蒙古便有理由成为一个民族。尤必须指出：由于否定蒙古民族论点的出发，或归结必然是蒙古一切落后，蒙古的政务和事务，也都得由汉族取而代办之。这是要不得的，结局恰是给日寇造了机会。

（二）蒙古也没有问题：这一论断，基本上仍是以否定蒙古民族论为出发点的。因为他们既不承认蒙古是一个民族，那么蒙古哪里会另外再有问题呢？于是这些人们□跑出来说：蒙古没有问题。如果说有，那也是别有用意者的宣传，吃蒙古饭者的夸大。其实，蒙古问题在今天这已是个事实问题。不是吗？他们是没有看见日寇正在导演着傀儡，而且这些傀儡，还必须要以蒙古民族败类的德王□□去□当。是没有看见日寇正在强调着"特蒙化"，而且这□"特□化"的表面又必须要特别□□上"蒙□"两字。

□□□□也没有□□□□□政府为什么又要设立蒙古机关，（如蒙藏委员会，绥蒙□导公署，绥境蒙政会，□□蒙□□材，如蒙藏会的蒙藏研究□，及国内各大学□□□□□□□设有蒙藏学生的专□□□。）□□□□边疆问题等（如马鹤天先生现在榆林所主办之边疆学会……）而且他们更也没有看见，总理的民族主义与本党历次代表大会宣言又为什么对国内少数民族必须要有着一定的规定和决议？够了，这都是活鲜鲜的事实，请向这里来探讨蒙古问题吧！

（三）过高或过低的估计蒙古民族：这一种人，他们既不否认蒙古民族，同时也承认蒙古问题。但他们却犯了两种不正确的倾向，即对蒙古民族作过高或过低的估计。前者认为蒙古民族的积弱不振，完全是受了异民族的统治，因而他们便由依赖外援的心理，一变而为仇视。主张蒙古民族完全自治，希望蒙古民族自己靠自己；这显然是一个极端。但这一表现，主要的是在蒙古某些少数急燥青年。而后者则是出于狭义民族主义思想者的流毒，由于他们机械地看问题，因而这些人们便只是一方面的发掘了蒙古民族的愚昧、落后、涣散、无能，而另一方面蒙古民族的积极作用，却又根本视若无睹；这又是一个极端。这两个极端都是有害于抗战的，而且也都是有害于蒙古民族之光明前途的，理由很简单：因为过高的估计了蒙古民族，便使对蒙古工作流为空谈，反之，过低的估计了蒙古民族，这又使对蒙古工作无从开展。所以问题是怎样团结蒙古民族，怎样才能使蒙古民族的力量为共同的敌人——日本帝国主义而奋斗！

由此可见：对蒙古工作尚还没有得到应有的开展，这不是没有原因的。怎样消除这个原因，即怎样使对蒙工作能有很好成效，只有一个前提，就是首先要与这一切不正确的倾向作斗争。

三、对蒙工作的四个原则

清算了错误的对蒙□点之后，接着便该说到怎样对蒙工作了。但对蒙工作必然要有一个原则，就是说：一定的工作环境，就必须要有一定的工作方针，而一定的工作对象，也必须要有一定的工作内容。那么，我们的对蒙原则是什么呢？根据本党的民族政策和当前的历史环境，约可分为下列几点：

（一）巩固汉蒙民族抗日统一阵线：这是第一个原则，而且也是一个最基本的原则。为什么呢？因为在今天，由于汉蒙民族不可分的绝对理由，汉蒙民族间的关系，实有值得更加团结和更加巩固的必要。因此目的，所以我们必须要消除过去的一切历史成见，互相帮助，避免磨擦，大家站在三民主义的旗帜之下，拥护中华民族唯一领袖，共同抗战，共同图存；这才使得日寇无懈可击。否则，"在未获得胜利以前，吾境内各民族，惟有同受日本之压迫，无自由意志之可言……"（二十七年四月《国民党临是〔时〕全国代表大会宣言》）因为如此，所以："……我们必当深切认识，惟抗战乃能解除压迫，惟抗战胜利，乃能组织自由统一的即各民族自由联合的中华民国。"（同上）由于这一指示，便可见汉蒙民族团结之重要。因而目前一切对蒙工作，必然都应服从这一原则，而且都应为实现这原则而努力。

（二）唤醒蒙古民族的抗日觉醒，组织并团结蒙古民族起来积极参加抗战：这是第二个原则，很显然的，蒙古民族的抗战力量，到今天尚还没有足够的表示，这已是个事实。但不是没有原因的。主要的一方面是由于宣传工作的不够，一方面是由于组织力量薄弱。因此，我们今后必须确定蒙古民众动员计划，并依据这个计划广泛深入的宣传，组织蒙古一切人民。只有这样，才可以粉碎日寇的政治阴谋，才可以把蒙古民族争取到抗战的方面来。

（三）反对日寇卵翼下的伪满政府、伪蒙联合自治政府，并揭露其阴谋：这是第三个原则。"欲征服中国必先征服满蒙"（田中奏折），这是日寇既定的一贯政策。可是这个政策的实施，由于蒙古幅员之广，基本上他必然要以政治进攻为主。因而制造"傀儡政府"，提倡"日蒙协和"，宣传"扶助蒙古独立"……其实，这都是欺人之谈，都是灭亡蒙古民族的阴谋诡计，我们必须坚决的予以反对。为此目的，有计划的揭露日寇蒙奸走狗的阴谋活动，这是必要的，而且也是非常重大的任务。

（四）实行国内各民族一律平等，坚决肃清狭义民族主义的作风：这是最后的一个原则，而且也是保证对蒙工作的必要前提。毫不讳言的，直到今天，我们对于蒙古民族还似采取一种非常轻视的态度。但由于这一轻视□点的出发，则工作一方面必然要发生包办的流弊，而另一方面却又可能的使之陷于笼络之嫌。这都是有害于对蒙工作之发展的，我们也要坚决的予以反对。为此目的，所以我们必须要根据着总理的民族主义，实行"国内各民族一律平等"。只有以平等待遇蒙古民族，蒙古民族的抗日作用才会更能积极的高涨起来。

这四个原则，都是今天对蒙工作的必然前提，而且也是应该执行的。反之那便是不能懂得对蒙工作的严重意义，实际等于取消对蒙工作。

四、为实现蒙古民族的当前任务而努力

根据这一工作原则，蒙古民族的当前任务应该是这样的：

一、拥护国民政府，拥护蒋委员长，坚决与中华各民族共同坚持抗战到底。

二、在集中意志与唤醒抗日觉醒的前提之下，尽量利用蒙古《民众日报》，并由各蒙政机关、各旗政府，有系统的大量的制定许多标语、传单、漫画、小册子……有计划的进行政治总动员，普遍向蒙民解释、揭露目前战争形势，中国抗战必胜，汉蒙民族必须团结，以及日寇、蒙奸之政治阴谋等。但这一宣传，却必然要与蒙民的切身利害密切结合起来。

三、根据全面的而又是全民的抗战国策，广泛的动员蒙古民众参加抗战，这实是我们今天一个中心工作，因此，各蒙政机构、各盟旗政府，必须斟酌当地实际情形，运用征兵制度或原来固有的帮会、团礼〔体〕以及迷信组织等，大量的组织蒙古民众，武装蒙古民众，使蒙古民族能够成为一股坚强的抗战力量。

四、扩大并加强蒙古民族的各种抗日武装力量，发扬蒙人的骑射特长，提高蒙人的抗日决心与信心。为此目的，蒙古现有的军队，必须待以国军的待遇，蒙古现有的武装，必须重新加以整理。而尤其是各族的游击部队，□应统一指挥，俾能在一个命令之下行动起来。

五、发展并建立蒙古民族的抗日文化教育。一般的说来，蒙古大多数人民的知识程度，尚遢远落在内地人民的知识程度之后。因之，蒙古大多数人民的政治认识，也比较是模糊的。因此，这又妨害了与限制了蒙古民族的抗日醒觉，为此目的，所以我们必须要把蒙古民族一切现有的文化教育事业，提高到应有的程度之上，并还应当帮助其扩大发展。这样，蒙古民族才有可能的走到进步的一方面，这是保证抗战的一个必然条件。

六、尽可能的改善蒙古人民的现有生活，这也是动员蒙民参加抗战的一个重要前提。很显然的，蒙民抗战情绪之不振，一般固然是由于文化程度之低落，然而生活的压迫，也是这一现象的直接原因。因此，我们必须要积极着手改进蒙民生活。一方面应当改良蒙民的牧畜事业，并帮助其发展农业、手工业及小规模的毛织、皮革工厂之生产；另一方面又必须要严禁汉商剥削，并适当的减轻或废止一切苛杂与徭役等。这样，才可以发扬并广大蒙古民族的抗日积极性。

七、瓦解伪蒙军队、伪蒙政府，并争取某些被迫分子回旗抗日。伪蒙政府与伪蒙军队的存在，显然给蒙古民族精神方面一个很大影响和打击。但这些军队与政府的构成的分子，却又未必都是甘心附逆。因此，我们不但必要，而且也有可能的进行这一瓦解工作。为此目的，今后必须有计划的派遣大批工作人员，到伪蒙军队中去，到伪蒙政府中去，一方面进行公开的说服与感化，一方面进行秘密的组织与瓦解。果能如此，则日寇便失去对蒙侵略之凭借，这与整个中国抗战，是有着重要的决定作用的。

八、建立沦陷蒙旗的游击根据地，广泛开展敌后蒙民的游击战争。根据目前敌人以政治进攻为主的抗战情形，这个工作是再重要也没有了。为此目的，我们必须派遣大批得力工作干部，深入沦陷蒙旗，组织敌后蒙民，武装敌后蒙民，并普遍的开展敌后游击战争，使得敌人进退两难，深陷泥淖。这是一个极为艰苦的工作，但这一工作，却又与保卫蒙族和收复蒙地的伟大任务不能分开的。

所有这些，不仅是蒙古民族的任务，而且也是整个中华民族的任务。怎样实现这个任务，这是需要汉蒙民族起来共同携手进行的。

六月十七日

《塞风》（半月刊）

陕西榆林塞风社

1939 年 4、5 期合刊《蒙古专号》

（李红权　整理）

肃清蒙古帮闲者！

许如　撰

好些年来蒙事之坏，大半坏在两种人身上：一种是蒙古政治掮客，一种是在蒙古王公左右的幕僚一类的汉人帮闲者。前者在抗战以后已无法存在，后者则广泛的隐蔽于蒙古之间，正如病菌之寄生于人体一样。

过去这一类帮闲人物，不论是舞文弄墨的师爷，或目不识丁的说客，大都是人格上打了折扣，在心中有了缺欠的东西，他们短视、浅见、势利，利用王公的蒙昧，挑拨蒙汉的感情，结□□□□于彼有利，哪怕是苟徒衣食于一时吧，便出卖国家民族的利益都可以！现在的新式蒙古帮闲者，表面上当然进步了，但骨子里却丝毫未变，其行为之卑劣，心术之毒恶，犹且过之，所以影响之坏更大！

我们要如肃清人身血液中毒菌般的来肃清蒙古帮闲者！

《塞风》（半月刊）

陕西榆林塞风社

1939年4、5期合刊《蒙古专号》

（朱宪　整理）

蒙古同胞在抗战中最伟大的一片断

许锡五　撰

□□地，一辆一辆的装甲汽车过去了；沟里翻上来，梁上栽下去，一撞把树也撞倒了的坦克车，黄尘随着车屁股往出吹，像狮子一样地冲上来，车上只有枪声不见人。在蒙旗头戴西洋礼帽，脚穿朝天皮靴，长辫子，大腰带的袍子队，七撮八撮，枪杂弹少的应差兵看来，那股狂风暴气，直恐袭上他们的心头，辗转影响，上自王爷、仕官，下至兵丁、黑人，都回忆上死寇挑拨汉蒙感情的恶宣传了，估量之下，只有汉人们一天一天地不顺利，敌人更东西活动，那时，蒙旗之为蒙旗，真是岌岌乎殆哉了。

出现了，出现了蒙旗唯一抗战集团的白海风部队了，他不但是蒙古军的大集团，在绥垣与死寇拼命之后，连党、政、建、教等蒙古青年，一齐都带出来，抗战到底，不成问题。恰遇达拉特旗出来了一个森盖凌庆，靠着死寇爹爹打孤雁。展且召一战，就是可惜没有把降贼小子聚歼完。的确，蒙旗抗日部队的枪炮声，唤醒了蒙古同胞的迷蒙心，接着准格尔旗汉蒙交界的哈剌寨，开了一次空前的盛大的汉蒙联欢大会（二十六年十一月事），蒙古军歌上戏台，汉蒙标语像春联，手旗飘扬，口号震天，奠定了汉蒙大团结。蒙奸们该醒悟了，想不到准格尔旗双山堰村有奇凤鸣指使的蒙奸机关隐藏着，可是到底被剿灭了，死寇爪牙吉布生格、张玉禄、二班定、保保等四人铡决了。又没有想到××旗大蒙奸札正懿、奇得胜又酝酿着大规模的暗杀团，事情不那么巧，又被侦知了，奉令明正典刑，二人一齐枪毙。蒙奸们还想什么呢？这一股抗战到底的大正气，不但任何贼小子撑不住，而且给汉蒙造成了旷古未有的新景象，凝紧大中华民族的这一团再往前一冲，胜利的影片还要再演映到寨上来。抗战是最神圣的，只有团结到底，奋斗到底，一定要胜利到底，东方的晨光已露头了。

二十九年六月二十六日修正稿

《塞风》（半月刊）

陕西榆林塞风社

1939 年 4、5 期合刊《蒙古专号》

（李红菊　整理）

从蒙旗组织说到伪蒙政府的没落

邹焕宇　撰

东邻的敌寇——日本帝国主义者，实行预定的"灭华"阴谋，以民族问题为烟幕，挑拨我国内各民族间的感情，而于"七七"事变之后，在归绥成立伪蒙古联盟自治政府。嗣又于去岁九月一日，改组为伪蒙疆联合自治政府，这"蒙古联盟……"或"蒙疆联合……"等伪组织，不论就任何方面言，都是一个名符其实的傀儡，虽暂足供其主子——日本帝国主义者当做一时的宣传资料，借以掩盖世人耳目，其必然地会趋于没落，殆无疑义。本篇仅研究伪蒙政府管辖下的蒙旗组织，以说明其必趋没落的命运。

蒙旗组织成立于满清初叶，大致可分为行政组织与社会阶层两种。行政组织以盟政府的地位为最高，每盟设有盟长、副盟长各一人，由中央主管边事机关（按前清为理藩院，今日为蒙藏委员会）在该盟各旗扎萨克或其他王公内选择年高望重的提请任命。盟长的任务，在过去为主持会盟事宜，襄助钦差大臣召集所辖各旗官兵加以检阅，借定惩赏。民国成立以后，例行的会盟已停止，盟政府成为呈转机关，盟长遂无显著的职权，副盟长辅佐盟长办事，权限更小。有些盟还设帮办盟务一缺，其地位又在副盟长以下。

旗是蒙地的行政单位，也是部落时代的一种组织，游牧经济的一个集团。一旗的首长为扎萨克，这一缺与盟长的性质不同，他是世袭的，蒙旗的平民固不能问津，就是同属一旗的其他王公，除遇特殊情形外，也没有被任命的希望。扎萨克常在王府，遇事由事官去请示，他是全旗唯一的领袖，是神秘的独裁者，旗内大小事情，那〔都〕由他做最后决定。与扎萨克同受封爵的，另有闲散王公，各旗的人数不等，他们的位置虽高，但除兼事官职外，不负实际责任。自民国初年停止廪俸后，这大批的闲散王公的承继，由各旗自动办理，中央已停发袭爵的明令。旗政府的主要事官，共有五人，最高的是协理（蒙名图萨拉格齐），有东西二缺，他们虽非世袭，也限于蒙旗的贵族担任，扎萨克而外，在行政上占着重要的地位。协理以下有管旗章京（即和硕甲格齐）一人，掌管一旗的事务，为事官内的中坚分子。另有东西梅楞两人，也称为副章京，在执行事务上，他们是管旗章京的助手。以上五个事官，是一般旗政府的主要人物，东西协理遇事始被请来，平时常在家中，其他三事官轮流在旗政府负责，处理各项例行公事。主要事官以下，有参领（即扎兰章京）若干人，他们的任务，一面秉承事官之命，办理旗政府的事务，一面又管辖所属各苏木，使这一职形成旗与苏木间的连锁。其余的文书事务等人员从略。

苏木是盟旗的基本组织，同内地的区、乡类似。每个苏木设有佐领（即苏木章京）一人，管理全苏木的事务，如清查户口、分配差徭、征集摊派、维持地方等，都是他的责任。佐领以上〔下〕有昆都（亦称骁骑校）一人为辅佐，又有博什户（即领催）数人供差遣，这以下就是普通的箭丁。

上述的组织系统，是就一般蒙旗而言，特别旗略有不同。即一般蒙旗里面，如人数的多寡、任务等，也稍有差异。兹将盟旗和苏木的组织列一简表如下：

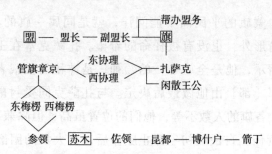

蒙旗的社会阶层很特殊，它把蒙人分成地位悬殊的贵族与平民。贵族是受过满清封爵的，有汗、王、贝勒、贝子、公、台吉等，都是世袭的。在那时只要听满清的支配，表示诚意的服从，即受特殊的待遇，如物质的赏赐、地位的崇高，造成他们一种"惟我独尊"的心理。尤其是扎萨克一类的管旗王公，他在本旗的尊贵，俨然是一个"小朝廷"。不管旗务的闲散王公，也有他们一定的下属（俗称为奴才），平日一呼十诺，与管旗王公同样的高贵。蒙旗的大喇嘛，实为特殊的贵族，因他们的地位和享受与王公相似。近年这些贵族同受经济和政治的影响，除管旗王公外，其地位都每况愈下，大有不能自保之势。

站在和贵族相反地位的，便是平民。自民国初年政府明令解放家奴（实际上偏僻的蒙旗还有少数存在）后，凡不属于贵族一类的蒙人，都是平民。他们较一般公民的地位略低，对于扎萨克、事官和直属的贵族，在原则上都应绝对服从。他们的行动不自由，也不许脱离旗籍和隶属关系，并须在旗政府和王府服役，财产要按数量纳捐。不过自民国成立后，平民的地位很有进步，在法律上已取得独立平等的人格，在国内各方面的发展尤速。加以多数贵族的日趋衰落，更反应〔映〕平民地位的增高。

根据蒙旗的行政组织和社会阶层，发现下列重要事实：一、蒙旗王公的地位很高，管旗王公的地位更高，他有土地、人民和主权，行政不受若何限制，不过因为封建世袭的缘故，精明的承继者，勉能保守现状，否则连现状也不易维持，至于进取冒险的，除一二野心家外，并无其人。二、蒙旗社会阶层的划分，使贵族与平民判然有别。贵族是世袭的，他们的子孙，不问贤愚，都能承继先人故有的爵位，享受特殊的权利，反之平民成了世袭的奴才，分别隶属于直系的贵族，知识能力如何强，在旗政府的官职，不能超过管旗章京的限度，因此贵族与平民，固愿〔难〕团结一致，平民本身也是一盘散沙，并无群众力量。三、王公们大都重世袭，尚保守，进步极迟，与前进的知识青年不易合作。四、文化水平较高的民众，常不安于现状，对贵族的统属，阳奉阴违。依照这些特质以检讨伪蒙组织的凭借，足证明它的先天不足，无法避免注定的没落。

敌人欲在蒙旗制造傀儡组织，其阴谋远在确立"大陆政策"之后，而其一贯的方针，在于利用盟旗组织中产生的少数野心王公和偏急的青年，故不断地实行挑拨离间利诱威胁，以达其目的。当内蒙要求"高度自治"之先，那些野心王公和青年曾在热河与敌特务机关长松室孝良会议，秘密接受其策动，百灵庙蒙政会之成立，无形中已受敌操纵，其后演成察北之伪蒙古军政府，丑态完全暴露。一年之后，即在归绥成立伪蒙古联盟自治政府，敌寇仍以既定方针，利用德王等少数王公、总管和一部分偏急青年为主干，以诱胁内蒙各旗人士附逆，那时敌伪的心理，无疑地都希望得到内蒙各旗的拥护，希望我整个的蒙古同胞去响应这种卑鄙盲目的行为！在进行的手段方面，敌伪图利用蒙旗组织的弱点，以为一旦使各旗的王公、事官等慑伏，派代表来取联络后，就认各旗参加了伪组织，拥护这个傀儡，他们又利用蒙旗社会阶层的特性，吸收各旗一部分偏急青年，以谋充实伪组织的力量。同时还多方麻醉民众，妄想稳固其基础。

但是各旗王公的地位虽高，很少能运用他的职权，发挥一旗的力量。王公本身因为新知识不足，经验不够，只知保守故有的地位，维持故有的权利，以谋一旗的安定，根本不愿反对谁和依靠谁，这是一般的态度。由这点看来，诚意接受敌人的指导或甘心投降敌寇的王公，无论在东蒙或西蒙，并无其人，他们在敌寇的威胁下，暂时采取一种敷衍的态度，虚与委蛇，谋渡过这个波涛汹涌的难关。就是德王等少数野心王公，也是别具怀抱，妄图利用当年中、俄、日错综复杂的形势，以遂私人之愿，致执迷不悟，反被敌寇所利用。但敌伪欲假借多数王公的势力以资号召一节，既有求之不得之叹，其失败已甚顷〔昭〕然。蒙旗一部分知识青年走上偏急之路，更为暂时的现象，青年既有知识，对于敌寇的阴谋诱骗、挑拨离间等毒辣手段，自容易认识，对伪蒙政府所处的傀儡地位和其悲惨的前途，更易了然，所以他们早经离开沦陷区，继续为抗战建国而努力，不受敌人的利诱。极少数的偏急青年，一时误入迷途，已在蒙旗政治、社会上失却地位，有的不见容于王公，有的不满足于民众，他们本身也有迷途知返的，常自沦陷区出来，予敌伪更大的打击。至于蒙旗人民，他们本身本无群众力量，亦不知有甚么伪蒙政府存在，仍度其保守自由的牧畜生活，使敌伪无法利用。伪蒙政府的组成，原欲借王公以为号召，不料他们各有存心，各有戒备，谁也不甘受利用。觉悟的进步青年，准备随时打击敌人，拆散伪组织，更使这傀儡生不起力量。一般蒙人不会拥护伪组织，尤为铁一般的事实。那末伪蒙政府既不能借王公的号召和青年的拥戴，又不能依赖人民以建立基础，遂成空中楼阁，安得不日趋没落。

上面那些事实，很快地打击着伪组织的命运。伪蒙政府自民国二十六年冬季在归绥成立后，至二十八年秋季，瞬近两载，其间不但毫无成就，并且岌岌可危，几难自保，这就是一个明证。敌伪双方为挽救其没落，乃于去秋改组这傀儡为伪蒙疆联合自治政府，以图得到晋北和察南两地汉奸的拥护而延展其生命！也许那般汉奸的魔力会比较高明，但伪蒙疆政府之资号召者，仍为各旗的王公，其基础仍旧建在内蒙各盟旗上。各旗官民既都厌恶傀儡组织，而不为之撑腰，无论敌人如何使伪组织变态，总不免于没落，何况加入晋北、察南两部分后，伪蒙的内情，更趋复杂，其崩溃之朕兆必速，这又是毫无疑义的。近闻敌令伪蒙疆政府放弃在绥远的活动，将使它与伪满合并，这固然是敌人进一步攫取伪蒙各旗的办法，而伪蒙疆政府自身之趋于没落，亦足使敌寇不得不早日考虑其前途，为之预备后事，以免临时献丑。

由于蒙旗组织的研究，虽然证明了伪蒙政府的没落，是既定的事实，不过也有值得发人深省的地方。敌人制造伪蒙组织，一贯地利用蒙旗少数王公、扎萨克和偏急的青年，虽然这是少数人中的少数，已觉抓着我们的痒处，假使没足资利用的蒙旗组织和德王等一类可供号召的傀儡，更无少数的偏急青年以听驱策，则伪蒙组织的产生，虽不能避免，其骗局必较难成立，尤以利用民族问题为烟幕，以扰乱中外视听的毒辣手段，更不会收到预期的效果！今天我们知道多数蒙胞对于伪蒙组织的消极，足以使其没落，实至堪庆幸，但不见他们的群众力量，起来摧毁这个伪组织，也是一桩憾事！

七月一日

《塞风》（半月刊）

陕西榆林塞风社

1939 年 4、5 期合刊《蒙古专号》

（朱宪　整理）

绥蒙会开会

作者不详

绥境蒙政会是一个壮烈的抗日纪念机构。它一降生便带来了蒙古民族先天的抗日优良传统，在某些不肖王公勾结世仇日本的环境内长大起来，精壮起来，直到今天立在抗日的头道战线上，为成吉思、为忽必烈尽孝，为中华民族尽忠，真是值得国人爱护的，敬佩的。

回想平绥失守，敌伪西来之后，该会乌盟籍委员避难返旗，除一二人被迫陷身虎穴之外，大部深居王府，不愿事仇。云王硕德高年，且以忧郁而死。奇俊峰、巴云英、阿凌阿（察哈尔）均脱身内渡。荣祥携护印信，舍业抛雏，除可代表蒙古精神，尤征中华民族文化的伟力，熏染中华民族文化愈深者，民族意识愈为坚决。伊盟王公根本未过黄河，对于敌伪有些表面一度敷衍，对于抗建却大家始终出力。该会成立的初衷和国人对它的期许，总算不曾辜负，中华民国因之光荣千古，蒙古民族也算善继善述的了。

但两年以来，该会自己觉得工作不够（就是这样，已让国人满意了），初则缩小机构，以求发挥办事效能（去夏），继则召开临时会议（今春），推进会务。现据本报通讯，又召开大会，恢复建制，充实内部，而且响应外蒙古的对敌抗战了，这真是百尺竿头更进一步的表现，太令国人欣慰感动了。

尤其电慰外蒙抗日军一案，为外蒙割据自雄，内外断绝联络近二十年后之第一次声应气求。分手甚久的蒙胞，在抗日的前线上又获重逢，这可以告诉日寇，中华民族的任何一柱一丝，都被你们的炮火给炼成钢铁的□块，磨成刀，铸成剑，对准你们的喉咙了。对于提案人和诸位委员，本报致无限的敬佩！

《边疆通信报》（周刊）

榆林边疆通信报社

1939 年 5 期

（丁冉　整理）

绥蒙政会开会

决恢复七处三会制，致电外蒙慰勉抗战
白主任特派员演说，三民主义是救蒙主义

作者不详

本报扎萨克旗特讯：绥境蒙政会临时全体委员大会，于十七日举行预备会议。会场为伊盟盟政府大礼堂。参加者有绥蒙指导长官公署代表慕幼声，该会委员沙克都尔扎布、鄂齐尔呼雅克图、阿凌阿等多人。于十八日下午三时乃举行大会。参加者除上述三委员外，又有各委员代表，计荣祥代表经天禄、郡王旗图王代表巴图济雅、乌审旗特王代表奇玉山等四十多人。察绥蒙旗党部代表白海风、绥蒙指导长官公署代表慕幼声、教育部视察专员王天籁也都参加。情况很是热烈紧张。由该会委员沙克都尔扎布主席，行礼如仪后主席致开会辞，略称："本会召开的意义甚大，举其要者约有三点。（一）布此次南下，中央当局招待备至，对我蒙旗工作，已有既定方针，并积极促其实现。如兴办学校，以求教育发展；健全本会组织，以增进行政效率；调整保安团队，以加强抗战力量，诸如此类，均须同仁群策群力，努力实践，以副中央依界本会之深，暨总裁期望之切也。（二）蒙旗地处国防前线，位居西北交通孔道，以地理言之，关系国家存亡，民族兴替，至深且巨。本会负有领导蒙民守土职责，究应如何整饬军旅，不使敌人

越过雷池一步，如何组训民众，俾国防前线固如磐石，凡此等等，莫不需要集中意志，集中力量，以完成保卫民族，保卫国家之大业。（三）抗战迄今，已逾两年。在此两年当中，或受战局影响，或因交通阻塞，本会会务，不无若干缺陷。希望今天与会同仁，集思广益，纠正过去弱点，确定将来施政方针。"沙委员长开会词说完，由白师长代表党部致词，说："中央为了普遍推进抗战建国运动，为了实施抗战建国工作，所以才正式的成立了察绥蒙旗党部，为了发动蒙古大众的总动员，加强抗战力量，才积极的来推行党的工作。"接着他又说："蒙古同胞应当深切的和党发生联系，而且应当踊跃入党。因为先总理曾说'三民主义就是救国主义'现在我们也可以说'三民主义就是救蒙主义'。"白师长说完，接着是长官公署代表慕处长致词，秘书处报告各项工作，讨论提案。当决议恢复七处三会，并改防共委员会为赈委会外，通过秘书处长为荣祥，参事处长康达多尔济，民治处长特固斯阿穆固朗，教育处长图布升吉尔噶勒，保安处长乌勒济巴雅尔（奇文英），实业处长阿凌阿，卫生处代理处长巴登多尔济，建委会主任委员奇俊峰、委员贡噶色楞、色登多尔济，财委会主任委员鄂齐尔呼雅克图，委员图布升吉尔噶勒、阿凌阿，赈委会主任委员旺庆扎布。大会全体委员，均为当然委员。第二日（十九日）上午十时仍继续举行会议。首由白音仓代表沙委员长报告南行经过。次即讨论提案。当决议两重要议案。一、致电委员长致敬；二、以大会名义致电军委会请转电外蒙古军政当局，对于外蒙古英勇抗战，打击敌伪，表示慰劳嘉勉。大会当于午间圆满闭幕。蒙旗党部对于这次大会曾有《敬告各代表书》书中说："现在大会已在顺利的条件下闭幕了。承继蒙旗优良的传统，在贤明的沙委员长领导下，定能发挥蒙旗的特点，配合着全国一切的抗敌力量，不断地打击敌人，表现中国的团结精神，更进一步地来巩固与扩大蒙胞的积极作用。在今天抗战转入新阶段的时候，更要增加和培植新生的力量，普遍地发扬民族革命精神，拥护国民政府，拥护总裁，表现出蒙旗对国家民族复兴事业的无限真诚。"

《边疆通信报》（周刊）

榆林边疆通信报社

1939 年 5 期

（朱宪　整理）

外蒙古共和国独立观

曦 撰

外蒙古人民共和国之具有国家雏形，自民国初元，在苏俄垄断包办之下，宣言独立，今已二十余年矣。此二十余年之中其内外一切设施，凡摇手措足动静语默之微，莫不待俄人之发纵指示，左右前后，奉命惟谨，即政府中达官显宦之私人行动，苟非预得俄人之谅许者，亦无敢率意而自适于其志事之所欲者，或有故违，则危亡立至。故此二十余年来之彼邦人士，莫不噤若寒蝉，仰人鼻息，至于一嚬瞻望，亦须审睨他人之颜色，以为转移，而未容以己意轻易顾盼也。是以立国虽号二十余年，此二十余年间者，胥在褓襁之中，产〔度〕其蛰伏之生活，不啻螟蛉之负于蜾〔蜾〕蠃，从未脱于携待者之背与手，而使之稍试自为步趋翱翔之道。不但不使试为翱翔步趋之道，甚且对其翱翔步趋之资之翼与足，亦惟恐其长养发育达于足以翱翔步趋之度，而随时束缚剪裁之，俾永失其翱翔步趋之天然机能，而惟任褓负者之左之右之，前之后之，晏然帖从，不敢稍违。故此二十余年之外蒙古共和国者，谓为苏俄之寄生物也可，谓为其螟蛉子也亦可。若以外蒙古之自体而言，则谓为生而痿痹，虽亦食亦衣，长养已历二十余年之久，而瘫痪如故，殆成疲癃之废人，以终其身也，亦无不可。

试观此二十余年之政治设施，除遍布"赤化"之色彩，盖无他可睹，其惟一标帜，首举库伦之大都，易其名曰乌兰巴托尔，译其意旨，则乌兰者，红色也，巴托尔者，大都城也，合言之即红色之大都是也。其巨〔叵〕测用意，实欲以此最大之目标，使外蒙全民之思想善念，惟日趋于"赤化"之一途，移易其风俗，牢笼其职志，俾皆锢蔽于赤色之烟幕，罔识其他，甚至对其数千年来固结入于人人之心，宗教上信仰之基本观念，亦廓〔廓〕而清之，摧毁无数宏壮之喇嘛寺院，使奉列宁为思想之正宗，其毒辣之计，可谓至深而极刻矣。

　　然蒙人虽愚，积习有难反之势，且惟其愈愚，则对其固有之精神信念，愈有牢不可破之感，是以始虽误堕赤俄之彀中，而近年以来，局蹐于其羁勒桎梏之深甚痛苦，久已无所措其手足，所有生民安堵之乐，杳焉终难望其几希之光，而矫然于志之士，谋为真正独立之运动之计者，复皆供于惨毒之肃清牺牲，死不旋踵，而赍志以殁者，联肩骈戮，不知凡几。若前国务总理阔敦氏，陆军总长德密特，参谋总长单巴氏，皆以领袖群伦惨遭毒手之尤彰明较著者也。若等而下之，漠漠死于非命之浩劫者，更不可胜数，以是蒙民之怨愤填膺，道路以目，盖皆不堪言喻。语云："怨毒之于人甚矣哉！"又云："压力愈大，则反抗力亦愈大。"今蒙民既在水火之中，且洞鉴邻邦"满洲国"之光朗乐土，熙熙皞皞，共度升平，即德王领导下之"蒙疆新兴政权"，及我"维新"、"临时"诸政府亦如日方升，霁象辉朗，其愿结善邻之友好关系，以趋于大亚协和之途，而脱于赤色之阴霾惨雾者，盖如饥之思食，渴之思饮，寒之思衣之不可已也，故其潜移默孕于反共之机运者，已弥漫上下，而暗然澎湃，若不可遏。彼苏俄之"赤化"魔手，亦颇懔然不胜戒慎恐惧之怀，不敢复以猛烈之政策，遽施对处，乃改而运以刚克柔〔柔克刚〕[克]之虚徐手段，爰于三月二十八日之第二十二回外蒙国家小会议席上，许其决议对邻接之第三国树立相当之友好关系，遽付公表，虽其主要条件，仍附苏蒙两国协力对外之旨，尤以友邦日本为最大对象，但所于外蒙独自之立场者，而惟恐其继踵德王，揭竿发难，亟谋日本携手图为真正之独立运动，以与之抗，而脱其樊笼，不得不暂弛羁勒之术，稍展锁国之方，借得缓冲一时其惴惴忐忑之怀，固已晤〔昭〕然若揭矣。

今又率导防共集团之日、德、意诸监〔友〕邦，强化炽昌，日益千里，不但防共阵营，金阳〔汤〕深固，且恢张善果，扩大无疆，而"共魔"之势力范围，着着紧缩，于斯时也，蒙族谊属同气，又地域之犬牙相错，势如一家，苟内蒙运以相机善导之道，推诚相与，则促外蒙之去彼就此，其易于邀致，何啻反掌，斯则赤俄所最癙痗难安，而兢兢亟于保持者也。虽然，水流下，火炎上，民之就善，若兽之走旷，虽有大力，莫之能御，柔远怀徕，古道昭张，惟视在政者施为而已，凡所谓邻邦，可以思过半矣。

《和平月刊》

南京和平月刊社

1939 年 5 期

（朱宪　整理）

"外蒙共和国"

《孟却斯德保卫报》

作者不详

这是一个很奇怪的现象，因为"满洲国"造成之后，国人是如何的愤恨，但是外蒙共和国造成之后，国人不但漠然视之，而且还高唱联苏政策，视联俄为中国的救星。这种疯狂似的亲苏论调，到最近苏俄与德结合瓜分波兰后，才消沉下来。本文系叙述外蒙共和国最近情形，这种触目惊心的现象，能无动于中么？

——编者

最近"满"蒙边境之冲突，引起世人对于外蒙共和国之注意，十五年来，世人漠然不知此辽远之境，已由封建制度，一变而为资本主义与国家社会主义的奇特混合物。

外蒙古变化之神秘性，大部分系苏俄所主使，盖如此方可使苏俄之军事与政治部分充〔从〕容从事于援助后进之蒙人，而不为其他外人所着眼，苏俄人民之被派赴蒙者，不在少数，而苏俄青年，亦乐于赴蒙，以遂其冒险之欲望，盖赴蒙一行，系由苏俄而至他邦之最易者也。

外蒙古神秘之幕，现已由苏俄渐予揭开，今年七月十一日，外蒙举行蒙古革命十八周〈年〉纪念，及蒙古人民共和国成立十五周〈年〉纪念，已由苏俄报章登载，并有许多翔实之文章，称誉蒙古人民之努力，已造成经济、文化之改观，而对于苏俄所给与之技术与其他援助，亦不湮没其功，更进而列举种种改革，足以变更成吉思汗后裔之生活者，如国会组织、银行、合作社、电气事业、航空路线、汽车运输、工厂、学校、医院及机械化耕种等等。

外蒙亦有其唯一之政党，苏俄报纸称誉外蒙之进步，谓其他党派，均为清党工作所清除矣。

苏俄报章，极力宣称外蒙政体，并非共产而为小资产阶级民治共和国，但称系反对封建与帝国主义之政体，预备将来逐渐改为反资本主义之经济制度。蒙古农村，本为半游牧式之牲〔牧〕畜羊群，俄人曾欲在蒙推行集体农村制度，但以蒙人坚强之反对而放弃其政策，足见蒙人对于共产设施，尚不愿接受也。苏俄报载，现时外蒙仍以游牧式之牧场为多，但有机械式割草站二十处，以备作为国家牲粮储藏库。一九一八年，外蒙有牲畜一千一百万头，至一九三八年，已增至二千五百万头。

外蒙未革命之前，并无实业，现时蒙古人民共和国中之实业，皆由俄人所创办，其都城乌兰巴头，有制造及修球〔理〕机器之工厂一处，洗刷羊毛之工厂两家，造砖及木器工场数处。外蒙境内，电气厂及煤矿，亦有不少。苏俄报纸不载开发金矿之事，但至莫斯科之报道，称外藏新近掘出不少金块。

就其政治方面言之，立法权委之国会，称为"大人民会"，其议员名义上系自由选举所产生，实则蒙古政府，均为其专政政党所把持，党名为"人民革命党"，党员人数约有九千，均为蒙人之愿与苏联顾问合作者，此党中分派之意见，与共产党相似，故有清党之举，指斥右倾者，为欲使蒙古陷于后进的资本主义经济，同时指斥左倾者，为违反经济定律而推行合体经济制度过于□速。左右两派人物，均被指为日本所雇用之情报者。

在社会经济组织方面，其所推行之集体制度，似已超过小资产阶级之国家，在原则上，土地已为国有，但其牧民似不受任何影响，而喇嘛庙产，则悉被充公矣。银行系政府所办，国际贸易，亦为国家专营，但其大部分之内国贸易，则由国家与合作社分营之。

蒙古政府，行使统制学校、电影及出版界之权，且创设公共卫生制度，科学化之医师，已起而代替喇嘛庙巫，苏联报纸所称为人民革命党与封建余孽不断之奋斗，即指新政权与旧喇嘛庙之冲夺，盖年老者对于宗教之信仰极深，而青年之于旧教，关系渐浅也。

苏联报章，极力夸奖蒙古军队之实力，盖苏联极重视此缓冲国，以其毗邻为"满洲国"，及日本势力下之内蒙古也。外蒙士兵，自幼即能打靶，故为极佳之枪手，临敌不惧，勇悍异常，俄人宣称，此等可训练之士兵，均已练成熟习之炮手、坦克驶手及飞机师。强迫兵役，为期三年，"人民革命党"党员百分之三十，及"革命青年团"（与共产党青年团组织相似）团员之半数，皆投效军中。蒙古军队，以骑队为主体，但机械化部队亦有由蒙人指挥者。

军事组织，完全依照苏联红军之制度，其机械化军器，则均系苏俄制造，蒙军之制服，除号徽外，几与苏军无别。

最近外蒙以独立国之立场，与"满洲国"在边境鏖战，以对付日本，正所以报答苏联训练其新军之劳绩。关东军势力，如踏进外蒙，而建设日军根据地，则与苏俄远东命脉之西比利亚铁道，相距不过一百五十英里，而与外蒙接境之铁路据点，距最近冲突之边境，则有一千英里云。

《新世纪》（半月刊）

香港新世纪杂志社

1939 年 8 期

（朱宪　整理）

三民主义就是救蒙主义

作者不详

察绥蒙旗党务特派员、主任白海风，在某一次纪念周上报告，说："三民主义就是救蒙主义。"这句话义意扼要，辞句简明，非对于总理遗教有精深研究，身体力行之后，不会有这样一针见血的说明，这是值得钦佩的。

"三民主义就是救国主义"，这是总理亲口给三民主义下的定义，载在三民主义讲演的民族主义第一讲上。蒙旗为中华民国的一部，三民主义如果是救国主义，那么必然也是救蒙主义了。

我们先看民族主义。民族主义的要义有三：一、联合汉、满、蒙、回、藏和其他边疆民族，结成中华民族。二、这些民族在政治上、经济上完全平等。三、用中华民族的全部力量争取中国的自由独立。这三点都能作到，中华民族整个都被救了，蒙古民族自然也被救了。

再看民权主义。民权主义指出来政府有权（治权）管理国家的事，人民有权（政权）管理政府。政府有权管理国事，就和扎萨克有权管理旗务一样，人民有权管理政府，就和蒙旗的开印会议（塔穆噶）一样。有人说民权主义是主张打倒王公的，这说法是不对的。蒙旗的政治制度，尤其是协理制度，大体上说是合于民权主义的，贵族的民主，可惜没有切实施行。如果民权主义实行了，蒙旗的政治是会蒸蒸日上的。

最后看民生主义。第一蒙旗的民生是太苦了，从王公到百姓都是大贫小贫之分，用不着共产主义。民生主义也绝对的不是共产党的共产主义。第二蒙旗的土地应归蒙胞尽量利用，平均地权为民生主义的办法之一，就是要蒙胞大家有饭吃，牛羊有草吃。第三蒙旗是没有资本的，所以根本不用节制，只要发展国家资本，让蒙旗的资源都能变成金银，蒙胞自然有极大的利益，国家也就富强起来。

由上边看起来，三民主义不是可怕的，它确实是救蒙主义。

《边疆通信报》（周刊）

榆林边疆通信报社

1939 年 9 期

（李红权　整理）

伊盟在进步中

高鲁　撰

（民革社绥蒙通讯）半年来，我们很欣慰的看见，鄂尔多斯部草原上的进步（即伊克昭盟），看见蒙古民族在抗日的阵线上一天天的坚强起来，看见国内各民族在三民主义旗帜下，真正的团结。

一月里，记者走进绥蒙，恰逢着沙王赴渝谒见领袖和就任国府委员职的时候，这给人以莫大的新的希望。

沙王在沿途民众的热烈的欢迎中，受到中央当局和最高领袖的指示，认识了抗战的不可战胜的力量，决定于今后领导蒙民的方针，这将给沙王领导蒙民抗日以莫大的助力。

当沙王还滞留重庆的时候，绥境蒙政会便召开了第二次临时会议，在全体蒙古工作者面前提出了争取伪军反正，组训民众等十多个重要案件。但前多次会议，对决议案的实践太不够了，因此凡是留在长城线的人，一提起蒙古工作，总是摇头不置。

然而我们是在进步中来看的，相信抗战是个大熔炉，会把每个部门都锻炼得更为坚强些。果然，自沙王北返，召开第三次临时会议（蒙政会）以后，渐渐的走上"不能实行者不提议，提议者必须实行才是"的道路。

会议中第一件大事是沙王报告了他南行的经过，和蒙政会两年来在沙王领导下政治、军事……等艰苦奋斗的总结，并启示、鼓励了内蒙今后的向前迈进。凡是看过沙王报告南行经过那篇演说词的人，是没有一个会不受感动的！

此外，奉移成陵，巩固了蒙胞内向的心理，准噶尔旗协理奇凤鸣的处决到他儿子的公然附逆，复整饬了伊盟抗战的阵营，动摇者都走向死亡的路子上了。

沙王在蒙政会三次临时会议上说，当绥、包沦陷时，外受敌军进迫，特务机关活跃旗境，社会景象立感不安！但是，两年来的抗战，这些专事挑拨分化的特务机关人员，已经销声匿迹，再不能在伊盟活动了！

全中国各民族都在三民主义领导下向前创造自己的命运，可是国民党的活动，尚未深入伊盟，这次在察、绥蒙旗设立特派员办事处，由白海风师长负责，不仅开蒙旗党务开展的先例，而且我们相信在这些热情的干练的青年努力之下，三民主义的政治将要把整个的伊盟充实起来，替新中国的蒙民自治打下基础！每逢重要纪念日，察、绥蒙旗党务特派员办事处的激动地传单和告蒙民书，从沙王府飞到各旗去，这在伊盟，恐怕也是空前的吧！

英勇的外蒙军在距离百灵庙不远的哈尔红河，给了冒失的日寇以坚强的打击，一时闹得绥远的敌人张惶失措，加强了绥蒙和外蒙的关系。在抗日反侵略的立场上寄以民族的友意，蒙政会第三次临时会议，向外蒙军致电嘉慰。面对着外蒙几年来的进步，内蒙人民当会在抗战建国中去找求胜利和成功的道路的。

在熊川少佐（天津特务机关）手拟的对蒙宣传（其实是欺骗）纲要上写着：

（一）减少捐税；（二）确保地方治安；（三）我们要在这里建设和"满洲国"一样的好国土，把荒凉、土匪、坏的一起除去，建设真正的乐土。

这些欺骗的宣传，是掩不过铁的事实的；反之在我们的政治进步中，伊盟免去了"水草费"，并在蒙政会的组织中添上了账

〔赈〕济会，在游牧的封建社会中，蒙民真正得到政府的爱护，这将是蒙民生活改善的开始；边声剧团在沙王府成立，更能使蒙民在生活渐渐改善中获得艺术的薰陶，鼓舞他们参加政治的生活。

教育生活本是蒙民很难得到的机会，禁种大烟，更加是蒙民近百年来不能实行过的事：讵知现在竟有伊盟中学的开学上课，和二三十个小学生在自己旗下设立的小学校，朗朗的诵着《三字经》一类的书，虽然他们的教师，是陕北等地文化水准不十分高的"知识移民"。至于禁烟，有名色令多尔济者，将自己的烟苗自动拔去，以为号召，这些可歌可泣的事实都说明伊盟在政治上迅速的进步。

敌人要扫荡大青山内的我军，解除他在绥蒙"治安"上的苦闷。于是不得不鼓动大动〔树〕湾的敌伪军，向我三寡营子等地进犯，但每次都被我们打得跑了回去；敌人的企图，是占领伊盟，才能保障他"扫荡"大青山工作的成功，我们回答他的是：除开众多的游击队、正规军外，还有伊克昭盟万余骠悍的蒙古骑兵（保安队），准备随时和寇子在草原上血战呢！

冬天到了！大树湾周围的泥沼干涸了，恐怕敌伪连这河南岸唯一的军事据点也守不住了！而我们蒙古族的新生力量却在很快地成长着。

《战地知识》（半月刊）

重庆生活书店

1939 年 9、10 期合刊

（丁冉　整理）

欢迎慰劳团

作者不详

对于慰劳团诸公，榆林各界已经表示了无限的敬佩感谢之忱。我们不多哓舌，在这里恭谨的贡献几点小意见，作一种非普通的欢迎。

首先，我们希望慰劳团经由草地，到五原去。这一段路将穿过伊克昭盟，伊克昭盟是内蒙残存的一角了。那广大的七十五分之六十八的蒙旗，都喘息在敌人的铁蹄之下，仅剩这片地方还飞扬着青天白日的旗帜，不论它要垂死，抑是永生，似乎都应当存问一番，使这剩草残沙能感到中央一点的德意。这上面的将士，艰苦奋斗，也真是值得慰劳的。

其次，我们觉得国家民族糟到七七事变以前的地步，最大的原因，是客观上尽有许多许多的问题，而主观上却缺乏了解决问题的头脑。许多负有解决问题责任的人们，身是忙的，脑是热的，忙得没有空暇来考察问题，热到不能冷静的解决问题。北战场上的问题是太多了，太多了，几乎俯拾即是。有些是现地负责任的人所能解决的，早已解决了，或在解决之中，有些非中央负责的人解决不可的，但解决的程度和速度，未必和实际问题平衡，也是不容讳言的。所以我们希望慰劳团诸公在慰劳之后，□多为中央考察问题，贡献解决办法。这是比慰劳更大的慰劳。

第三，国人注意边疆问题的程度，过去和现在□着一宗毛病，离中央近的边疆，被注重了，而离着远的，被忽视了。中央迁到四川，于是苗、猺、黎的问题发生了，而内蒙似乎没有问题了，这是近视病，我们希望慰劳团诸公是重庆的望远镜。

此外，我们特别对于慰劳团里的张溥泉先生和梅佛光先生表示欢迎。本报是目前唯一的蒙文新闻纸，梅先生是在四年前头一位实际赞助本报的人。张先生则从二十二年起，一直关心本报社长尺子君的事业，他晤到赵君的朋友，必问到赵君的工作，这种精神的鼓励，也是应当感谢的。现在这两位先生都到榆林来了，看到他们几年前就企望着出现的蒙文报在极度艰难之下长大起来，当是欣喜的吧？今天的本报，便是一杯苦酒，酒固然是苦的，不也是可以迎风的么？

《边疆通信报》（周刊）

榆林边疆通信报社

1939 年 12 期

（朱岩　整理）

日本小鬼被外蒙打服了

作者不详

从今年五月起，日本小鬼派兵去打外蒙古，到九月十六日，一共打了四个半月的仗。小鬼打一仗败一仗，外蒙古打一仗胜一仗。小鬼的兵，没有一个人能占领外蒙古一块土地，反被外蒙活抓去不少。这些打仗的事情，读者在我们这个报上都看过了。

小鬼知道外蒙古力量大，是打不进去的了，早就派人向外蒙古求和，外蒙古本来抱着人不犯我，我不犯人的主意，在九月十六那一天，收下小鬼的降书顺表——蒙苏、日伪就签订了停战协定，协定签定以后，小鬼再不去进攻外蒙古。外蒙古的同胞免去受小鬼的欺侮，不怕烧、不怕杀、不怕奸、不怕抢、不怕炸，可以太平的过日子了。

外蒙古是能过太平日子了，这是因为他肯打小鬼，打得小鬼上不了门来，如果他在今年五月，小鬼打他的时候，不敢和小鬼打，现在一定被小鬼灭了，像小鬼灭德王一样，外蒙古也不会有好日子过了。可见谁都是怕硬的，欺侮软的，外蒙古是硬的，不是软的，小鬼才怕他，不敢欺侮他。

外蒙古为什么肯打小鬼呢？因为他相信小鬼是纸糊的老虎，一打就坏，他又相信自己的民族力量可以同小鬼打胜仗。"不怕小鬼，相信自己"这八个字，凡是外蒙同胞无人不晓。人人不怕小鬼，人人相信自己，这就是"民族自信力"，有了"民族自信力"

的民族，才是伟大的民族。蒋委员长领导的中华民族，就是有
"民族自信力"的民族，外蒙古是中华民族的一部分，自然也有
"民族自信力"，所以才能打服了小鬼。

《边疆通信报》（周刊）

榆林边疆通信报社

1939 年 13 期

（刘哲　整理）

日本对蒙古新阴谋的剖析

John Shlers　撰　　修业　译

所有对于远东的预言，都如此坚持着：今年将会使蕴酿已久的日苏军事冲突爆发起来。当然，在苏联这边，是绝无意思先去挑衅，可是在日本方面，自平沼内阁继近卫内阁而起以后，军阀气焰较前益烈。尤其是关东军因得这个新兴权力的运用，在几个侵略军团中乃特别露其锋芒，这由于关东军中有一个顶括括的首领，现任东京陆相的坂垣将军。同时他们在日本陆军特务机关中享有特殊势力，关东军在中国境内制造了两个傀儡政体，由他们统辖，一个是"满洲国"，另一个是新近造成的"蒙疆"（Meng-Chiang）（位于内蒙）。

日本陆军的关东集团是由反俄派的高级将领所操纵。该派的要求是节省日本武力用于中国战争，须准备进攻苏联的大战。这种愿望，现已逐渐加强，特别是对攻击外蒙，鼓吹尤为激烈。苏俄为了政治尤其是军略上的理由，当不能忍受外蒙之为日本侵占，也就是为着这个原因，日苏关系前途实异常黯淡。

从中日战争发生以后，日本已在逐渐的沿外蒙方向西进，它努力的结果，遂造成这个傀儡政体——"蒙疆"，这是从英语中正式规定出来的，亦即是"蒙古边陲"，通常称为内蒙或"蒙古国"。日本陆军特务机关的高级长官，上月在北平接见外国记者，答覆关于该傀儡政体的询问，无疑的他们的真正倾向是在外蒙。徒拥虚名的德王最近且声称："在目前，外蒙即应与我等联合，进行复兴蒙古的伟大计划（实际是日本制造）。"驻归绥的特务军官团团长横山大佐曾说，依他想"外蒙理应属于现有的德王自治政府"。

在这种种情况之下，德王今后的行动要比以往值得注意。在理论上，依日本人的地图，"蒙疆"将是一个缓冲的组织，位于"满洲国"之西北，及西北接壤外蒙，南抵长城，西带黄河，所谓"蒙古边陲"（Mongolian Borderland）。照讲应包括河套和接近戈壁边缘的五原一带地方，不过这些地方，仍为中国军队所保有，且作强有力的防守。日本在绥远最西的根据地是包头，为两条铁路的终点，一条是，起自北平的平绥路，另一条是起自百灵庙。百灵庙是日本与德王在一九三六年受创之地。

在五原、宁夏、榆林、偏关（山西西北）等地，中国方面有强厚的实力。在偏关的军队，由傅作义将军指挥，马占山将军则在榆林、宁夏一带统率作战。这两个地方都接近长城，常遭日机的轰炸，但所受损失却甚微。中国最精锐部队似俱集中于五原一带，由马汉屏将军（MaHu-Ping）管辖。依照日本方面的统计，其地约有一万二千人，在这个数目中有二千人是中国的回教部队。据称马系红军将领之一，这些红军是从乌加横戈壁大沙漠至宁夏再转兰州到西安这样来的，五原是他们最东的根据点。日本称该地为中俄交通荟萃之地，因此数月来，日本方面不断宣布他们"希望"在最近能够夺取五原，可是这个希望，始终不能实现，五原的地位，实是非常重要，既为内蒙中心，除包头外且为羊毛最大市场。

日人统治权的微薄

这个傀儡的"蒙疆"公开的夸大其辞说，他们有将近七百万的居民。可是实际上日本所能统治的还不到半数，称为日本真正占领的区域，只是沿铁路一带的几个据点而已。即从北平通过南口，经张家口、大同、归绥以至包头，这几个重要城市。但从大同到山西省会的太原，中间须经过中国游击队区，遂非日本人所能完全掌握。现平绥路仍照常通车，惟运载旅客及货物的规模已较往昔为小，该路管理权，现在南满铁道公司手中。

这几个沿铁路的城市，并未受到战争若何损害，自日本占领以后，已渐恢复常态。据说归绥现有居民十二万人，包头九万人，张家口八万人，大同有七万人，除大同外其余几个城市的景象似较战前为佳，流入这几个城市的人，是关内的中国洋车夫、工人和日本国民。现在有将近一万多日本人分散在这个区域中，其中有一半在张家口，二千居大同，归绥有一千多，包头约占五百，其余约四百人在居庸关。

日本人在这些地方开着商铺、客栈、旅舍、鸦片烟馆、妓院以及其他或充日本新近创办的公司的职员或雇佣。这些公司多半利用"蒙古人"的名义来开发该地区的富源。这些富源的蕴藏是相当可观的，最主要的有三项，即煤、铁与羊毛。现已在该区东南一带即察南、晋北夹于内外长城之间之地，发现两个矿源。羊毛多来自北部大草原，而非日本占领之区，但所有这些经济宝藏早为日本所独有，现已不断的从事开发了。

卡那夷制造的伪政权

发动这个傀儡的组织目的在为日本求得经济上的独占与开发的计划者，是一个有名的经济专家卡那夷（S. kanai）博士。彼为日本在内蒙的最高顾问，有若干极享盛名的助手，占据联盟会议〔议会〕（Federal Council）九十个重要官位中的十七个位置，它是北平"临时政府"与南京"维新政府"的复制品，以德王为主席。另有六个"委员"分掌普通行政、经济、财务、交通、社会、卫生与公安各事，其中有三职为三个像王克敏一类的汉人所占据，其余便由两个蒙古人分任。

这个"蒙疆"的中心组织，享有极狭小的权力，既无"联盟军队"又无"联盟警察"，除开周年纪念举行仪式而外，实无"普通行政"，也没有什么外交部。关于交通方面，则由南满铁路会社主持。上月日本的军事发言人对外国新闻记者解释：为了各种实际的目的，这个"联盟议会"实为经济的与财政的唯一上层组织。因为"蒙疆"的各种经济与财政之权，皆握在日本手里，所以"联盟议会"所能运用之权力，如公布法律、条例、法规等，实受有很大的限制。而这些律令也只不过在"法定"日本商人选择经营之事，和对西洋人所享受之利益加以屏绝而已。

"联邦〔盟〕议会"被视为上层组织，是因为"蒙疆"的组成，不只一邦，而是由三个不同的邦郡组成的。这三个邦郡〈一〉是"察南"，以张家口为其首邑，包括龙烟煤矿。二是"晋北"，以大同为其首邑，是煤矿之中心。再次为"蒙古联盟"，在长城以外，以归绥为首邑，现日本改称为"呼呼——呼图"，蒙古人则称之为"克克呼图"。张家口又为联邦之首都。这三个邦郡，每个都预计有一个自治政府，设主席一人，副主席一人，厅长四人，分掌普通行政、社会、财政、公安各厅。"蒙古联盟"有委员五人，即较他邦多一个垦殖部，"察南"与"晋北"的傀儡政府首领，为中国的汉奸，而"蒙古联盟"则由德王及其他蒙古人主持。

伪政府权力衰微

大同与张家口的傀儡，其所处地位亦如北平的临时政府，他们的工作只在帮助日本看守土地而已。他们仅有的武力是警察，而且受日本指挥，还谈到什么军队。在第三个傀儡组织"蒙古联盟"中，有一部分军队，所谓"蒙古军"，由李逆守信统带。李为该联盟中的副主席，统有一万军队，其中三分之二为汉人，三分之一为蒙人，这些军队与日本军队连络，在五原一带攻击中国军队。"蒙古军"中的真正蒙古人，据说相当可恃，而其中几部分汉人，则不时有反抗之倾向。

日本在"蒙疆"伪组织中，以"蒙古军"为饵，引诱外蒙上钩，他如德王以及在"蒙古联盟"中的几个首领，亦为引诱之物。德王名丹姆契克当茹勃（Demchik Domlop），为锡林郭勒（Silingol Leovge）盟的西色尼盟纳旗世袭的统治者。在"蒙疆"内蒙古种族计有四盟：即察哈尔盟、贝远台拉盟、伊克昭盟、乌兰察布盟，最后二盟，迄今并未明白表示有对德王及日本亲近之意。日本一手制造的成吉思汗继承者德王，对于在日本占据区域以外的各蒙古种族无所施其技，只不过供作日本使用而为一个有名无实的、可笑的傀儡罢了。

蒙古人并不如一般人所想像的那么愚笨，他们完全明白假如真的想恢复蒙古权力，他们应该将"满洲国"西边的大部土地，完全取回，因为那里居民的大部是蒙古人，据日本统计，约有一百五十万之众。而在"蒙疆"中之"蒙古边陲"照日本人的估计也不过六十万人。在"蒙疆"居民中占极大多数的中国人，约有六百四十万人，其中二百万人住于察北，分布于"晋北"伪组织中者，也有此数，其余的二百四十万住于"蒙古联盟"，较该地蒙人多四倍。

"蒙疆"是中国的

从上所述，可知"蒙疆"显非蒙古，而为中国之领土。德王为"蒙古边陲"之傀儡，亦正如"满洲国"长春之伪皇耳。日本之关东军，以其一年前在满洲所施之伎俩，现在热河之西如法泡〔炮〕制。如无日本武力存在其间，则当地极大多数的中国人，能够得到住居该地的蒙古种族的帮助，而将所谓"联盟议会"、"自治政府"一扫而去。而日本武力中间，真正有权力的只是日本特务机关中的几个寡头军人而已。

在"蒙疆"特务机关中，最大的头目是SaKai少将，与在华北居同等地位之Kita少将保持密切之连络，同时与陆相板垣所最信任之人相连络。每个伪自治政府中的顾问，均与该特务机关保持直接的连络，其他的顾问，过去也似乎与特务机关有过关系。大多数的顾问都毕业于横滨东方语言学校，该学校为日本策动中亚阴谋的中心机关，这些职员都在大日本军事情报部服务过，有丰富的经验，为日本军队中极端反俄派的人物。他们利用"蒙疆"作为进攻苏联的工具。

此文于二月二十八日寄来，因本刊积稿过多，未能早日发表。现以此文尚有提供读者注意之必要，故在本期发表。

《民意》（周刊）
汉口民意周刊社
1939 年 69 期
（朱宪 整理）

成陵西移记

黎圣伦　撰

（1）移陵之动机

去年十月，蒙籍留日青年华登托拉固尔，从德王处返回到祖国的怀抱，他带来了一个刺耳的消息，说是敌人对伪蒙军训话，鼓励他们向伊盟进军，发挥十字军进军耶露撒冷的精神，夺回蒙古圣地伊金霍洛，这个消息传出后，引起各方面的注意，重庆《扫荡报》于三月十八日发表《十字军乎大劫盗乎》长篇通讯，将德王这种受命的阴谋，揭露无遗，同时中央社方面，亦相继有电讯发表，各方闻讯，都很表愤慨。

（2）中央决定移陵经过

今年一月，沙王由榆南下，入都述职，华登托拉固尔随行。沙王原为成陵奉祀官——蒙语称"吉农"，抵达后，当将此项情形向中央报告，并面谒最高当局，请求移陵。原案经行政院提请最高国防会议通过，旋即由国府派定蒙藏会蒙事处长楚明善、军委会边务科长唐井然、郡王旗协理贡捕扎布为护送专员，沙王、图王、傅主席、邓总司令宝珊、高军长双成、荣总管祥、石参赞华严为启陵致祭官，奉厝地点为甘肃兴隆山，一俟抗战胜利，再奉安原址，宏予修建，以示国家崇敬祖先之至意。

（3）蒙古圣地伊金霍洛

成陵所在地伊金霍洛，在伊盟境郡王旗境，距扎萨旗沙王府三十里，是一四面环山之盆地。"伊金霍洛"蒙语即"主茔"之意。当地护陵人士称"达尔哈特"，现约二百余户。护陵首长称为"吉殷"，原由沙王兼任，现由郡主〔王〕旗图王代理，一年中共有四次祭典，首次为旧历正月初一，二次为三月二十一，三次为五月二十，四次为九月初九日，其中以三月二十一日一次仪节最为隆重。陵寝为两大蒙古包相连而成，包内有两大银柜，一为成陵，一即其妃灵。陵寝之外，有"苏尔定"五，计一大四小，"苏尔定"之意即旌旗杆，旁即成吉思汗生前遗物。

（4）榆林准备迎陵

成陵西移，路线为经扎旗、榆林、西安，以达兰州。沙王、荣祥、楚、唐一行于五月二十日到达榆林，当即商定大典程序，榆林各界，亦决定盛大迎陵，组织筹委会，内分总务、招待、宣传、警戒等组，并决定：灵榇到达时，各机关、团体、各校学生，齐集北门外恭迎，过城后，即停南门外飞机场，举行公祭。并由各界出纪念特刊，各机关张贴纪念标语，各迎陵人员，均手执旗帜，当街各大牌楼，皆悬挂横布匾额，各户悬旗志敬。南门外灵堂，由各机关分送横额、对联、花圈、祭品并扎彩，以资点缀。

（5）起灵情形

迎陵大典程序决定后，护送专椽。启灵致祭官，及执事人员三百余名，从六月一日起陆续由榆动身北上。中途参加者尚有傅作义代表袁庆曾，骑×军军长何柱国，新×师师长白海风，于六月七日先后抵扎旗王府相聚。移陵乃于九日下午开始，所有致祭官，均参加致祭，礼节参照　总理纪念周仪式，极为隆重。唐专员井然、石参赞华严两人则另往迎"苏尔定"，于当晚同时到达扎萨旗王府，于十一日开始南移。由骡马驮载，达尔哈特五十人随行，邓总司令等亦相偕南下，袁庆曾、何柱国二人，则由旗径返防地。

（6）榆林迎陵盛况

灵椽于十四日下午到达距城二十里牛家梁，预定翌日下午进城，穿城一周后，即停南门外飞机场，由各界举行公祭，第三日侵晨离城，以防敌机威胁。各界得讯后，于十五日晨，满城贴出颜色标语及悬挂红黄布横额，各户亦一律悬旗，表示迎祝，景象令人兴奋。标语、匾额之特色者，如"成吉思汗是民族英雄"、"成吉思汗是历史上不朽的人杰"、"成吉思汗功勋不朽"、"成吉思汗的浩气长存"等等。是日下午三时后，各机关、各学校、各团体、各部队、全城男女民众，均纷纷出城迎候，其未出城者，则均伫立街头致敬，一时万人空巷，途为之塞，各人均手执小旗，随风飘荡，极为壮观。下午四时半，陵抵城南郊，鼓乐暄〔喧〕天，炮声震耳，民众夹道，欢声若狂。护陵行列，居首为致祭官邓总司令等，次为护陵之达尔哈特数十人，各骑骏马，气宇轩昂，再次为僧乐，成陵及妃灵，暨护送之少数步队，迎陵人员尾随于后，相继过大街出南门。中央所派之摄影人员，在沿途摄制电影。

（7）隆重的祭典

灵抵南门外灵堂后，即举行公祭，依次由阎指导长官代表石华严、赵中委允义代表富文，暨邓总司令、高军长、专员公署、党务督导团、各民众团体代表主祭，与祭民众两万余人，礼节庄严隆重。各方致送对联横额，更属琳琅满目，美不胜收，如阎长官联："铁骑任纵横，一代武功成大统；盛名震欧亚，千秋盛业说元朝。"邓总司令联："勋业满乾坤，想当年叱咤风云纵横欧亚；寇氛连华夏，看此日仓皇戎马凭吊英灵。"高军长联："是民族英雄，想当年驭外统中，一代武功开原运；树古今模楷，幸此日奉安遗样，千秋敬礼妥灵宫。"八十六师政治部包主任联："雄心歼倭寇，一代威名寒敌胆；俯首观遗容，三军振奋仰英风。"其他尚多，不及备录。

（8）灵榇南下

各界祭毕后，民众前往瞻谒者，仍络绎于途，终夜不绝。护陵专员为求妥慎，避免敌机扰乱计，于十六日晨四时半，将灵起送至距城十里之三岔湾。届时各机关代表，均派代表前往恭送，各护陵人员，因事在榆勾留二日，至十八日晨，始全体伴陵南下。想沿途迎送盛况，不亚于在榆时节也。

二十八年六月十八日于榆林

《民意》（周刊）

汉口民意周刊社

1939 年 84 期

（李红权　整理）

回到祖国怀抱中的蒙古青年

奇丕彰君谈日寇国内情形

奇丕彰 谈　　本刊特约记者 访问

此文系本刊特约记者访问奇丕彰君所记。按奇君系有为的蒙古青年，一九三五年派赴日本留学，一九三八年秋回国的。奇君青年有为，深明大义，其爱国家爱民族的热情，良足以代表蒙古青年同胞不愿作奴隶的最坚强的表证。这一次奇君因赴重庆谒见领袖请求派遣工作，路过榆林，畅谈日本内部行将崩溃的情形，并申述对我英勇抗战的感想。情词极为恳挚，特发表于此，以飨国人。

——编者

"日本帝国主义吗？快了！离崩溃不远了！"窗外的夕阳反映着落日的余光，一个年青的，新中国青年军人式的蒙古青年奇丕彰君对记者这样说。

一九三五年德王名义上还是蒙政会秘书长，没有公开投到敌人的怀抱的时候，为了训练爪牙，曾派了几个蒙古青年到日本留学。芦沟桥事变后，中国展开了神圣的全面抗战，这几个蒙古青年亲眼看到了敌人国内的经济困难，人民厌战情绪的非常高涨，敌人士兵伤亡的重大等等现象，一颗不愿做奴隶的心和对祖国光明的未来前途的憧憬，使他们借口离开了敌人的羁绊，设法回到祖国的怀抱中来了，奇君便是其中的一个。他是对抗战胜利抱最大信心有为的蒙古青年。

"我是去年秋深回国来的，那时抗战已进行了十五个月了。敌人是愈战愈苦闷，不知他的泥足要陷到什么地方，人民反战情绪是随着战争滋长，工人罢工，知识分子也都是咀咒战争。快了，这些迟早要爆发起来，配合上中国的反攻，就是日本帝国主义者总崩溃的时候了，"他特别着重的说了一句。

"日本兵士的死亡总在五六十万以上，日本的农村已经深感到了壮丁的缺乏，去年我在东京附近的一个乡村避暑，日俄战争的时候，那个村子只征了八个兵，而在我避暑的一个月当中，便征了四十多个壮丁，刚止一个月便那样，以后征得更不知有多少了，但人民的情绪比起日俄战争来，却差的多；不，简直是相反，已再看不见日俄战时父送子妻送夫上战场的热烈情绪！有的只是出征家人的潜然的眼泪。

"物价吗？物价高涨的要命，一盒日本烟以前只一角钱，现在却要两角多钱。吃一顿饭要比从前贵三四倍。热闹市街如银座、新宿的野鸡汽车快要绝迹了。公共汽车也开得少了。从前大学生、中学生穿'下驮'是不准进教室的，如今却奖励穿起'下驮'了。街上见的是吃醉酒踉跄的学生，卖淫的野鸡，点缀的是国防妇人的'千人针'和募捐。'泥棒'（盗贼）是增多了，人民没有吃的不抢人怎么办呢？

"日本最缺乏的是棉花、皮革、五金、煤、铁、石油，尤其最缺的是石油、铁，日本快没有石油用了。大阪的工厂多半关了门，只剩下了军火工厂，就是军火工厂也快要没有原料可供给了，失业工人是从来未有的多，罢工，罢工！日本严密的警察网虽然还有能力防止人民公开的反战行动，对于罢工他们是没有办法的。

"芦沟桥事变以后，日本已经变成了人民的监狱，整千整千的学生、教授、学者、评论家都被捕了，山川均、黑田米雄也被关在了监牢，只有和胡适之写《敬告中国人民》的室伏高信还没有被捕，也常常写着咀咒战事的文章，说日本是侵略者，而结果中日两国'两败俱伤'。日本的元老重臣和日本的人民一样，都在耽心着这战争的何日了结和日本的'将来'。

"自然，骄傲的日人不是没有的，财阀、军阀、少壮军人、官吏、公务员，他们逞着威风，一心想着征服中国，不管在本国的人民憎恨的〔和〕咀咒，一天天在中国自掘坟墓。

"外交上日本只有两个狼狈为奸的朋友：义大利和德国。他宣传着说，这次打的不是中国，而是英国和苏联，在经济上打英国，在思想上打苏联。"

"你回国来见到德王没有？"记者见他谈日本情况不少了，便掉转了话头问他。

"见到的！因为我是回到绥远才逃出来的。"他率直的说了："德王苦闷的很，也苦痛的很！我第一次见他，他还显着高兴的样子，以为他培植的学生回来了。以后每谈一次，他都表现出为人做傀儡的悲哀，他本人想利用日本人的，反不料被日本人利用了，他手下的人，已没有了他的喽啰，而尽成了七八年前东北的老汉奸了，他自己的行动也受着日本人的监视，德王是有点悔不当初了。"相信德王有一天也会回到祖国的怀抱中来的。

"奇先生的行止和工作怎样？"记者这样问了。

"我预备到重庆谒见领袖去，工作是分配我什么就干什么，只要是关于抗战的工作。我都可以做！"他慷慨的说。

辞了奇君出来，暮色已笼罩了四野，望着一缕缕炊烟，我不禁快活的想：你可怜的汉奸傀儡哟！你所培植的"人才"却都是和全中国的每一个国民一样，站到为祖国奋斗的火线上来了。

一月二十四日

《西线》（半月刊）

山西民族革命出版社

1939 年创刊号

（朱宪　整理）

蒙苏挑战问题

作者不详

最近天津《庸报》对蒙苏挑战问题曾在社论——《外蒙不断挑衅》一文中，作如下之观察："吾人默察其挑战之动机，不外是制造纠纷，以转移日本人民之注意，俾使与日本为敌之民主国家施展其政治阴谋耳。……日陆相月前谈话曾表明日本现在已整备对苏对华同时作战，可知日本志在保障东亚，不为共产势力侵入，维持永久之和平，则日本为保障东亚安全计，不得不根据《日满议定书》采取断然之处置，而满洲及新兴中国，亦必举其全力共同应付。"

《赈学》（月刊）
北平赈学月刊社
1939 年创刊号
（丁冉　整理）

哥老会在绥远

佩三　撰

正像作者在本文结论中所说，要想广泛开展游击战，发动运动战，以长期的消耗敌人，达到战胜敌人的目的，就只有加强民众组织，使固有的民间组织，能够发挥出最广大的抗日威力。我们赞同这见解，因此我们愿意把此文发表于此，以供读者之参考。

——编者

引言

"哥老会"这个名词，恐怕是尽人皆知的，但这种组织在社会上发生过什么作用？它的内容如何？除了内中人而外，清楚的人便很少了，尤其是因为它近年来受了时局与社会演变的影响而渐趋没落，了解它的人更是不多，一般人都把哥老会看成了土匪组织，这种看法是非常错误的。

民族生存在这种危急的时候，我们为了争取抗战的胜利，一方面固然要尽量发展有形的力量，但同时对于各种代表无形力量的社会秘密组织，以及哥老会在过去民族革命奋斗史中之重要地位，也不能不深切注意了。

大家都知道青红帮，而哥老会就是青红帮的一支。这种组织在发生之初，其最大的意义，在民族上是反清复明，在民生上是打富济贫。他在那个时候等于是青帮的外围组织，担任着运粮官的职务，在动作上比较公开一些。他对民族革命的任务是经济的统筹接济，而青帮则担任着以武装推动民族革命的进行，所以这两种组织，在当时是一而二，二而一，互相不离的。不过，青帮在后来因为社会习染的关系，渐渐的与红帮疏远，更由疏远而变成了俨然不同的组织，红帮即是今天的哥老会。在这里要介绍的是绥远的哥老会，但是连晋西北的亦要提到，因为晋西北的哥老会与绥远哥老会是有着密切关系的。

沿革

绥远的哥老会发生于光绪三十年间，那时候是由一位姓杨名叫杨山的主持，他由甘肃到了王临——河套，从民间设法推动，奈当时人民对他并未感兴趣，几经努力，亦没有做成一个势力。他曾经开过一次山，收了些兄弟，亦未能很顺利的开展，因之清末哥老会之在绥远，还是在萌芽时代，并没有引起社会上一般人的注意。迨至民国五年，陕北高志青老先生在陕北提倡，当时附和的人很多，于是高老先生就举行开山，开的是大青山，堂口为"保真堂"，水为"珊瑚水"，香为"晋北香"，高老先生为龙头，亦称山主，这位山主现在还在榆林，他是一位很慈祥的老者，大家见高，均以高大哥呼之。他现在是襄助着第二十一集团军团长邓翁宝珊，做抗战工作。在他开山后，哥老会在陕北就算组织起来，人数一天一天的增加，势力一天一天的膨胀。当时他的弟兄当中，有一位籍隶绥远的杨前祯君，极被他赏识，于是就派杨君返绥工作，杨君反绥后的情形，已非昔比，大众对哥老会，已有了认识，因之附和的人亦多，于是杨前祯君在民国十年开五台山，堂口为"同武堂"，水为"滹沱水"，香为"雁门香"，杨君为龙头，"小王杨"就是杨前祯君的绰号，哥老会经他这次组织后，发展甚速，他的弟兄，几乎普遍到每家都有。有一次绥远马福祥督统问他："你有多少弟兄？"他答："我亦不知道，反正有烟筒的地方，都有我的弟兄。"我们看了他很简单的几句答词，就可以知道哥老会在当时的势力已经雄大了。还记得有次杨君给他的大孩子杨毅明结婚，送礼的人真是数不清楚，宴会时都是发给宴会证，凭券入席，流水式的酒菜，从早晨开席，迄晚不停，收的礼物，仅以戒指项而论，用包头通用之十八筒斗量，竟有一石多，盛况可想而知。惜乎天不假年，杨君于民国十四年冬，即与世长辞。杨君死后，因为无继续领导人材，就弄成群龙无首之局，于是不得不把山口闭了。

　　杨君领导着的哥老会，在此阶段中，完全占着"危"字，系西北堂，因之亦称西号。西号的弟兄，假如在路上碰到时，甲询乙："哪里来？""西边来。"又询："哪里去？"又答："西边去。"这种问答法，完全是一种暗号。因为不管南来北去，亦是答西来西去的。本来还有占"德"字的三元堂哥老会，系东号，当时的龙头，闻系石玉山，此人早已去世，笔者因对东号的内容情形不大明了，故不能作详细介绍，不过勿论西号、东号，其办法与内容，完全一样，不过领导者不同罢了。

　　民国十五年冯焕章先生抵包头，目睹哥老会之潜势力甚大，便想加以整理，作为革命之无形势力，并且把龙头制度废除，改哥老会为国民协会，冯先生任会长，亦未举行开山方式。国民协会之内容，虽较哥老会略有进步，但大体与哥老会之内容相同，国民协会成立后亦曾盛极一时，参加的人很多，本来已陷于群龙无首之组织，又蓬蓬勃勃的复兴起来。无奈国民协会之重心，是放在冯先生一个人身上，而没有放到组织上，因之冯先生于民国十六年退却时，国民协会亦随着军事退却，而土崩瓦解了。此后的哥老会，又陷于一蹶不振的境地，不但将原来的意义失掉，同时渐渐走进了邪途，干着打家劫寨的动作。在最初的哥老会中人，相互还没有打劫的情形，但后来产生了些"出土玉"的铁面分子，不管会不会，碰到就是一个"大鱼吃小鱼"、"大虾吃小虾"，洗劫一个净光。这些分子多半是东号的人，西号的人亦不能说没有，比较起东号来要少些。从那时起，意义重大的哥老会，简直成为土匪的变名了。

民国二十二年，孙殿英先生驻兵包头时，又曾经倡导恢复哥老会之组织。孙先生的用意，在消极方面，要改正他走入土匪途径之错误行为；在积极方面，想将此种无形力量，重振旗鼓，作为自己做事的一种助手。后孙氏因所图未成，而哥老会之复活，亦随之成为幻影了。从此，连哥老会的名词，再亦无人提说，再亦无人来过问了。

客年抗战军兴，在第一期抗战中，是用着有形力量，去与鬼子拼，结果吃亏很大。从血的教训中，进步到全民抗战，即是把有形力量与无形力量配合起来，去达到我们消耗鬼子的目的。因之在第二期抗战开始后，即有人注意到培植无形力量的重要性了，同时更觉悟到哥老会的这种组织，并不是土匪，而是中华民族求解放的奋斗史中，最有价值、最有意义、最有作用的一种民众集团。所以在近半年来，在绥远敌区虽然没有什么发动，但在晋西北却几次有人来提倡，这些提倡的人，都是不愿意作亡国奴的绥远人，或与绥远有关系的人，他们虽然在热心提倡，但是直到最近，才比较具体化了。山主是一位姓李的，他是得到某一位军事负负者之后援，刻正在努力进行着。不过能否如愿以偿的繁荣滋长，不敢预卜。因为在人事和方法上，他们还有许多缺陷，这些缺陷，都能够阻止哥老会组织的发展的。

信条

哥老会的任务，很早就标榜的很明白，是反清复明，打富济贫。它没有固定的主义，可是他有一定的信条，来维系弟兄的结合的。这信条是"孝弟忠信，礼义廉耻"八个字，以这八个字，作他们结合的根本。因之假如有人问："你们哥老会有何凭恃？"凡是哥老会的人，都会异口同声的答："凭恃的是'梁山的根本，瓦岗的威风，桃园的义气'。"每个哥老会的弟兄，都要在这八个字中占一个字，假如占不住一个字，那就不能当光棍了。（注：哥老会的会员，也叫弟兄，也叫光棍。）

哥老会中有句豪语："大清有十万里江山，哥老会有十辈人烟。"这就是说：哥老会仗着这十辈人烟，就可以克服了大清的十万里江山的。这十辈人烟，就是"危德福自宣，松柏一支鲜"，西号的哥老会即是"危"字辈；东号是"德"字辈；"福"字辈是三元堂；"自"字辈是四喜堂；"宣"字辈是五福堂，但自"德"字辈以下，虽然有其名，并没有具体的组成，因之所谓哥老会的十辈人烟，截至现在，还是只有"危"、"德"两辈。

内部组织分内、外两部，内部的负责人有龙头（山主）、副龙头、正堂、香长、左堂、陪堂、礼堂、智堂、行堂，这叫做内八部光棍。还有外八部光棍是行业、当家、管事、巡风、巡山、江口、老么①。此外还有"四大名山"四个人，这四个人好像顾问、参议等职位。称呼内八部光棍都是大哥。外八部光棍除行业称呼大哥外，当家是老三，管事是老五，巡风是老六，巡山是老八，江口是老九，老么是老十。这里边没有老二，因为老二是关圣帝

---

① 原文如此，叙述似有误。——整理者注

之讳，故无人敢当。老四、老七都投了清朝，故亦付缺如。老么最小，并且由么的分为大老么、小老么。初加入的光棍都是小老么，由小老么一步一步再向上升。在外八部光棍中，管事与当家最重要，亦最难升。当家要经五步骤才能升到。从巡风升管事时，先升学习，叫做学习管事，由学习升蓝旗，叫做蓝旗管事。由蓝旗升黑旗，叫做黑旗管事，由黑旗升总理，由总理升红旗，叫做红旗管事，这红旗管事算是哥老会管事中最有权威的管事。当家亦要经五个步骤，才可升到。由红旗管事升当家时，先升披红，后升插花，然后才升皇后，皇后为最有权威之当家。龙头由正堂升任，是为合理。但有时亦时有不按规递升者。因之在哥老会中亦有"捐纳"制度，凡不按规递升的光棍，由于人情或其他情形越级递升而一步登天的都叫做"捐纳"。这种由"捐纳"而得来的位置，在作用上虽然是一样，要是论起履历来，究竟是欠光明磊落。假定借"捐纳"得到职位，仍不效忠于团体，反而在外追求私人之名利者，在光棍中算最卑鄙之光棍，这种光棍叫做"招财童子"，与这名词相对的名词，即"价值光棍"。这"价值光棍"就是按规一步一步递升的光棍。

此外，在哥老会的组织方法上，还有比较重要的，就是"四梁四柱"。怎样叫做"四梁"？就是"山水香堂"四个字。在每次组织时，必须先决定是什么山、什么水、什么香、什么堂的。怎样叫做"四柱"？就是恩拜、呈任、保举、引进。这四种方法完全用于人事的递升上，换句话说，亦就是人事递升时所用的方法与程序的。

纪律

哥老会除了领袖、组织、信条外，还有铁的纪律。这种铁的纪律分三种，共三十条。第一是红十条，凡犯了红十条条款的人，其处置并不用别人来处置的。因之它定的处置方法叫做"自己掘坑自己跳"。这就是要自己把自己活埋了。第二是黑十条，凡犯了黑十条条款的人，其处置亦是一样的，自己来处置自己，因之他定的是"自己拿刀自己剽"，这就是自己拿刀把自己剽杀了。第三是蓝十条，犯了这条条款的人，其处置比较要轻些，是"四十红棍定不饶"。

哥老会的纪律精神是自己能够处置自己，这种精神不但在秘密结社中没有见，即正式政党中亦没有这样的精神，所谓铁的纪律，只有在哥老会中才看到兑现的。

结论

拉杂的把哥老会的情形介绍了个大概。不过因为里面的种种，都系秘密性，而且他现在还在秘密中进行着，所以不能赤裸裸的写出来。同时，这种组织，又没有文献考据，只是凭了脑筋中的记忆，写了出来，当然错误的地方很多，还需要待将来的更正。

我们今后战胜敌人的持久战略，绝对不能单靠有形的力量的，以现在的形势来推测，以后的战事，发动主力战的机会更是减少了，与敌人周旋的最优战术，无疑的只有游击战，由游击战进而发展至运动战，以长期的消耗敌人，发展游击战争唯一的条件，就是要使游击队能够和民众密切的胶和起来。

要达到这个目的，只有加强民间组织，使固有的民间组织能够发挥出最广大的抗日威力。

哥老会是我国固有的民间组织之最坚强而且最普遍的一种，他是在民间长大的，并且依赖那种民间组织的精神，得以在异族统治下生存了若干年，奋斗了若干年。我们今天在"组织民众"这个课题下，如何使哥老会的潜在势力贡献到抗战的工程上去，这个问题是我们应当加以深切注意的。

《西线》（半月刊）
陕西宜川第二战区文化抗敌协会西线社
1939 年 1 卷 1 期
（李红权　整理）

敌寇魔手在"蒙疆"

季白　撰

南口陷落后，敌寇铁蹄便踏上了整个平绥线，汉奸傀儡政权随着就卵生出来。二十六年九月四日在张家口成立了伪察南自治政府，十月十五日在大同成立了伪晋北自治政府，十月二十七日伪蒙古联盟自治政府在归绥成立了，这就差不多包括了平绥沿线地区。

制造汉奸政权，本是敌寇政治阴谋的老套。但是，敌寇却又不让成立一个统一的傀儡组织。她只培植"各自独立互不相属"的汉奸政权。东北三省沦亡后，被瓜分为十几个行省，现在平绥沿线的地区又被瓜分为三个汉奸政权区域，而每个又特加美名为"自治"。这一方面说明了日本帝国主义统治的困难，一方面又说明了敌寇手段的狡猾阴狠。

这三个汉奸政权中，以伪蒙古联盟自治政府最为敌寇重视。原因在：（1）按照敌寇的摆布，伪察南自治政府辖察南十县，"晋北自治政府"辖晋北十三县，而伪蒙古联盟自治政府则辖有绥远全省（实则绥远大部在我手中，而倭寇已把它划入汉奸政权区域，可耻亦复可笑）及察省北部，地域上最大，而且是内蒙最重要的部分。（2）在蒙古自治区招牌下面，敌寇更捏造我国民族问题，在汉蒙民族之间肆其魔手，同时蒙古叛逆德王，在号召上比较夏恭、于品卿等无名之辈，稍有威望（？）。

德王之为敌利用，已非一朝一夕，自百灵庙自治运动至"蒙古军政府"的一段历史都是铁证。绥、包沦陷后，日寇即派安离金治率"政治接收委员会"查抄绥远各机关，继又于廿六年十月十八日派遣德王飞绥，召开所谓第二次"蒙古大会"于归绥。寇关东军参谋长东条英机也亲身往归绥参加，于是在寇特务机关长桑原荒一郎主持之下，在十月二十七日开了第二次"蒙古大会"。会后即以德王为首脑成立了伪蒙古联盟自治政府，以"民族向上"、"亲日防共"为施政纲领。

这里从蒙古问题谈起。外蒙情形特殊，姑不具论，内蒙则七百年来一向和汉族在经济上、政治上有不可分离的密切关系。民国以来中原多故，政府对于蒙古，很少过问。国府成立以后，政府〈以〉三民主义为最高原则，对于国内各民族以平等共处，扶助发展为民族政策，虽因国步艰难，未能做到预订计划，然三民主义中民族主义的真精神则在于此。所以我们看来，所谓内蒙问题即应该如何增加蒙族人口（蒙民人口锐减，极为严重），如何开发蒙古产业，如何提高蒙民教育，如何扶助蒙古同胞前进发展等问题。总而言之，即是蒙古同胞如何与汉族共同壮大、共同发展的问题。时至今日，问题更加明显，在日本帝国主义对整个中华民族实施其"征服"的战争中，中华民族必须更紧密的团结起来，共谋生存。只有先求得中华民族的生存，蒙族才有前途。因为东蒙及沦陷西蒙的情形证明，日寇的侵略不但没有照日本军阀的欺骗言辞那样使蒙古民族独立自主，反倒把蒙古民族灭亡了。但是日本帝国主义者欲"征服支那，必先征服满蒙"，于是就在内蒙凭空捏造说有汉蒙民族冲突，汉族压迫蒙族等问题，这是日本帝国主义捏造出来的一枝毒箭。不仅如此，日本帝国主义者还更进一步直接欺骗蒙古民众，什么替蒙古民族求独立，替蒙古民族建立大元帝国，全是欺骗蒙古同胞陷入其圈套中任其宰割的毒计，而这毒计也已经在东蒙实施。所以在今天看内蒙问题，更把一般蒙奸所狂吠的蒙古独立及建立蒙古帝国等梦想认为是日本军阀的毒计，日本军阀才是蒙古帝国这欺骗毒计的主角。

日寇占领平绥线后，即以汉奸政权大事制造民族复仇思想，鼓励蒙民对汉民的无理压迫和任意侮辱，此外更将察省的商都、宝昌、德化、康保、多伦等县划为察哈尔盟，把绥远的凉城、兴和、集宁、丰镇、陶林、和林、萨县、托县、固阳、武川、清水河等县划为"巴彦搭拉盟"。敌寇恢复此旧日之二盟，一方面企图从地理与交通上形势的便利以加强其统治，一方面企图以此"旧名"而唤起蒙民的旧意识，以遂其统治上便利的阴谋。

德王为人野心很大，其附敌的志愿亦不在小，颇有借敌寇力量统一内蒙的梦想。日本军阀曾把热河、察哈尔、绥远都给他统治，但在日寇欺骗下岂能如愿呢？敌人只给他锡林郭勒盟和乌兰察布盟及绥东四旗、土默特旗的地方，而且日本军阀还故意制造一个巴彦搭拉盟，叫补英达赖做盟长。德王自然有所不满，想去东京找些办法。这却更中了敌寇的诡计，于是又在廿七年七月敌寇召集"察南"、"察北"、"蒙古联盟"三汉奸政权代表，在张家口正式成立"蒙疆联合委员会"，统一了这三个傀儡组织。这里含有两个重大的政治阴谋，第一、按日本军阀法西斯历史家荒谬的说法，凡是长城以北的地方都是蒙古的地方，于是这些地方都应该"按着历史的正义"返还蒙古人。这是作为敌寇制造汉蒙民族分裂的根据。第二、成立"蒙疆联合委员会"并不就是汉奸政权的统一，而恰好是汉奸政权的分离，因为这样一来，夏恭、于品卿等汉奸和德王的利害的矛盾更加尖锐，而伪组织的政权亦更加薄弱，从而敌寇"举足轻重"的淫威也愈益猖獗了。

我们再看伪蒙联政府和伪蒙疆委员会的组织。"蒙联政府"最高顾问由日寇宇山兵士充任，最高顾问下有顾问部之组织，顾问部在政府各部均派有顾问若干名，在沦陷蒙旗王府也都派有顾问，它们不仅是幕后的策动，在指示，在实际上就是正式负责人，掌有一切行政实权。再加伪蒙古蒙疆银行（"蒙疆"的中央银行）在负责人之中，除开总裁包悦卿一个蒙古人作挂名傀儡外，自副总裁寺时正雄而下，都是敌人主持，这里我们把名单简略的开略一下：

理事长酒井辉马，总务处长水井利贞，业务股长平山直夫，管理股长富田英次郎，营业处经理三阶南辉彦。厚和市（即绥远）分行经理谷城洋海，大同分行经理山行五男，包头分行经理乾倍，北京分行经理大谷易忠，天津办事处经理铃木洁。

同样任"蒙疆委会"最高权威者也是最高顾问，为寇金井章二，并兼任行政中枢的总务委员会委员长。各部、处也都有"太上皇"的敌寇顾问。

在敌寇层层束缚下，德王窘迫可怜的状态，已可概见了吧。

《西线》（半月刊）

山西民族革命出版社

1939 年 2 卷 2 期

（李红权　整理）

蒙边休战后的远东局势

——《国民公论》短评

作者不详

差不多和苏联进兵波兰同时，日苏两国签订了蒙边双方的休战协定，规定双方军队停留于九月十五日所占的阵线，双方交换俘虏及尸体，并同意在可能的短时期内组织委员会，确定外蒙与伪满的界线。

这样，自从五月杪以来继续相持着的蒙伪边境敌对状态，因日寇的屈服而暂时停止了。这结果，和去年张鼓峰事件的结局是有一些相同的，但又并不是完全相同的。相同的是日寇方面以冒险挑衅始，而以失败屈服终。不同的是张鼓峰事件在停战以后，立刻成立双方边境协定，敌人可以暂时缓和东北边境的过虑，而这次划界协定却遥遥无期，额尔欣河两岸，苏联并未撤去一兵一卒，敌人继续感受到重大的压力，而不能分兵以增加对我作战的实力。就最近消息，停战协定签字以后，苏联反在外蒙边境，增足三师团，因此敌人益发感觉不安。它不但不能从蒙边撤兵，而且还得从中国战地或国内继续调兵增援。敌人的彷徨和苦闷，是可想而知了。

跟着蒙边休战协定的成立，各方面传出各种的谣言，有以为日苏将签订不侵犯条约的，有以为苏联将出而调停中日战争的，很明显地，这些全是苏联和中国的敌人所散播出来的恶意的污蔑。

在中国继续进行长期抗战的今日，苏联决不会停止对中国精神和物质的援助，因之也决不会和日寇签订不侵犯条约。我们抗战本来是自动自靠的，我们坚持抗战到底的国策，当然一切第三国的调停或敌人的诱和都要失败，蒙边的短时期的休战，实不能影响远东的整个局面。只有在远东取主动地位的我国的态度，才能真正影响远东的整个局面。

《国民公论》（半月刊）
桂林国民公论社
1939 年 2 卷 7 期
（丁冉　整理）

倭制"蒙疆政府"阴谋的暴露

John Ahlers　著　　广武译自 China Press

弥漫在整个远东的谣言，盛传着预料中的日苏军事冲突，很可能在今年爆发。不过，毫无疑问的是，这个冲突不会由苏联来首先发动。日本自从平沼继近卫组阁以后，军阀势力比以前更为强大了。为了运用新的势力，关东军将要在日本军人斗争的各派系中，特别大出风头。板垣（关东军领袖之一）之进任陆军大臣，就是关东军捧上台的。在日本陆军特务机关方面，关东军拥有强大的势力，它统治着在中国领土内的两个傀儡国家，即伪满洲国和伪蒙疆政府——内蒙古。

关东军是在日本高级将领中反苏派的支配之下的。这一派的要求是由限制日军在中国的活动，转而发动进攻苏联的战争，这种主张已日渐坚决，并且特别坚决的主张先来进攻外蒙古。外蒙古虽为中国的领土，但由于与苏联有军事攻守同盟的约束以及种种实际上的关系，已经转入苏联的势力范围内了。所以苏联无论在政治上和战略上的理由，绝不能坐视日本掠夺外蒙古而不救。而日苏冲突的焦点，也就在这一方面。

自从中日战争爆发以后，日本已经把枪口向西往外蒙古推进。这枪口向西，便是说日本在努力制造傀儡"蒙疆政府"。所谓"蒙疆"，即蒙古的边疆之意，普通叫作内蒙口〔古〕或伪蒙古国。日本陆军特务机关的高级官员们，曾在上月引导北平的外国记者团经过这一傀儡国，由于这些高级军官们回答的问题中，可以毫无问题的看出来日本对外蒙古的野心，是如何的无微不至。德王（张家口傀儡组织有名无实的首长）最近声明："在相当时期，外蒙古将要和它的内蒙弟兄重行联合起来，加入更大（日本制造的）蒙古复兴计划里来。"日本驻绥远归化的军事特务团的首领横山大佐说："必须更把外蒙古吸收到现在德王的自治组织里来。"

蒙古傀儡国

照这样情形看来，德王的傀儡组织实在是值得密切注意，不应当像过去那样对它太忽略。就理论上说，在日本人的地图上看来"蒙疆"是一个缓冲的地带，东为"满洲国"，北及西北为外蒙古，南为长城及河套的西段。"蒙疆"的领土，是假设包括河套内鄂尔多斯的沙漠地带和五原的大戈壁边区地带，但这些领土现在尚须从中国方面侵略过来，因为中国仍在坚强的保卫这些领土。日本在这地方的最西部的根据地是平绥路终点的包头和百灵庙二处，说来百灵庙是一九三六年日本人和德王的阴谋发动之地。

这些部分的中国抗日军在五原、宁夏、榆林和偏关（山西西北部），都有他们的根据地。在偏关的中国军队是傅作义将军统率，在榆林、宁夏方面的是马占山将军统率，他们都在长城地带，时常遭受日机轰炸，但据说他们从未蒙受空袭的损失。集中在五原一带最强的中国军队是马鸿宾将军统率，据日本人的估计，他统率的军队约有一万二千人。其中有两千人是中国的回教徒。马鸿宾正在警卫所谓"赤色路线"之一，这一路线从库伦横过大戈壁到宁夏，又从此到兰州或西安。这路线的极东方是围绕着五原，而且据日人的看法是十分重要的中苏交通线。日本人在几个月以前就已经声明，"想要"在最近的将来攻取五原，但这些打算至今尚未实现。五原也是内蒙羊毛运输的交通中心，其重要仅次于包头。

日本的半统治

"蒙疆"伪组织正式夸说他们有七百万左右人口，实际上这些人口中真在日本统治下的尚不及半数。日本所占领的，主要的不过是铁路线而已，就是从北平经过南口的关隘到张家口、大同、归化和包头。这都是日本侵略区内比较重要的城市。从大同到太原（山西省会）的铁路须经过中国控制的区域，因此此路不能被日本应用。然而平包线的货运和客运虽然规模小，还能管理得很好而且定期通车。这一路线是在满铁会社的管理之下。

沿铁路的各城市未曾蒙受很大的战争损失，这些地方在日本占领之下已经恢复了常态。在绥远的归化一区据说有十二万人口，包头九万人，张家口八万人，大同七万人，除掉包头以外，其余城市尚有点超过战前的人口数目。那些地方已经是中国的人力车夫，长城内去的劳工和日本人民的辐辏地方。现在此区内大约有一万日本平民，只张家口就住有一半，住在大同的大约有二千人，一千多人住在绥远，五百人住在包头，大约四百人住在宣化。这些日本人已经开了铺店、旅馆、小店、鸦片馆、妓馆等等的营业，有些是许多新的日本公司派的代表和雇工，一部分是在"蒙古"的名义下去开采"蒙疆"的经济富源，这些富源（是实质的同时也是可能的）是相当值得重视的。主要的富源有三种：煤、铁和羊毛。这两种矿藏多位于该地的东南地带，在察哈尔的南部和山西的北部一带，是夹在长城的内外线直到北平以西的地带。羊毛是从长城外大草原地带来的，也就是大部分从现在日本占领区以外的地带来的。这些经济富源已经全部被掠夺，而且现在正被日本人单独的开发着。

煤矿的开采

　　大同的煤区为日本人开发的主要目标，据估计在二，七九七方哩的一个面积内，能出产好煤大约一二，○○○，○○○，○○○吨。在战前，每年煤的产量大约为二六○，○○○吨。大同的煤矿已经转给满铁会社了，现在据说在日本的技师指导之下，有四千工人工作。每日的产量在去年年底时已达二千吨左右，但是日本想要大批的输入大同的煤，以缓和国内的煤荒，已经是徒劳了。大同的煤运往日本去的很少，通到海岸的铁路运输力很微弱，而且从大同大批的运输煤炭，也是绝对的不安全。要大量增加煤的生产，须煤矿的近代化，还要新建筑一条直达海岸的铁路，然而，这需要支出二四○，○○○，○○○日元的资本，日本在现时尚无力量办到。

　　"蒙疆"的其他大的矿产富源为龙烟铁矿的储藏。龙烟铁矿位于宣化的东北，紧靠河北省的边界，包括烟筒山、庞家堡等附近的一些小山。据估计这些区域内蕴藏着不下一万万吨的矿石。龙烟铁矿的开采已经托付给抚顺煤矿公司，该公司为满铁会社和满洲重工业会社的附属机关。现在龙烟矿每日矿石的产量据说是六百吨，它与大同煤矿同样感受运输的困难。在龙烟开采的矿石一部分在北平城郊石景山修复的炼铁厂提炼，该厂内日本人早就装置了几个新的炼铁炉，很快的在圣诞节前就升火了。

　　"蒙疆"的第三种经济富源是羊毛，在战前，每年由平绥路出口的羊毛约有三千五百万磅。这些羊毛大部分是由甘肃和青海用大车或沿黄河用船运到包头（内蒙古主要的羊毛贸易中心）。自从日本占领包头以后，暂时破坏了此地的运输贸易，但在去年已经是部分的恢复了。工业品供给的缺乏迫使着包头以西和西南的中国领土，不得不与日本以羊毛来作以物易物的交换，因此包头的羊毛贸易，已经恢复到相当的程度。

"蒙疆"对外贸易的总额，是值得注意的。据日本的统计，去年的进口货值六千万日元，但据报告，出口货约值一万五千万日元。那就是说"蒙疆"的出口货数额有上海的一半。不过实际上所有这些贸易完全操在日本人的手里，欧美商人在此地的商务已经完全被排斥。起初日本各家公司在内蒙的贸易的各重要部门，得到了垄断权，去年秋季经美国的抗议后，这种垄断才正式停止了，而以横滨正金银行来代替限制外国贸易。这种限制是防〔妨〕害贸易的专为限制非日本商人的贸易，西洋各国的商人没有直接贸易的余地。但因"蒙疆"宣布参加日元集团的关系，对于日本人在"蒙疆"的贸易是不受这种限制的。伪蒙古银行借着日本的信用支持，发行了一种不能兑现的伪钞，既缺乏现金又无外汇作准备。

金井顾问

日本经济垄断和经济开发制度〈的〉创造者，是一位"蒙疆联合委员会"的高等顾问名曰金井。他有很多能干的助手，在"联合委员会"九十个高级文官中，他的助手占了十七个人。这个"联合委员会"是模仿北平的"临时政府"和南京的"维新政府"成立的，以德王为主席。会内设总务、产业、财政、交通、民生和保安六部，以三个王克敏一流的中国人和两个蒙古人充任之。

"蒙疆"的中央权力是很有限的，既无军队又无警察，除掉周年庆祝宣言外，实无事可作。伪政府没有外交部，交通事务是由满铁会社管理。日本军事当局在上月对外国新闻记者团说："联合委员会"实际上仅是一个经济和财政的上级机构。因为"蒙疆"的经济和财政完全操在日本人的手里，所以"联合委员会"所施行的仅限于公布"授与"日本商人所选择的法律规章和条例，和阻止西洋人的特权。

"联合委员会"被视为最高机构，因为"蒙疆"不是由于一个单纯国家组织的，而是由于三个不同的傀儡组织组成的，这三个组织就是："察南"，以张家口作都会，龙烟矿亦包括在内；"晋北"，以煤矿区中心的大同作都会；"蒙古联盟"，在长城以外，以绥远作都会，现在日本人称之为 Hoho-hoto，蒙古人称之为 Koko-Hoto。张家口又为"联合委员会"的都会。这三个组织每个都似乎有一个"自治的政府"，各设一个主席，一个副主席，并分设四厅，即总务、民生、财政和保安。"蒙古联盟"另设有"牧畜厅"。汉人中的汉奸作了察南和晋北伪组织的首领，德王和其他几个蒙古人作"蒙古联盟"的首领。

傀儡毫无权力

大同和张家口傀儡们的地位，和北平"临时政府"傀儡的地位一样，他们的工作是帮助日本人管理他们的领域。他们有日本指导官指挥下的保安队，但是没有正式军队。然而第三个伪组织"蒙古联盟"倒有一支正式军队，就是所谓伪蒙军。伪蒙军的司令是"蒙古同联〔联盟〕"的副主席李守信，他统率约有一万人，其中三分之二是汉人，三分之一是蒙古人。这些伪军正与日军配合起来，在五原一带和中国军对抗。据说伪蒙军中的真正蒙古人证明尚属可靠，但其中汉人组成的军队常常演成反正情事。

伪蒙军的设置，纯系一种引诱性质，"蒙疆"的日本人想要借此引诱外蒙古人入他们的罗网。其他的引诱对象就是德王和在

"蒙古联盟"供职的王公们。德王本是锡林郭勒盟西部苏尼特旗的世袭统治者。在"蒙疆"内另外还有四个蒙古〈族〉部盟，即：察哈尔部、巴音达拉部、伊克昭盟和乌兰察布盟。然而后二盟至今尚未表示愿意同德王和日本人合作。日本制造的成吉思汗继承者的德王对日军占领区域外所有的蒙古族是无所影响的，他仅是被驱使做日本人占据土地和富源的一个名义上的掩护者而已。

蒙古人不是愚民。他们深刻的知道，假设日本真要恢复蒙古的势力，日本必须把"满洲国"整个的西部划归蒙古。因为那个地方据日本的统计大多数是蒙古人，约有一百五十万人，照日本的估计，在外蒙古仅有一百万蒙古人，在"蒙疆"仅有六十万蒙古人。"蒙疆"的人口中，六百四十万的大多数为汉人。这些汉人中约有二百万住在察北，二百万住在晋北伪组织境内，"蒙古联盟"境内有二百四十万汉人，比起蒙古人的数目来是四比一。

蒙疆是中国的

因此，"蒙疆"并不是属于蒙古的，而是属于中国的。德王不过是"内蒙古"人民的代表，正如同长春的傀儡皇帝是"满洲国"人民的代表一样。热河西部日本关东军不过把几年前在伪满表演的哑剧拿来重演一番，不过这次是为蒙古人表演，不是为少数的满人表演而已。假设日军不驻在"蒙疆"，所谓"联合〈委员〉会"和三个"自治政府"必立被那地方最多数的中国人联合仍在独立中的蒙古人完全铲除。伪组织中实际掌握政权的，是日本军特务机关的几个寡头而已。

"蒙疆"特务机关长是坂井少将，他和华北特务机关长北少将有密切联络，更是日本陆相板垣中将最信任的人。以这一特务机关为联系，伪组织的"顾问"，和傀儡政府的各单位都发生直接关系，其余各"顾问"大都和日本特务机关早就发生密切关系。大多数"顾问"都是从横滨东方语言学校毕业，该校是日本在中亚阴谋的中心之一。所有这些日本官吏对于军事侦探知识都是很有经验的，而且都是日军反苏派中的最激烈分子。他们已经拿到一个工具在手了，拿到这一防苏工具的"蒙疆"了。

《时与潮》（半月刊）

上海时与潮社

1939 年 3 卷 3 期

（朱宪　整理）

德王就任"蒙疆联合会"委员长①

作者不详

"蒙疆联合委员会",前年秋创立为察南、晋北、蒙古联盟三"自治政府"之会议统制机关以来,蒙疆地区之政治、产业、交通各部门,招来飞跃之发展。最近治安恢复,同时内外政务与重要问题之处理,愈益多端,故由三自治政府各主席、最高委员、最高顾问一致推荐,遂决定推戴"蒙古联盟自治政府"首席德王为从来金井最高顾问所担任为联合委员会领袖之总务委员长,联合委员会为蒙疆地区国家的中枢机间〔关〕之重要性,愈形加重。因而自四月二十九日午前十一时起,在金井最高顾问、各"自治政府"最高顾问、其他干部、各委员列席之下,在该地联合委员会本部,由"察南自治政府"最高委员于品卿、"晋北自治政府"最高委员夏恭、"蒙古联盟自治政府"副主席李守信三氏举行公同推荐之决议,德王欣然承诺,正式就任,即发就职声明与通电。兹录声明书如左:

> 兹担蒙疆七百万民众之舆望,受蒙古联盟、察南、晋北三自治政府之推荐,遂肩负蒙疆联合委员会总务委员长之任务。惟蒙疆联合委员会,为三自治政府之综合统制连络机关,成立

---

① 作者是站在日伪立场上行文的,为保持资料原貌,照录原文,请读者明鉴。——整理者注

以来，已一年有半，当初承受重要产业、金融、交通等行政权限之委让，在各专门委员制下，建筑防共线之坚垒，先努力于战后基础之建设，又鉴于去年八月内外诸情势，遂扩大强化为今日之总务、产业、财政、交通、民生、保安六部制。尔来由于友邦日本帝国远大牺牲之援助，得以铲除丑类，廓除秕政，如今生聚日渐殷盛，竟至安居乐业。惟广观世界之情势，详侦本地域之实情，则知吾人所负之责任，既重且大，不许须臾偷安，冀与七百万民众，置念于此，与日满两帝国及新兴诸政权以举亲睦友邻之实，外则巩固防共之铁壁，内则协和民族，一致团结，强化政权之基础，以图民生之向上，立足于东亚本来之道义，使人道之善美，不致略有毁损，而参划东亚新秩序运动，俾确保东亚永远之和平，同时有所贡献于世界和平也。

"蒙疆联合委员会"当局关于德王就任总务委员长，发表谈话如次：

　　昨秋十一月二十二日因蒙疆三自治政府之协议，成立蒙疆联合委员会以来，委员会关于处理关联之政权之重大事项，由各政府选出委员担任政务之实行，完成其发挥为三政权协议统制机关之妙点与顺遂之发展，在政治、产业、交通上，显示飞跃之发展。蒙疆联合委员会于是愈益增重其为国家统合强化之中枢机关之重要性，被附托为蒙疆特殊地域，尤其为建设东亚新秩序一役之重责。最近内外政务与重要问题之处理，日益繁多，应允一般民众之声援期望，由三自治政府各主席、最高顾问，举行共合推荐之结果，本日解除金井最高顾问总务委员长事务处理之任务，推戴蒙古联盟自治政府主席德王为总务委员长，将即日就任也。

德王就任"蒙疆委员会"总务委员长之通电如左：

　　内外时局多端之秋，受蒙疆七百万民众之总意，被推为蒙疆联合委员会总务委员长。本日不顾菲力，通电就任，时局严重之际，虽惧责任之重大，为建设东亚新秩序起见，不惜粉身碎骨，以尽微力，务祈今后多加督促是荷！

　　　　成吉思汗纪元七百三十四年民国二十八年四月三十日

　　　　　　蒙疆联合委员会总务委员长　德王

"察南自治政府"最高委员于品卿，"晋北自治政府"最高委员夏恭，"蒙古联盟自治政府"副主席李守信三氏，二十九日发表推荐德王之决议如左：

推荐决议

兹推荐蒙古联盟自治政府主席德王为蒙疆联合委员会总务委员长，决议如左。

　　　　成吉思汗纪元七百三十四年民国二十八年四月二十九日

《国际时报》（月刊）

新京满洲帝国外交部调查司

1939 年 3 卷 5 号

（丁舟　整理）

"蒙古联合自治政府"的成立和意义[①]

[日] 关口保 撰

一 分治分权制的收获

由察南、晋北和蒙古三"自治政府"构成的"蒙古联合自治政府",已于九月一日举行了盛大的成立典礼。蒙疆三"自治政府",是以中日事变为契机树立起来的,并且"蒙疆联合委员会",也设立而成为三"自治政府"之统制联络机关了。其间一年半以来,依分治分权的联盟组织的运用,完成了跃进的发展,现在更勿庸赘述。这分治分权制所获致的效果,在今后政治指导上应重视之点,第一是财政的确立,换句话说,分治主义在事变后的财政回复上,尽了极有效果的作用。这从经营一年半的收入已超过事变前的这一点,可以证明其事实。加之,因为各地域都以"独立国家"的强力权限,企划其管辖内的整备和发展,所以没有像在中央集权国家之脆弱的地方机关管辖下所看见的弊害。而各地区的行政,都急速地整备了充实了。这是不能忽略看过的事实。

---

① 请留意作者的侵略者立场。——整理者注

二 统一内部的必然性

可是，各政府都是地域的割据着，为了充实其政费的自给自足，必须分割征收其地域固有的地方税，以及各地域所共通的所谓民国的中央税。对于建设恢复更需要巨额费用的结果，税的要求不得不严峻，势必进而为税的重复征收。此外，基于地域的特殊性，各政府间政费的膨胀与地域的负担力之差违，以及基于蒙疆全地域的战时体制的要求，而增加的诸经费等，终久将招致三政府管下人民的负担失掉均衡的结果。换句话说，整备地域内税制的体系，以谋国民负担的均衡，是最紧要的事。此外，为了与最近所施行的汇兑管理相对照，以改善蒙疆的国际收支，并且为了与"联合委员会"所顺利的移行之金融统制和强化相对照，以确立蒙疆全体之坚实的财政基础，必须迅速期望蒙疆全体之财政权的一元化。

此外，最应重视的是治安问题。"蒙疆政权"建设以来，仅仅一年有半，"匪贼"的蠢动大为减少，但潜入的"小匪贼"之行动也时有所闻，共产党的组织网也日趋巧妙。所以除了"皇军"之讨伐外，如果得不到警务机构的强化和统一的组织，以及人的配置和运用之妙，则治安的完全难以期望。而且倘若要以蒙疆为东亚协同体的一环，以达成其使命，则首先必须图谋确保治安。尤其蒙疆，不但在四围的情势上不许将其治安的确保责任只依赖"皇军"，并且必须担任后方的治安警备，使"皇军"无后顾之忧，以举协力的果实。这是"蒙疆政权"与"皇军"对蒙疆地域全体，以警察权的一元化为急务的原因。

三　"联合委员会"的机能

以上不过就政权统一的必然性，略述其片鳞而已。"蒙疆联合委员会"已经首先设立起来，关于三政府间共通的重要政务，接受其权限的移让，在其移让的范围内，无论金融上、重要产业上，或交通运输上，都获得各方面统制等之相当的成绩，在这些事项的范围内，"联合委员会"已施行过中央政府化之某种程度的中央集权的行政。尤其在去年八月，委员会的机构已经改组，而采用部制度，这更促进了委员会转移到中央政府的倾向。然而内外的情势终于达到这种事态，必须整备更强有力的体制，以备今后飞跃的发展。

四　蒙疆地域的特殊性

既如一般人所周知，蒙疆是认为防共的高度自治区域，而曾与三政府共同采用"亲日防共，民族协和及民生向上"为施政的纲领，而锐意向建设的道路上迈进。尤其以日本为中心而确立新秩序的事情，现在已经成为民众一般的常识信条了。深深依赖着日本的东亚新秩序，即当作东亚协同体的一环，而在这地区完成防共的铁壁，不但认为蒙疆的第一义务，并且在对苏联的关系上，认为以上述之东亚协同体的区域为基准时，这地区算是重要的"国境地带"。这地区对外蒙和西方更具有积极的关联性。这些都是蒙疆的特殊性或特殊使命，为最应重视之点。

五　理想地域的实现

兹将察南、晋北、蒙疆三"自治政府"联合起来，树立"蒙古联合自治政府"之际，对于上列各点加以考察，而依上述的内政上各种理由，清算联盟的分治主义，同时并以东亚道义的再建和发扬，诸民族的大同团结，共产主义的绝灭，以及东亚新秩序的建设为设施的纲领，而在新组织法的第一条，也明白的揭载为新政府施政的理念。我们必须根据新政府组织的根本精神，今后更要强有力的一致团结，使"蒙古联合会自治政府"的地域，出现为新秩序圈内的最理想的地区，而向处理事变之终究的目的达成迈进。

《华文大阪每日》（半月刊）

大阪每日新闻社

1939 年 3 卷 7 期

（朱宪　整理）

"蒙古联合自治政府"成立[①]

作者不详

第四次蒙古大会　自汪精卫兴起和平救国运动，于是树立新中央政权，机运益见浓厚，殊如蒙疆政权防共，民族协和，民生向上，自成立以来今已二年，无时不从事坚实之新秩序建设中。今鉴于内外情势异常，乃拟合察南、晋北、蒙古联盟三自治政府为一家，树一强力政权，以谋防共特殊地域施政之确立。八月二十九日午前九时，厚和公会堂，大开第四次蒙古大会，以政权统合问题为议题，公同协议。当时有德王、李守信正副主席、蒙古政府要人、内蒙各旗王侯、旗民代表、管内各县民众代表等三百余人参加。德王提议统一政权组织问题，主席团提出政权统合问题，经各代表、主席围〔团〕审议并质疑问答多时，结果全愿树立单一强力政权，以达成防共使命。当经满场一致通过，德王起立述其促进树立决意，于是该单一政权问题宣告决定，三呼日、"蒙"两政府万岁，同十一时闭幕。

统合政权成立蒙疆三自治政府　于九月一日举行东亚新秩序建设史上最有光荣之统合政权成立式，自午前九时，在蒙疆联合委员会最高顾问室，有蒙疆联合委员会德总务委员长、夏晋北、于

---

① 作者是站在日伪立场上行文的，为保持资料原貌，照录原文，请读者明鉴。——整理者注

察南各自治政府最高委员、李守信“蒙古联盟自治政府”副主席、金井蒙疆联合委员会最高顾问，及政权统合审议会卓委员长以下委员，同干事长及干事参集，在酒井兴亚院连络部长官立〔莅〕会之下，举行新政权首班主席推举式。夏晋北、于察南各自治政府最高委员、李守信“蒙古联盟自治政府”副主席代表管下民众，推举德王为主席。德王当即承诺，就主席之位。德王代表蒙古民众，推举夏、于两氏为新政府副主席，两氏亦允诺，新政权之首脑，遂以决定。德主席遂朗读宣誓文云：

> 宣誓于神佛情鉴之下，体建国之精神，尽全力于协同防共及厚生，而迈进东亚新秩序，永远巩固光荣建国之丕基。

读毕宣誓文，自十时起，举行新政府政务院长、各部部长、政厅长官及盟长之任命式。嗣自十一时起，在新政府最高顾问室，由卓政务院长，开意义最深新政权成立之政务会议如左：

一、“蒙古联合自治政府”暂行组织法。

一、制定参议府、政务院、地方政厅各官制。

一、以张家口为首都。

一、纪元年号，用成吉思汗纪元。

一、制定新政府旗。

各件均经可决，遂公布之，新政权以宣布道义与本诸民意以施政。自午后二时在新政府内庭，自德主席以下首脑部，以及来宾、军代表，及其他均出席，举行新生“蒙古联合自治政府”成立式典。德主席，更朗读别项之成立宣言，次朗读施政纲领，并日本、“满洲”、临时、维新各政府及其他朝野间所来之祝辞。后全员三呼“蒙古联合自治政府”万岁、大日本帝国万岁，全场和气充盈之中，遂宣告闭会云。

成立宣言 维成吉思汗纪元七百三十四年，中华民国二十八年九月一日，合蒙古、察南、晋北之三治，兹建“蒙古联合自治政府"。为转移运会，兼济时艰，开大同大顺之闳图，奠久安长治之不基，昭示境内各民族民众，敬告东西邻邦、世界列国曰：我蒙疆，为宏城史上著名故疆，民风朴厚，资源丰富，人强而于牧畜耕耘业者久矣。地势夹山而有大陆，幅员控长城而跨北海。迨民国成立，虐政剥民，军阀攫夺，凌暴百端，民不堪命者二十余年，然犹未至以我饵虎狼而委其啖饱之虐。蒋何人斯，伪定一时，不择手段，及其开府南京，以联苏容共为国是，以割蒙抗日为至计，遂与日本开衅，连败不救，仅保余喘于岷峨之间。使彼虎狼，乘其解休无为，吞噬瀚海百旗之野，咆哮跳跃，薄我门墙，窥我堂奥，为日将近，何问"赤化"之祸。我蒙古、察南、晋北之三治，夙以同休同戚之心，俱誓防共安民之志，防维苏联，不容毫发支吾，势之维系，治标治本，尤贵通力合作。其所期也，在防共、协和、厚生，其所急也，在东亚永远和平与东洋道义之昂扬。裂帛之意气蹶然，以屠共党，道义之光，昭昭以被宇宙，乃合三治，肇建蒙古联合自治政府，爰与友邦日本紧密提携，益巩固日、"满"、华、"蒙"连系，联成一环，共向建设东亚新秩序而迈进，使东亚悠远之道义，光被世界，而冀人类之福祉。其政府组织法，及一切经制，另著在案，使通国各种民族，无内无外，咸赖其庆，庶东西邻邦、世界列国，幸加鉴察，曒日有知，诸天护之。

置二政厅、五盟　"蒙古联合自治政府"管下，置二政厅、五盟。政厅之名称、位置及管辖区域如左：

察南政厅（张家口市），前察南自治政府管辖区域。

晋北政厅（大同），前晋北自治政府管辖区域。

政厅官制、政厅设职员如左：

长官二人，特任或简任，次官二人，简任或荐任，厅长六人，简任或荐任，参事官若干人，荐任。

盟之名称及省公署之位置　巴彦塔拉盟厚和市、察哈尔盟张北、乌兰察布盟百灵庙、锡林郭勒盟贝子庙、伊克昭盟伊金霍拉，管辖区域仍旧。

盟公署官制　盟公署设职员如左：

盟长五人，副盟长五人，参与官五人，简任或荐任，厅长十五人，简任或荐任。盟公署设官房及三厅：民生厅、警务厅、劝业厅。

《国际时报》（月刊）

新京满洲帝国外交部调查司

1939 年 3 卷 9 号

（李红权　整理）

外蒙古概观

作者不详

与中国的关系

蒙古旧分内蒙古和外蒙古，人民同为黄种。内蒙于清季开放，继且改设行省，汉人移居者甚多，故同化程度较高，而外蒙古则无汉人影响之可言。照清代蒙古官制，乌里雅苏台设有将军，库伦设有办事大臣。中国在外蒙之力量虽大，但自俄国势力东渐后，外国活佛、革〔王〕公，对清廷渐生携贰，辛亥年中国革命，外蒙古活佛、王公乘机独立，受俄保护。民国四年《中俄蒙条约》成立，俄蒙承认中国对外蒙的宗主权（外蒙古仍为华领土）。俄国革命，无暇更〔东〕顾，外蒙活佛、王公遂又内向，宣布取消自治，复归中政府统治。然外蒙一部分青年，仍与苏联保持联络，于是遂有民国十年的苏蒙"友好条约"。该约内容，除相互承认独立外，并决定外交机关的交换以树立邦交等事项。民国十二年二月廿日复在莫斯科成立苏蒙秘密条约，不仅予苏联以经济上的特权，复规定红军得驻扎于外蒙。及至民国十三年蒙古人民共和国正式成立后，联〔苏〕蒙关系更加深切，惟同年即成立中苏条约，苏联承认外蒙是中国的领土。

与苏缔结同盟

"满洲国"的成立，以及华北方面的紧张局势，使苏蒙关系愈加凝固。民国二十四年十二月十一日，蒙古人民共和国主席率军政部部长等多人，报聘莫斯科，迭与苏联各方领袖会见，协议对策，关于构成抗日联合阵线，据传有具体办法的决定。民国二十五年一月二十五日，外蒙国民党中央执行会主席阿摩尔和内阁总理银东，致函加里宁和莫洛托夫，正式请求苏联对外蒙予以援助。莫斯科对于这个请求，当然乐于接受，于是苏蒙两方即开始秘密谈判，三月十三日由苏联代表泰洛夫与蒙古人民政府阿摩尔及银东共同签订《互助议定书》，内分如下四条：

（一）苏联或蒙古共和国受第三国侵略威胁时，两国政府即刻审查造成的局势，并采取一切能保障其安全的必要措置。

（二）苏联与蒙古两政府在订约国一方受军事的侵略时，须互相准备一切的援助，包括军事援助。

（三）苏联与蒙古两政府认为不必要时，根据相互协商，得为履行第一和第二两条记载的约束，其中一方驻扎于另一方领土的军队，须即刻撤退，如一二五〇〔一九二五〕年苏联军队退出蒙古共和国一样。

（四）议定书以俄蒙两国交缮成两份，两种条文均为有效。自议定书签署之日起，有效期间继续十年。

以上议定书公布后，中国政府曾于四月七日及十五日先后提出两次抗议，迄今仍为悬案，但苏联前外长李维诺夫当时代表苏联政府声明：《苏蒙议定书》的任何条件，都没有损害中国的主权；苏联对于中国乃至蒙古，都没有领土的野心；民国十三年五月三十一日苏联与北京政府订立的条约，承认中国在外蒙的宗主权，依然有效。

政治、军事概况

所谓"外蒙古人民共和国",是在苏联援助下成功的,新宪法也是苏联的法学家帮着草成的。这宪法乃以苏维埃为基础,但并不是社会主义的,因为外蒙的经济和社会的组织太简单,不能实施马克斯主义。人民共和国的最高政权由"大国民会议"行使,在大国民会议闭会期间,则由"小国民会议",开会期间,则由小国民会议的常务干部及政府行使,小国民会议约有议员三千〔十〕名,每年开会两次,这两次会的实权,操于常务干部会和内阁手中。外蒙古人民共和国的宪法,第一章是规定国民权利,第二章是规定政治组织。兹述第二章之大要如下:

一、蒙古人民之最高权力,属于大国民会议,闭会后由小国民会议行使之,小国民会议在闭会期间,由小国民会议之常务干部会及政府行使之。

二、大国民会议由总部、都市、农村及军部代表组织代表会,每年依照人口〈比〉例选举之。

三、大国民会议规定每年举行一次,由大国民会议召集之。此外,依一定程序可临时召集议会。

四、小国民会议由大国民会议选出,其行动对大国民会议负责。

五、小国民会议系最高行政机关,执行大国民会议之议决案及宪法。

六、小国民会议每年至少召集二次,选举五人组织常务干部会并选举其他政府阁员。

七、政府执行一般国务,由主席、副主席、军事委员会会长、经济委员会会长，及内政、外交、军务、财政、司法、教育、农商各部长及审查院院长组织之。

上面是关于规定统治组织大纲，此种政治组织完全脱胎于苏维埃体制。如大小国民会议、常务干部会及政府的各种组织系统，都和苏联的苏维埃大会、中央执行委员会、干部会，及人民委员会等组织颇相类似。

关于外蒙的军备，手头没有确切的统计，但知其军队是机械化的，部队设有苏联顾问官。常备军约五万人，第一线飞机约三百架，训练完毕的后备军，大约有二十万人。外蒙人民慓悍善战，成吉思汗和忽必烈大帝的武功，至今犹为西洋人所乐道。所以外蒙的作战力，大概是很强的。而且外蒙曾与苏联缔结军事互助协定，所以其力更不可悔〔侮〕。

经济、文化概况

外蒙虽较荒凉，但并不是一个完全草原和沙漠地带。除畜产有马、牛、羊、骆驼外，库伦北连西伯利亚山系，林产极富，如桦、榆、白杨、落叶松等，年产颇多。农业虽为蒙古人所不喜，但在城市附近，也有少数麦产。"自给五年计划"实施后，利用集体农场，强迫有闲阶级如喇嘛等，从事作业，此后农产量必有增加的可能。

矿产还没有明确的调查。据估计，外蒙的矿藏很富，如纳拉伊哈煤矿，埋藏量约五百万吨，桑贝子以南十二公里的地方也有丰富的煤矿，科布多则有煤矿三处。他如银、铅、石盐等矿已在采掘中，至于金矿，则自古有名，埋藏极富。

工业以库伦为中心，以制革业、制材业、炼瓦业、机械业为主，最近生产率增进很快。家庭劳动的小规模工业，以畜产物为主，此种小工业现时均在五年计划下，加紧生产。

外蒙"五年计划"最重要的部门，当是交通发展，它原有四大"商队路"的干线，现均重加修建。各路均以库伦为起点，东到哈尔滨，东南到张家口，西到伊犁，北到西伯利亚。尚有新建的道路，可远通西安，直连上海。至外蒙对外贸易，自以苏联为主。据统计它与苏联的贸易，逐年向上增加，一九二三年为三百四十七万卢布，但至一九三一年竟达六千六百十七万卢布，八年的时间，竟有十九倍的惊人发展。

蒙古在革命前，寺庙就是唯一的文化中心，一九三四年以来，发动扑灭文盲运动，整理学校，设立民众教育机关，男女同学，实施共产主义教育。现有小学七十所，中学五所，技术学校三所。且有很多职业学校、识字学校，此外另有库伦大学一所。蒙古在旧时设〔没〕有报纸，现在库伦刊发五种蒙文的日报和九种杂志。近几年来并建筑排演剧本的国立戏院。

光荣的回忆

蒙古人在世界史上有极光荣的地位，这也是整个中华民族的光荣。西洋人称黄种人为蒙古利亚种，这个名词就是导源于"蒙古"两字，足见西洋人对于蒙古之印像的深刻。

原来成吉思汗亲征西北诸部落时，其军队曾到俄国彼得格勒以南及莫斯科以北之地（时为阿罗思部所居）。元太宗所平定的马扎儿，就是现在的匈牙利（按匈牙利为匈奴之后裔），他所征服的李烈儿，就是现在的波兰建国的地方。

在东方，蒙古曾臣服高丽，成立征东行省于其地。对于日本，元始〔世〕祖在一二七四年及一二八〇年两次用兵，日本幸得所谓"神风"之力，得免于难。世祖本来预备作第三次远征，因正有事于安南，所以作罢，这真是一件憾事。

　　法皇路易第九，震于蒙古的威名，曾遣维廉出使于和林（时为蒙古之部〔都〕城）。据他的记载，有一天，儒、释、道、回回、基督五教，在元宪宗前各为其自己的宗教辩护。宪宗笑着说："这五教如手之五指，不可阙一。"不独宗教，即各国工匠，也多争奇斗胜于和林，这真是蒙古的黄金时代。

《中外经济拔萃》（月刊）

上海中国国民经济研究所

1939 年 3 卷 9 期

（李红权　整理）

满蒙国境会议代表互行通告[①]

东乡大使，十一月十三日下午四时，在克列穆林宫访问莫洛特夫外务人民委员，关于十一日已见合意成立之满蒙国境会议，实行补足的协议，约历一小时半。

十三日东乡、莫洛特夫会谈之中心，为审议最近举行之国境会议，关于地域问题及其他代表之姓名，已正式互相通告完了。会议预定待日、满代表抵赤塔，于本月末举行。日本侧由久保田哈尔滨总领事，我国由龟山外务局政务处长，苏联侧由旅团参谋长马波古达诺夫，外蒙由共和国副总理贾木沙伦出席。

《国际时报》（月刊）

新京满洲帝国外交部调查司

1939 年 3 卷 11 号

（丁冉　整理）

[①]　作者是站在日伪立场上行文的，为保持资料原貌，照录原文，请读者明鉴。——整理者注

赤塔"满"蒙国境划定委员会[①]

作者不详

预定于十一月二十九日在赤塔举开之"满"蒙国境划定会议，因苏方提议延期至十二月七日，故我国代表团于十二月一日午后五时三十分〈乘〉亚细亚号快车，由多数官民欢送之下，由新京启行北上赴哈。三日午前十一时，由哈与日方委员一同出发，五日午后一时安抵赤塔，站前有巴格达诺夫、贾木沙伦两委员，及谷领事等欢迎，下榻于卡里宁斯卡加之希可易旅馆。六日日"满"与苏蒙两代表间互相访问，于七日午前十一时，"满"蒙国境划定委员会，遂行开始。首由久保田代表致词，继由巴格达诺夫致词，乃正式入于会议。我政府于十二月九日，曾发表共同声明如下：

> 康德六年十二月七日在苏维埃社会主义共和国联邦领赤塔市，关于最近纷争地域，满洲国并蒙古人民共和国间之国境确定，依据东乡、莫洛托夫间所成立之协定，开日、"满"、苏、蒙混成委员会。会议为与苏维埃社会主义共和国全权委员巴格达诺夫少将交换致开会词，并互相检讨政府全权书类后，着手审议委员会尔后之事业顺序并手续。

---

① 作者是站在日伪立场上行文的，为保持资料原貌，照录原文，请读者明鉴。——整理者注

塔斯通信发表

苏联政府，八日午后，经塔斯通信，关于"满"蒙国境划定委员会之开会，发表如左：

关于最近纷争地域之国境划定，基于莫洛特夫外务人民委员与东乡驻苏日本大使所成立之协定，组织苏蒙并日"满"混合委员会。十二月七日，于苏联赤塔会议，由苏联代表巴格达诺夫少将致开会辞开会。双方代表，交换致词，并提示资格证明书后，关于议事日程并议事手续，开始讨论。

第二回会议共同声明

"满"蒙国境确定混成委员会，第二回会议，于赤塔市，自康德六年十二月九日午前十一时，由日"满"侧久保田代表主持之下开会，审议决定会议规则。午后六时闭会。下次会议，定于康德六年十二月十一日云。

"满"日随员补志

日本侧随员，陆军步兵少佐三岛隆以、陆军工兵少佐笹井博一、外交官补高野藤吉、外务书记生志水志郎。

"满洲国"侧随员，外务局理事官吉津清、兴安省参事官萨嘎拉夫、治安部事务官川濑侍郎、外务局高等官试补北川四郎、同刘猷权、外务局属获野义人。

《国际时报》（月刊）

新京满洲帝国外交部调查司

1939 年 3 卷 12 号

（李红菊　整理）

倭寇侵略蒙古的意义

关洁民　撰

由于倭寇悍然向外蒙边境挑衅，蒙"满"边境形势，顿呈紧张，根据连日来事实的演变，苏蒙联军与倭"满"双方，确已兵戎相接有战争事实的存在了，在诺贝尔的湖畔不但空战不断的发生，而哈拉哈河两岸的烽火，已延续达数十日之久，在布满战争气息与到处孕育着大战因素的蒙"满"边境，不容等闲视之了。

据一般观察，倭寇侵犯外蒙边境的原因不外：（一）掩饰在华军事失利，刺激国人的爱国思想，缓和国内厌战反战的情绪与行动。（二）在军事上做出对苏联佯为进攻的姿势，以挽回德、意对日寇的失望心理，俾进而与德、义〔意〕成立军事同盟条约，以壮声势。（三）企图阻止正在进行中的英、苏谈判，故毅然发动对外蒙古的侵略，使英国怵于远东局势之严重，不敢与苏联谈判英苏联合问题。

以上的几种推测，各有各的理由和见地，但是我们的认识，却另有意义在。

首先我们认为倭寇侵犯蒙古，不只是转移倭国人心，献媚德、义〔意〕，威胁英、苏，此外，还另有为我们方正努力于抗战大业的同胞，应该特别注意的原因在，这个原因，就是倭寇实实在在是想实现田中奏折"欲征服中国，必先征服满蒙"的阴谋。这个认识，我们不能认为是迂阔而正是十分合理。因为在倭寇的心目中，早就认定，如果满蒙两地，不能实行完全侵占，完全稳固起来，决难达"征服"全中国的理想。事实也是如此，就使倭寇整个占了华北，如果满蒙我军实行出击时，倭寇的对华战事，是不是要发生动摇？她之所以不敢轻易侵犯蒙古边境的原因是为了对华军事上的衰败，是为了因而怕惹起国际纠纷，是为了怕削弱她进攻华北、华南各地军队的实力。其实，在倭寇的心理上是早愿意进犯蒙古的，所以，这一次倭寇侵犯蒙古边境的重要意义，就在于其满蒙政策之全部实现，至少，也是在试探我〔俄〕蒙军的实力，作为大举进犯的根据。

其次说到我蒙胞的积极抵抗，其精神其认识其意义，和我们两年来的抗战国策完全一致。因为倭寇侵华是以全中华民族为目标而不分东南西北、男女老幼，时间容或有先后，战事决无可苟免。所以，这次我蒙古同胞的抗敌事实，就证明了中华民族精神团结的具体化，全民抗战的具体化。我蒙古的这种抗敌精神，是我四万万五千万同胞所期往〔望〕所企求所钦佩的。当然，我们很希望蒙古同胞继续抗敌，完成元世祖成吉思汗征倭的遗志，并报复民族的世仇。这个重大的意义，更应该为我蒙古同胞特别道出。

至于因倭寇侵犯蒙古边境，而发生了苏联帮忙蒙古抗战的事实，我们也不否认，但我们的认识是这样的：第一，蒙古与苏联因了地理的关系而密切，蒙古如被倭寇侵占，苏联的西伯利亚铁路，即有被截断的危险，苏联在远东的地位，必将削弱无疑。从这个意义上看，与其说是苏联援助蒙古，无宁认为苏联实行自卫。第二，即从《国联盟约》来看，苏联根据《国联盟约》而援助蒙古，与英、法、美之援助我国抗战的意义，完全一致。

现在，事变尚在演进中，战事的扩大与否，还待有更多的事实供参考，这里，我们先提出倭寇侵犯蒙古的意义，以慰勉蒙古同胞，以正确国人视线。

《现代评坛》（半月刊）

北平现代评坛社

1939 年 4 卷 22 期

（李红权　整理）

外蒙古之谜（特稿）

Alfred Lusk 作　　余鲁 译

目前太平洋方面正在演进的国际错综复杂之棋戏，外蒙古是其中最重要的棋子。

在亚洲大陆上为沙漠横断，介于苏联与日军占领区之间的这一块不毛之地，是今日的一大谜团，但可能成为明日之战场。

对于苏联，这外蒙人民共和国是一个全身甲胄的勇士，保护着它的遭受危险的西比利亚之侧面。对于日本，沉浸在帝国征服的思想者，外蒙是一个绝大的敌人，因为外蒙突出于"被占领"的中国地域，且障碍着它插足于一向渴求的西比利亚草原与山岭。

对于中国，外蒙对于它依照〔旧〕支付着名义上的代价，这个国家是在与日本作生死斗争中的有价值的同盟者。最后，对于散处在西比利亚铁道与中国长城之间广大区域内的数百万蒙古人，外蒙古共和国是一种种族的复兴或灭亡的象征。

尤有进者，且不管这共和国中有多么深厚的趣味，外蒙古保留着一片真实的"无人之境"，对于所有那些未具有苏联的护照之人们，是完全无法进入的。知道这个国家的人很少，纵有也只是来自苏联的讯息，而这种讯息，和日本人为适合其自己的利用之情报比较起来，殊难加以区别。

一些关于外蒙之地理的地位，及居民的真实材料，为欲明了此邦之迫切的现在与未知的将来所必不可少的。

外蒙位于中亚细亚的北部，占有土地面积一百五十万方公里，或者比法兰西、意大利及"慕尼黑会议"以前的德意志三国连合起来的土地面积还要大些。外蒙与苏联本部交界的边境线，长约二千公里，与唐努乌梁海共和自治邦（Tunnu Tuva Autonomaus Soviet Republic）的接壤边境线，长约九百公里，而唐努乌梁〈海〉自治邦业已成为苏维埃联邦共和国之一。（译者按：此言不确，唐努乌梁海是和外蒙人民共和国一样的独立自主国家，在政治、经济和文化方面受着苏联的提携与指导，但并未并入苏联版图，成为苏联的联邦之一，而是一个和苏联保持友谊合作的独立小共和国。）在东部，外蒙伸入一片狭土于日本占领之"满洲国"境，同时，在东南及西南方，与中国之察哈尔、绥远、宁夏和新疆接壤。

自日军的前锋（楔子）伸展入内蒙包头以外区域，外蒙的边境与日本的进攻地带衔接者，今已有将近三千五百公里之长了。这种事实不比寻常，它在霉蚀着生存十八年的外蒙共和国之运命呢。

此点重视地理方面，还有不减重要于地理意义的一面，即蒙古的社会组织（机构）。甚至直到今日，在蒙古革命后近二十年的现在，每五个蒙古人（男女及儿童统计在内）中，有两个是喇嘛僧侣。蒙古喇嘛的数量是在继续减少之中（一九二四年时，全国有喇嘛十一万二千六百七十一人，十年后仅剩七万七千六百人），但喇嘛僧侣在蒙古社会阶层中依然形成一种有势力的、有声的与反动的居民之一部分。

喇嘛教对于外蒙有何意义，只有用统计数字，始能描绘其真象出来，这七万余喇嘛僧众居住于六百个喇嘛区，彼等事实上是生活在该国的繁盛区以外，因彼等固不参加生产活动也。

据苏联来源之材料，在一九三三年时，全国喇嘛区之消费总额，达二千七百万金卢布，此数超过外蒙该年度之总预算，或全年之输出数字。每一普通蒙古平民将其总收入之百分之十五至二十，献与喇嘛，以交换彼等对神力之禳解。

喇嘛被推入日本的怀抱

这些事实，宛如在外蒙边境的风云气候，在该邦生活中，起有重要作用。革命政府的向无用而愚昧的喇嘛们宣战，促使此辈愚民投入日本的代理人之怀抱，盖此等日本间谍固经常的从满洲里及内蒙混入外蒙境内活动也。

另一社会集团为日本所寻得准备联合的，便是封建贵族王公的迅速趋于破落的人群。当革命政府完全改造了地方行政制度以后，主要的结果，是排斥那些自革命后坐享高位几近十年的王公贵胄们，从政权中除去这些官僚分子。于是那些有贵族王公官衔的分子，一一从执政当权的地位剔除，政权便落到那些平民，贫苦的雇佣牧人之手，彼等在革命前事实上是度的奴隶生活。

最后一个集团，经蒙古革命政府曾与之作残酷的战争的，便是中国商人与高利贷者。这一部分中国的剥削者，在革命以前曾有极大的指挥力量，在某一时期（特别是在一九一九年），彼等曾与日本携手。有一点必须承认的，即中国人在外蒙的纪录，并不蒙受荣耀。巨大的中国商店被利用作各种形式的欺骗，不幸的蒙古平民的异谋的大本营。由中国高利贷者所放出给与蒙古王公的大量的债款，而稍迟由债主向封建王公的无告无力的人民收取。

一中国高利贷者被当局审讯时声称："我是此地的王公，因王公欠我的债太多了。"

高利贷者勒索高利率的利息

高利贷者统制着蒙古王公，勒索过度的对同种类之物借款的利率，而平民们总是不加计较的。如还债到期未付，则平民们的兽群便被中国商人没收。这里值得提出的，在外蒙对中国商人高利贷者的初次打击，便是由王公与喇嘛高僧等自己所给与的。他们乘中国辛亥（一九一一年）革命之便，擅自在居民中领导反华运动。

这一运动的结果，召集了一次蒙古王公的紧急会议，宣布与中国脱离。蒙古喇嘛教的首脑活佛曾被赋与以绝对的世俗的权力，且派遣一代表团赴俄国，寻觅反华之援助。旋得俄方允诺援助，但附有条件，这些条件使外蒙沦为沙俄之奴仆。

圣彼得堡（旧俄京名。——译者）之表明其在外蒙之利益，此并非第一次，盖依一九〇七年沙俄与日本所定之秘约，曾将外蒙包括于沙俄伸张势力之范围也。

及欧洲大战爆发，日本已开始坚定地扶植其在外蒙之利益。最初，所有的工作俱系经由中国商人与银钱业者行之。嗣后，当俄国被卷入残酷的内战之漩涡，日本便利用白俄并派遣出自己底代理人。

谢米诺夫组织之傀儡政府

一俟莫斯科新成立的苏维埃政府宣布了废止所有一切沙皇政府与帝国主义列强间所订立之条约时，阿塔曼·谢米诺夫（Ataman Semenoff）（他仍在大连其总部中为日军工作着）曾做了一个建立"大蒙古国"之公开计划，这一"大蒙古国"包括有自贝加尔湖至西藏间一大块土地。由谢米诺夫一手组成的傀儡政府，设于满洲里附近的桃里亚站（Dauria Station），当时甚至曾做了一种流产的企图，欲遣送一个"代表团"到欧洲的凡尔塞会议去哓舌。

东京的计划是失败了，因活佛及其他外蒙统治集团的分子拒绝加入计划中的大蒙古国，盖恐失去彼等之政权也。

日本旋即转向当时著名的北京安福系军阀政客集团，此辈是时曾完全控制了北京政府。这一政治集团，系由东京指挥者，且代表着中国地主绅士阶级与官僚分子之利益，彼等常对蒙古土地垂涎，在库伦复燃起其阴谋之凶焰。库伦自革命后，为蒙古人民共和国的首都，现已更名为乌兰巴图和托，意即赤色英雄之都也。

外蒙在一九二〇年获得解救的机会，当安福系在北平〔京〕被逼下野后，其中国代理人乃由外蒙召返其故乡。外蒙的命运随之大变。自中国傀儡在其阴谋把戏中被击溃后，日本复转其注意力于白俄残部，自俄国被苏维埃红军驱出境外，遁入外蒙的白俄军队，又成了蒙古阴谋的工具。东京之再次的选择对象，便是沙俄贵族恩琴史丹堡男爵（Baron Ungern-Sternberg），他是一个狂气的俄罗斯—德意志种人，在他底身上，具有人类的残忍性和深刻的神秘性结合的性格。对于这人一俟其部队自俄境遁入蒙古，日本立即拨给他大批借款及以"顾问"资格加入其部队的驻在武官多人。

但恩琴男爵却误算了这些爱悦水草畜牧的蒙古人和狡黠的苏联政府。白军过度放浪，引起了人民极度的不安。在苏联的援助之下，这种蒙古人民的憎恨和愤怒，便转变而为行动。

由蒙古民族英雄苏赫巴特耳（Suhe-Bator）领导的一小队穷苦的爱国者，在绝对秘密下工作着，开始准备揭竿而起了。在一九二一年二月，这一部分蒙古民族中的先进分子，现在称做蒙古人民革命党的，在恰克图（Kiachta，现已更名为阿丹不拉克，Altan-Blak）蒙边苏联领土内领导了该党的第一次大会。

因王公和喇嘛同样不满于恩琴将军之恐怖行为，所有蒙古社会的各阶层，包括新成立的人民革命党在内，一致联合，成立了统一战线。

同时，新的蒙古游击队各单位，用苏联兵器武装起来的，侵入了恩琴管理的区域，于一九二一年三月十二日，又召集了一次党与人民的全体大会，选举出临时政府，该政府立即向莫斯科请求援助，以便将恩琴驱逐出外蒙国境。

苏联对外蒙请求迅即回答

由于"疯狂的男爵"的新的强有力的部队，在当时准备向［跑］库伦北方约四百公里之特洛以茨柯—萨伏斯克前进，这不啻是一种威胁的信号，苏联于是立即应允了蒙古革命政府的请求。

苏联红军通过了前线，与外蒙游击队取得连络，迅即击溃了白俄队伍。恩琴男爵本人在战役中被活捉，温顺地受军法审判，被判死刑。在一九二一年七月间，革命军及红军进占库伦，于是新的革命政府宣告成立。惟苏联红军留驻外蒙三年，直至外蒙已完全肃清了恩琴余孽之后，始行撤退。

苏联在当时的国防利益与其标榜否认的帝国主义目的发生了矛

盾。是时苏联政府依然存有渴想保留这一块广大而有战略重要性的国防地区，惟因鉴于业已给与中国保证及誓言，不便公开为之耳。

于此，吾人可发见莫斯科在一九二一年九月十二日，对弥缝外蒙与其旧宗主国中国间之关系，所贡献的伟绩了。这二个无力国家的提案，被中国所拒绝了。（因为当时苏联和外蒙两方都未曾被中国承认。）

由苏联建立的君主立宪政府

被中国捐弃后获得解放，而由苏联指导的外蒙政府，旋即依其计划前进。在一九二一年十一月一日，活佛的权力被限制于教堂事务范围，外蒙即成了一种似是而非的由共产党监护下的君主立宪国家。

外蒙新革命政府确信苏联的援助，及明知中国的暂时无能，在当时乃锐意循其政纲前进。

骁勇善战的外蒙现代化骑兵

同一时期，对俄国和中国商店及密切与之联合的封建神权政治的集团宣布了残酷的战争。当然的，此种措施，引起王公、喇嘛教堂与其掩护之下商业利益的坚决反抗。这些集团在北平及东京方面已寻得现成援助，但彼等在苏联守军及自由牧民的革命热忱面前，不复能保持其根据地矣。

<h1 style="text-align:center">中国对外蒙之宗主权</h1>

到了一九二四年五月二十日，当外蒙活佛死时，决定的时间来了。当时一般人明了，外蒙政治组织的改变乃必不可免的，莫斯科方面不欲采取任何步骤，盖深恐因此妨害了其与国民党及中国的自由分子间稳固增长着的影响也。于是在活佛死后仅十一日，苏联便和中国签定了一种协约，承认中国在外蒙的宗主权。

莫斯科在同一时期内，开始撤退其驻外蒙的红军，一俟特别指定的中俄委员会考虑及确立保卫俄蒙边界之方法与军队开拔日期后，即付实行。然而在该中俄委员会聚会以前，苏联政府于一九二五年三月六日，通知中国撤退其驻兵。在库伦方面当即由各竞争力量会议于大呼拉尔（Great Hural），即召集国民代表大会，以便制定一个新的社会的与政治的纲领。这一日期，一九二四年十一月二十六日，真实的记载了外蒙的开始，如吾人今日所知者然。在当日，外蒙青年革命党用强力通过外蒙人民共和国的宣言，而扬名于世。所有的权力尽归属于国民代表大会——大呼拉尔，在大呼拉尔大会召集之间隔期内，由小呼拉尔及其任命的内阁管理国政。

对于关东军的"少壮派"军人们，外蒙在他们底心目中所表现的，不仅是一种威胁，并且是未来扩展的一片具有诱惑性的土地。在满洲的数百万不遑宁处的蒙古人，怀着羡妒的心情，眼看着这边境外他们苏维埃化的同胞弟兄们，日本不能冷静地监视着外蒙苏维埃政权的加强。在另一方面，这个弱小的外蒙古，在战争时期，定将给与大胆经过外蒙以侵入贝加尔湖的无限可能性。

外蒙政府要员和苏联代表泰依洛夫合影　外蒙古人民政府

日本在边境加强其前哨

日本的初次侵入外蒙边境是试探性质。当蒙俄前哨边防军予以坚强抵抗之后，日本守望哨乃加强军力。双方相互加强边境防护军力之结果，造成一种情形，该地集中有大批飞机、坦克车与铁甲车，在贝尔湖区域开始参加经常的边境冲突。

在类似的战争之一次，于一九三六年三月三十一日，在洮兰附近，据日方消息来源称，外蒙军力包括十二架轻轰炸机，十三辆铁甲车，机械化的大炮，一连步兵与三百骑兵。

苟不与苏联作头等战争，是不能攻破外蒙之防御的，东京乃决定采用政治的战略，在一九三五年一月三十一日，随着有名的哈尔哈河冲突事件之后不久，此役曾死伤大批人员，"满洲国"政府遂提议召集一个会议，划定两国的边界线。

经过四个月的交涉手续之后，两国的代表团由苏联与日本的

"顾问"为辅，终于来到了边境污秽的小城市满洲里，解决他们的争执问题。事情很快的就明白了，在代表们的心目中没有比融和再远的了，外蒙古人拒绝停留于满洲里，且在谈判的时间，彼等一直留居在火车上。彼等又曾提出一种对案，以拒绝敌方所提议之开放两国间正常的外交关系。

满洲代表团中露头角的，是其中几个日本人，自称所谓"满洲国官吏"者，在另一方面，提出一个交战状态方案，以强求彼等之似是而非的和平提议，向其敌方谈判者示以结果的凶兆。并且，关东军的队伍在整个会议期内，继续在外蒙边境做着挑衅工作。

长春发表好战的声明书

外蒙代表坚决主张会议仅限于谈判边境冲突事件，而长春官员则要求开放外交关系，两代表团互不相让，终于抓住了一次特别残酷的边境冲突，于一九三五年十一月二十五日停止了谈判。

次日，长春政府发表一篇好的挑战声明书，其言曰：

> 吾人愿于此昭告世人者，自兹以往，对于外蒙吾人将视为一种危险与神秘的与吾国接壤之地带，吾人已决定搁置此等未决之争案，因双方会议之破裂，其解决机会盖已丧失矣，惟异日苟或重新提起，则须依照吾人自己之按〔安〕排与独立解决之耳。

由于此等黑暗的威胁，与炫耀于读者眼前的远东报纸封面大字刊载之边境新冲突消息，外蒙乃派遣其外长甘登赴莫斯科商讨自卫方策。当彼自莫斯科返库伦途中，日本报纸报告，谓苏蒙之间已签订了一个广泛的战争协约。

为要使外蒙的地位毫无暧昧不明之处，莫斯科选用了非正当的手续，布置了一次斯达林与美国报业巨子霍华特的谈话。借助于霍氏本人，与美联社世界范围的连系（霍华特为美联社的首领），斯达林警告日本，倘有企图破坏外蒙之土地完整者，苏联必立即予以援助。

斯达林与霍华特之谈话，随即引起了一个大黄蜂窝。声明发表数星期之后，东京外务省乃正式质问莫斯科，或者外蒙已成为苏联的一部分，抑或非是，而二国之间存在有军事互助协定。莫斯科的答覆是，苏联与外蒙之间已签订了一种议定书，规定苏联对幼小的蒙古共和国之军事援助。同时，并〔曾〕承认二国之间已经自一九三四年十一月二十七日起，由一种出于自动的互助协定，联合一起，共受条约束缚，反抗武装侵略。

自一九三七年七月，日本最近侵华行动开始以来，外蒙在东亚事变中所具的作用，已觉不可度量的增大起来。它不仅在看作苏联反抗日本威胁增长方面的一层屏藩，且外蒙亦已成为苏联军火接济输入中国的重要连锁。在今天，苏联的军火自外蒙经过尚未失陷的内蒙部分及新疆运入中国，接济抗战。

迄今它在中日战争中保持着比较公平的政策，莫斯科曾使外蒙置身圈外。虽然如此，但无疑的，如果苏联干涉远东的机会到来，外蒙的游击队伍将攻入内蒙，且将消灭日本策划中以德王为首的"蒙国"，从而建设真正的"东亚新秩序"呢！

《杂志》（月刊）

上海杂志社

1939 年 5 卷 1 期

（李红权 整理）

绥远农村动员的一角

——桃力民动委会工作报告

作者不详

一 桃力民的一般情形

（一）简单的沿革 名称的由来：在全面抗战以前，外间很少有人知道在伊克昭盟的中心有三万多汉人，更不知道有"桃力民"；同时关于三万多汉人住的地方，也没有个总的名称，自从今年日伪军盘据在杭锦旗营盘，特别蹂躏桃力民汉人期间，外间才开始注意到这个地方。同时门炳岳军长委越、史为桃力民自卫军正副司令，在桃力民一带武装汉民抗战以后，"桃力民"才成为这一带一个总的名称。

桃力民在伊盟的位置和重要性：桃力民是伊盟中心的地带，同时也是伊盟汉人最集中的地方，东北到包头，南下到榆林，西北去五原、临河，西南去安、定边，西到宁夏，这些地方全是距离桃力民四五百里的路程，是敌人进攻榆林和三边、宁夏必经的地方；同时又是伊盟重要的军事据点，政治焦点。

简单的沿革：所谓桃力民村，是在鄂托克旗。可是谈到桃力民，是指着杭锦、鄂托一带汉人所住地方，在民国十二年以前，这里和普通蒙旗所住的地方一样，完全是一片草地，星星落落零散的住着一些蒙古人。首先开放荒地让汉人耕耘的，是鄂托的察汉吉领；在民国十二年到十四年，又开放了高劳吉尔汗一带的地方；在十六、十七年，又开放了依肯乌素、白彦淖尔、大东保和雅石梨一带的地方，面积约五千方里。由十六年起，杭锦旗也开始放地，让汉人租耘。到现在杭锦旗开放的地方和所有的人口要比鄂托桃力民一带多到一倍，约略计算起来，杭锦、鄂托总有汉民住户七千余，人口三万以上，比一个东胜县人口还要多。

（二）政治　过去，中央规定的《蒙古自治纲领》十六条当中，有中央未有行政设施的蒙古旗内，再不得有行政机构约〔的〕设治，同时又因为这一带的汉民是继续来的，而且又是一个非常落后的区域，所以在抗战以前，根本就没有政治制度。大的方面说来，是蒙人管理汉人，小的方面讲是汉人的商人地户（大户）管理自己耕地上的伙计（雇农和佃农），因为这里的汉人，过去是受着蒙古苛刻的待遇，每每派代表要求绥远当局在桃设治，企图汉民管理汉民的事情，同时在今春此间开始武装汉人。抗战期间负责者深感行政系统急需建立，就开始在鄂托地编制起十个村，杭锦地编制起六个村（这是杭锦地的一小部分），村以下是闾和邻，现在改编为九个村，杭锦地在郝守诚（蒙边第一区防司令部参谋主任）主持之下。在二十七年秋下，编起了两区，区以下是保甲制，同时又无形中取消汉人的村政组织。桃力民当时在杭锦组织起的六个村，曾经在今年六月间由绥西专员公署取消名义，由专员署委越兆仁为保安处长（绥西桃力民保安处），并令编制村、闾、邻，训练壮丁，算是这里一个行政机关。但是这个保安处遭到各旗当局的反对，不久绥西专员公署就明令取消。近来鄂托蒙古当局又向鄂托的汉人建立行政保〔使〕用权，最近在进行编制，这个计划实现后，鄂托的村、闾、邻又无形要被取消，但大部分汉民是不愿蒙旗管理，而鄂托蒙古又非组织不可，企图以这个保甲编制来拆散桃力民的保卫团队，这是一个非常复杂而又很难解决的问题。

（三）军事　桃力民一带从来没有驻军，地方武装的武力也没有，今年春上，地方的越兆仁才得到门军长的命令编制自卫军，计鄂旗地境内编起×大队，杭锦旗编制起×大队，武器是由各处零星买来的，因为蒙古的落后，一向是怕汉人组织有力量；同时外间对于桃力民的一切多不谅解，门军长因于一度误会，曾经取消了自治〔卫〕军的名义，并电令停止活动，后来当地的负责人和民众的代表到河曲向傅主席请求，才在绥远省政府傅主席处取消名义，得到合法的存在，现在的名义是绥远省桃民地方保卫团队，实际现有武装的区域是鄂托克旗的汉民，杭锦旧有的第三大队……编制到杭锦自卫军的系统中去了。杭锦自卫军现在编起来的有×大队，长短枪有×××余枝，鄂托的汉民团队现有×大队，长短枪有××余枝。

过去此间很少有驻军，今年驻过的军队曾经有游击队、骑三旅、骑六军、骑七师、挺进军等部，在地方上驻过的部队有游击军第三旅、八六师、游击第一支队、神木团队。现时有××军××××团，××××游击支队，听说××军亦有可能到这里来驻防。

（四）文化　此地一切是落后的，文化更为落后，民众多数是文盲，在三万多人口的区域中过去是一个学校也没有，间或有一两处，各学校的教员也是略识文字的小商人。去年前仅只在桃力民村有一个小学校，规模虽然小得可怜，但在课程和教员方面，在这荒漠的草地中，算是唯一的小学。今年自绥远省政府政工队到桃力民一带工作以来，帮助成立了八个小学校，教员除了个别的是动委会的工作人员外，大部分是政〈工〉队队员，课程方面，也是救亡的内容，特别是救亡歌曲也依着学校普遍起来，并且每个学校还为一般穷无办法的牛羊放牧人（俗名牛管〔倌〕、羊管〔倌〕）设立平民夜校。

（五）经济　蒙地汉人，大部分是依靠种庄户〔稼〕生活，但因住在蒙地，牧畜在一般农民也看的重要，略计鄂、杭汉民住的地区，耕地约有三万多顷，要在丰年，平均每年可以打到八九十万担粮。农产物主要的是糜糜谷、荞麦、山药、麻子。这里的土地关系异常复杂，有所谓永租地（汉民出钱买到蒙人的地），如鄂托桃力民一带，又所谓活租地（一租几年或一年），这种地方多在杭锦地，而活租地中又有汉人从蒙民中直接租出的，也有从蒙民租到又转租给汉人的，因为土地的广阔，谋生比较容易，但贫富的悬殊也很厉害，生活程度虽低，群众的生活也相当苦，土地的占有，大部分是蒙民，特别是蒙古的王公，小部分是汉人的地主，雇农比较少些，但雇农性的所谓"捉牛犋"的农民，在整个人口中占绝大多数。

经济上在抗战中有一个严重的现象，就是法币在这里的价值低落，甚至在某地方，蒙人中不能通用，大部分蒙人不相信法币，置产、交易，动辄就要白硬币，汉民也有这种现象，不过程度差些。

（六）蒙汉问题和终年不断的摩擦　蒙汉问题是这里最中心、最复杂，也是最难于解决的问题。这是一个历史上演成的问题，一方面因为几千年的民族隔膜和民族仇视的集结，一方面因日本帝国主义民族分化政策挑拨的结果，曾经在廿七年春天，此地演过蒙人打汉人的惨剧，现在敌人要进攻西北，伊盟住在战争前线的地带，蒙汉是不是再会演出中国人打中国人的事情，是一个很大的疑问，假使这里蒙汉问题，不能得到很好正确的解决。

在整个中国说来，蒙民是一个少数民族，但住在这里的汉人，在政治地位上对蒙人讲起来，又是少数民族的地位。在过去蒙人确实对汉民的待遇有些苛刻，因为他们落后，王公的封建制度，深怕汉人有组织，有力量，而此间的汉人本着汉族主义，在过去抗战意识模糊的期间，反蒙的意识确是超过抗日的情绪，这样桃力民的一切组织，虽然在抗战中产生的，但是似乎从产生的一天，先天就带来了必然磨擦的因素，而首先当作各方面攻击的目标是桃力民的自卫军（现在的地方团队），攻击最利害的，是蒙古各旗，特别是杭锦、鄂托，其次是××师的游击队，也曾找过一个时期的磨擦，区防司令部×主任，也曾和这里的地方武装对立过一个时期，现在是分开领导，各干各的，直到团队问题的解决，动委会的正式成立的现在，大的磨擦算告了一个段落，但部分的磨擦仍然存在。

二　桃力民动委会的成立经过和现状

桃力民动委会，是廿七年四月间开始成立的，到现在虽然正式成立了，但仍然是一个不很完全的机关。在四月间成立的时候，当时参加的有政工队、自卫军的人员、地方上的绅士和八路军骑〈兵〉团的几个工作人员，当时这里还是战区，动委会既没有固定的机关，同时也没有办公制度，在这异常落后的区域，那时主要的工作是宣传的工作，所以那时与其说是动员机关，不如说是一个宣传队。在六月间，曾经改组过一次，开始在桃力民办公，动委负责人是六月间改组选举出来的，改组后工作渐渐有了点开展，开始充实和组织了些农救〈会〉，开始训练干部，工作多少带了些计划性，但是动委会的本身，仍然是不健全的，地方上的干部少到没有，甚至开会也不能来，最近十二月十九日曾经又改选了一次，并且又正式成立了动委会。

三　桃力民动委会八个月的工作

1. 农救会的工作　动委会的工作区域共分四个区域，计杭锦五眼井到吉克〈尔〉乌素是一个工作区域，吉克尔乌素到脑高带是一个工作区域，鄂托西是一个工作区域，鄂托东面是一个工作区域。每个区域在开始时，配备两个干部，第一组织农救会，计现在组织起的农救会有七十多个，会员初有八百多个，一些中心村落，还比较健全，比较小的村庄和人口零散的地方，是要差的很。农救会除了经常的抗战动员工作外，曾经作过部分的改善人民生活的减租工作。

2. 青救工作　青救工作是这里最弱的一环，主要的原因，是青年干部的缺乏，特别是地方的青年干部太少，现在才提拔起来地方上的几个，在个别的村庄，才建立一些青救小组。

3. 妇救工作　妇救在六七月间，曾在一些村庄，建立起了一些小组，后来领导工作的干部离开了，工作即成了一个停顿状态，中间妇女虽曾作了一些工作（如最近一千件棉背心的缝制），但组织倒像似停顿了一样，这是因为这里的妇女特别落后，同时妇女干部太缺少。

4. 干部训练班　在工作中我们感觉到不能开展的主要原因，是地方干部太缺少了，并决定开办训练班，计先后办了五期，每期有一星期、两星期，共训练过一百多人，课程有政治常识、统一战线、救亡组织，最近计划同团队合办一个高级军政训练班，时间计划两月。

5. 对地方武装的帮助　我们认为地方武装——现在团队，过去的自卫军，是地方抗日最中心的力量，在各方面反对的，并且在取消了名义期间，我们是帮助怎样能争取地方武装的存在，和取得合法地位，在取得合法地位期间，我们的任务，是使其巩固和扩大，如帮助编制和训练。

6. 对附近和过往抗战部队的慰劳：

A 曾经协同自卫军发动群众慰劳过八路军骑兵团、鄂托蒙古游击队。

B 骑六军骑七师经过桃力民时，我们曾慰劳过五百斤白面，七只羊，一口猪，二十一只鸡。

C 慰劳蒙旗独立旅，一千八百斤白面，八十多斤粉条，一石食盐。

D 慰劳河畔、滩上一带八六师一千二百元的绵、山羊。

E 最近缝好六百件棉背心，计划配备些食盐并献旗及购置物品，慰劳三十五军。

四　经济问题

日常生活的小米、山药蛋，由地方供给，开冬以来，甘、宁回民，不断来往包头，去时驼运绒毛、皮张，回来时驼运布匹和糖，和一些日常的用品。我们是宣传他们不要到包头去，同时向驼商募捐，计先后募到有一万九千余元，大的开支有：

1. 慰劳滩上的八十六师洋一千二百元。

2. 慰劳蒙旗独立旅洋三百元。

3. 慰劳三十五军约洋一千五百元。

4. 慰劳政工队买马洋一千二百元。

5. 给自卫军买枪帮助洋一千五百元。

6. 给合作社支出资金洋一千五百元。

7. 动委会开支和优待抗战军人家属，预算每月二百五十元左右。

五　现在的问题

1. 鄂托组织保甲问题　桃力民已有村、闾、邻，且过去有保安处时，由保安处组织的，现在鄂托蒙古当局要重编保甲，行政系统要归鄂托，地方汉人群众，因为蒙汉多年的隔膜和仇视，每不满意蒙人管理汉人，同时地方团队又顾虑到现在鄂托编制保甲成为事实时，地方团队的给养和团队本身的扩大要受到影响，也觉得鄂托编制保甲有考虑的必要。不过在鄂托方面，看情势是非组织不可，如果双方坚持下去，在抗战上，一定会减少抗战力量的，而且鄂托又声言是中央或者政府的命令，现在大家比较集中的意见，认为与其消极抵抗，不让鄂托组织而失败（有失败的可能性），不如积极帮助他们来组织，但是要保证：

A 保甲负责人应该是民主的（自然不是拘抑形式）选举出来的。

B 保证救亡团体能够合法的存在，并且能够继续的活动。

C 现存的武装能继续存在，并且充实和扩大，不能受到影响。

这自然还不是正式的决定，而且也不是动委会单独所能解决的问题。

2. 杭锦组织自卫军的问题　过去杭锦的群众武装，是由鄂托的桃力民所领导的，而且发给枪枝、符号，现在郝守诚遽〔据〕说是奉到石参谋的命令，在杭锦组织了自卫军，过去桃力民组织的自卫军现在已被郝守诚编组了，桃力民的负责者不一定要领导杭锦，不过有一个事实问题，就是鄂托有许多住户，同时住在杭锦，这些人已在鄂托出了钱买过枪了，现在要叫这些人两方面都负担，会影响到这些人抗战情绪的。

3. 干部问题　这里的干部太缺乏了，就是提拔干部，目前也不能解决工作上的困难，我们总会给我们派来大批的干部特别是油印、漫画、妇女、青年工作干部，我们要求起码能够派来十五个干部。

4. 交通问题　这里交通异常闭塞，我们要求双方常派交通人员，并设法建立交通站，同时我们要求总会给我们设法弄一个电台和收音机。

《中国农村》（月刊）

中国农村经济研究会

1939 年 5 卷 11、12 期合刊

（李红权　整理）

绥蒙会今日的使命

《西北论衡》 时事短评

作者不详

最近绥境蒙政会在伊克昭盟札萨克旗召开第二次全体临时会议，发表宣言，以：（一）集中力量，巩固国防；（二）促进国防建设事业，及（三）精诚团结，不受欺骗，为今后努力的要点，尤着重于精诚团结的□点。其所云："蒙旗官民，为保持国家之独立，民族之生存，不辞任何牺牲，与国内各民族精诚团结。对暴日□侵略，抗战到底，不达目的，誓不休止。"并以"愚昧无知，或为敌胁迫之蒙古王公士庶，不能代表整个的蒙古民族"，我们读此宣言，实不禁有无限的感奋。

绥蒙会成立于民国二十五年的春季，成立之后，绥蒙各旗的王公、总管，遂脱离了百灵庙蒙政会的羁绊，当时庙蒙会事实上已成为引狼入室的组织，日本帝国主义者因了庙蒙会给予的便利，可以派遣特务工作人员到绥蒙的任何一旗煽诱和调查，以便实行其分化我民族间精诚团结之阴谋。在二十四年冬季，察北六县失陷，使敌人嗾使的匪伪，侵近到绥边，假恢复察哈尔右翼四旗的领土主权为名，压迫绥东五县，一时混沌阴霾满布于绥东和绥北，跟着绥蒙会的成立，顿使此种阴霾澄清，这说明了我中华民族的精诚团结，给予了敌人一个不可侵犯的严正面貌。成立以后的一次最有力量的表现，便是同年冬季绥东抗战一役，把匪伪和伪蒙的力量，扫荡于绥远境外，使敌人知道了我中华民族团结力量的如何伟大。

抗战开始以后，绥蒙同胞的努力，如绥蒙会宣言中说的："内蒙各旗王公及有志青年，在最高领袖蒋委员长领导之下，整饬军旅，开赴最前线，与顽强之敌寇，作艰苦之斗争。"军兴以来，国军云集蒙地，我各旗官民，除在精神上予以充分的援助外，更在物质上给与极大负荷。这都是绥蒙会领导的功绩，如其宣言中所述今后努力的三点，则今日绥蒙会的使命实在重大。但我们以为还应当注意的一点，就是要努力觉醒和争取"愚昧无知或为敌胁的蒙古王公士庶"，使不为敌所利用。

《西北论衡》（月刊）

西安西北论衡社

1939 年 7 卷 10 期

（朱宪　整理）

绥西的农民生活

杨荣　撰

谈起绥西来，不由得便使人想到那句"黄河百害，只富一套"的古语。的确，这里有广阔的原野，有纵横交错的沟渠，全是轻松而肥沃的土地，就是常年不下雨，也感不到一些天旱的现象。到了夏天，黄金色的麦田，深绿色的蘼蘼〔糜糜〕之海，说不出的甜适幽美，谁说荒漠的塞外，没有宜人的膏腴之乡。

但是，居住在这里的农民，却过着极其悲惨的生活。低矮的土屋，挺起身来就要碰着顶棚。一条土炕，没有席，没有毡，污秽的一团被褥，堆在土炕的角落。泥墩上，放着家具什物。这便是他们终年不离的家屋。破烂的衣服，蓝的一块补上白的一块，好像百衲的鹑衣一样，夏天过去，便是冬天，单衣脱下，便穿上老羊皮的冬装。在这寒冷的冬天，街上玩的小孩，还有的穿着破旧的皮袄，却裸露着赤腿赤足。酸饭酸粥，夏天和着苦菜，冬天拌着墨绿色的烂腌菜，三百六十五天，常年没有变样。虽说他们也种着麦子，但那是给别人预备的口粮。

为什么在这样的膏腴之乡，却孕育着这般苦难的农民？原因是：大部土地集中在少数的富有之家。看吧？在临河，有地三十万亩的有两家，一万亩以上的有四家，一千亩以上的有九家，另外天主教堂有地十四万亩。在全县的垦地九十万亩中他们这十六家，便占了十分之九。在五原，有地十万亩的有二十八家（共有二十九万亩），在全县的垦地八十余万亩中，这〈近〉三十个大地主，便占有十分之六①。可是绝大多数的农户呢，却是没有一寸土地的雇农和佃农。我们只从上述绥西农地分配的数字上，便说明了他们痛苦的根源。

农民耕种地主的土地，自己担负全部分的农本、耕牛、种子。收获后，除了一半缴纳地主而外，同时还要负担一切公家的摊款，这里〔是〕农民所谓的官害。所以农户终岁勤劳，往往很难抵偿得过他们耕种时所费的成本。虽然河套是有名的产粮仓库，可是这些农民，却得不到丰足的粮食来吃。明末大儒顾炎武先生说过，"今日完租，明日乞贷"，恰好是给这般痛苦的人的写照。尤其是一入春季，一般农民，差不多家家都有"隔宿无粮"的痛苦，于是更不得不想法借粮，但是春天借一斗，秋天还斗三升的，还是顶少的习惯。这样，一般农民，紧紧地束缚在土地上，永远没有翻身的日子。河套的农户，对大地主自称奴才，完全不是没有原因的。

罪恶跟着穷困，这真理真是到处一样，农民们的生活已经够苦了，但他们都又染有不良的嗜好，吸烟、赌博、嫖娼的人是那样的多，差不多已经成了习惯，许多人对于这些，并不觉得怎样。你能看见在那卑矮的土屋里，爸爸和儿子，在一块躺着抽烟，你能看见男人和女人在一伙玩纸牌，你能看见他家的女儿跟雇人打着伙计，人们并不觉得奇怪。本来吗，谁不愿意学好，长进？但陷在穷困深渊底的人们，他们有什么办法呢？理性已经离开他们，他们已经不晓得什么精神的生活。他们不认识文字，在他们看来，那是应该的。在我们行军的当儿，晚上住在老百姓家里，他们看见我们这些兵，个个能写，而且写得又快又好，他们不禁惊讶了。

---

① 似应为"百分之三十六"。——整理者注

要说他们还有一些理性的话，那便是妄想死后的天堂。天主教在这里的势力很大，尤其临河三盛公一带，教堂更有特别的威权。固然，有种种的原因，但在现实中受苦难的人们，除却希望死后的幸福外，他们还会想到什么呢？

这种现象，是多么的严重！在抗战建国的过程中，的确是急宜铲除的暗礁。你想，在这样恶劣环境中挣扎的农民，怎能燃烧起他们爱国家、爱民族、爱乡土的势〔思〕绪呢？不过自从今年春天，绥远地方最高当局移驻绥西后，对于民间痛苦之解除，不遗余力，废除各种苛捐杂税，豁免已往未缴地租并进而推行减租减息，提倡教育，鼓励生产，积极改善民生，把抗战与改良人民生活连系在一起，绥西农民的生活，才开始向着光明的道路走去。

《西北论衡》（月刊）

西安西北论衡社

1939 年 7 卷 23 期

（李红权　整理）

蒙古民族的复兴

［苏联］拉狄克　著　　李承绥　译

　　蒙古人民共和国，庆祝自己建国十五周年纪念，在这十五年中，是被一部分蒙古人民，为了从完全封建的散漫状态中和深深的堕落中解脱出来的斗争所充满着。在最近数年内，全世界的报纸满载关于蒙古问题的论文。但是，报界对于此种问题，首先是与战略观点相适合，似乎具有苦难与绝望的蒙古人民从来就没存在过，存在的仅是在沙漠与成为列强战争对象上的蒙古居民。今天是蒙古人民共和国建国十五周年纪念日，我们想起了蒙古人民的历史命运，他的伟大飞扬的历史，他的猛烈没落的历史，因为她能够指示我们出路的途径，蒙古民族复兴的道路。

×××

　　当第八世纪，像流星似地蒙古民族的出现，依次征服了中央亚细亚、中国与基也夫俄罗斯，进至立陶宛、波兰与匈牙利，并深入欧洲，征服了巴尔干，进入威尼斯，欧洲出现了超自然的现象。历史的研究，使令我们于伟大的蒙古强国出生中，看见蒙古人民移动的最后波浪，负担许多工作，献身于蒙古人民移动的外国历史中的资产阶级历史家，能给此种巨大事件以灿烂的形态，但不能说明他们的根本原因。按照本质，他们不能告诉我们，比当时著作家如波斯历史家拉斯德爱得吉尔或名为《成吉思汗秘活〔话〕》的《中蒙年代纪》的话多。来到蒙古皇朝的欧洲旅行者

拉布鲁克、泊兰挪、卡尔伯尼也不能供给对于解释蒙古人民移动
与使令他们克服，从前向无组织的军队通过广阔地域战争问题的
充分材料。天才的马克斯，企图穿通此种历史的秘密，并且对于
解释蒙古动力，给我们一条线索：

  在希腊与罗马古国中——马克斯于一八五三年在纽约《突
尼布》报上写道——采取殖民地定期组织强制移民的形态，
成为社会锁炼〔链〕的经常环。这些国家的全部制度，建设
于不得超过居民数目的一定组织之上，且不受古代文化的危
险。但是为什么这样呢？因为他完全不知道采用自然科学于物
质建设中。他们仅能保存少数的文化。在相反的场合中，他们
成为由当时自由市民变为农奴，艰苦体力劳动的牺牲品。由于
不能破坏的一定数目关系，促使市民生产力不能充分发展。因
此，在这种状况下唯一的出路，就是强制移民。

  在生产力上，人口过剩的压迫同样地使令夷狄由亚洲平原
进入古昔的文明国家。这里在另一个外部形态之下又有一个原
因。仅在少数之中他们续为夷狄，有时他们是攻击的种族，猎
人与战争者；他们生产的方法对于每个个体都需要广泛的土
地，就像现在北美印地安族似的。当他们在数目上增加了之
后，生产面积便互相缩小了。因此，过剩的居民不得已乃加入
伟大的伽新的巡历里，这巡历是留置了些开始文明的人民在旧
的和新的欧洲里的。

马克斯的指示，在第二国际时期完全未被从事研究亚洲民族历
史的马克斯主义文学家利用过。仅在受马克斯影响的苏联历史
家——福拉吉米尔教授波·波·郭之民司·得与阿斯芬吉尔——开
始研究蒙古历史的动力。他们的工作，给予我们仅为封建制度的
绘画与关于伟大成吉思汗及其后裔帝王重要组织的概念，蒙古民
族以前发展的变动全未研究过。我们现在关于蒙古民族伟大飞扬

秘密的问题，仅能假设的回答。生长于严寒的条件之下，游牧于窝尔加、窝挪、克鲁林与戈壁沙漠之间的蒙古民族，其游牧困苦的生活状况里，创设了比中国北部与中央亚细亚已经从事于农业、手工业的各民族所设立的军事组织更巩固，更能利用武器的军事封建组织。在蒙古人民最高的生活水准之中，也不能引起蒙古人民利用其邻邦劳动效果的心愿。不能因为他生活状况的地理条件，而改变最高发展人民的经济方法。为的是享受他的劳动的效果，蒙古民族必须进行战争与使令那些民族服从他。伟大天才的，于其强弱邻邦中具有高超识见的成吉思汗，了解了在许多最文明民族间所发生的阶级的与宗教的斗争，具有什么样的意义，允许了蒙古人民，选举自己权力更适当的组织形态。蒙古民族军事的组织，永久唤醒那些从事研究军事历史的深切关心，甚至当采取科学方法时，抛弃了许多蒙古出征的，那些奇怪的描写，此种描写是借用于中世纪年代纪的。这种年代纪的作者所关切的，是为了用殁灭了他们的巨大的恐怖，去解释本国人民的败绩，蒙古人，很显然的是由一万到二万的联合兵士而推进的。但是，他们会组织环绕于马队炮弹周遭的，被他们所征服人民的封建群众，并且把这些群众当作援军，当作大炮的饵食而前进，用乐观的话来讲，这乃是现代战争方法的发展。至于蒙古军事技术，则蒙古人对于进行战争，已将中国技术所给予的完全采用——当时中国技术高于欧洲。中国的人工围城，中国特有的炮兵工具，这一切皆被会使用中国的科学在其出征的任务上的蒙古人学去而精通着。

　　如果使令蒙古人统治几乎全部亚洲、东欧与东南欧的力量还不很显著，那么招致蒙古帝国崩溃的力量，却显然地了若指掌了。在第八世纪到第十世纪的交通状况下，也就是在当时生产力的状况下，关于伟大帝国集中思想是已成为奇怪的幻想。成吉思汗以为被他征服各国的中心统治得以确保，使服从于由长子中所选出的各幼子，如同自己的半宗教式、半家庭式的清规所规定似的大汗不能提出任何其他的方法，使令属于其他的封建领主，一部分封建领主。但不到几十年后，成吉思汗的后辈甚至对于选举主要王子之事，已经不认为是自己的义务。他们认为此种选举的破坏，对于自己利益给予最好的保障。互相斗争而破裂的，成吉思汗继承者的徒党和团体，企图将那些直接隶属于他们的一部分继承权，保持在自己的掌握中。可是，当他们仅是依靠于少数的蒙古军队的时候，他们乃必需的是：或者和被征服的民族同化，或者被他们驱逐和击散。

曾占据整个中国，创立伟大的元朝，比较晚些从中国排击出来，而返还到蒙古的贫困去的蒙古人的活动画图，乃是蒙古人的战争幻想的象征。但是，如果现在蒙古民众，想起那最伟大的封建蒙古；那末，他们应当知道甚至成吉思汗王朝与成吉思汗后裔的最高的繁盛期间，蒙古人民大众当他们被自己的封建权威者，在那个世界新时代中，过追〔追过〕他们由这一个边线到另一个的时候，他们所知道的，也仅只是劳动和贫困。在元朝的年代纪中，就可以读到布置于中国各都市周围的，一些兵营里的蒙古土兵，为了生活，是出卖了自己可怜的掠夺品，与伸手向被征服的民族请求〈给〉与。

× × ×

蒙古民族在中央亚细亚、高加索与克里木各地所残存的，如同由消失的冰河所遣留下的漂移石块一样。相互间的联系崩断了，他们甚至遗失了自己先人的名字。仅在贝加尔湖南部与长城北部的蒙古人民摇篮中，还保存了关于立陶宛某一时统治波罗的海与黑海间所说的话。依据米克维支诗人的意见，他想起那河，河水的减退是在一个巨大的泛滥之后，同时，河水却流在比从前更窄狭的河床中。蒙古人民，多昝也没有达到成吉思汗以前于其伟大出征中，所得到中央集权化的那种程度。他们住在零落的许多小王国中。这些小王国是有着公共使用牧场过去的种族的联系。此种联系将公有变为一个封建剥削者的，并且融通了佛教的、僧侣的官僚政治。可以说蒙古人民得到是，过去的遗产，封建的剥削，佛教的欺骗与恶毒。过去的中国和俄罗斯的征服者曾经落于中国的羁绊，同时也〔讲〕在征服帝俄的中央亚细亚，用这种方法得到了对于自己封建剥削制度的异国补充，这是毫不足惊异的。蒙古人民的残余，彷佛任什么也不能拯救似的。当一九〇五年俄罗斯发生革命的时候，引起了居住于帝俄，各种蒙古民族觉醒的第一次生长，而另一方面，因一九一一年所发生的中国觉醒的革命，开始蒙古革命的反响时，而那民族团结的第一个意志，却被封建王公当作巩固自己权力，与竞争者斗争及当作商品而利用。在这个时候蒙古封建领主开始以下的阴谋：有时与帝俄通商，有时与中国通商，有时与日本通商，他的动机以谁买的多为转移。在满洲战场上，被日本打败的帝俄，看见了在蒙古领土内的另一个大门。经过这个大门，将来可以闯入中国，并且参加中国的分割与使其奴隶化。依据秘密约定，日本帝国主义，给予帝俄食尽蒙古的条件。在后者（帝俄）衰落以后，日本提出取得蒙古的问题，为的是以全部的接近占据华北。

× × ×

蒙古人的光明，仅由一九二一年软弱的蒙古民族力量团结时才开始的。虽然是在蒙古的一部分内，在所谓外蒙，但是已经肃清了白俄与日本帝国主义的代理人，并且创立了树起蒙古民族复兴目标的人民政府。蒙古人民共和国经过许多斗争的阶段。每个阶段，都是走向肃清封建制度的道路。

倘若有人问道：为什么居住于蒙古人民共和国的，一部分蒙古人民开始了精神的与物质的复兴，则此种问题的答覆，是很简单的，原因有二：第一，外部的，在于依赖非特不企图侵略与剥削蒙古，相反的，是热烈地援助蒙古人民共和国的，强有力的苏联；第二，内部的，在于此种民族由封建的寄生虫与帝王、喇嘛的统治下而被解放。

贫弱的蒙古，由封建的寄生虫而得解放，开始迈步与生长，就像扫除腐朽伤痕内的许多寄生虫的人身一样，虽然伤痕还未痊愈，但已开始恢复健康。蒙古人民还在过着游牧生活，进至完全稳固可能的开始，大概是当蒙古人民能利用大量投资的方法，来发展巨大的井田制度，能发现矿井，以及利用这些财富的时候。但是，在游牧生活旧的土壤上面发展的蒙古人，不仅会创立支柱要点的制度，用以获取文化的真奥给广大民众，并且会现代医学和兽医学，开始自己民族和牲畜的卫生设施。这牲畜，乃暂时成为民族的主要财富。他们在开始发展本国的工业。他们在这很短的十五年中，很显著地提高了自己的文化，同时也提高了全部民众的识字能力。蒙古人民共和国向亚洲一切落后民族表示：在世界上没有不能开始为人类生活斗争行进的落后状态。

因此，无疑的，在蒙古人民共和国发展过程里所发生的影响，是远超她的界限以上的。像莱吉茂尔那样不偏不私的研究者——我们认为非特在美国，甚至于在整个资本主义世界里，他也是一位蒙古问题最优秀的鉴识者。他证明着所谓外蒙民众与满洲的蒙古民众，皆特别注视乌立巴夺。莱吉茂尔确信除蒙古人民共和国以外，蒙古人民的幼年时代，是在开始给予的同一方向发展中。此种幼年时代是说明蒙古人民的复兴，只能走由封建帝王与喇嘛的权力解放出来的路子。

只有用征服封建制度的方法，才能求蒙古民族复兴的事实的运命，是委在日本利用蒙古民族运动，以掩饰自己占领蒙古的企图的一切诡计的崩溃里。日本帝国主义者，是凭借于蒙古人民的剥削阶层上。他收买诸王与喇嘛，为的是立足于被他们侵略的蒙古民众的残余部分上，并且组成蒙古军队以与蒙古人民共和国斗争。很明显的，日本帝国主义者，用钱可以暂时地组成相当数目的蒙古骑兵；但是日本帝国主义者，输入于被其武装起来的蒙古人民的脑海里与心房中是什么思想呢？用什么名义，引起他们与蒙古人民共和国的斗争呢？在上面所指出的美国蒙古问题专门家莱吉茂尔氏预言道：虽然创立了这些蒙古军队，但是在事实上，日本是创造了调过枪口反对她的武装力量。假设在某一时期，日本能够依靠被她创造的蒙古军队，但此种企图的最终结果，我们也是毫无疑义地可以预知。因为日本与其蒙古的代理人们，并没有任何在蒙古民众里的通俗思想，或者可以和从封建羁绊解放的蒙古民族的思想对比。

日本对于蒙古的胜利，不是在异族统治之下的蒙古民族团结，而是蒙古人民腐败的进一步过程，这表示了帝国主义与封建制度剥削的加强。正是因为这个缘故，蒙古人民共和国的民众准备用那样的力量，向对于他们的独立，对于被他们所选择的方向发展自由的每个阻害者表示反抗。他们已经有了保护的能力，并且他们将保护自己的自由，像布衣尔—闹尔愿意表示放弃防守自由那样地。

× × ×

苏联人民，带着深刻同情的眼光，注意于过去表示了自己特殊才能的人民的复兴。这些才能，被蒙古少壮民众的封建领袖们引用到任什么也未曾给予他们的侵略战争里。我们希望这些被引用于蒙古人民经济与文化的发展上的本能，像一个被解放民族团体的成员引领着走向他们复兴的路子。

蒙古人民，看着苏联发展的经验，此种经验指示从封建陷井中解放与可能避免资本主义的剥削应走的路子。蒙古人民共和国，尚未走到社会主义发展的道路。废除封建的剥削关系以后，她限制资本主义剥削关系之出现，并且为了将来的发展，她得创造文化和物质的先决条件。这种将来发展的主要条件，乃是保护与巩固蒙古人民共和国。她的巩固对于苏联人民也有利益：因日本帝国主义的冒险者是想用消灭蒙古人民共和国的方法梦想着潜入我国边境的。所以苏联与蒙古人民共和国订立了互助公约。此种公约，在苏联大多数人民都表示深切的同情。签订了互助公约以后，我们于保卫苏联与蒙古人民安全间，又建立了直接的联系。签订了此种公约后，我们拿取在我们保护之下的民族发展，这发展给予亚洲许多落后的民族作一个例样。

在蒙古人民共和国建国十五周年纪念这一天，我们希望她能够消灭许多世纪堕落的一切残余，能够成为亚洲先进的民族。我们也希望她能于其领土受攻击的时候，向日本帝国主义的冒险者，表示那已经解放于封建束缚的、进化的、民族的力量。

日本帝国主义的发言人在日本帝国主义者的统治之下，宣传着泛亚细亚的联合。我们也主张亚洲民族的联合，但是主张抛弃封建与帝国主义羁绊的，自由民族的联合。保卫与巩固蒙古人民共和国，是步入此种亚洲民族团结的步骤。

译自七月十一日《消息报》

《东大校刊》（月刊）

北平东北大学学生自治会

1939年新1卷2期

（朱宪　整理）

察哈尔省人民的潜在精神

景力　撰

　　我不怕人们咒骂、讨厌，大胆的提出这一个不见经传的题目。不是虚张，宣传，完全是根据事实；不是以粗劣的文艺技术，敢请别人欣赏，乃是以极诚切的提引，激发察省青年们注意，进而希望永久保持我们的美德，加强我们的责任，并发扬而光大之，恢复我们民族的固有精神。

　　察省内括蒙古，毗近北平，名称虽有些愚傻，文化并不落伍，尤其口北十县，本是河北旧部，比之冀南各县尚称翘楚，请他改隶察省的阎百川先生是请这准北平文化区的他，负着义务教育的责任，去训导、感化我们几千年文化落伍的蒙古同胞的（但阎先生并未明白宣称此意，算我雌簧〔黄〕）。一般民性，因为接近蒙民，所以有些慓悍，因为毗连北平，所以并不野蛮，地方派别争执，仍保持政治家握手言欢的风度，从无拿手枪吓人的。

　　"简单朴素"、"吃苦耐劳"、"忠厚梗直"、"奉公守法"的人民，是全省人口的绝对多数，因为前者，所以不务浮华，不思幸取，因为后者，所以对以往粗野的地方统治者，不加反抗，不起纠纷。就是一般知识分子，亦多保此特性，不亢不卑，无夤缘奔走者，无贿赂求官者，安分守己，大有不求闻达于诸侯的气慨〔概〕。对于地方政治不满，也不过有些忠厚梗直脾气，仿行些甘地饿肚不合作主义，过去也就罢了，向不愿小事弄大，故找问题的。

那么照以上说，察省人民不但谈不到什么精神，甚至是十足的奴隶性了！读者要作如是想，那全错了！甚至政府当局亦作如是观，一直到现在。

空言不足信，以事实来证，小事不足道，拿大事来说，古史不足征，以抗战先后几年来论：

民国二十二年以后，日寇侵华野心，如火如荼，敌探遍布察北六县，渐及张垣，天津日租界专门招收察、绥青年，以日语学校为名，蓄意训练汉奸，张家口亦秘密组织汉奸机关，随时策动，惟参加者，都是下等流氓，及洋车伕卒，根本没有好老百姓，更没有察省籍人。这并非以欲加之罪的武断，来侮辱外省市人，实以本人曾以责任所关，密切侦察此事。到了二十四年冬，因察北六县的沦陷，情形更感严重，地方政府又装聋做哑，不管国计，张家口敌人遍布，汉奸网亦告完成。汉奸首领□汉三（山西人，曾任张家口市商会会长）公然以特务机关顾问名义，大肆活动，分区负责汉奸如张学儒、赵涿岑、韩广森、刘四等，亦都各□奸命，出卖祖国。在此时期，全市汉奸已有一千以上，可是没知道一个察哈尔省人有汉奸嫌疑，何况千真万确的汉奸呢！

那时倭领事盛岛十分关切于我，因为我在张负民运工作较久，并且与他认识，伊与其中国太太阎□数过吾家，屡吐奸意，每次我皆以友谊态度，婉辞谢绝，当时以环境恶劣，正在设法应付的时候，盛岛调任大同特务机关长，我方幸从此去此□扰，可以安居（当时我正赋闲寓曹家胡同），不想盛岛已将此项任务交于特务机关长大本，接着刘某、张某以朋友资格日日造访，由伊等表示，得悉日寇进一步设法网罗知识阶级组织汉奸团体，以壮声势（前已言及，可怜的很，日寇数年经营，未得到一个知识分子），并欲在张出日报一大张，为汉奸喉舌，威吓利诱，令我主持，并促造送预算，积极进行。当时我之寓所四周房屋，已皆为日寇租买，完全为日本区域了，所以日困斗室，以防意外。二十五年一月二十日晚七时左右，张某匆匆造访，进门即说："究竟是做什么打算呢？大本疑惑你在此负有密秘使命，十分不放心，我以多年朋友资格（张曾充一区公安分局长，与我认识甚久）告你，你如干快干；不愿干快走。"我当接受他的盛意，当晚八时三十分乘西去快车返原籍，二月二十日由家径到陕西，所以直到事变后知道张某因欢迎敌人被国军处死的消息，于公愤之余，不胜其私谊的怜惜。

以后如何，固然较为漠然，可是也不敢再详述了，因为外省人读了，必然说啦，啊！原来察哈尔的精神，是你代表啦，事未必真，恐怕是别具用心罢（其实只示懦弱，何称精神，至不做汉奸的人更如过江之鲫，尤无足道）！本省人也必气的腹大如牛，"那末有你好啦"！

请读者不要着急，我不是说调查了很久，没有一个察省人有汉奸嫌疑么！而且敌人何厚于我而簿〔薄〕于你，不过我仅知我的一段丑史，你们是不是更有丑于此者，你们没有告我，我怎敢烂言雌簧〔黄〕，遭你否认，甚至没事找官司打呢！可是在意想中，在拉我当汉奸的同时，是在张家口的知识分子，没〔莫〕不一视同仁的设法网罗，或者因为我在张多年，并以工作不同，对于下级社会的人，多认识几个，他们（汉奸）易于接近，并因我正赋闲，他们以为易于利诱罢了。在我抵陕之后，直至七七事变之先，敌人苦心积虑的网罗汉奸，当更有甚于此者，不过不论如何在现在证明了，请看：

一、察哈尔的一多半知识阶级，来到后方为祖国服务了！

二、地方全部的年老耆绅，避居都市，离开察哈尔省了！

三、未逃出的一部分知识分子，改行作商隐避了！

四、极少数的人为伪政府下作傀儡教师，据说也有过可泣可歌的波折，并非甘心事敌，实出于不得已的隐忍办法，因为他们不是受家室之累，难以只身外出，便是以沦陷仓卒，消息隔绝，致失逃出之机，如果复土工作进达相当地步时，他们一定会是戮杀敌人的先锋。

察哈尔省的汉奸领袖（连"蒙古联合自治政府"在内）究竟是些什么人呢？我很惭愧，而气壮的答覆：

和尚、奸商、市侩。

那末还有人一定要问，你说了好多，还不外是些甘地主义，算不了什么精神，好固好矣，尚还不够。说到此处，你要知道我们的环境呀！我们省内，一向是地方政府钳制最严的省份，人民私有枪枝，迭被驻军收没，地方保安队、警察枪枝既少，主权亦多操之外人，加以负责察省防务的军队，不战而退，一般知识青年虽多准备抗战，因军队仓卒撤防，每多不及应付，就在此种情况之下，仍有事实证明：

在事变初起时，一般知识青年，立刻咆哮，以翁廷环前乡为首的青年游击队，极迅速的成为一部精锐战士，进攻敌寇据点商都，数日即下。

察省宿将张诚德先生（字善卿）在事变以前，本已解甲归田，乃于察、绥紧张之际，立起抗战，以张先生的盛望，一般青年，趋之若〔若〕鹜，不几天，由一人至几十，几百，几千，直至几万，转战三年，所向皆克，兵无饷糈，官无冬衣，忍饥受寒，再接再厉，他的战绩，不但使日寇头痛，并遭某路军妒嫉，以察哈尔忠厚性格的张先生，卒被内算暗杀了，并且是我们中国人自己！

以现在来讲，尚有张砺生将军率领的几万察省健儿，枕戈待命，张先生为革命先进，在后防有的是高官厚禄，到处可以养尊处优，他为什么甘愿到前防拼命呢？自有他的道理。

可惜我远处后方，知道的太少了，一知半解，又不敢妄言耸听，现在省内方兴未艾的潜势力，以事关重要，亦未便罄所欲述，就是这些，已足充分表现我们的不屈精神。

因为我们的民性，不善夸张，不善私斗；不争名利，不务虚荣，所以表面上好像是没有积极的精神，甚至毫无精神，可是一到紧要关头，则毫不顾虑的起来硬干，并且还能干人所不能干，不敢干的好多事情，而干了之后，还是不求名利，不愿夸张。以张诚德将军为例，他在敌人后防苦战三年，予敌痛创，敌人不但对他毫没办法，反而使他由一人以至几万，愈战愈强，所以敌伪部队，提起"夜猫张"（张先生的绰号），无不惊惶失色，抱头鼠窜，但是我们大后方的人们，从他抗战开始，以迄被奸宄暗杀，又有多少人知道他呢！此种似弱实强，不求闻达的精神，我无以名之，最后杜撰了一个名词："潜在的精神"。

民国三十年八月于重庆

《察省青年》（月刊）

重庆察省青年社

1940 年 4 期

（李红权　整理）

辛亥革命与蒙民解放

马鹤天　撰

辛亥革命，推倒满清专制，打破以一民族压制各民族的政体，中国境内各民族平等联合来共同建立中华民国，于是中华整个民族得到解放。蒙民为构成大中华民族的成分之一，自然也同时得到自由和平等。

满清利用蒙古民族的忠厚诚实，以欺骗、诱惑、束缚、防制等政策为治蒙方针，手段非常毒辣，方法非常巧妙。能使蒙民不感压迫，不觉痛苦，久之反视为当然，认为优待，甚至迄今犹有怀念满清恩德者，反视解放、平等为不便，为苛待。犹之汉人缠足的妇女，最残酷最痛苦的事情，反视提倡解放，禁止缠足为多事，为干涉，为压迫，甚至误认放足后，为不便行路。今日的蒙民，还辨不清满清政策的毒辣和民国解放后自由平等的幸福，也没有什么可怪。民国成立近三十年，我蒙古同胞依然知识落后，实由于在边疆从事政治和文化工作的人们，还未能尽到责任的缘故。

今天是中华民国成立第二十九年的国庆日，蒙古一般民众，尚不知辛亥革命关系于蒙民的重大，并不明满清政策，贻害于蒙民的毒辣，特举出最明显的几点，希望明达的蒙古同胞仔细想想。

一、察、绥等区，都统、将军均用满人，防止汉人叛变。满清治蒙政策，首在防止叛变，所以蒙古地方的行政首领，不用蒙人，也不用汉人。因其视蒙人为被征服者，以蒙人当首领，恐易于反叛，视汉人亦然，恐其易与蒙人联合反满，故必用其贵族的满人来统治防范。如察、绥等区的都统、将军均用满人，为其一例。试看革命后为何如？初则察、绥都统、将军有汉人，亦有回人，此尚为军阀执政时代。迨北伐成功，国民党执政后，察、绥等区改省，省政府委员中有蒙人参加。现在蒙古地方自治政务委员会的委员长、委员、处长、主任等，全以蒙人充任了。

二、用分治办法限制蒙人联合，削弱王公权力。清廷仅用满人为各区行政首领，犹以为未足，又恐蒙人有统一的领袖，易于团结反动。乃改部落为盟旗制，实行分治政策。从此旗数逐渐加多，治权的范围，自然逐渐缩小。同时又将部落酋长制改为盟长制，意在削夺部酋权力，不易聚众叛乱，因为酋长有直接处理一部落的政治、军事、经济、人事的全权，改盟后盟长只有虚名，而无实权，不过三年会盟时，仅在钦命大臣监视指导之下，处理些不相干的事体。各旗扎萨克虽比较有权，但限于一旗。清廷又恐各旗来往联合，乃规定严禁各旗间的越界游牧与狩猎，意在减少旗和旗间接触的机会，而防范其活动，束缚其自由。又封旧日蒙古的领袖界以虚名的爵位，给以财物的赏赐，饵之以名，诱之以利，不过用作羁縻手段。表面尊崇他的地位，实际限制他的活动，只须把少数王公笼络住，使他俯首帖耳的服从，平民就没有力量反动。又定严格的阶级制度，使贵族和平民隔了很深的鸿沟，不能接近。革命后盟旗制度虽未取消，而各种限制一概打破。蒙政会成立后，几个盟旗也可联合自治了。

三、用婚姻之法监视，用驻京办法软禁。清廷仅限制王公权力，犹以为未足，仍恐有声望的王公们反叛，又以满人中贵族女子为重要王公的福晋，朝夕相随，实为监视，一举一动，无不明悉，终其身不得自由行动。并定驻京办法，令各重要王公驻京若干年，无异软禁。他如觐见办法，亦等于抽查调验。王公婚姻行动，固不自由，而民间禁制蒙汉通婚，即蒙人间婚姻，亦有地域的限制，绝对不能自由。蒙民不察，认为优待，视为亲密，不知其另有用意。革命后，王公婚姻自由，行动自由，旧时民间通婚限制，亦已废除，可谓一切多是自由平等了。

四、利用喇嘛教衰弱身体，减少人口。蒙古民族素号强悍，体格精壮，人口众多。满清鉴于历来蒙古的强盛，欲设法削弱其势力，于是特别提倡黄教，尊崇喇嘛，使蒙民男子三分之二以上为喇嘛，且有数龄儿童，即令入寺为僧，终日跌〔趺〕坐诵经，自然身体衰弱，精神萎靡，天赋豪气销磨殆尽。且壮丁男子为喇嘛者十之七八，已无可练之兵。喇嘛不得娶妻，又减少人口生产率，于是人口一天一天的减少，身体一天一天的衰弱，意气一天一天的消沉，自然不会发生叛变了。又恐喇嘛作乱，也规定种种防制方法。尊以虚名，给以厚利，并定有驻京觐见等严格条例，以限制自由，监视行动。又怕蒙人尊重活佛，轻视皇帝，于是各大寺院中，都令在正佛前设皇帝万岁牌位，并尊称皇帝为佛爷。虽达赖、班禅到京觐见皇帝，亦要叩首，见皇太后亦然，所以称西太后为老佛爷。各王公贵族虽不为喇嘛，家中设有佛堂，常有喇嘛念经，使他精神、时间销磨于礼佛诵经之事，思想束缚于宗教之中，当然没有意思去反抗清室了。迨积时既久，只知道受恩深重，不知道入其牢笼。其手段之毒辣，实为历代所未有。

五、行愚民政策，阻挠文化发展，防止蒙汉接近。蒙民自元代以来，吸收汉人文化，一切渐见进步。其勇敢奋斗的精神，令人佩仰。倘再加以丰富的知识、进取的思想，更可成为一伟大的民族。满清唯恐其有进步，乃用帝国主义对待殖民地的方法，摧毁他固有的文化，锢蔽他外来的知识，束缚他前进的思想，使他愚昧保守，日趋退化。不使蒙人参加考试，不令蒙人充当官吏，且严禁蒙人习汉文，禁用汉文汉字作姓名。诉讼及申请之文，即教授或代书汉文之人，亦严加处罚。并禁用汉字，甚至禁看汉人戏剧。一方防止蒙人从汉文汉字中得到知识，使文化进步；一方防止蒙人、汉人接近，以免联合反对满人，用心良苦，为计甚毒。于是蒙人只许诵经，不准读书；只能骑马，不得考文；只可作大小活佛或大小奴才，不得为大小官吏。只看跳鬼，不见戏剧，要退化到太古时代的头脑，才合乎满清政府的希望。以上许多例禁，到满清中叶以后虽渐渐开放，但始终不令蒙人受教育。蒙人蹈常习故，以为是皇恩浩荡，且省去麻烦，免得劳心，遂亦安之若素。辛亥革命后，蒙人得受同等的教育，为同样的官吏。青年知识分子的增加，固有的文化也同时发扬。究竟是蒙汉隔绝文化不沟通的好，还是蒙汉接近文化进步的好？想蒙古同胞现在一定明白。

六、用维持游牧生活方法，阻碍经济发展、社会进步。蒙古同胞起原于北漠，古代为游牧生活，于是文化落后，经济未能发展，衣食住行的生活未能改进。满清时内外蒙古统一，理应发展蒙古的经济，改善蒙民的生活，但满清政府恐怕蒙人文化进步，经济发展，接近汉人，易起反抗，便多方设法阻碍。为禁止蒙旗开荒，限制或禁止蒙汉通商，蒙人到现在还觉得是满清的德政。百灵庙蒙政会开会时，德王还特别提起这件事，似乎是满清唯一的德政。不知由畜牧生活进而为农业生活，由农业社会进而为工商业社会，是经济发展的阶段，也是人类进化的公例。蒙古地方固然沙漠居多，或有过于寒冷的地方，仅适宜于畜牧，但许多气候适宜的沃壤，并非不可耕种。满清末季弛禁后，因办理不得其人，不得其法，发生许多流弊，留为今日蒙民的借口，视开垦为畏途。然从实际上言之，农垦对于蒙人，不仅无害而且有益。蒙人接近汉人，不特害少，而且利多。试看东蒙和察哈尔、土默特各旗的文化进步，知识分子辈出，衣食住行等生活改善，由原始的生活进而为文明的生活，和完全游牧地方的生活比较一下，究竟是孰优孰劣，孰是孰非？再看世界上凡完全游牧的民族，多是孤立的，不进化的，且大半受他民族的压迫。反之，凡农业、工商业发达的民族，交接愈频繁，关系愈密切，则文化愈进步，这是一定不易的道理。不知我蒙古同胞，究欲永久为游牧生活，和汉人永久隔绝呢，还是想由畜牧而农业而工商业，进于世界文明之域呢？满清的禁止开垦、限制通商，究竟于蒙人有益，还是有害呢？我明白事理的蒙古同胞，仔细一想，便可了解。

以上所说的几点，是举其大者要者，其他视蒙古为被征服民族，行种种压迫、限制、欺骗的方法，实不胜枚举。因其采用方法巧妙，蒙人秉性诚厚，所以至今大半还没有明白，甚或到现在还误认为是恩典。惟当时满清不但用压迫、防止、诱惑、欺骗的方法对待蒙人，即对待汉人、藏人、回人也是一样，如用八股文、诗赋、《圣谕广训》来开科取士，就是束缚汉人的思想。在各省用旗人驻防，也就是监视汉人的行动，防止汉人叛变。对西藏的方法和对蒙古的大致相同。对回人也用愚民政策，并挑拨回汉仇杀，其手段的毒辣，回汉民曾亲尝试之，到现在才渐渐觉悟。满清以一民族统治各民族，使用压迫手段，致我们中华民族除满人外，一律受到不自由不平等的待遇。且政治黑暗腐败，使帝国主义者有隙可乘，经济压迫与政治侵略，交相为用，几导致瓜分亡国的惨祸，所以国父孙中山先生起来革命。幸喜二十九年前的今日，将满清推倒，我们才开始一律平等。但二十九年来，因残余军阀的盘踞和帝国主义的压迫，我们真正的自由平等，还没有得到，边民生活的改善，还没有实现。北伐以来，军阀渐渐绝迹，而日本帝国主义的侵略，又一天加紧一天，今日何日，真我全中华民族生死存亡的关头。试看现在哲、昭各盟的蒙人在伪满洲国下，锡、乌各盟的蒙人在伪蒙古自治政府下，备受压迫，非常苦痛。今日国庆，我们一方想到脱离满清的束缚，固应欢喜；一方想到倭寇侵略的残暴，尤应痛愤。我们大家应该一致团结起来，把日本鬼子统统赶出去，完成国民革命，那么我们整个中华民族，才能享受真正的幸福。我蒙古同胞为构成大中华民族的成分之一，自然也就同样的得到一切自由和平等了。

民国二十九年双十国庆日

《塞风》（半月刊）

陕西榆林塞风社

1940 年 6 期

（李红权　整理）

活跃的绥西

刘映元　撰

令德先生：

你寄给我的《塞风·蒙古问题专号》收到了。内容很丰富，足可供一般做蒙民工作者参考。绥西直到目前还没有看见像这样好的刊物出现，所以一般读者认为相当的满意，这固然是《塞风》的好评，也是你艰苦工作的结晶，因此这里的我的许多朋友和敬佩你的青年，都希望你继续努力，给西北文化供献更伟大的力量。我去年绥西事变以前曾给你去过一封信，本来那时计划开书店，后来因为工作岗位的调动和紧跟着事变，至今也没有实现。

绥西的文化工作因为秦丰川先生从二战区回来后，已日趋活跃，现在傅副长官为了开展这里的文化工作，特在总办公厅中增设文化室，请秦先生主持。一般文化界人士如张恺然、朱子平等皆加入内部工作，杨耀宸、侯定边等同志也将参加。前几天"音协"绥西分会，已在文化室主持下成立，最近"文协"分会也将要成立。文化室除了在奋斗日报社出刊《国际周报》外，还计划出一期三万字的一种综合性刊物。另一方面傅副长官提倡学习风气，已得军政干部全体响应。党政军团联席会议结束后，对邮电检查有了重新的规定。报纸方面奋斗日报社也扩大了篇幅，每周出一次纯文艺刊物，名叫《草原》，内容很好，已出了五期。另外还出《国际周报》及《奋斗副刊》。通讯社仍只西北通信社一家，现在也将扩大，负责人是高云山先生。每日除出《西北通讯》一大张外，还经常出小册子，如《包头战役》、《绥西血战三月》、《民众抗敌表率》等，写的都很不错。总之绥西文化工作，是在划时代的进展，不久一定有很好的花朵，呈献在塞漠上边。

自从事变以后，这里的老百姓都有了普遍的觉悟，更加上动委会中的过去绥远乡建会的同学起领导作用，这里的民运工作正在突飞猛进。事变时民众的空室清野收到了实行的效果，反攻五原时好多老百姓亲手起来杀敌，从五原一区金先生圪旦地方，有大、二老虎弟兄两个，号召全乡壮丁，杀死敌人七名，有一个〈叫〉冯彪的小伙子，曾空手缴了三个日本兵的械。像这样的事不下百十多起。最近五、临各县都建立起盘查哨，这里的老百姓都受过训练，现在正开始加强组织，他们已准备好一切，要在今年冬天黄河结冰以后和敌人拼命。前几天西山咀的敌人向我们袭击，没有半天工夫，五百人〈被〉歼灭大半，一百支枪给我们送了礼。现在绥西不只计划抗战，并且着手建国的工作，党政军团联席会议以后一切工作皆有了办法，省府将成立地政委员会和贸易科，对敌区来的青年也有了出路，除了国立绥远中学扩大外，三民主义青年团还成立了招待所。

这里的事情很多，因为我最近拟写一篇关于绥西进步的文章，所以这篇只能说个大概。

九月九日

《塞风》（半月刊）
陕西榆林塞风社
1940 年 7、8 期合刊
（朱宪　整理）

论蒙古工作

沈求我　撰

令德兄：

　　刚发出了一信，便收到你寄来的《塞风》第四、五期合刊《蒙古问题专号》，读了之后，使我非常高兴，因为它在逐渐地充实、茁壮起来了。以前我曾对你说过，因为地区的关系，《塞风》的创刊，必须有它的独特性，它的任务将是表现蒙古，不脱离现实，不歪曲现实，以一种刊物所应有的诚实正直的态度来报道一切，研讨一切，这在这期专号里，你们已经实践了这个任务。虽然，这里多少还有些缺陷，但正因为我们做的是"抛砖引玉"的工作，所以，这些缺陷也就不足以抵消《塞风》的价值了。

　　无论在过去、现在或是将来，蒙古问题毫无疑义的是整个中华民国问题中的一环，问题的症结，并不在怎样去敷衍、怎样的同化，而是在怎样去扶植。蒙古民族与整个中华民族是不可分离的，蒙古问题也决不能与整个中华民族问题脱节。中山先生曾经天才的肯定地说："要解决中华民族的问题，必须要对内求得各民族一律平等。"所以，在今天要解决蒙古问题，必须在正确的三民主义领导之下，在经济上、文化上……使蒙古民族一步一步的走向自由幸福的大道。

　　当然，负起这些责任的是那些从事蒙古工作的人们。过去的姑且不说，就以现阶段而论，他们的工作实在难令人满意。记得有一位朋友，在我将要到榆林去的时候，在我的纪念册上写道："蒙古正像一匹骆驼，因此，蒙古工作者也需要像一匹骆驼样的精神。"可惜，我未能副他的期许，而在短短的一年以后，因了种种的原因，不得不离开那里了。虽只是一年，所见所闻，却使我感觉蒙古工作前途的黯淡！"事在人为"，无论工作的本身是怎样的有意义，如果得不到相当的人去做，结果会愈弄愈糟的。蒙古工作者现在有几种非常恶劣的倾向，这些倾向，将闹得蒙古问题成为不可收拾的。一般的蒙古工作者都犯着一个不认真的毛病，错觉的认为中央都不太注意蒙古，不过是马马虎虎的敷衍吧〔罢〕了，我们（指蒙古工作者）又何必得罪人家呢？于是遇事敷衍塞责，肩膀滑，心眼多，一张笑脸，两片薄唇，便成为他们的工具，多请客，多谈风花雪月，便成为他们的不二法门，每月只要拿几块钱经费，多在公文纸上闹闹"等因奉此"，就算是完事大吉。还有些人认为蒙古是升官发财的福地，起只初〔初只〕是结识几个王公，使出吹拍的手段，博得王公欢心，于是就乘机买空卖空，向王公说他是中央的什么什么，向中央又说他是王公亲信，拿出大骗子翻手为云覆手为雨的技巧，蒙蔽欺瞒，以遂他升官发财的目的。还有一些确是负有特殊使命来到蒙古的人。他们的工作是特别的艰苦，工作成绩也有非常美满的，可是其中有少数分子，以他所负的使命作为压诈的幌子，把工作目标转移在他个人的私欲上，这是何等的令人痛心的事！现时的蒙古工作者，大半是不学无术，利禄熏心的人们，要想他们来做这神圣的工作，而且还要他们做出成绩来，那简直是十足的梦想！

因为你的那篇短评《肃清蒙古帮闲者》，使我感觉到你直言的态度是正确的，我们需要暴露那些在光天化日之下，施展鬼蜮伎俩的无耻的东西，这是我们的任务。"讳疾忌医"并不能算是一件美德呵！

针对着这些病症，我觉得应该提出下列的方法：

一、加强蒙旗行政机关的组织，注入新生的力量，彻底的革除说空话不负责的态度。

一、彻底的检讨蒙古工作者本身的条件，无形的铲除那些不良分子。

一、把蒙古工作有系统的领导起来，头绪纷纭，各自为政的状况应该改良，并且要纠正老朽陈腐的陋习，培养崭新的作风。

一、要认清蒙古工作是一桩伟大艰苦的工作，工作者要抱有殉道者的精神，不计名利，不计生命，脚踏实地一步一步的做去。

当然，这些方法不一定是正确的，但这只是我个人的意见，提供出作你们和一切从事蒙古工作及关切蒙古问题的朋友们的参考罢了，也可以算是"抛砖引玉"。

八月廿四日，长安

《塞风》（半月刊）

陕西榆林塞风社

1940 年 7、8 期合刊

（朱宪　整理）

朱绶光将军谈蒙政

唐克　撰

　　一提朱绶光先生的大名，便使人想到他是一位兵学家。同时，也是我国军界的一个老前辈。大家知道，朱先生最早即在陆军大学执过教鞭，国府定都南京后并曾任军政部政务次长兼代部长，军官叙级已晋为陆军上将，他是一个杰出的军人，因而他毕生的精力乃都贡献在中国军政发扬方面了。

　　不过朱先生的勋业，却特别闪耀在山西。真的，山西对于朱先生的关系太深刻，没有别的，因为朱先生曾以很长的时间来与阎锡山将军充任参谋长。朱氏固以□达见称，然而阎将军的知人，正也可以相提并论。

　　去年朱先生才被任命为蒙旗自治指导长官公署的副领导长官，不消说得，他是代表着中央和阎锡山将军来处理蒙务的。谈到蒙务，谁也知道这是一个极为棘手的问题，尤其是在敌人政治进攻的今天，这问题要求我们立待解答。怎样团结蒙政？怎样遏止敌人的阴谋分化？这在绥蒙战场，此种政治任务，实在要比任何军事努力显得更为特别与重要。记得邓宝珊将军说过："此间战场，实质上是一个政治问题，特别是蒙汉团结问题。"是的，绥蒙方面所以与众不同的地方原因就在这里。然而朱先生恰于此时应荷这个巨艰，即负责指导蒙古的一切政务和事务，这不是没有原因的。

　　此番朱先生又以副长官的资格，出席指导蒙政会第六届委员大会了。这大冷的天气，北□风沙，朱先生居然能以半百之年履险如夷，此种忠公体国的精神，实在值得吾人效法和赞佩！记者因公来旗，适于×地获晤朱氏，寒暄之下，当蒙发表对于蒙政的感想，爰择其要点叙述如次：

本人（朱氏自称以下仿此）来旗，此为第三次，而这次对于蒙政前途更抱乐观。过去国人对于蒙政不但不求了解，抑且不能注意。须知敌人谋我之急，固无时不欲在我国民族之间找空隙。换句话说：敌人妄冀灭亡中国，其主要手段就是"以华制华"。但对外抗战，而对内则必须力求统一，故本人于接受任命之际，即以团结蒙汉为唯一之职志。当然，这是一个极为艰苦的工作。可是这个工作，现在由于傅副司令长官，邓总司令，高军长，沙委员长，荣总管等积极帮助，基本上都已初步的完成了。这并不是说，今天蒙旗我们已经有了沙王、康王以及巴女王等等之晋谒中枢，不然□因为蒙旗的民众□已自动组织团体，实行自卫抗敌，并严厉清除汉奸，其工作已积极于内□了。至旗与旗之间，王公与青年之间，感情也极为融洽。一句话：敌人对于蒙旗的政治进攻，到今天，实已遭到我们无情的打击与创伤。

其次，所谓蒙政，还不仅是单纯的政治问题，换句话说，必须要有经济、文化……等力量来配合政治的发展，这政治才能得保障。为此目的，所以在经济方面，我们要大规模的举办合作、贷款、救济、垦荒以及改良牧畜和收买羊毛等。至于文化事业，除将原有的中小学校加以扩充整理外，并拟创办巡回教育。同时，正在选拔蒙籍优秀青年轮流到中央各级学校受训，而出版事业，现在亦在有计划的加以扩充与发展。我们总以做到改良蒙民生活与提高蒙民文化为目的。不如此，则推动蒙民积极参加抗战，即将成为一件不可思议的事情。

最后，而且也是最重要的一点，就是我们除以雄厚兵力保卫伊盟外，现在积极培养蒙胞的自己武装。如直属中央的，已有白海峰师长所领导的新×师一个师，而地方武装及游击部队则□在各旗都有，这都是蒙旗抗战的新生力量。这些力量政府也曾大量的予以补充。本人承乏领导蒙旗自治，自当秉承中央及阎司令长官的意志来加以扶植与拥护。希望努力训练，更望各人自爱。日寇是中华民族的共同敌人，大家都要一致拥护中华民族的唯一领袖蒋委员长，为整个中华民族的幸福而奋斗！

这是朱先生近来对于蒙政的意见。除了这些意见之外，他还与记者谈到一些蒙古的风俗习惯和人情，他的态度是那么的悠闲着，他的思虑又如此深远周详。有朱先生在，蒙政总会有办法的，我们敬为朱先生祈福！

二九·十一·十七脱稿榆林

《塞风》（半月刊）

陕西榆林塞风社

1940 年 7、8 期合刊

（李红权　整理）

伊盟没有危险

作者不详

自从日本小鬼占了五原、临河、陕坝，东胜县的机关退到扎萨克旗来以后，伊克昭盟的人心有点不稳当。好像小鬼就要过黄河，占七旗似的。

其实，大家不要惊慌，伊克昭盟一点危险也没有。

怎么说伊盟没有危险呢？因为小鬼一定打不过来。怎么说小鬼一定打不过来呢？

第一，小鬼如果有力量来占伊盟，在二十六年冬天，他就来了。那时他都没有力量来打，三年以后的今天，他已经筋疲力尽，还敢来打吗？

第二，那么，你一定要问，他既然筋疲力尽，为什么敢打五原呢？原来，他打五原的兵，是从山西调来的，山西有人捣乱，他才能调兵出来；现在山西已经没有人捣乱了，他又得调回打五原的兵，去守山西；哪还有兵再来打伊盟？

第三，我们的傅主席，正从西往东打，十五号已经把陕坝、临河都收回来了，杀死小鬼数千，现在正打五原，蒋委员长又派来不少的兵也到前方了，不久一定能收复五原。小鬼是再不能分兵来过黄河的了。

第四，伊盟的防务，十三号那天，经邓总司令、马将军、高军长、朱长官，又从新布置了一下，也是十分坚固的。

大家放心好了，我们担保伊盟没有危险。

《边疆通信报》（周刊）
榆林边疆通信报社
1940 年 14 期
（朱宪　整理）

奇文英谈话

愿在总裁领导下联合本旗军民抗战

奇文英　谈

伊盟准格尔旗护理扎萨克奇文英到重庆后，就分别谒见中枢各当局，并对记者发表谈话，述说旗下自抗战以后的情形。他说：自日寇侵占绥远以来，伊盟七旗最为完整。准格尔旗地居绥南，和绥远的萨、托、清三县相接连，东南和山西的偏关、河曲及陕西的府谷相接连。旗政府所在地点名大营盘，前年二月被敌伪一度冲入，经本旗军队联合友军血战六昼夜，卒将敌人驱出。最近敌人在绥远蠢动，日伪军渡河与本旗河防部队相遇，又将敌人打退，并夺得战马、枪械甚多。准旗军队均经过相当训练，本旗民众组织工作由各级机关派员指导，由本旗政府人员协同工作，至今一年多，已有特殊成效。他又说到对于抗战的观感：抗战为中央既定国策，全国军民均在总裁领导之下，一致拥护既定国策。抗战两年有半，我越战越强，日寇日渐没落，深入泥淖无法自拔，最后胜利为期不远。我的能力有限，建树毫无，很是惭愧。谨在总裁领导之下，联合本旗军民守土抗战，使不受敌人蹂躏，进而收复失地，这是我的心愿。最后说：这回到重庆是向林主席和总裁致敬，报告旗务及敌人在绥、包一带的情形，并请示今后施政方针，事毕，就回旗。

《边疆通信报》（周刊）
榆林边疆通信报社
1940 年 17 期
（丁冉　整理）

伊盟速起拒毒

作者不详

绥远省政府的禁烟专员毕志远，去年七月在杭锦旗破坏禁政，私自征收烟款四千七百多元，烟土八十两，经查明正法。这消息因为通信邮寄迟到，在今天的本报上才得发表。傅主席和袁厅长，在军事第一，席不暇暖的期间，仍能严厉执行烟禁，这是值得钦佩的。

烟土（俗名洋烟）为害中华民族，已经有一百多年的历史了。他断送了中国人的体力，消耗了中国人的精神，造成了中国近百年来的国耻。对于蒙古同胞，他葬送了纵横欧亚的雄风，减少了十分之八的人口。蒙古民族的种族日渐削减，社会的更趋衰败，除了政治制度、经济制度、宗教规律、地理原因之外，确也是受了吸烟的大害。这一点，郡王旗梅令华登托拉固尔，曾在《前进周刊》上发表文章，慨乎言之，是蒙旗同胞阅读过的了，兹不多赘。

中央对于烟土（种、运、吸）定了个六年禁绝计划，由委员长亲任总监，可见禁烟和抗日一样重要，否则何必都由委员长自己主持？今年是最后的一年，到六月底，吸烟者一律枪决。春天开始，更是绝对不许再种烟苗的了。明查、密查派出了不少，一经查明属实，是决不客气的。

伊盟去年没有铲尽烟苗，这是不必讳言的事实。中央和绥远省政府，对于蒙旗情形特殊，是已经"宽容"一年了。今年一定要严格执行禁烟，这是为了救中国，也是为了救蒙古，不能不破除情面，大刀阔斧作下去的。

　　希望王公、士官、民众一齐起来，决心排拒这亡国灭种的洋烟！

《边疆通信报》（周刊）

榆林边疆通信报社

1940 年 17 期

（丁冉　整理）

沙王启节去兴隆山祭拜成吉思汗陵

作者不详

他说："我到底是中央的人了！虽已年岁老迈，也是不能辞其艰苦的！"

沙委员于上月十九日离扎旗府邸，至旗四百里地方台格庙，稍行休息，即将经由草地去甘肃兴隆山谒祭成吉思汗陵。在此期内，所有职务均已委人代理，并电请中央予以备案，现已由中央电覆嘉许。

沙委员长去电：

（衔略）布为继承世祖剿倭未遂之志，拟定皓日离扎，先赴台格庙，稍行摒挡，即首途赴兴隆山，谒祭成陵，敬告在天之灵，祈祷默佑。事毕遄返，帅领蒙古健儿与倭奋斗，任何牺牲，决不顾惜。在离蒙期间，所有蒙旗宣慰使职务暂以本署秘书长荣祥代理，吉农职务由郡王旗扎萨克图布升吉尔格勒代理。至伊盟盟长、蒙政会委员长以及保安长官等职务，均以盟务帮办蒙政会常务委员鄂齐尔呼雅克图代拆代行。除分电外，谨电奉陈，祈予备案为祷。沙克都尔扎布叩。

覆电：

（衔略）皓行电悉。谒陵励志，极堪嘉尚，余准备案。行政院。印。

沙王谈话感谢中央奉移成陵

　　沙委员长接得中央覆电，极为高兴，并云："我到底是中央的人了！虽已年岁老迈，但为了国家，为了民族，也是不能辞其艰苦的！中央关心成陵，将成陵奉移安全地带，真是令蒙胞感激万分。现在成陵奉移已将一年，又届祭期，我是应当去谒祭的。一方敬拜祖先成吉思汗，一方也答谢中央德意。我们蒙古祖先成吉思汗的精神，为万人钦仰，但愿他在天之灵，特加佑护，俾我抗战必胜，小鬼早败，以便将成陵奉移回来，仍归故土。"

《边疆通信报》（周刊）

榆林边疆通信报社

1940 年 18 期

（李红权　整理）

日寇的失败

作者不详

据极确实的消息，伪蒙的德王，已经被日寇软禁起来，这在德王是一个失败。他假借日寇势力，阴谋独立，是失败了。在日寇，扶植傀儡，分化中华民族的毒计也是失败了。

日寇这几十年来，在中国的一贯作法，是组织间谍，张学成、溥仪以至汪精卫，我们叫他是汉奸，是傀儡，在日寇看他们不过就是一个大间谍，带领着一群小间谍而已。南北的各种伪组织都是日寇组织的武装间谍团。

德王的武装间谍团（伪联合自治政府），一出手就是被关东军所组织的。德王怀着狭义的民族意识，不满意我们边疆民族关系的现状，企图独立，这正给日寇组织间谍团的一个"根据"，日寇的枪炮、伪币、特务人员……便是德王武装间谍团组成的"条件"。"根据"和"条件"都完备了，日寇是暂时胜利了。德王干起伪"委员长"。

但是，间谍这东西，在它的组织者眼中看，根本是没有人格的，间谍被人利用许久，也会自觉是没有人格的。到这时候，间谍对于它的组织者，先是怠工，接着一定是背叛。从二十五年起，许多日寇组织的武装间谍团，伪军的反正，便是由人格自觉中来的。但也有在怠工、尚未背叛的过程里，便被日寇发觉，加以杀戮或软禁，如上期本报所载的李锦章反正未遂被捕，和这一次德王的被软禁，就是这个性质。

　　不论是怠工，抑是背叛，对日寇说都是失败的。日寇把德王组织成为间谍团，已经是五年了。这五年来，他虽是不自觉地执行了间谍任务，他自觉着是给蒙古人求出路，但他渐渐自觉着日寇没有把他看作"人"。尤其是日寇取消了伪联盟自治政府，而成立伪联合自治政府一着，给德王一个"人格的自觉"很大。他对汪逆伪组织表示冷淡，他对中国切望抗战胜利……日寇因此而失败，德王的迷梦也是醒了！

《边疆通信报》（周刊）

榆林边疆通信报社

1940 年 21 期

（李红菊　整理）

绥蒙政会通电讨汪

作者不详

卖国贼汪精卫，投敌卖国，国人共愤，绥境蒙政会特通电声讨，其原电文如下："查逆贼汪兆铭，狼但知贪，鸨不择偶，自经兔脱，屡试鸥张。始而龙吠于海角，情类含沙，继则狐媚于倭寀，形劳舐痔。近更私订密约，僭组伪府，遗羞华夏，腾笑人寰，所言所行，愈趋愈下，比凶枭破獍为尤劣，真泯〔泥〕猪疥狗之弗如。不殛此獠，曷伸义愤？布虽驽钝，誓愿率绥蒙全体军民，追随我唯一领袖，扫除妖孽，驱逐倭奴，还我山河，完成抗建。海枯石烂，此心不渝。谨电陈词，伏维垂察……"

《边疆通信报》（周刊）

榆林边疆通信报社

1940 年 21 期

（丁冉　整理）

日寇与东蒙

作者不详

最近本报接得伪新京通信，附着日寇统治东北四省境内蒙旗（呼伦贝尔部、依克明安旗、哲里木盟、卓索图盟、昭乌达盟）的详表一份，因为本报篇幅太小，不能刊载这个长篇的珍贵材料，对于读者十分抱歉（表存本报编辑部，如承来阅，很表欢迎）。从这个表上研究，日寇统治我们的东蒙，手段十分毒辣，试举数点，说明如下：

一、破坏盟旗制度　蒙古盟旗制度虽是满清制定的，但分盟划旗都是尊重元朝遗制，适合蒙旗历〈史〉、地理、经济条件。民国对于蒙旗制度未改，为了保留蒙旗祖制。但日寇为了便于统治，取消了"盟"，而分成四个伪兴安省，把原来隶属三盟一旗一部的三十九旗，改隶于四个伪省，另外把郭前旗划入伪吉林省，郭后旗划入伪滨江省，依克明安旗划入伪龙江省，土默特左右翼旗划入伪锦州省。这种胡乱的变更，纯粹是侮蔑蒙旗旧制的。

二、合并左右翼旗　昭乌达盟的敖汉左、右、南三旗，日寇给并为一旗，扎鲁特左右旗并为一旗，呼伦贝尔部的索伦左右旗也并为一旗，七个旗并为三个旗，就是取消了四个扎萨克，这样有四个世袭的王位是消灭了。

三、根本取消了六个旗　呼伦贝尔部的额鲁特旗、布里雅特旗、鄂伦春旗，哲里木盟的杜尔伯特旗，卓索图盟的唐古特喀尔喀旗，昭乌达盟的喀尔喀左翼旗等六旗，根本被日寇取消了，就是消灭了六个世袭的王公。连合并左右翼旗消灭的王公算起来，日寇一共是打倒了十个王公。满清和民国不肯也不忍不保存的王公制度，到了日寇手里就轻易的被舍弃了。

四、旗权全在日寇手中　东蒙的"盟"是消灭了，盟长也没有了。伪兴安省是各有一个蒙籍的伪省长，但"省长"之旁各有一名日寇作"参与官"。旗的扎萨克改名"旗长"，各旗长之旁也都有一名日寇作"参事官"，土默特左右旗和郭后旗，连"参事官"都不设，根本设上了"副旗长"，就是说：日寇不但要包揽蒙旗的政权，进一步要作蒙旗世袭的副扎萨克了。

东蒙被日寇统治了九年，蒙旗的制度都被破坏了，如再过九年，东蒙还不和高丽一样，根本合并到日寇一块去了么？

《边疆通信报》（周刊）

榆林边疆通信报社

1940 年 24 期

（李红权　整理）

伪蒙诸逆的心

作者不详

伪蒙古军总司令李逆守信，本来对我们说，他要反正。去年十二月十八号，我军出击绥、包，据关系方面消息，也有接应他的企图。但是他说了并不算，许多人对他下了八个字的批评，就是"守信无信，子忠不忠"（李逆字子忠）。结果在他和国军之间作通信的某君，受了我方的处分。据记者确知，不是某君工作作得不够，实是伪蒙诸逆没有决心。

许多深知敌伪心境的朋友，论伪蒙诸逆是"有良心，无决心"。所谓有良心，是说他们并没有忘了祖国，他们也切望抗战早胜，建国早成，对于国军盼望赶快反攻，对我方工作也尽可能的帮忙。可是要求他们反正报国，就犹疑观望起来，是他们无决心处。

他们为什么会有良心呢？一、他们到底是中国人，也有自觉。二、日寇不把他们当作人，凌辱备至，他们也有自知。三、对于抗战必胜，建国必成，也有自信。为什么就没有决心呢？一、他们舍不了在伪方浑水摸鱼——借机会发财。伪文武官都从走私贩土（大烟）上发了横财，而且可以一直发下去。二、没有抛家舍业的勇气。譬如李逆守信，长子押在东京，他也有百多万的不动产，这两宗事，就决定了他们的命运。——所以伪蒙诸逆就在这一个好心、一个坏心之间动摇着，徘徊着，天天过着"情欲交战"的生活。

讲到这里，我们不能不对两个朋友表示钦佩。第一位是七七以后就返回祖国，现任察哈尔游击司令的朱子文先生。他反正之后，百余万的家私，十余岁的长子都被小鬼害了。第二位是本期本报提到的某厅长，现在他在平、绥的三万元产业是被没收了，妻子也不知流落何处。他们都遭到了人间的恶运，和伪蒙诸逆比较起来，人与兽，真中国人和假中国人就显而易见了。

《边疆通信报》（周刊）

榆林边疆通信报社

1940 年 25 期

（李红权　整理）

边民领袖入觐

作者不详

中央政府对于边疆政教领袖的入觐，原有规定的班次和优待的办法。这是说，政府是切望边民领袖入京，借以获悉边疆的实况，沟通中央与边疆的感情，不只是按班到京，朝觐一回，便算完事。

无容讳言，抗战以前，边疆民族与内地的联系，若断若续，经常的良好关系，迄未建立起来。政府虽定有入觐规程，入京的边民领袖，并未多见。可是抗战以来，这情形便大改旧观。日寇侵略的越加紧，则我中华民族的团结越坚强。请看抗战以来，边疆政教领袖不远千里，而入京朝觐的络绎于途，便可证明，益足证日寇侵略我边疆失败了！

自抗战迄今，只以蒙古王公入京而言，计有伊克昭盟盟长沙王、土默特旗总管荣祥、宁夏阿拉善旗扎萨克达王、达拉特旗扎萨克康王、东公旗扎萨克贡王、西公旗扎萨克奇俊峰、准格尔旗代理扎萨克奇文英、乌审旗东协理奇玉山、宁夏额济纳旗扎萨克塔王、新疆和硕特左翼旗扎萨克拉王、鄂托克旗章文轩代表等，还有最近决定入京的郡王旗扎萨克图王，总计西蒙未沦陷的各旗王公，差不多都曾入京一行。至于其他边民政教领袖，或亲自入京，或派代表献旗致敬，尚未计入。

中华民族原是不可分割的，几千年来，便共同生息于斯土，互相影响，互相融和。至今边远各族，虽生活习尚、语言风俗或有不同，但都系中华民族一分子，已无须分辩。他们无论在精神上，在行动上，都表现出是中国人。日寇一向在我边疆进行的分离阴谋，在抗战一起，便粉碎了。现在边疆民族觉醒了，认清了敌人。诸多的边民领袖纷纷入京，向总裁献旗致敬，报告边情，请示抗战，这充分表现出中华民族的团结坚强，任日寇怎样花言巧语欺骗，我边疆民众也不会再上当了。中国人毕竟是中国人，边疆民众都有国家民族意识，三年的抗战，更使这意识增长强大起来。

以上是说明边民领袖入觐的意义。至于边民领袖自身，入京之后，领受政府的优渥礼遇，热烈欢迎，尤当奋发自励，拥护政府，努力抗战建国，争取中华民族的万世自由幸福。这是不能推诿的责任，边民领袖们起来，加紧抗战建国！

《边疆通信报》（周刊）

榆林边疆通信报社

1940 年 32 期

（李红权　整理）

日寇统治下的东蒙

作者不详

本报本期载：日寇在东蒙各旗进行牧地与耕地调查，此后东蒙各旗土地，均将归日寇掌握中矣云云。这个消息的意义是什么？

九一八事变后，日寇把我们的东蒙各盟旗占据了，算计起来，已经九年了。这九年中我东蒙同胞在日寇压迫下所过的非人生活，说起来实在痛心。我们已经屡次的把日寇在东蒙的暴行揭发出来，如合并各旗，打倒王公，使东蒙王公们不但只作日寇的傀儡，而且在旗下失去了职位，降为一无所有的亡国奴。现在东蒙已被日寇取消了六个旗，打倒了十个扎萨克。日寇这个毒辣的手段，蒙旗同胞闻之，当作何感想呢？我们的政制，忍心让世仇日寇来破坏吗？不能！蒙旗同胞，尤其是王公们一定能记取这个惨痛的遭遇，坚持打倒日寇。可是，现在日寇更进一步在压迫东蒙牧民，蒙古同胞所依为命的牧地，日寇又在进行攫取了。日寇必使我蒙古同胞，永远作其奴隶而后已。

我们知道，日寇之侵略蒙古系先由于拉拢王公入手，然后再施小惠利诱牧民，这是日寇在蒙古的一贯作风。当其初占东蒙，对于各旗王公，曾表示优待，极尽欺骗的能事。可是当那些王公们投入其掌握之后，日寇便露出狰狞面孔，开始杀害，东蒙王公被打倒，旗制被改革，便是日寇的毒计施行。王公被宰制了，便开始压迫牧民了。

蒙古同胞，一向习于游牧生活，牧畜为其生命线，但东蒙同胞进化较前，牧地多已放垦。然土地所有权仍握在牧民手里。九一八事变之前，东蒙各旗一方面招汉人农民垦荒，一方面牧民本身也在逐渐趋向农耕，生活日趋进化。但今日之东蒙同胞生活怎样了？日寇已在夺取他们的牧地和耕地，根本要绝断他们的生路。

由上证明，日寇之侵略我蒙古，是不分王公和牧民的。凡是日寇统治下的蒙古地方，王公失去了政权，平民失去了生活依据。我们要免去这压迫割宰，唯有坚持抗战，把日寇赶出中国，那时蒙旗的王公与平民便可安居乐业了。

《边疆通信报》（周刊）

榆林边疆通信报社

1940 年 33 期

（李红权　整理）

蒙党部训练班鄂王对学员训话

勉完成抗战建国大业 训练期满八一毕业

作者不详

　　扎萨克旗通信：察绥蒙旗党务办事处主办之训练班，开办以来，受训学员极为踊跃，成绩斐然。绥蒙会常务委员、伊盟盟务帮办鄂齐尔呼雅克图，二十五日特往该训练班向学员训话。训话分五点，大意谓：一、国民党党员应由之认识和责任。二、成吉思汗之事业及精神。三、蒙旗现在之环境应如何努力改善。四、蒙古青年应有之认识和责任。五、希望各位同志毕业后，应努力工作，继续我祖先之精神，不屈不挠，完成抗战建国之大业。言词恳切，闻者动容。闻该训练班现已期满，定于八月一日举行毕业典礼，学员毕业后即分发各旗组织旗党部。此后各旗对于党务工作之推进，当能顺利进展，必有广泛之收获云。

《边疆通信报》（周刊）

榆林边疆通信报社

1940 年 36 期

（丁冉　整理）

"九一八"与蒙古

作者不详

"九一八"已经九年了。

民国二十年九月十八日的夜间，日本帝国主义实行以武力向我辽宁驻军进攻，接着进占了我们的沈阳城，以及南满铁路和安奉铁路沿线各重要城市。从此，我们东北四省的同胞，便在日本小鬼的残暴武力的侵略下，失去了自由，生命财产失去了保障，天天在兽蹄蹂躏下过着非人生活。

这个惨痛的纪念日，深深的铭刻在我们全中国同胞的心上，我们永远不会忘掉这个奇耻大辱。终于我们复仇的时机来了，卢沟桥的烽火，燃起了我们中华民族反抗侵略，打倒日寇的怒火。中华民族的儿女们，以坚忍不拔的姿态，勇武的抗战，伸手向日寇要还我们的失地！

在抗战中，蒙古同胞也尽了他应尽的责任，和国内同胞一道儿在荷戈杀敌。认清了我们共同的敌人，已在坚强的团结中，起来保卫祖国了。现在，第九个"九一八"来临了，蒙古同胞，更宜认识"九一八"事变是日本帝国主义直接以武力侵略蒙古的开始。在"九一八"以前，日寇对蒙古虽然已在经济上、政治上有所施展，但到底是偷偷摸摸的做着，未敢明目张胆的压迫蒙古同胞。可是"九一八"事变之后不然了。日寇占领了哲里木盟、昭乌达盟、卓索图盟，狰狞的面目立时对蒙古同胞现出来。首先打倒王公，把各旗的世袭扎萨克取消，改为旗长制。在旗长之下，设上了日寇顾问。接着是划分盟旗，变更境界。对于蒙胞的牧地、耕地都加以统制，使不能自由使用。强迫喇嘛当兵，毁坏召庙做兵营。日寇在东蒙的暴行，已是笔不胜书，蒙古同胞直接遭受日寇这样的压迫，是由"九一八"开始。所以"九一八"与我蒙古同胞有着极大关系。

我们每年到了"九一八"这天，便举行一次沉痛的纪念。可是，自抗战以来，我们已经有四个"九一八"纪念日，已不是仅仅的纪念而已，我们已在用我们的血和肉向日寇索取我们的失地，拯救被日寇压迫下的同胞。蒙古同胞，在纪念"九一八"，必须认清：日寇以武力侵略蒙旗，是自"九一八"开始。我们现在抗战，是打倒日寇，要把它赶出中国去。日寇一天不从中国滚出去，我们抗战一天不停。我们必须收复东北四省，给那里的蒙汉同胞报仇雪恨。蒙古同胞坚决的抗战建国，这是保乡卫国，收复失地，最神圣的任务。

《边疆通信报》（周刊）

榆林边疆通信报社

1940 年 42 期

（李红权　整理）

辛亥革命与蒙古

作者不详

　　每年的十月十日，我们便举行一次热烈欢欣的国庆纪念，到了这一天，我们确实高兴，因为这是我们中华民国的诞生纪念。中华民国二十九年了，回想在二十九年以前中国是什么样子？那以前，全中国的同胞在帝王专制下过活了数千年，直到总理中山先生倡导革命，几经奋斗，于辛亥年的十月十日武昌起义，才将满清政府推翻，建立了中华民国。所以我们每年到了国庆日这天，都是万分高兴的庆祝，尤其是蒙古同胞更应当快乐，更应当热烈庆祝。为什么呢？

　　蒙古同胞之得由满清政府的压迫下解放出来，是中华民国成立以后的事。随着中华民国的成立，被满清政府压制三百年的蒙古民族，才得一吸自由新空气。我们不会忘掉清朝的对待蒙古同胞罢？清朝怕蒙古同胞不忠顺于他，设尽各种方法来镇压、防范。而其中最毒辣的是隔绝蒙胞与汉人的接触，那时不但汉人不准任意到蒙地，蒙胞也不得到口内。甚至王公入觐，所带人员入口之时必经严查，才能放行。其次为愚民、羁縻，禁止蒙胞学习国文，对于蒙旗教育厉行摧毁，惟恐蒙胞习谙国文，能读汉书。还有政治及军事上的分化，务使蒙胞失去团结力量。满清以前，蒙胞居于我国北边，是何等的强大勇武？但自从被满清征服了以后，三百年的光景，便失掉了从前的武风，竟变成一个衰弱不振的民族了。谁让蒙古民族衰弱下去？我们毫无疑问的答说：是满清政府！

蒙古同胞解脱了满清压迫的惨毒，是由辛亥革命，民国成立得来的。民国成立，蒙胞才和国内其他民族在政治上、经济上、法律上、教育上立于平等的地位。当武昌起义时，内蒙各旗曾纷起响应，打倒满清的呼声，传遍了塞上，尤可见蒙胞归心民国的热诚。

现在到了中华民国二十九年的国庆，又是我们抗战快到胜利的时期，蒙古同胞想想过去，看看将来，当知道这国庆日的意义是多么伟大！

《边疆通信报》（周刊）

榆林边疆通信报社

1940 年 45 期

（李红权　整理）

蒙政进步曙光

作者不详

抗战以来，蒙旗各方均有进步，而进步最显著的是政治。绥境蒙政会迁设扎萨克旗，已足表示出蒙政会确要为蒙旗谋划福利，而其内部人事的调整，更使这主持蒙政的机关，加强了无上力量。以是蒙政推行，多有成效。这是可喜的现象，尤足证明中华民族团结坚强，一心一意在抗战建国。

然而更有可喜的进步现象，就是各旗的仕官多已开始任用青年。乌审旗东协理奇玉山君和准格尔旗西协理奇涌泉君，不用说了，华登君任郡王旗东梅林，奇世勋君任准格尔旗东梅林，现在代理伊盟中学校长贺守忠君又任西公旗西协理了。他们都是蒙旗的知识青年，都怀着为国家为民族的心肠，很想施展其抱负。现在出而实主旗政，造福乡邦，自在意中。另一方面更可见出蒙旗的王公们，对于政治有进一步的认识。这是蒙旗政治革新的曙光。

蒙旗政治的落后，这在蒙古草原上，由于自然经济的限制，是其必然性。然而几年来一般开明王公和知识青年都感觉到蒙旗政治需要向前进。这是说明蒙政的前进在主观上已有人在努力。抗战以来，更促使这个觉醒的范围加大。一般蒙胞在痛恨日寇侵略之余，深深的感到自己本身当健全起来。打击日寇应当如此，建设三民主义国家，更应当如此。而健全本身之道，除了加紧团结外，在旗政上更需要革新了。于是王公们顺应了这个要求，毅然任用旗下的知识青年充当仕官。

仕官在蒙旗是扎萨克的属员，然而在旗政上地位很重要，他们是旗政实际执行者，过去多是由旗内有资望的人选任，由学校读书，出而任仕官的蒙旗青年，向所未有。但是抗战使蒙政前进了。蒙古青年已能实际参加旗政，担负起复兴民族的任务。这确是蒙政革新的初步胜利。我们希望荣任各旗仕官的蒙古青年，当努力施展所学，为民族、为国家，多多建树，作为时代的先驱者，以副国人之望。

《边疆通信报》（周刊）
榆林边疆通信报社
1940 年 48 期
（丁冉　整理）

鄂旗旗党部成立

汉、满、蒙、回、藏，都要信仰三民主义，拥护总裁——章文轩的讲演

作者不详

鄂托克旗通信：鄂托克旗旗党部在察绥蒙旗党部领导下，由该部书记长田文祥同志积极努力筹备，业于九月二十八日上午十二时假阿拉庙司令部召开大会组织成立，并举行宣誓就职典礼。计到各机关人士约三百余名，由书记长田文祥主席，章司令文轩监誓，程秘书主任杰司仪。开会如仪后，首由主席田文祥报告设立旗党部之意义及宣誓仪式，继由监誓员章司令文轩致词。

章文轩演讲词

略谓："今天是本旗党部成立的日子，兄弟得参与这个大会，心中是异常高兴荣幸。因为三民主义是救国救民的主义，所以我们要极端拥护的。先总理起来革命，纠合同志，经过了千辛万苦，卒于辛亥年间在武昌起义，推翻满清，改造共和。我总裁奉行总理遗志，领导全国同胞，一致从事抗战建国的伟大事业，最后胜利必属于我。中国以党治国，已经有数十年的历史，全国遵行，各地都有党部的成立，但在蒙旗多未普遍推进。现在好了，总裁

关怀蒙旗同胞，所以特设党部，我旗军民、学生、喇嘛等，闻此喜信不禁欢跃。本旗军民、学生、喇嘛等，不只要欢迎，并且都要入党，受党的领导，来作革命抗建事业。至于三民主义是最合我们国情，是为民众谋幸福的主义。民族主义是救我们中国自由、独立、平等的。民权主义是分政权与治权，治权是政府官吏来管理民众的权限，政权是民权发达的行使。以后我们要取消顶戴，不准跪拜，因为这种怪像，是与国家社会有极大防害，所以要改革的。就是兄弟我对于分内一切事务，如有义理不当之处，希望大家指责，我就退避贤路。以后遇事共同决议，然后才能实行。决不准任何人独断独行。民生主义是将来革命成功，使人人都能安居乐业，对衣食住行都有适当解决。我希望全国同胞，不分汉、满、蒙、回、藏，不分男女老幼，都要信仰三民主义，服从总裁领导，打倒日本帝国主义，复兴中华民族。现在我的志愿与祝祷的是，拥护国民政府，拥护蒋委员长。"

入党者百余人

章司令讲演毕，由宣誓员提案文祥致答词。末由阿拉宾格什等相继讲演，词意均慷慨激昂，情绪十分热烈。尤为可贵者，官兵、学生百余人，于会毕自动申请入党，争先恐后，惟恐不遂其愿。此可见章司令帮办旗务、整顿军旅之精神云。

《边疆通信报》（周刊）

榆林边疆通信报社

1940 年 49 期

（李红权　整理）

蒙汉同源

作者不详

土默特旗总管荣祥先生在《从汉蒙同源说到精诚团结》（见《塞风》四五期）一文中，由中国历史上的蒙汉语言、礼俗以证明蒙汉两族系出同源。荣先生考据精博，议论透辟，就文章说是力作了，但在扫荡敌伪的荒谬宣传上，意义尤为重大。荣先生在结论上说："我们中华，既是五族共和的国家，我们的尺寸土地，一草一木，都是我们大中华民族共有的，希望是一致的，命运上是相同的，好了都好，糟了都糟。"这话说的是多么有力，是多么痛切。中华民族是合汉、满、蒙、回、藏及苗、猺等民族结合而成的一大国族，我们生长于斯土，过活于斯土，几千年来已经融和无间，虽有纠纷，但多是内政的波折，中华民族原是完整无缺的。近年以来日寇为了侵略我国，竟而造出"日蒙同源"之说。远在九一八事变之前，日寇国内的杂志报纸上便有了"日蒙同源"文章。这是日寇存心以文化麻醉我蒙古同胞，以遂其侵略企图。及日寇侵占东蒙，这荒谬的宣传更是流行起来，日寇竟说成吉思汗是他们的祖宗了。荒谬无耻，以至于此。日寇这个论调，固不值识者一笑，可是在我国能提出有力的反驳，未之一见，这不能不说是我们的疏忽。直到现在蒙旗领袖荣先生亲自出马来反击敌伪的无耻宣传了。

在日寇的翼卵下苟图生存的伪蒙组织，日寇更大肆其挑拨离间的技俩，使伪蒙数典忘祖，以遂其宰割之欲。荣先生说："在中华民族这个范围内，决没有哪个民族，牺牲了别族同胞，而自己可以得到便宜的道理。因为我们的敌人日本帝国主义者，他看我们五族一样是'俎上之肉'，决不会宰割这个而优容那个的。"中华民族之不可分，荣先生是痛切的论之了。而其结语更一再提醒蒙古同胞当精诚团结，努力抗战。又说："受了敌人麻醉胁迫而可怜的蒙古王公贵族们，你们也赶快从敌人铁蹄之下觉悟起来吧！……走向祖国怀抱，精诚团结的打倒共同的敌人罢！现在只有这条路，才是挽救你们灭亡的不二法门哩。"旨哉斯言！

　　中华民族是不可分的，惟有努力抗战建国，才是正当的复兴途径！

《边疆通信报》（周刊）
榆林边疆通信报社
1940 年 49 期
（李红权　整理）

蒙政会委员大会五日在扎旗隆重举行

作者不详

出席委员个个精神兴奋

扎萨克旗特讯：绥境蒙政会第六届委员大会，于五日下午三时在该会大礼堂举行开会。绥蒙指署朱副指导长官绥光亲自与会指导。出席委员有沙委员长（鄂王代）、鄂齐尔呼雅克图、荣祥、图王（巴公代）、特王（罗永庆代）、阿凌阿、奇文英、白音仓、色登多尔济、贺耆寿、康王代表马子禧、旺王代表绰克都楞等。该会主任、会委秘书科长等亦多参加，计三十余人。首由鄂王代表沙委员长主席，领导如仪行礼后，即席致开会词（附后），继由朱副长官训词（附后）。会场空气严肃，各委员均精神兴奋，决议各案，均关蒙旗抗建应行推进事宜。大会举行三日，于七日闭幕。

朱副长官所致训词

略谓：在此抗建最迫切的时期，伊盟居于国防最前线的地位，我蒙政会所负任务的重大，不言可知。希望与会同仁，检讨过去，策画将来。如何开发生产，增加经济质量，如何改良教育，提高文化水准，如何整训保安队，组织保甲，充实自卫能力，如何救济难胞，并防制敌人分化企图，暨汉奸煽惑行为，巩固抗战阵线，以及其他一切应兴应革的事宜，总须分别妥议，设计施行。绥光自当尽力匡助，俾收实效。在第五届会议的期间，绥光接受大家的意思，关于充实会务本身力量，又呈请中央任命胡、经、贺、白四位委员。四位委员多半是受过大学教育的，且皆是年富力强的青年，以原有各位委员多年的经验，又加上年富力强的四位新委员，通力合作，我想今后必更易收群策群力的效果。希望荣、图、鄂三位常委，和新旧各委员、各同仁，本着已往一贯的精神，尽我们万能的力量，协助沙委员长，本着中央政策，以蒙胞全体福利为目的，同心同德，合力迈进，继续开展我绥蒙各旗应办的事件。尤应对敌人分化政策，须要特别注意，以期巩固我绥蒙抗战基础，完成我们从事边疆工作的光荣使命云云。

沙委员长致开幕词

略谓：本会第五届会议闭幕以来，距今已半载有余。关于决议各案，虽因费济关系、时间问题及人力、物质缺乏，地理环境特殊，未能尽量见诸实行，此固本会负责同人所深引为愧怍而遗憾者。然幸纲目已张，规模粗具，凡属生聚教养、整军御侮诸大端，亦已渐上轨道。今后自当惨淡经营，竭蹶以赴，以期达到抗战之目的。兹值本会第六届会议开幕之期，蒙朱长官不辞风尘劳苦，远道贲临，各同仁惠然肯来，一堂聚首，其对于蒙疆之重视，蒙政之关怀，实令人感荷万分。吾人自当意志集中，精诚团结，于此会期中检讨过去之缺点，详定将来施政之方针，如团队如何整训，教育如何普及，民生如何发展，实业如何振兴，与夫何利当兴，何弊当革，统望朱长官多加指示，各同仁不厌详求，共抒卓见，俾蒙旗政治日进有功，抗战前途早获胜利。斯不特蒙地人民享受幸福，而关系国家复兴实至重且巨，此乃本会同仁所馨香祷祝以求之者也。

《边疆通信报》（周刊）

榆林边疆通信报社

1940 年 50 期

（丁荣　整理）

蒙政会六届大会决议的要案多项

并电蒋委员长致敬

作者不详

绥境蒙政会六届委员大会，业已圆满闭幕，已志本报。兹将该会决议各案刊之如下：

一、请饬令各旗调查人口、召庙、土地案。决议照原案通过。

二、为本年伊盟灾情奇重，食粮缺乏，拟呈请中央转饬振委会拨款设立平粜局数处以裕民食案。决议向指署建议。

三、为电请中央在伊盟速设医疗队，以重卫生案。决议呈请指署转请中央□拨蒙古卫生医院经费，俾便派遣医务人员携带药品来蒙设所医疗。

四、为嗣后各旗向中央有所请求事项应呈送本会核转以资划一案。决议通过。

以上四案为白音仓、阿凌阿提。

五、为拟请各旗政府拨给各旗小学校学田以资兴学案。决议修正通过（白音仓、贺耆寿提）。

第六、七两提案缓议。第八案与第一案合并办理。第九案与第五案合并办理。

十、为严禁鸦片戒绝吸食应请中央准在伊盟速设戒烟院一所，以便实施而重禁政案。决议应与第三案并议，请增加蒙古卫生医院经费，筹设办理（色登多尔济提）。

十一、普及教育应由中央暨地方筹措案。决议与有关教育提案归并办理。

十二、呈请中央拨给各旗保安队给养、弹药，以资警备地方、相机出击敌伪案。决议照原案通过，由常委办理。

十三、应从速设立粮台，并规定驻军购粮办法。决议电请指署转请第八战区副长官部，速拟各旗驻军食粮供应办法。

第十四案，缓议。

以上四案，为奇文英所提。

第十五案（密）。

电委员长致敬的全文

又：该会全体一致议决，致电蒋委员长致敬，兹录其电文如下：

重庆军事委员会委员长蒋钧鉴：我国对日抗战，已逾三年。赖钧座威德远播，指挥若定，我将士精忠报国，效命疆场，得以内隆国运，外摧强敌，丰功伟略，寰宇同钦。现各战区捷报频传，胜利在即。吾人惟有在钧座领导下，一德一心，加坚工作，以期早竟抗建之全功。兹值本会第六届委员大会之期，谨电致敬，伏祈钧察。绥远省境内蒙古各盟旗地方自治政务委员会委员长沙克都尔扎布率全体委员叩。虞（七日）。印。

《边疆通信报》（周刊）

榆林边疆通信报社

1940 年 51 期

（丁荣　整理）

蒙旗宣传工作

作者不详

总裁曾于二期抗战开始的时候说："宣传重于作战。"总裁这样的看重宣传，我们很可以明白宣传在抗战中所起的作用了。兵法所云"攻心"，便是宣传战，便是运用宣传的方法，打击敌人的精神，使之屈服。以是我们当如何的注重蒙旗宣传，在目前更是一个刻不容缓的工作。

蒙古同胞教育落后，文盲众多。他们生息于草原天野里，对于外界很少联系。不但是对于世界大势、国家大事莫名其妙，就是地方情形也是不甚了了。一般牧民固多如此，即台吉阶级，因书物的缺乏，他们虽然识字，但所得到的外界知识，也是微乎其微。这情形在蒙胞说来，是落后不振，在中华民族上说来更是一个严重问题。在此抗战时期，我们不能再任之蒙昧无知。这影响抗战，亦关乎蒙胞前途。

抗战以来，我们对于蒙旗宣传工作，亦曾注意。绥蒙指导长官公署首先组织抗日艺术宣传队，深入蒙旗作各种宣传，颇收效果。再次是军委会电影放映队之到蒙旗放映电影，给予蒙胞一个深刻的抗战认识。然而这些宣传工作皆未能继续。我们以为各蒙务机关当认清宣传在蒙旗的重要，作进一步更大的表现。应当：一、有计划的翻译各种有关抗战的书籍，散布于各蒙胞。二、出刊蒙文画报，作图画宣传。三、组织剧团，到蒙旗作演剧宣传。这样的有组织、有计划的作去，一定能收到满意的结果。蒙旗工作，第一要在宣传上有办法。

敌寇、汉奸为了分化我民族团结、民族感情，确曾在宣传上作过"攻心"工作。我们现在当加紧宣传工作，反击敌伪，教育蒙胞，发扬我英勇抗战的精神，建设必胜的心理。所以蒙旗宣传工作在目前是绝对的需要，希望各蒙务机关对于这一工作看重些。

《边疆通信报》（周刊）

榆林边疆通信报社

1940 年 52 期

（朱宪　整理）

防空节在扎旗热烈举行，
绥蒙旗党部发动蒙旗征募寒衣

条 撰

　　扎萨克旗通信：绥蒙旗党部于上月二十一日上午十时，在扎旗三合泉背后龙王庙前，召集党、政、军、学及商号、保甲等，举行防空纪念大会，并发动征募寒衣运动。参加者有绥蒙会、伊盟保安长官公署、扎旗保安司令部、民众报社、东胜电台、扎旗党部、扎旗政府、伊盟政府、扎旗小学、扎旗保安队、蒙藏会及指署工作人员、各商号、各保甲等约百余人。由党部绳特派员景信主席，领导如仪行礼后，即席报告开会意义，次由东胜电台李主任均讲"征募寒衣主旨"，由白委员音仓以蒙语讲演"寒衣运动凡我后方同胞应如何努力输将"。会场空气严肃，听众情绪热烈，当场捐助者极踊跃。至十二时许高呼口号散会。大会并一致通过致电我英勇空军将士致敬。

　　特电空军将士致敬　兹录原电文如次：重庆中央组织部：祈转前方空军将士勋鉴：倭寇肆虐，狂炸无辜，赖我英勇空军屡建奇勋，驱除凶顽，固国防如铁壁，树胜利之基础，凡我同胞莫不景钦。际兹防空节日，本大会一致通过，向我空军将士致敬，借申慰忱，诸维鉴察。伊盟扎萨克旗各界民众防空节纪念大会。马。

《边疆通信报》（周刊）

榆林边疆通信报社

1940 年 53 期

（李红权　整理）

东蒙近状：王公世袭制度没了

设副扎萨克由小鬼担任　马牛羊骆驼狗无不上税

兴　撰

（本报特讯）重庆某机关去年派委员郭长生，经过榆林，前往东北四省秘密视察。郭同志视察完毕，日前返榆，回渝覆命。据其对本报记者谈："我是去年一月从榆林走的，今年三月又平安回来。朋友们都担心我这一年里的生命安全，好像小鬼会把我吃了似的。其实小鬼已经没有统治东北的能力，我各部工作人员及廿余万义勇军，纵横东北如入无人之境。我可以说，到小鬼内部去工作，比在前线或我后方还保险，还太平，可以为所欲为。到东北，到处是假汉奸，是真中国人，是同志，是朋友。一片相爱相助，替生换死的精神，令人感动得流泪。东北千真万确不是小鬼的，而是中国的。谈到东北的蒙旗，七百年来的蒙古王公世袭制度，已被小鬼给取消了。扎萨克改名旗长，等于县长，但是荐任官了，不是祖孙父子世袭的了。扎萨克还是蒙古人，但设一副扎萨克，完全是小鬼充当，大权在握，扎萨克署名盖章，什么事也管不起了。马、牛、羊、骆驼、狗无不上税。好一点的马，都被小鬼征发走了，一文钱也不给。伪兴安省的省长，原来由蒙古盟长阶级担任，现在也都换上小鬼了。"

《边疆通信报》（周刊）

榆林边疆通信报社

1940 年 66 期

（李红权　整理）

改善蒙旗地方行政组织

白音仓　撰

四月二十日中国边疆学会召开蒙旗来榆人士联欢大会，我也辱蒙邀请参加。席间曾对诸先进提出一点意见，就是改进现有的盟旗行政组织，使之合理化、现代化，以适应抗战建国、建设新蒙古的需要。当时意有未尽，兹再加以补充申述，希关心蒙旗人士指教。

无论是蒙旗先进、蒙古牧民以及在蒙旗工作的人士，近来似乎都有一个共同的感觉，那就是蒙政机构的庞杂不统一。这个庞杂不统一的现象，确乎表现出蒙旗的落伍性。蒙旗还应当落伍下去吗？这回答无疑的是否定的。生在廿世纪五〔四〕十年代中的今日，又逢着我们国家民族的神圣抗战，蒙旗同胞的确应当挺起胸膛，轰轰烈烈作点事业，为国家、为民族都是十分应该的。蒙古的幅员是占有全国三分之一，可是现在怎样了？外蒙隔绝了，东蒙早在九一八时被日寇侵占了，西蒙又于七七事变后沦陷多半，内蒙六盟现仅存伊克昭盟。我们想一想沦陷区的蒙古同胞，惨遭敌人的蹂躏，处于水深火热之中，能不痛心吗？在这个痛定思痛的当中，我们为了争取抗战必胜、建国必成，蒙古同胞是应当加强努力。而努力之道，除了执戈卫国之外，更宜发挥出蒙古同胞原有的潜势力，向新的途径迈进。于是政治组织的现代化便成了新蒙古建设要求之一。

以上就着抗战建国的需要说的，就是退一步只就蒙旗本身上说来，现有的落伍行政组织，也是阻碍进步的东西。

先就蒙旗的地方行政组织说。蒙古的地方组织是分盟、旗两级，就形式说来，盟等于省，旗等于县，旗下则分有佐领，佐领等于县之区、乡、镇。这种行政组织，是满清绥服了蒙古以后设立的。当设立之初，是仿照满洲旗制，是注重于军事的统制。盟长和旗扎萨克都是军事首领。在当时，蒙古地方人少事简，这种制度是适合满清的统治，也与蒙胞的简易生活相适应。可是这种盟旗制度到现在却不适宜了。现在的蒙旗情形与清代初年大不相同，民国成立，时势一变，抗战开始，时势又一变，一变再变，蒙旗是随着时代前进的，那么落伍的、封建的政治制度便是桎梏，便是障碍。

现在我们看一看盟旗组织。

盟有盟政府，置盟长一人，副盟长一人，盟务帮办一人。可是仅有这么三个首脑人，在盟政府里再无其他的办事人员。就是这三个首脑人也不是在一块，盟长是甲旗的扎萨克，副盟长是乙旗的扎萨克，盟务帮办又是丙旗的扎萨克。事实上盟政府是个空洞的东西。旗有旗政府，旗政府的主官当然是旗扎萨克。其下则有东西协理二人，管旗章京一人，东西梅林二人，称为仕官。另外有笔帖式数人，这便是旗政府的组织，仅有如许的人员。而这些仕官们并不是经常在旗政府办公，他们每月轮流来一人值班而已。这样的简单组织，在过去尚可应付裕如，可是现在旗内的事务繁杂了，尤其是抗战以来许多新发生的事情，都感到无法处理，原因是组织不健全，不合理，当然要发生困难，以致障碍了蒙旗，一切政令、建设都不能推进。

关于盟旗组织法，中央早已颁布，但迄今无一实行者。在那组织法上规定的盟政府、旗政府的组织，颇为详细。我的意思，现在的盟旗行政组织当□酌颁布的组织法，按照地方的实际情形，略为增减，盟政府当设下列各处：一、总务处，二、政务处，三、保安处，四、建设处，五、教育处。处之下再分科或分组办公。每处设处长一人，各组、科长若干。原有的盟长、副盟长、盟务帮办等，则在上指挥监督，这样才是一个现代化的行政组织，盟政府的名与实才相符合，也就能负起蒙旗的政务推行了。

旗政府也应当仿照县政府的组织，分科办事，有条不紊，将原有的仕官轮班取消，则旗政推行，自可灵活。

至于新的盟旗组织所需用的人员，尽先由各旗选派干练人员充任，同时也不妨欢迎内地热心人士来帮忙。这新制度的采行当然是需要经费的，可先请求中央补助，俟各旗财政整理，新制度实行以后，旗内财政自应统一收支，不难渐上轨道。有了端倪，便可自己有办法的。同时关于旗保安队，也归入政府统辖，不宜再立机关，因保安队属于行政事项，自不宜居于旗政府之外。有了灵活的行政组织，则政务推行便顺利了，这才配得上是建设蒙旗的机关。

以上是我对于地方行政组织的意见。至于其他蒙旗指导监督机关以及诸多蒙旗工作机关，似应统一化，免得分歧庞杂，结果是做不出什么工作。古人说"一国三公"、"政出多门"，正是现在蒙旗机关的写照。为什么使蒙胞感到办蒙事的机关虽多，但究竟听哪一个的对，一件事往往有好几道命令，而因发布命令的机关不同，指示的办法又多相异，简单的蒙胞脑筋，确实感到莫名其妙，更谈不到政令的推行了。所以政府今天增一机关，明天设一机关，固然是为蒙胞着想的，可是结果是什么？许多的国币消费了，工作人员是不少，而蒙胞所得的正成为反比例，徒徒增添麻烦。假如政府把这些用到增设机关的财力、人力，用到健全盟旗政府的组织上，集中起来，强化起来，我想所收的效果，一定是不可以道里计！这就在政府为蒙胞打算了。这也不用多谈。

　　总之，盟旗的行政组织已迫切的要求现代化、合理化，抗战中如此，建国时更需要。我们不是高喊蒙汉同胞精诚团结抗战建国吗？那么我们也应当切切实实为蒙胞做点事。蒙胞是中华民国国民，蒙地是中华民国国土，蒙胞自应尽其国民天职，但同时蒙胞也需要精诚的帮助。这要求是正当的。蒙旗建设，固有种种道路，但一切建设需要个执行者，而执行者舍由蒙旗自身力量去找，另开途径，是多余的。

　　笔者虽为蒙人，但对蒙政愧无建树，偶有所感，便不揣谫陋，写出来供海内贤达的参考，尤望多予指教是幸。

《边疆通信报》（周刊）

榆林边疆通信报社

1940 年 73—75 期

（李红权　整理）

绥蒙的过去与现在

朱英　撰

一　傀儡戏的粉墨登场

张家口失陷以后，于逆品仙首先组织了一个傀儡式的"察南自治政府"（设于张垣）。大同沦陷后，夏逆恭又组织了伪晋北自治政府，这是在绥蒙唱演傀儡剧最早的两幕戏。同年，敌人又把德王拉到绥远，在报上登载所谓第二次伪蒙古大会，敌人以利诱威胁的手段，把绥蒙所有各旗王公召开〔来〕参加"蒙古联盟自治政府"的第一次扩大会议，并推云王、德王两人为该政府的主要人物——正副主席。从此，无耻的德王也就甘心为虎作伥，成了敌人的惟一顺服的走狗。

二　英雄仍是英雄

虽然，敌人曾经用了威胁的手段，把绥蒙各旗王公都一时的拘禁在一个牢笼——"蒙古联盟自治政府"——之内，他们虽也在敌人诱惑和残酷虐打之下，压迫每一个人归顺投降，但毕竟"以力服人者非心服也"，许多的王公都能熬受敌人的苦刑，始终不为敌人所驱使，一直到现在，他们仍坚持自己决不出卖国家、出卖民族的意志。

伊克昭盟杭锦旗的扎萨克阿王，当敌人初把他拉到绥远时候，即以甜言蜜语来百般引诱他，使他在伪蒙古联盟自治政府做官（敌人拉拢他，是因为阿王在伊克昭盟还有相当的势力），结果扎萨克阿王，竟能严词拒绝敌人一切要求。现在"蒙古联盟自治政府"内，仍有许多不愿作奴隶的王公，给我们传达秘密消息，敌人对他们实在没有办法。

三　绥蒙伪军一般

绥蒙伪军，统计起来，虽然名目上号称有十师之众，实际上，只不过两万余人。这两万人的伪军，内部极不一致。从一师到五师的统率者为德王，其中蒙人最多，汉人仅占十分之一的数目，在这一万多人的心里比较与敌人要接近一些。从五师到第十师的统率者为李逆守信，在这一万多人中，汉人占极多数，蒙人几乎没有，他们大部分的心里，似乎总是与敌人发生极厚的隔膜，一来敌人对于他们也不大信用，二来这部分人的行动，在表现上常与敌人发生矛盾，在某种情形与条件之下，这部分人是带有反正的可能性的。除了这十师以外，有一部"西北防共自治军"，约两千多人，但自从去年该"防共自治军"任、高两师长，因不堪敌人的压迫而反正之后，虽然名目尚存在，实际上，差不多已经整个的解了体了，再不会起什么作用了。

四　绥蒙敌人的把戏

经常驻在绥蒙的敌人总数，尚不到五千的数目，归绥经常驻敌千人以外，其余都由最少数敌人的统率的伪军把守。包头市平常还只三四百人的左右，敌人为了掩蔽自己的虚实，遮盖我民众的眼睛，敌人的队伍，时常流动，三天由包头调归绥，五天又由归绥开包头，故意弄造得尘埃扬天，情绪紧张，使我莫测究竟有多少队伍调来调去。同时，敌人最滑稽的，是在包头城，每隔两天，便把队伍故意由深夜起来，从西门出东门，又从东门钻西门，有时候，就将那几百个人，分成四队，同时向包市四城门，大吹洋号一齐开进，迷惑和惊慌当地人民。敌人做木头人，分散在各城墙上站岗，用白面制成大炮，紧密的布置在各城墙上向外示威。敌人的穷慌末路，由此可想而知了。

五　敌人重于政治的进攻

敌人此次大举进犯绥西，除了一面运用军事以外，特别就注重于政治上的进攻，一方面竭力挑拨我内部的团结，一方面却在实行收买大批汉奸，从中作种种政治阴谋的活动。另一方面则尽量压迫我民众的日常主〔生〕活，垄断食粮，使我民众饥无所食。他们再施以政治的阴谋手段，在敌人每进攻一个地方，除了民间所有的物质器具尽量装运以外，其余的房产就是纵火一扫而空。在这种凄惨情形之下，敌人最后却又换面孔，来作麻醉的宣传，以消灭我民众的民族意识，他们以假慈悲的手段，向民众实施小恩小惠，以讨我民众的欢心，这种事实，是到处都可看到的了！

最近敌人又特别把王英从天津抬到绥远，窥其主要的企图，也不过是想利用王英，壮大绥蒙伪军的声势，以便"收拾绥远残局"罢了。

六 绥蒙战局展望

绥蒙的战局，从现存的种种客观情形来说，我们仍占在很优越的条件，而敌人则完全反是。因为：

第一，敌人内部的矛盾，意见纷歧，而我们则愈战愈坚强，愈打愈团结。过去我们所犯的弱点和缺陷，已在不断的战斗中，在进步着，在改善着了。

第二，敌人的兵力薄弱，不够分配这延长的战线，而我们兵力的庞大，却愈延长战线，愈能够发挥我们的力量，愈于我们有利。

第三，绥蒙伪军的反正，是〔使〕敌人在绥蒙设防上失去了最大的依托，使敌人为了巩固在绥蒙已占领的区域，不得不增派他们的部队，这样就更使敌人感到自己兵力的空虚而更惊恐。

同时，我们知道不可讳言的，我们在绥蒙的政治工作，不论就民众组织上说，就争取伪军反正上来说，样样都做得不够，因此，在今日，敌人还以政治阴谋向我无孔不入的进攻着，我们应该如何在此五台大捷之后，计划在绥蒙开展我们的政治工作，粉碎敌人的一切荒谬阴谋企图，却实是今后再也不能忽略的一个主要中心任务。

《国讯》（旬刊）

上海国讯书店

1940 年 233 期

（朱宪 整理）

蒙疆一年来之回顾[①]

浮萍 撰

友邦日本，旗指中国，扫荡群丑，驱逐军阀，时不过二年，我蒙疆乃入于别一天地，我人民始一睹光明，军阀绝迹，匪贼灭亡，使我民众各安其业，各事其事，无军阀强暴之痛苦，无匪贼扰乱之不安，昔日荒芜之边陲，今一变为繁荣之乐土。更回顾近一年来，"皇军"仍日夜为解除我人民痛苦而东征西讨，以期我全蒙疆，无一贼一匪，且更奠定我蒙疆安如磐石，不幸，故此〔北〕白川〈宫〉永久王［宫］殿下，竟以金枝玉叶之身，为建设兴亚之大业，拯救蒙疆之大务，而于今秋御阵殁，我蒙疆人民感激御慈悲、御荣耀之阵殁，不胜涕零哀悼，而我蒙疆亦实为兴亚之圣地也。更回顾去冬，大罪滔天我蒙疆人民之敌之傅作义，依然盘踞西北之五原，时思蠢动，我仁义勇敢之"皇军"，竟破塞外之严寒，举师北上，一鼓而陷落五原，此种天神泣、鬼神惊、惊天动地之伟业，使我人民，衷心感谢，而蒙疆亦由斯而完全抵定，傅作义自此一蹶不振，溃灭殆尽，仅逃窜于尽西之沙漠，作苟延之残喘，而诸般匪类，更畏我"皇军"之勇武爱民，不敢一动骚扰之思。及之今春，包头厚和之秘密结社，经我"皇军"巧妙之侦

---

① 作者是站在日伪立场上行文的，为保持资料原貌，照录原文，请读者明鉴。——整理者注

查探索，竟以极短之时间，将此不逞分子，害民之蟊贼一网打尽，蒋介石谋害我蒙疆人民最后之爪牙，乃从此消灭，蒙疆由过去之黑暗，自事变以来，渐入光明，我人民由过去横征暴敛，自事变以来，始见苏生。回顾此近一年，实为全蒙明朗造成之一年，实为我人民安居乐业完成之一年。维自新政权树立以来，承友邦之热诚支援，复经全体官民之努力，诸般均趋于迈进之途，但政府当局为谋全蒙疆之明朗，并王道乐土之造成，逐具最大之决心，更进一步之企划，于去年九月一日，乃将以前之察南、晋北、蒙古联盟三"自治政府"合流，成立"蒙古联合自治政府"，借以集中全蒙之实力，坚强防共第一线之铁壁，并力图行政、治安、经济、产业、建设、文化等部门之进展，然为时虽短，仅及一年，在此一年中，所收获之功效，极其宏伟，诚有一日千里之势，兹将一年来诸般跃进之状况，逐一分述如次：

1. 以行政方面而言，蒙疆自三"自治政府"合流之后，首即选贤任能，刷新诸般行政，以期早日实现灿烂光辉之乐土，并亲仁善邻，促进亲善提携，而图共存共荣。同时，对于历来腐败之行政，一律予以彻底革除，凡有裨于国计民生者，积极推行，不遗余力，故全蒙疆行政之明朗，大有蒸蒸日上之势。

2. 以治安方面而言，而"伪共"残余之"匪军"，奔窜于蒙疆僻远之区，希图苟延残喘者，然经日蒙军之彻底扫除，业已全数歼灭，至于盘踞巴盟西北五原、临河之傅作义、马占山、门炳岳等，被"皇军"一再之讨伐，予以跟踪追击，不但伤亡殆尽，且将其巢穴荡平，收复故土，建赫赫之殊勋，现"匪军"已至退无后路，进则难归，胆战心寒，狼狈溃散，故我蒙疆之治安，日增于巩固，人民可以高枕而无忧矣。

3. 以经济方面而言，蒙疆管下各地，年来物资之开发，工商业之隆盛，农牧之增殖，矿产之采掘等，均有显著之进展，况输入输出之畅通，并征收税款之圆滑，所以经济力益增于富饶。

4. 以产业方面而言，"蒙古联合自治政府"，对于产业之开发与振兴，乃具最大之努力，一方聘请技术人材，予以指导，兼图改善，一方选择优良之畜种，贷付人民饲养，颁发花果蔬菜等种籽，责令农村试种，其他如黄河水产之管理与改善，并树木之种植等，积极施行，均收良好之成绩。

5. 以建设方面而言，蒙疆诸般建设事业，自去岁以来，经政府当局之认真筹划，对管下各大都市之厅舍、学校、神社并工厂、仓库、娱乐场、试验场等，先后建筑完成，规模均属宏大，已呈壮丽伟观，他如包石铁路之建筑，京包铁路之整修，均收伟大之成绩，而青龙桥至南口间路线之改造，尤使人钦佩无限。至于各地公路之展长，马路之铺筑，亦经次第完竣，电灯、电话之装置，自来水之创立，皆已逐渐扩充，完成近代之设备，故蒙疆之建设，已呈飞跃猛进之途。

6. 以文化方面而言，政府当局，以教育为立国之本，故对于教育之振兴，肝宵筹划，视为当前最急之图，所以管下各地中小学校之设立，力求普遍与迅速之发展，但现在疆内各盟旗、各市县之中小学校，业已相继创立，已达相当之数字，且教学方面，亦日见完善，诚我蒙疆青年学子，皆能均〔得〕到求学之机会，从此，民智益见增高，文化更能向上矣。以上所述数端，略就一年来，举其荣荣〔荦荦〕者而言，而亦足证我蒙疆政治之明朗，及事业之猛进，况政府励精图治，有加无已，更承友邦军政当局之热诚支援与提携，遂将暮气重重之蒙疆，而变为新兴蓬勃之气象，其前途光大，更未可限量也。

《大亚细亚》（月刊）

厚和巴盟兴亚协进会

1940 年 1 卷 2 期

（朱宪　整理）

西北的屏障伊克昭盟蒙古

王虞辅　撰

一　对于伊克昭盟蒙古的新估价

甲、蒙古之今昔

蒙古地方原为一般所指之苏俄属西伯利亚以南，黑龙江内兴安岭及吉林、辽宁之柳条边以西，再循长城遗址经河北、山西、陕西、宁夏、甘肃一线以北，西至新疆天山山麓以及青海巴颜喀喇山东北部，黑龙江依安县之一部而言；中有大沙漠横亘其间，界全部蒙古为若干部分：漠北为外蒙古，漠东北为呼伦贝尔蒙古，漠东南及南为内蒙古，河套蒙古亦属之，漠西南为宁夏蒙古及青海蒙古，漠西为新疆蒙古；全蒙共计十四盟、六部、二百三十六普通旗群、四特别旗、一牧场。

根据民国九年北京政府新颁布之外蒙镇抚使署组织条例所载，外蒙古应包括喀尔喀所属之土什业图汗、车臣汗、三音诺颜及扎萨克图汗四盟，科布多所属之三音济亚图左翼、右翼两盟以及唐努乌梁海全部。有清以来，各盟部相继输诚，均入版图，只以地界中俄，自康熙二十八年（一六八九）之《尼布楚条约》与雍正五年（一七二七）之《恰克图条约》订结之后，帝俄势力逐渐伸张，以至清末，乘中国鼎革之际，驱军入蒙，唆使蒙民割断对中国之关系，喀尔喀四盟王公密议之后，尊哲布尊丹巴呼图克图为蒙古国皇帝，于十二月即位，称蒙古帝国，以共戴为年号，以库伦为首都；此后复胁呼伦贝尔、乌里雅苏台先后独立，并屡阻我进兵，盖帝俄野心固不限于库伦一隅也。民国二年、四年虽屡经会议签约争得宗主权，然外蒙实际权利则已丧失无余矣。民国六年（一九一七）帝俄发生革命，外蒙第一次独立无形取消，民国十年（一九二一）苏俄赤党援助外蒙青年驱逐白俄势力，另组蒙古国民政府，首得苏俄之承认，自是以后，苏俄表面虽亦承认外蒙为完全中华民国之一部，并有尊重该领土内中国主权之规定，中国国民会议复有通告国内外特许外蒙古自治以期早日完成统一之决议，然实际上中蒙旧日关系其未为割断仍相联属者几希矣！

至于大漠东南之呼伦贝尔蒙古，内蒙古之东部及日人所谓之东蒙，日本早已认为为其努力之目标，民元桂太郎□圣彼得堡与帝俄政府订立日俄第二次密约，已划长春以南及开原之北之蒙古旧地区为其势力范围，泊乎民国四年一月十八日，无理之二十一条件提出，因南满洲及东部内蒙古之境界未有明显之划清，以致日本将掠得南满权利滥用于东部内蒙，并将夺得东部内蒙之权利复及于南部、中部内蒙，盖因当时外交之预颟，实际位于辽宁、吉林之东蒙哲里木盟任日人默认为南满，实际之中南部内蒙如热河之昭乌达盟、卓索图盟在日人默认为东蒙，直使敌氛益张，经东部内蒙直入于中部、南部内蒙而令其指为贯彻其大陆政策之主要地区矣。

自此以后，日人积极经营之，直至九一八事件之发生，非但呼伦贝尔、哲里木、昭乌达及卓索图各盟已随东北四省而俱去，即整个察哈尔、绥远之各盟旗亦已成为日寇直接进攻之目标，囊括各部之后施行进一步之侵略，诸如分裂蒙古原来旗制，建立省份，测量调查地质，盗采矿产，开放烟禁，提倡愚民教育以及从日本内地、朝鲜移民垦殖之设施，无一非麻醉我蒙古民众，掠夺我蒙古经济，消灭我蒙古民族之手段；其间虽不无眼光远大之蒙古王公、青年或虚与委蛇，或屡起抵抗，然终以势力悬殊未能使沦陷蒙区脱离暴日爪牙规复原状。此后日人对于西蒙之进逼愈趋愈烈，对于王公、青年之威胁利诱，对于蒙胞之实施小惠，拢络人心之行为，亦无不与日俱增；其特务人员之足迹直跨锡林果勒、察哈尔以及乌兰察布、伊克昭诸盟部，亦且深入于宁、青、新疆各地，电台、机场及特务机关之发现于各该地者已不鲜见，七七事变后，察、绥蒙古之轻易被其裹之而去，其事先之准备，实亦奠基于此。

七七事变之后，由于张家口之撤守，察哈尔各盟部遂〔随〕之而去，绥远之转移，绥东五旗、乌兰察布、土默特各盟旗之大部因之而失，推其脱离之易，虽由于敌军侵略之不遗余力，而其内在之原因，如放垦问题之未能妥善解决，边境蒙汉官民之不相融洽，王公、青年之力求改革而演成要求自治问题之未能餍其欲望，在在均足长□其外向心理。

全蒙共计十四盟、六部、二百三十六普通旗群、四特别旗、一牧场，遭帝国主义者二十余年之侵凌，其号称独立实已并入苏联势力范围内者计有外蒙四盟部一百一十旗；沦入日本军事范围内者计呼伦贝尔部八旗，哲、卓、昭、锡四盟四十旗，察哈尔部十二旗群，乌兰察布盟四旗，土默特、依克明安二特别旗及达里冈厓牧场，共计六个半盟部、六十四普通旗群、二特别旗、一牧场；现尚保存者仅有新疆三部二十三旗，青海两盟二十九旗，宁夏二特别旗，乌兰察布盟两旗及伊克昭盟七旗而已，而危如累卵直接遭受暴敌进攻，立于国防最前线，具有规复绥远、保障西北之重要性者，则为本文所举之绥西蒙古——伊克昭盟七旗。

乙、伊克昭盟蒙古之地理、交通及在国防上之重要性

伊克昭盟即鄂尔多斯部，居于河套之内；本部据言系由黄河冲积而成，西、北及东北三面界河，东南及南面临长城；大沙漠盘于中部，而产盐著名之察汗诺尔，产碱著名之碱湖即在其中；地势虽以东部为低，而东胜县东南部高出海面犹达三千二百余尺，西北部即五原县之西南高度三千九百余尺，西南部鄂托克旗以南三千八百余尺，北部包头县以南三千七百余尺。内计一部凡七旗，一部曰鄂尔多斯部，部分左右两翼，每翼复分前、后、中三旗，另外右翼尚有一前末旗，合共七旗；惟七旗之俗称每多代以他名，兹将盟旗名称、俗称及相当于绥远县属并列于下：

伊盟蒙古盟旗名称及所在地位表

盟部名称	旗份名称	旗份俗称	所在县属
伊克昭盟即鄂尔多斯部	鄂尔多斯左翼前旗	准噶尔旗	托克托县
	鄂尔多斯左翼中旗	群〔郡〕王旗	东胜县
	鄂尔多斯左翼后旗	达拉特旗	包头县
	鄂尔多斯右翼后旗	杭锦旗	沃野县
	鄂尔多斯右翼中旗	鄂托克旗	沃野县
	鄂尔多斯右翼前旗	乌审旗	
	鄂尔多斯右翼前末旗	扎萨克旗	东胜县

达拉特旗位于全部之北，过河即达包头县城；由达拉特旗南行经东胜县至郡王旗，□厝成吉思汗灵□之伊金霍洛即在该旗；再南行至扎萨克旗；乌审旗在其西，逾长城直接陕西榆林；准噶尔旗在达拉特旗之东，渡河□□托□托县城；由该旗南行□通山西河曲之大道；杭锦旗在达拉特旗之西；西南接鄂托克旗，位于黄河东岸之沃野县城，即在该旗；由沃野渡河即达宁夏。

主要交通首赖河运，黄河上游水势湍急，不利舟楫，经宁夏之

中卫历平罗而至石嘴子，水始平缓适于航行。石嘴子位于鄂托克旗之对岸，为黄河航运之主要码头，青海、甘肃、宁夏以及伊克昭盟之主要出产，胥集于此北运，道经磴口、临河、五原以至包头之南海子，或装火车东向平、津海运出口，或仍循河道经萨拉齐县以至托克托县之河口镇，河口镇亦系河运重要枢纽，逾河即至准噶尔旗，可以载重五万斤之大木船南进山西之河曲、保德以至碛口。黄河水势不同，而适应□航运工具亦随之而异，通常行河之船只，除帆船、木筏之外，尚有牛皮筏、羊皮筏，为他处所罕见者，由宁夏经五原、包头以抵萨拉齐一段，可行机器船，民国元年包头曾有飞龙公司之设立，试行汽船，专走宁夏，民国七、八年间甘肃官绅亦曾试办，惟均先后因故停止。帆船在包头、宁夏之间，上水需时二十一二日，下水七八日，由石嘴子启舵则六日可抵包头；包头至河口，上水七日，下水一日；到碛口下水只二三日可达。黄河每年清明前后开冻，小雪封河，自国历四月半至十一月半均可航行，除此之外，则坚冰封冻河上，每见车驼成队跨履而过。

陆地交通之主要大道有以下各路：

（一）北由包头渡河，直穿本部东部，南达陕西榆林。其间经过之主要地点：首先渡河即为达拉特旗，由该旗南行，经前后沙坝而达东胜县城，再南至郡王旗伊金霍洛，扎萨克旗伊克博东、楚尔哈齐各地，逾长城即至陕西榆林县城；由包头至东胜县城约二百里，由东胜县城至榆林县城约四百五十里，全路约长六百五十里左右。

（二）由托克托县之河口镇渡河南至山西之河曲，中经本部之准噶尔旗，全长三百八十里，是路闻近已可通行汽车，由陕西至绥远者，概多由榆林至河曲转从是路。

（三）由东胜县城东南行，经准噶尔召、沙梁镇等地，至山西府谷县城，长约三百六十里。

（四）由包头至宁夏之磴口县城，中经昭君坟、三道水、张家格坝、四眼井、巴音乌苏、锡拉毛龙等地，全长约六百九十里；此道皆有水草，冬令由包头至宁夏者，多取道于此。

（五）由包头渡河经大树湾、昭君坟、柴磴、白石头沟、板加乌苏、杭锦旗、碱水壕子、枣树、碱湖、石板井、鄂托克旗王府、乌兰树、白土井、官灵渡渡河至宁夏。

其余如达拉特旗至萨拉齐县城、五原县城；准噶尔旗至萨拉齐县城、托克托县城；扎萨克旗至陕西神木县城；杭锦旗至临河县城；鄂托克旗、乌审旗至陕西之榆林、定边、靖边各县，其间或可通大车，或可行驼马，或则平坦易履，或则沙丘起伏，要皆有路可循。

从本部准噶尔旗逾河至托克托县之河口镇，河口为船行货物起卸重要码头，可以控制河运，托城（即托克托县城）东北向一百六十里，即达绥远省会之绥远城，其间道路平坦，通行汽车五小时可达，托城收复足以□警绥远，而本部之准噶尔旗实为收复托城之根据地。本部东北部临河之处有东大社，对岸紧贴绥包铁路磴口车站（非宁夏之磴口），可作截断萨包段铁路及牵制包头敌军之据点；再西即敌我屡争之大树湾，亦系黄河之重要渡口，为包头之屏障，伊克昭盟之门户，又可为敌军畅销货物、吸收原料之重要转运地点，并具有军事、经济之重要性；再西四十余里之昭君坟（非绥远城南之昭君坟）附近高地，足以控制达、杭二旗，且有大道横贯伊盟而至宁夏，敌军得之适足以资为南犯、西侵之根据，且每年由甘、宁、青之驼运货物，亦多以此为转驿，故亦颇有军事、经济之价值。总之，伊克昭盟为我西北之屏障，而准噶尔、东大社、大树湾及昭君坟之一线，又为保护伊盟之藩篱，规复包头、绥远之司令地，其在今日国防上之重要不言自明。

二　我们的新设计：如何保卫国防前线上的伊盟蒙古

甲、过去对遇蒙古政策之不适于今日

满清开国之初，即先从事于征服蒙古以纾其后顾之忧，对于较远部分则遣使结交，甚或以馈赠、婚媾支持其友好关系，亘至清末，其对遇蒙古之策略，全在此征服、怀柔及文化压迫一贯手段之下；如屡次征讨准噶尔，于蒙古各地设置都统、将军之类以资镇摄，划分牧地设置旗域，任命扎萨克、盟长以及建筑壮丽之召庙奖励喇嘛教等等之设施，均不出其范围；至其目的亦不过压制其作乱反抗，使其永远臣服，稳固藩属关系而已。以此种方法维持此种目的，在有清一代似已有相当成效，惟当时环境之易与，关系之简单，则非今日所可比拟。民国初年，蒙古对于各方面之关系，已较以前复杂，而当时内乱频仍，军阀割据，政府无暇致力于此，乃致以后局面愈形混乱。

时至今日，本党秉政，其对于蒙古同胞之殷望，绝非满清及民国初年政府所抱持者所可同日而语，《建国大纲》有"对于国内弱小民族，政府当扶植之，使之能自决自治"之规定，是中央对于蒙古既视之以平等，并扶助其自治；惟今日蒙古所处地位之重要，遭遇之困难，亦有非昔日所能想像者，虎狼环伺，魔手深入，关系综错，处置稍有不慎，则非但主权丧失，而蒙古同胞尤有灭亡之危险，故在今日欲谋符合本党主张应付当前环境之政策，非另有应时应势之新计划不为功。

出之以征伐，临之以兵刃，或可震摄于一时，然"兵凶战危"，自古皆然，非万不得已绝不轻于言战，又况军旅行动，影响殊多，而以武力相向更反于扶植自治自决之原意，设如因此有所伤亡损失，岂非更伤民族之感情，挑启民族之仇恨，而与帝国主义者以机缘耶？即或胁于威力，俯首于一时，亦决非根本之心诚悦服，一遇武力之不逮，辄即趁时反抗，甚或投降于较强较近之别种武力之下；但如有领袖所示"……但不能让侵〈略〉中国的帝国主义者用种种威迫利诱的手段来欺骗他们，更不是表面上标榜自治自决而实际上向侵略我们的帝国主义者投降，凭借外来的势力，来脱离自己的中华民国……"之情形发生，为国家主权、民族前途计，则自不惜以挞伐形式以济其他办法之穷。

怀柔政策亦为专制君主驾驭藩属之手段，与平等原则既相违背，其收买形式之结果，亦不过维持其暂时，至其待遇减低或断绝，则其效果自亦相与减少或竟无，甚至养成骗名义、骗金钱之恶心理；并易为出价较高之势力洩〔曳〕之而去。日本特务人员前在内蒙对于王公之进攻，自其牢拢、馈赠方面言之，凡能投各王公之所好者，必有以致之，著名女间谍川岛芳子甚且不惜下嫁为蒙古王妃，其余如以手枪、汽车、无线电、机器之类取其欢心者，等等，尤为常见；而我方焉能望其项背，成绩之鲜不足怪也。出之以如此竞争收买方式，其结果能有益于国家及蒙胞者，自必甚微。

文化为民族生命继续与光大之所系，文化侵略为杀人不见血之手段：欲使一民族日趋灭亡，必先使其民族意识消失，欲使其民族意识消失，必先使民众智识闭塞，见闻孤陋，然后方可随意策驭，任意割宰而不知反抗；有清以来之文化封锁、愚民政策，如奖励喇嘛教等均为根据此种用意之设施。本党对于国内弱小民族，不但承认其存在，更且视为平等，扶植之使其自治自决，非但不应消失其民族意识，反应扶助而光大之，使其明了所处地位之重要、环境之困难，自知警惕，力图振奋，不致为帝国主义者所侵蚀，而为整个国家强固之一环，文化侵略之办法自乃为帝国主义者之手段，不能出之于今日之中央。

故欲保持国家主权之完整，挽救蒙胞之危亡，须遵守《建国大纲》之主张，更须三复领袖之训示；惟求此种政策之贯彻，自非仅以征服、羁縻及文化压迫诸手段所可收效，目今蒙古失去大部，伊克昭盟又立于火线之上，欲保持仅存部分，准备规复已失各地，且为保障西北之屏藩——对于伊克昭盟各旗，自非痛鉴过去之失败，另行寻觅妥善之途径不可。

乙、我们的建议

根据现时情状之要求，欲除祛目前绥西蒙古所受之威胁，挽救将来之危亡，除以军事力量给外寇以彻底之打击外，仍须以问题根本为着眼点而作新的设计，冀收亡羊补牢之效果。其设施之原则，第一使之接受三民主义，第二提高其民族意识。接受三民主义则可使之彻底了解本党对于蒙胞之真正态度，并得一改善蒙古政治、人民生活之正当途径；提高其民族意识乃在开发其智识，增广其见闻，使之明了现代之环境，悚于本族前途之危险以及撤〔彻〕底认清蒙古与内地利害相关之关系而痛悟帝国主义者之阴险尖刻。兹根据以上之原则，作如下之建议，以就正于留心西北问题、留心蒙事者之前。

子、勿伤其自尊心理

一民族之形成，自有其自然之条件，一民族之存在，亦自有其影响与作用，其他民族苟非侵略性成之帝国主义者，断无不互相尊重之理；吾党秉政之始，对国内各民族之态度，即已揭橥明白，非但承认其地位平等，抑且扶助其自治，尊重其自决，其用意无非使之日臻强固，抵御帝国主义者之侵蚀而保国家主权之完整。乃者蒙汉纠纷之诸问题尚未臻完美解决之境域，边境官民感情仍待调整之际，而国内人士又往往于民族问题之讲演、著述中每多提出有伤蒙胞自尊心理之词句，如"同化"、"消化"之类；此类刺戟性甚大词句之喧腾，非但无补于任何实际之企图，反而启蒙胞之误会，以致贻侵略者以口实，助长其"分化"之作用，似已乖于本党最初之原意。且"同化"等事，全系于自然力量，苟其文化、人口等虽经扶植、辅助仍属无法发扬光大或维持其存在，甚或仍蹈于帝国主义者之侵略圈套中而不自觉振奋，自会趋于被"同化"之自然结果，而亡其本族。方今正在力助蒙胞脱离帝国主义者之侵略，自应首先尊重其地位，慎勿伤其自尊心理，非但于凡足以易启蒙胞误会之事项应行谨慎从事，而尤应于帝国主义者之侵略事实中证明灭亡之危险已在目前。

丑、培植前进青年

青年为社会之中坚支柱，为改进社会之生力军，欲使蒙古前途有所进步，其责任应多属之于蒙古青年。蒙古青年进〔近〕数年来，留学国外或内地者与日俱增，此辈青年学成回蒙，颇具转移风气之力量，如能得一正确领导而入于正确途径，自属蒙古之福，如一旦落于野心家之手，任其操纵，则阻碍于蒙事前途者亦必甚厉，投于苏联之外蒙青年，诱于日本之东蒙青年，以及上次要求自治运动之内蒙青年，其作用如何？其结果如何？颇有足促人猛醒者。吾政府前亦不乏培植蒙古青年之机关，惟因主持者之未能十分注意，指导未必尽臻完善，以致其结果亦未能尽符吾人之期望，抑且反有资敌利用之现象。为蒙古计，为国家计，扩大争取蒙胞青年，作有计划之训练，灌输主义，授以实用技能，以为他日建设及恢复蒙古日臻兴盛之生力军，实为目前之急务。

寅、保障王公地位

蒙古王公在蒙古之地位由来已久，虽至今日仍有极大之领导力、号召力，野心家之欲攫取蒙古者，无不先以王公为进攻之对像，惟时代之演化与日俱进，革命之思潮自亦不可遏止其侵入，一般王公既感于向日封建尊荣之既失，复惕于将来地位之不易维持，每自惴惴不安，一遇机会，辄思有所举动，以冀增加其重要性，借以支持其优越地位，因而往往予侵略者以机会，观于一般自诩为自求解放而实际堕入帝国主义者之圈套，甘心附敌之王公，可以知之；吾人今欲求蒙事之改进，在目前非但应保障王公之地位，维持其领导力量，□□□□□更□□□□□□既可杜侵略者进攻之隙，一方又可因势利导，作为改进之捷径。

卯、扶植地方武力

在抵抗侵略之事业中，精神动员因〔固〕为胜利之重要条件，然配合适当之军事武力亦极重要；蒙〈胞〉因自然环境之赋予，体魄慓悍，骑术精良，曩曾驰骋欧亚所向无敌，此项优点如能保存至今，配以现代之战术及装备，何虑侵略者之强暴？只以满清尊重黄教、奖励喇嘛政策之成功，遂使曩昔英武之风渐灭殆尽，以致现在一遇外侮即感无以应付，今日东蒙诸盟旗为敌攫去，未始非镇慑于敌人之武力；兹为蒙古前途及巩固国防计，除提高其民族意识，并应设法恢复其原来尚武之精神，英武之风姿，而由中央派员加以新战术之指导与纪律之训练，或予以火器之接济，使之短期成为劲旅，以之抵御强寇，镇慑奸宄，朔边长城不若其坚，实蒙族之利，国家之福也。

以上所举，自不足为完全无遗之办法，其应用自以〔亦〕不只限于伊克昭盟一地，乃不过就目前所急者略述一二；惟尚有一处理本问题之基本态度，为任何途径所必遵，且为过去处理本问题者所忽略者，即"出之以诚"，如能以赤心相向，肝胆相酬，不事欺骗，不尚谲诈，而表示对于蒙古之期望，以改变其历来态度，袪除其怀疑，取得其同情，以之从事于为国家为蒙胞之大业，自必易收最真实最根本之效果。领袖训示"惟有诚乃能尽己之性，尽人之性，尽物之性，惟有诚乃为物之始终，乃能一往无前，贯撤〔彻〕到底；惟有诚乃能创造，能奋斗，能牺牲"，可见唯"出之以诚"始能底于成功。

三　结论

统观蒙古之形势，以历来政府之谋之不戢〔臧〕，偌大地区相继脱离中国本部，训至贻抗战建国大业推进期中以不易收拾之局面；此种趋势如不即早遏止，伊盟蒙古首当其冲，结果如何，不堪逆料；非但此也，宁夏之阿拉善、额济纳以及新疆、青海等地蒙古，亦非具有不可脱离中国版图之自然定理，伊克昭盟之未即沦陷，与其说是军事防御得法，勿宁认为地理环境使然，外为黄河抱卫，内部沙丘起伏，已予敌寇军事进攻若干顾虑。惟此种特点亦未能使蒙胞认为安全之绝对理由，盖其内在原因仍属甚多，诸如蒙奸之活跃，蒙匪之蠢动，在在均足助长敌焰之高涨，防御疏忽恶果即成；目前之计，扶植地方武力以资镇摄奸匪之活动，实为当务之急，保障与扩大开明王公之权威为继引之第二步，罗致前进青年，施以现代之训练，为争取将来之办法，提高其意识，尊重其地位则为治本之要着，无论方法如何，"诚"之途径必须遵循，"心诚悦服"乃能收获真实与根本之效果，详考旧案，颇足为鉴。

蒙古问题，似已早为国人所注意，惟至今日，因形势之变化，环境之复杂远非过去所可比，硕果仅存之西蒙已成为阻止敌焰蔓延之要冲，西北屏障之伊盟更立于火烧之地位，已有引起国人重新注意之充分力量，而对于伊盟问题，价值自亦应予新估计。惟问题之提起，能引起注意与重视，尚非根本之目的，研究问题之真正价值，乃在实际之应用，实际之努力，本文所叙，亦不过以

"愚者一得"提贡于关心本问题人士之前，聊备处理本问题者之参考而已。吾辈致力于国家民族复兴之诸同志，献身于西此〔北〕事业之诸同志，研究与努力于有关国家民族复兴、保障西北之内蒙问题，为吾辈之义务，亦吾辈之权利。

《思潮》（月刊）
西安新中国文化出版社
1940 年 1 卷 3 期
（李红权　整理）

外蒙古之法律地位

文秀瑞　撰

　　回忆清季边疆藩属对外交涉经过，及我国当时朝野人士所持之态度与言论，吾人诚不能不无所感触。盖台湾、琉球、朝鲜、安南、缅甸，均我屏藩要地，利害相关，形势相依，理至明显。然以当时人士国际法观念之欠缺，每于交涉中，恒放弃其所不可放弃，而力争其不必力争者，因而渐启强邻觊觎之心，坚其侵略之志，并以当时武备未修，国势陵弱，乃至藩篱不守，强邻排闼而入。台湾、朝鲜之失，满洲遂不得免，而今更且深入腹地，造成吾国历史上未有之大难，推其原，莫不由于边疆藩属之忽视所致也。前车殷鉴，吾人今后于攸关国家安危之边防要地，宜速建立与吾人之密切关系，而随时主张并运用吾人在法律上所有之权益，排斥一切足以妨害吾国法权行使及混淆国际听闻之事实与理论，实不可惴惴然过于审慎，而贻将来以无穷之祸害。

　　当半世纪前，因我国对边疆各地运用有效控制程度之相继衰落，且对于外国各种特殊让与势力范围及保护权等意义之含混，以致各该边疆之国际熙〔地〕位如何，其与我国现存之正确法律关系如何，遂众说纷纭，莫衷一是。此种现象，于努力为其政府在各该区域获取较大让与之外国团体，及为各该国在此等地区内实行帝国主义目的作理论辩护之公法家，诚大为俾便。此种法律地位不甚清晰之现象，在我国四周边疆地区上，均多少存在，而于远东事件渐居重要地位之外蒙，则更为显著，本文即专以讨论外蒙法律地位为限。

外蒙位于中亚北部，北与苏联毗连，东北界于内蒙之布尔肯省（现被日人划入伪满洲国），西部、东部与南部和新疆、宁夏、绥远、察哈尔相连接。该地与内蒙在被 Jenghis Khan 征服以前，同属 Tungus、Tartars 及其他种族人所有，后又在土耳其人支配之下，为组成 Huns（纪元前三世纪至纪元后的一世纪）及后来帝国（纪元后五世纪至八世纪）之一部分。在八世纪中叶，此地一部分为 Uighurs 所占领，至九世纪又为 Kalmucks 与 Kirghis 所占领。Temuchin（Jenghis Khan）时代，曾征服亚洲全部及欧洲一部分建立元朝，一三六八年为明所推翻，其后裔乃收土地瓜分为北部可汗、南部可汗及西部可汗。一六四四年满清入主中国，蒙古一部分为其征服，至一六〈九〉〇年再度击败 Khan Galdan，外蒙全部遂为清帝国所吞并。至十九世纪，乘太平天国及回匪之乱，曾宣布独立，一八七一年败于俄，转而于一八八一年依附中国，至一九一一年辛亥革命时，又乘机宣布独立，一九一九年后自动请求取消独立，至一九二一年又宣布独立，而与苏联发生密切关系，因此其在法律上之地位之一问题，遂为学者聚讼不决。虽此问题仅属法律意义上之重要，但当兹东亚严重之政治变化及日本制造伪满洲国后，以其在军事、政治上之地位，及对吾国将来影响之巨大，诚有使此问题有一确切明了之必要。

关于外蒙之法律地位，据最近学说之研究，大别之不外下列三种不同之结论：一为完全主权国；一为组成苏联一分子之共和国；一为中国宗主权下之属国。此三说均以法律主权不属中国，但吾人若仔细研究，则所得之结论必与此正相反，而以其主权仍属完全属于中国。兹依次讨论如下。

至十九世纪最后二十五年，欧洲各国虽承认外蒙为中国之一部分，而无独立之国际人格。但在战前，帝国主义极为活跃之时期，帝俄确已分获外蒙为其势力范围，英、法、日予以明示之承认，其他大多数列强亦予以默契。帝俄分得外蒙为其势力范围后，努力培育其民族之运动之发展，准备为他日进一步之鲸吞。至满清王室推翻，帝俄官吏以为期待之时机今已至矣。

　　一九一一年十一月卅日，外蒙兵将中国代表及军官逐出库伦，宣布〔宣〕独立，俄人即向其首领表示：愿以自主政府视之。一九一二年十一月三日，俄蒙第一次在库伦签订正式协约。一九一四年九月三十日再在恰克图签订第二次条约，实质上规定俄国对外蒙之保护权及开发外蒙财富之优先权。最后于一九一五年六月七日由中、俄、蒙三方签订《恰克图条约》，由此条约，中国在涉及外蒙政治及土地等问题，须事先与俄政府成立协定，并在谈判时，外蒙当局亦得参加。因此种对俄之让与，实为 Williams 一九一六年视中国名义上虽为宗主权国，而实质上已在中俄共同保护下之理论根据。

　　自帝俄推翻以后，中国当局再三申述其在外蒙之统治权，最后外蒙诸领袖被劝服而签订一申请书，要求其自主权之取消。此项要求于一九一九年十月二十日经中国之批准，中国政府引用外蒙申请书："……至前订中、俄、蒙三方条约、《俄蒙商务专条》及《中俄声明文件》原为外蒙自治之所缔结，今既自己情愿取消自治，所有前订各条约当然概无效力……"而〈以〉此照〈会俄公使〉科齐达夫一九一二年《俄蒙条约》及一九一五年《中俄蒙条约》之取消，俄公使十一月二十四日抗议："国际间条约不得因缔约国一方之行动而取消，所以俄国一俟代表全俄之新政府被承认后，仍对此问题有决定其态度之无疑的权利。"中国对科齐达夫此照会之答覆于十二月十日发出，否认破坏一九一五年《中俄蒙条约》一切责任，而不变更其唯一对国际法之解释，坚持外蒙自治之取消，系由于蒙人之自由意志，最初自主要求之意志乃为上述诸条约之基础，而今外蒙之意志已经取其自主，所以一切依据此基础而成立之条约，自失其效力而不再具任何拘束力。

当自西北利亚逃入外蒙之白俄，于一九二一年驱逐在蒙之中国人时，蒙人因徐树铮之虐政毫无歉仄之心，但当恩琴开始其白色恐怖，蒙人又发见白俄较中人更危险，因转而乞援于中俄两方。当时北京政府行动过于迟迟，而布尔雪维克对此类组织之蒙古民族主义团体，则竭诚欢迎，而欲乘机在外蒙采取行动，实现其两重目的。

共产党理论家常以谋与殖民地人民及亚洲人民合作之政策，为其政纲之一重要特色，因此列宁外交政策柱石之一，即在求亚洲民族之友谊，此在布尔雪维克对外蒙政策上，更表现明显。在一九一九年苏维埃对外蒙人民发表一宣言，称蒙古为一自由国家，要求俄籍顾问及已在蒙掌握政治、经济特权之资本家退出，并声明外蒙人民得完全处理其一切内部政事，为证明此种善意起见，苏维埃政府公开宣布，希望外蒙立刻与之进入正式外交关系。在一九二〇年外蒙国民革命党在苏境内组织，一年后，军队与临时政府又组织成功。

苏维埃军事诸领袖认为外蒙具有军事上重要价值，为贝加尔湖以南进攻亚细亚俄罗斯之最好根据地，且恩琴对于其进攻俄国之计划，并未守秘密，因之红军诸领袖则压迫政府当局，允准其对此种威胁之祛除。

虽因主义上及军事上诸理由，必须在外蒙采取积极之行动，然苏维埃政府以未得中国之同意，终而迟疑未即进行。在中、俄、蒙关系之初步阶段，苏维埃俄罗斯与远东共和国已默认中国在外蒙某种权利之存在，一九一九年苏维埃对外蒙宣言，承认外蒙人民如有完全处理其内政一切权力之自由人民，但同时又希望中国允许其派兵入蒙之要求，但结果，此项要求为中国所拒绝，俄国则用一种申明之答辩，谓由于中国地方军队之请求而再新其要求。

一九二〇年十一月苏联外长吉齐林照会中国政府，称俄军将开入外蒙，候在蒙之自卫军（White Guardist）完全消灭，即立即退出中国领土，但北京政府拒绝其要求而申言毫无援助之必要。

结果，苏军留驻外蒙，并声明祛除外蒙人民自由发展及苏俄共和国与远东共和国安全之威胁后，立刻从自主外蒙领土内撤退。并表示相信在最近将来，由于两国人民共同之努力，蒙人之自由发展在其自主权基础上将可确保。同时苏联驻华代表 A. Parkes 向北京政府声明，该国政府根据外蒙临时政府之申请，业已派军入蒙，一旦外蒙与中国成立协定后，苏联军队即立刻撤退。

一九二一年夏，苏维埃俄罗斯在外蒙之态度更为显明。第一，布尔雪维克理论家感觉外蒙人民与其他任何东方人民一样，如加以正当之指导，可以接受共产主义，所以首宜获得外蒙人民之友谊与信任；第二，苏维埃军事领袖认外蒙在军事上为对付亚细亚俄罗斯之根据地，而不能视之为仅属政治势力之占据；第三，苏维埃政府中不少分子，认为获得中国之支持殊为重要，而必须承认中国在外蒙某种权利，以为苏联达到某种目的之初步根据。

此种目的实有相互矛盾之处，若其中任何之一过分进行，必将阻碍其他某种目的之完成，敏慧外交家或可允许共产主义理论到某种程度，及予外蒙一部分之经济援助，但国家之承认或其他政治要求之鼓励，徒使驻华代表处境困难，及予世界敌国宣传赤色帝国主义之借口而已。在另一方面，如立即公开宣布承认中国在外蒙诸重要权利，又将招致外蒙及其他中亚诸民族之埋怨，如欲保障蒙古为对抗反苏势力之根据地，而由红军永远控制，虽可满足布尔雪维克军事领袖之欲望，但又恐蒙人之反对，中国之猜疑，以及使世界各国更怀疑俄国在远东之政策。再者苏联当时深知其国际地位之尚待提高及内部之尚待加紧建设，在此期间，苏联外交家正欲于发生困难之矛盾与冲突中，寻求外交上之出路。其于对外蒙之政策上，此种情形更为显著，但亦因为这一点，遂令今日观察家于苏联对外蒙法律地位所处之态度发生迷惑之要因。

欲彻底明了此点，必先探讨苏联与外蒙人民于一九二一年十一月四日所订之友好条约，虽然其中大部分规定在树立两国人民间之关系，但其中尚〔色〕包括与苏联对付外蒙及中国政策互相矛盾之条款。

该协定序文宣称，凡沙皇政府与自主蒙古政府间以前由于沙皇政府狡恶政策压迫所缔结之一切协定，现因两方新近情势变迁之结果而应完全失效，签字国允许不予任何团体利用其土地为反对对方国行动根据地之第三条，为苏联此时与其他邻国所订大多数条约中重要条款之一。其中第六条亦照例规定边界之严格划分，其他各条关于私人商业、义务、权利，法院事项及租借土地、房屋，适用最惠国待遇，苏联政府将其在外蒙之电报、建筑物及设备全部无偿让与外蒙，并且签字国于电讯、交通合作成立特别协定之诸种规定。

在此协定中尚有一项规定，似苏联变更其在外蒙法律地位之表示。其中两条系关于相互之承认，在第一条俄罗斯社会主义联邦苏维埃共和国政府承认外蒙古人民政府为唯一合法之蒙古政府，在第二条外蒙政府承认俄罗斯社会主义联邦苏维埃政府为俄罗斯唯一合法之政府，第四、第五两条规定领事与全权代表之交换。虽然苏联对此类条款解释十分含混，但有些公法家却引用其为外蒙为苏联所承认，今日为一完全独立主权国之根据。此种见解实与苏联政府关于外蒙国际地位所主张之政策相矛盾。苏联政府为彻底明了中国在外蒙法律权限之范围，年来已有实际上之变化，但苏联政府在此项协定之前后，皆未曾否认中国在外蒙之主权，且于此项协定公布后，曾再三申明其一贯之态度至今仍未变易。

在一九二二年十月十四日越飞致中国外交部照会中，曾一再声明维持前一年吉齐林通牒之态度，在吉齐林通牒〔及〕即曾承认外蒙为在中国主权下之中国领土。第二年越飞与孙中山联合发出之宣言中，越飞亦向孙氏保证，现在苏联政府并未即从前亦未在外蒙实行帝国主义之政策，或使之脱离中国政府之事实或意思。

加拉罕（Karakhan）于一九二四年更明白表示，该国政府视外蒙为中华民国之一部分。关于外蒙与中国间之正确关系的问题，氏主张须中蒙两方直接商议以决定之，根据此项意见，曾有外蒙军总司令兼外蒙政府副主席之 Japon Danzan 一九二四年之来北京，但毫无成就。

苏联与外蒙缔结一九二一年条约后，两方彼此间之关系最值注意者，为一九二四年一月三日新任苏联公使 Vasiliev 在外蒙京城之演说，为回答关于苏联对外蒙独立之态度一问题，他说：苏联此时只承认外蒙之自主而非独立，他劝告蒙人考虑其所处之实际情形，以为在现状下较其所谓独立，实可获得更多之自由，以为外蒙人民不如在名义上对中国表示忠诚，而借自主诸权利循自己之途径以达到所冀求之进步与自由。

Vasiliev 之说明，可视为企图调和苏联对中国与外蒙两方面之矛盾〈之〉目的。吾人如能明了苏联对于臣民（Subjeck National-ists）地位所处之态度，及其将民族独立与自主分别之实际，实易明了。史丹林于一九二〇年曾明白指示，如每个组成一独立主权国，帝国臣民诚不能希望保留此项权利之自由，否则常〔帝〕国之力量立将崩溃。他并说所谓独立之 Georgia, Armenia, Poland, Finland 均不过虚有其名而已，由此可观苏联政策主要点之所在，他们认为唯有在臣民军事、经济之力量，足以维持其独立，对抗外来帝国主义之侵略时，方能协助其民族独立之宣布。因此苏联对付外蒙，亦只在鼓励其为完全自主所必需之政治、经济机构等建设，而绝不能予外蒙直接民族运动有任何鼓励之行为。

欲明确肯定答覆苏联对中国在外蒙法律地位之态度如何，诚非易事。自苏联为唯一直接有关外蒙之列强后，中国政府极端加重加拉罕协定之重要。此协定统由中俄两方代表签订于一九二四年五月三十一日，涉及外蒙之第五条毫无规定及留与今日中苏关于外蒙问题谈判之根据，该条全文为：

> 苏联政府承认外蒙为中国整个之一部分，并尊重中国在该地之主权。

> 苏联政府军队撤出外蒙之诸问题，一旦已在此协定第二条规定之会议中同意后，苏联所有军队即完全从外蒙撤出。

中国政府根据该条第一段，主张苏联已承认其为唯一有权处理外蒙事件之法律上政府，因之中国抗议苏联在外蒙未受中国政府之委托，而□获有法律上根据之任何行动。如一九三六年四月苏联与外蒙订立《苏联〔蒙〕互助协定草案》，中国政府即提及该条，而谓苏联此次与外蒙缔结之协定，废弃其自己对中国政府保证，实妨碍中国主权及破坏一九二四年之《中苏协定》，而声明中国政府对此协定，绝难予以承认而不受其拘束。苏联政府答辩谓：一九二四年之协定，既容许苏联有留驻外蒙之军队权，即签订此项协定及其他条约，并无丝毫损害中国主权。且苏联始终未有侵吞外蒙领土之野心，且援引一九三〔二〕四年九月苏沈协定〔为〕中国政府未予反对为根据。实则此与事实完全不合，由中国政府四月十一日第二次答辩书即明白予以指摘。

苏联对中国先后答辩，曾再三声明，吾人承认外蒙人民共和国为中国之一部分，亦同时承认外蒙共和国享有内政完全独立及中国允许外蒙完成其彻底独立之外交自主权。

苏联对中国于第一段解释之否认态度，吾人不能视其为完全拒绝一切尊重中国在外蒙地位之义务。当其声明尊重中国在外蒙之主权时，部〔苏〕联政府并未要求在该地某种主要权益，必须中国予以尊重。在此吾人必须注意者，即一国被承认其在某地有主权，根据国际习惯，有时事实上只有最少权利之存在，如中国租借地巴拿马运河地带，然在此情形下，主权国已委托其他国家运用在国际法上通常属于主权所有国实质上之一切权益，但因其为主权所有者，主权国仍在该地握有最后最高之法律权利，唯有主权者明示或默示之行动，可以依法律规定地方政府在宪法上之地位，亦唯有主权者有处理土地之最后权力。

中国对外蒙享有完全之主权，自毫无疑问。自苏联承认外蒙为中国之一部分以后，即只能视外蒙之最后权力出自中国宪法所授与之中国地方政府。由最近苏联所发表之宣言及其外交政策，可知苏联如未得中国本身之同意，而变更中国在该地主权地位之可能程度，业知降低多矣。且苏联政府于最近五年来已屏弃情势变迁原则之适用，并宣称既存之国际权利义务，只能由有关一切分子会议同意后才得变更，故一九二四年中国在外蒙被承认之主权地位，固不因任何事实而消灭，故可认外蒙决非国际社会中之独立主权国之一。

至谓外蒙为苏联之保护国或其联邦之一分子，在法理上，吾人实难求得此项结论之根据。依国际法之习惯，保护关系成于国际协定，他国对于此项保护关系之承认，实于保护国之在国际关系上代表被保护国之所必要，外蒙尚未有任何条约与苏联或他国建立保护关系，亦无任何国家曾予此项关系之承认。苏联政府虽曾于一九三六年宣布为援助蒙人维护其领土之完整及其经济、文化之改造，而予以保护与合作，但苏联复声明其并未支配外蒙人民共和国之政治，故对外蒙人民共和政府之一切行动概不负担任何责任，此种关系与近代保护观念根本不同。接〔按〕近代保护关系建立之结果，保护国对被保护国，有一定程度之控制权，被保护国之主权有一定之限制，保护国于被保国之行动对第三国负有相当之责任。根据此点，外蒙非苏联保护国，理至明显。至谓外蒙为盟〔构〕成苏联共和国之一，更无根据。依一九三四年苏联宪法，苏联共有七共和国，十五自主共和国，一九三六年新宪法，共和国数目增至十一，自主共和国减而为十，外蒙固未列于二类中任何之一。

综上以观，现在外蒙在国际法上之地位，于广泛原则上，甚为明显，且事实上已由苏联及英国所明白承认，外蒙人民共和国事实上之政府，虽已宣布脱离中国而独立自主，但并未得任何国家之承认。

至于中国与外蒙间之法律关系似难确言，但无论如何，在今日决不能视为宗主权与属国之关系。盖所谓宗主权一字，最初用以表示封建君主与藩属间之关系，俟封建制度消灭，其原意尽失，且因学者对之解释分歧，在近代国际法上诚如 R. T. Crane 所说，已毫无意义。即使吾人保留此项意见而承认其存在，但其关系之建立，必出于宗主权与属国自身，则毫无疑义。今中蒙两方均未曾承认有此项关系存于其间，且依民国三年二月公布之《中华民国约法》第十章附则第六十五条规定"中华民国元年宣布之满、蒙、回、藏各族之待遇条件永不变更其效力"，按民元公布之《蒙古待遇条例》第一条规定"视蒙古与内地一律，不以藩属待遇"，故在法律上，吾人无法证明外蒙为中国宗主权下之属国。

总之，在法理上，中国握有外蒙之主权，而历史上、经济上，均有悠永之密切关系，且中国与外蒙实如唇齿之相依，合则两美，离则俱伤。但外蒙自受苏联之策动，及中国过去边臣之苛政，辄思脱离中国，故今后我国宜速与之建立法律上之正确关系，予以种种自由。至于苏联因其亚洲领土与外蒙壤地相接，关系密切，中国亦不妨依特殊协定，为苏联国民谋经济上、交通上之便利。至于政治上，则苏联政府决不能干涉，犹之中国不可干涉苏联亚洲大陆领土内之政治，然此层我国必须注意及之。

最后引用 B. Favre 之语以为本文之结论，即："中国政府须自强不息，常保一巩固而有力之政府，使内地安谧，领土完整，财政巩固，政治修明，军队坚强，交通便利及建设现代化之工业，则嗣后对此等问题自不需法律上之争论矣。"

一九四〇，一月

《春秋》（月刊）
重庆春秋杂志社
1940 年 1 卷 5 期
（朱岩　整理）

论苏日共同宣言中之外蒙

黄奋生　撰

苏联与日本于本年四月十三日，在莫斯科签订《苏日中立条约》与《宣言》。其《中立条约》违反一九三七年八月所缔结的《中苏互不侵犯条约》的精神之处，舆论界已有透彻之指出，姑不在本文论列之内。而苏日所签订的《共同宣言》，彼此互相尊重所谓"满洲国"及"蒙古人民共和国"之领土完整与神圣不可侵犯性，这种妨害中国领土与行政完整的宣言，我外交部长已于十四日发表"对于中国绝对无效"之声明，这是代表四万万五千万中国人民的心声。东北四省和外蒙是中华民国的领土，用不着我们多说，我们于此特作一番外蒙史的回溯，使大家明了外蒙在中国的领土完整上所具有的神圣不可侵犯性。

前清康熙年间平定噶尔丹后，外蒙即入中国版图，为我国北方之屏藩，设置定边左副将军、定边参赞大臣、乌里雅苏台参赞大臣，驻扎于乌里雅苏台，科布多参赞大臣、帮办大臣，驻扎于科布多，库伦办事大臣，驻于库伦，以统辖外蒙军事，并设理藩院于京师，掌理封授、朝觐、贡献、黜陟诸事。二百余年，外蒙之官民奉职无阙，敬谨受命，中国之政令，畅行于漠北。清代末叶，清廷因虑俄人势力之侵入，乃将以往隔离蒙汉政策打破，奖励内地人民移垦，因此蒙人对清廷之举措，颇表不满。当辛亥革命之际，帝俄政府，密派曾任驻华公使廓索维慈（Korostovetz）潜赴外蒙库伦，煽惑哲布尊丹巴及各王公，宣布独立，并于民国元年十一月三日，订立所谓《俄蒙协约》（又称《库伦协约》）及《通商章程》，这是帝俄时代侵略外蒙的露骨表现。但在这次订立《俄蒙协约》的经过，从帝俄政府的代表手订该约的廓索维慈所著的《从成吉思汗到苏维埃共和国》一书中，就可以看出是帝国主义的帝俄政府，亦不能不承认外蒙是我们的中国领土，和顾及中国领土完整之原则，请看他说："余在会议之前一夕，曾接（俄国外长）萨善诺夫（Sasonow）一电，系回答余之询问者，该电之内，令余对于圣彼得堡前此所拟之草案，不得多所变更。而且关于蒙古要求政治独立，以及要求划入内蒙两事，绝对加以拒绝。"（见王光祈译《库伦条约之始末》页六〇）及"余因回答蒙古王公质问'何以必须维持中国在蒙宗主权的理由？'"之故，乃声言曰："俄国因受《俄华条约》（按光绪七年《伊犁条约》）之束缚，对于中国土地完全之原则，不能不加以严守，因此对于蒙古脱离中国之举，实不能加以赞助，但俄国政府对于蒙古自治一层，却愿尽力帮忙。"（见同书页六七）当时帝俄政府外交部在致廓索维慈的电中云："我们对于承认蒙古脱离中国一节，始终未尝提及，而且以为此种承认，于俄实无利益可言，盖此种承认之举，殊与保全中国领土完全原则相抵触，势将引起列强抗议故也，云云。"（见同书页七三—七四）

　　在上举的帝俄外交文献内，可以看出帝俄政府虽是假扶助外蒙自治之美名，以达到其巧夺脔割的阴谋，但是还不敢显然做出违背条约，破坏我国领土完整的面目。当时中国政府声明否认，并与俄方签订声明文件及声明另件。民国四年政府又根据前此声明另件，订结《中俄蒙协约》。其主要条款：（一）外蒙古承认中国之宗主权，中俄两国承认外蒙之自治及承认其为中国领土之一部；（二）自治外蒙古无与各国缔结关系于政治、土地、国际条约之权，惟商工事宜，有与各外国订立条约之权。这样中国在外蒙古之宗主权虽仍旧保有，而中国实际主权颇受损害。

到了一九一七年俄国革命发生，帝俄推翻，苏联宣告一切帝俄时代与外国所订之带侵略性质的条约无效，中国在帝俄压迫之下所订的不平等条约，始得完全解除。同时库伦哲布尊丹巴等以次喇嘛、王公，自宣布自治后，因不堪俄国势力之压迫剥削，乘此俄国无暇经营外蒙之时，乃以请愿方式，恳请中国政府准其取消自治，及废除《中俄蒙协约》，重行投入祖国怀抱。中国政府将民四在外蒙设置之库伦大员，及乌里雅苏台、科布多、恰克图各佐理专员制度取消，改为西北筹边使官制，以徐树铮任其事。旋于九年十月，改制为库乌科唐镇抚使制。民国十年俄国白党恩琴，勾结蒙匪，攻陷库伦，驱逐中国驻军，拥戴活佛复辟。同时蒙古国民党人，亦在苏俄援助、指使下，于同年三月在恰克图建立所谓临时"蒙古国民政府"，七月迁至库伦，此乃王公、喇嘛及国民党人之混合组织。民国十三年五月三十日，活佛圆寂，复改为所谓"蒙古人民共和国"，此是外蒙在苏俄支持下二次独立的一幕。但是就在这年，中苏签订了《中俄解决悬案大纲协定》，其中第五条规定："苏联政府承认外蒙为完全中华民国之一部分，并尊重在该领土内中国之主权，苏联政府声明，一俟关于撤退苏联驻外蒙军队问题——即撤兵期限及彼此边界安宁办法——在本协定第二条所定会议中商定后，即将苏联一切军队，由外蒙撤退。"后来该协定第二条所定之协商解决一切悬案的中俄会议虽则经中国一再促开，终因俄方的延宕，而迄未实现。然而这一个协定，是苏联革命政府与中国政府所签订的废往开来的神圣法律性的条约，在正义上、法律上中苏两国政府都应严格地受着这个协定的束缚，而不容有背道而驰的行动和措施。中国是讲正义的国家，中国的人民是讲信义的人民，所以我们朝野的观点，都是如此。那么这次苏日宣言扯出了的"外蒙人民共和国"领土完整与神圣不可侵犯性，这是苏联的违约背信和妨害中国领土与主权的完整，我想就是苏联的国际法学专家，也无词可以否认的。苏联的这一举措，来和一九一一年帝俄时代政府对于外蒙在中国领土完整上的重视，一加对照，更使我们分别不出来哪个是帝俄政府，哪个是苏联政府。苏联是我们的友邦，他和日本这个协定和宣言的签订，也许"醉翁之意不在酒，而在乎山水间"（欧洲），但是我们以春秋责备贤者之大义，苏联的违约背信，是无可逃避的，除非别具心肝的某报昧着理智天良强调着所谓"这本是苏日过去的关系上久已存在的事实"，以取"现在这个宣言一方面便是结束了过去这个有关满蒙的挑衅，另一方面也便是保证了这两方面的今后安全"的一类鬼话，来为它张目。

此外有些人拿着国民党许可国内弱小民族自决自治，来批判所谓"蒙古人民共和国"。诚然，国父手订的《建国大纲》，有"对于国内之弱小民族政府当扶植之，使之能自决自治"之规定，但是这里必须正确的指出："使之能自决自治"的前提定要经过"政府当扶植之"的阶段，不然这种自治，会变成外来帝国主义宰割我们国内民族同胞的美名。国内各省建设的程序，还要经过训政时期来养成省县的自治，文化较为低落的边区，不经过扶植训练的阶段而能达到真正自决自治么？国民党《第一次全国代表大会宣言》说得明白："国民党敢郑重宣言，承认中国以内各民族之自决权，于反对帝国主义及军阀之革命获得胜利后，当组织自由统一的（各民族自由联合的）中华民国。"这就是说，整个国族未得到自由独立之前，局部的民族自决是帝国主义胁持下的产物，结果危害了局部民族的自身，及整个国族的全体，必须在反对帝国主义之革命获得胜利后，在承认各民族自决权原则下，未〔来〕组织各民族自由联合的中华民国，这是中国的历史时代背景下建国的铁则。

外蒙在辛亥革命之际，宣布独立自治，国父于民国元年一月一日就职临时大总统宣言中有这样宣示："国家之本，在于人民，合汉、满、蒙、回、藏诸地为一国，如合汉、满、蒙、回、藏诸族为一人，是曰民族之统一；武汉首义，十数行省，先后独立，所谓独立者，对于满清为脱离，对于各省为联合，蒙古、西藏，意亦同此，行动既一，决无歧趋，枢机成于中央，斯经纬周于四至，是曰领土之统一。"由此可以体认，国父对于中国民族统一和领土统一之注重及其真义的阐发，将国内各族及蒙藏地方在民族统一及领土统一上的重要性，明白指出。因此我们可以确认边疆民族之自决自治，是不能影响这"民族统一"和"领土统一"两大原则的。

民国十二年一月二十六日，国父在上海与苏联特命全权大使越飞，发表的联合宣言，其第四项为："越飞君正式向孙博士宣称（此点孙自以为满意），俄国现政府决无亦从无意思与目的，在外蒙古实施帝国主义之政策，或使其与中国分立，孙博士因此以为俄国军队不必立时由外蒙撤退，缘为中国实际利益与必要计，中国北京现政府无力防止因俄兵退后白俄反对赤俄之阴谋与敌抗行为之发生，以及酿成较现在尤为严重之局面。"这段宣言含有两个要点：（一）外蒙于中国之整个性，苏俄决不在外蒙实施帝国主义之政策；（二）苏俄驻兵外蒙之临时性，到中国有统一有力的政府时，俄军当然即须撤退。前者是永久不变的原则，后者是一时权宜的措施。这充分宣示出外蒙于中国领土主权上的神圣不可侵犯性。而这次《苏日共同宣言》扯出的所谓"蒙古人民共和国"，显然的与越飞五〔正〕式宣称"俄国现政府决无亦从无意思与目的，在外蒙古实施帝国主义之政策，或使其与中国分立"相背谬，这是一个革命政权的苏俄政府先后宣言的矛盾处。

　　五年前（二十六年）的三月三十日，苏联与外蒙签订所谓《苏蒙互助议定书》，当时我国政府提出抗议，认为破坏一九二四年的《中苏协定》。李维诺夫在四月八日的备忘录上："认为中国的提议，没有根据，三月十二日苏蒙议定书，任何条都没有损害中国的主权，而对于中国乃至蒙古都没有领土的野心，一九二四年五月三十一日的条约，依然有效。"他并以一九二四年九月二十日苏联与东三省地方政府订立条约，并没有引起中国政府的抗议为例。这次《苏日共同宣言》牵涉着的外蒙问题，中国已予以"绝对无效"的答覆，苏联政府到今天虽没有什么解释，我想它的见解，在法理上应该保持着五年前李维洛夫的宣示——"一九二四年五月三十一日的条约依然有效"，我们以苏联的立国精神以及站在中苏协定的观点上，这是我们合理的结论。我们的抗日战争得到胜利后，中苏对于外蒙问题的外交接洽不是领土主权的问题，而是一九二四年的《中苏协定》所订的商定，即将"苏联一切军队由外蒙撤退问题"。

《蒙藏月刊》
重庆蒙藏月刊社
1940 年 1 卷 12 期
（朱宪　整理）

新年感言[①]

文都尔护　撰

今日何日？乃成吉思汗纪元七百三十五年之元旦日也；值斯一元复始之期，万象灿然更新，间阎称庆，到处讴歌，实呈现全蒙热烈祝贺之新兴气象也，本刊逢此元辰吉令，愿陈芜词，用伸庆祝——

溯自太祖圣武皇帝，龙兴朔漠，于今已七百余年也矣。忆我太祖兴师之初，内而先戡定克烈诸部，外则辑服奈曼等族，北结弘吉拉，东联汪古氏，四面从风，八方共戴；及至御极之后，王师西讨，杖九斿之纛，顺天行讨，率四子四杰，所向披靡！里海左近均归版舆，印度半岛尽为服属，四海八荒，皆愿称臣，六合之内，鳞集仰流；封疆之内冠盖之伦，无不承获嘉祉；恩普环宇泽润两洲，物靡不得其所：乃造成有元一代光明伟大之历史。论其文治与武功，皆远胜于汉武李唐；故终元之世，海内宴然，固我太祖恩荫之所惠被者也。

迨至民国成立，以五族共和相号召，蒙古秉性纯厚，信为待遇平等，竭诚拥护，未尝稍渝；不期廿载以来，直视蒙古为外府，权术羁縻，无所不用其极；我德主席宿负复兴蒙古之念，会以军阀之横暴与疆吏之挑拨，日益加甚，爰于群情吁请之下，毅然奋

---

① 请注意作者的敌伪立场。——整理者注

起，义旗高揭，高唱自治之声，响彻海外，当时邻国友邦，同情共赞，于是我蒙古中兴之业，卒于万民拥护之下，乃经数载之经营而奠定矣。先是成纪七二九年，创立蒙古自治会于百灵庙，共戴云故主席主持一切大计；及至七三一年四月间，复于西乌珠穆沁旗召开蒙古大会，并根据大会决议，建立"蒙古军政府"于德化；翌年十月二十八日，在厚和豪特特别市内，重开第二次蒙古大会，由会公决，建立"蒙古联盟自治政府"；既而云王逝世，经七三三年之第三次蒙古大会，推今主席德王主持政务，领导全蒙，迄至七三四年九月一日，再开四次蒙古大会于厚市，由会决定，合并察南、晋北及蒙古三自治政府为一强有力之政府，即今张垣之"蒙古联合自治政府"是也。自三政府合流以来，瞬将半载，政权既树，百度维新，兼赖友邦协助之力，政本更趋巩固，将来国治民安，至有无穷之期待焉。

自七三二年，"蒙古联盟自治政府"成立以后，凡百政令，一切与民更始，尤其对于文化一事，汲汲焉首尽全力，使之发展。古训有曰"戡乱以武，经邦以文"，盖提导文化者固立国之大经，亦图治之首务也；乃于七三三年六月之初，于政府所在地之厚和市，创设蒙古文化馆。当文化馆开办伊始，政府颁发组织法，内容规定，馆长以下，分设五部，部设主任一人；主任以下，各设馆员若干，分任各项工作。成立甫经一月，工作即入正式时期，由简而繁，馆务日见进展，如修改课本，编印时宪书及日历，印发图书目录，重编小学教科各书暨按月发行文化专刊等事，皆编辑方面之工作也。至译满文《古文渊鉴》为蒙文，增印《圣谕广训》等籍，均属翻译工作。图书部分之工作，如编排目录，整理卡片，亦为重要工作。至于印刷一项，特购铅石铸字、装订蒙、日、英、汉文等机多架，按步工作，甚为得力。及至三政府合流以后，政府为注意研究西北文化，循名核实起见，乃改蒙古文化馆之名曰蒙古文化研究所，所址仍设原地；内部组织，更见紧密，工作情况尤待策动；今后所务之推进，本所拟有分期工作计划，所列事项，皆关切要，所务将随日以俱进，同人等悬的以赴，祝我蒙古文化发荣滋长，前途固无量焉。

本馆鉴于蒙古政权初树，各种刊物尚付阙如，本馆负有宣扬文化之天职，亟应刊发一种刊物以事提倡之义，于是秉承馆长意旨，呈准政府，按月发行，并函准蒙疆邮电总局挂号，认为第一类新闻纸类；筹备既竣，乃于客岁新年元朔之期，创刊号初行问世。本刊初为研究部同人等，馆课之余，抽暇合力编印，历史既浅，迄今发行仅至六期；至于刊之内容，其文则用蒙汉合璧，其体则专尚文言，内分论著、杂俎、名人略传、文艺、专载及国际简讯等六栏，附以过去与将来工作报告等项；其撰述者，除由本馆同人分别担任外，函请政府机关及各界名公硕学，锡以大作鸿文。盖以本馆同人，囿于闻见，限于学力，对于编刊学识与技能，实有未逮，故虽情殷提倡，而笔诎敷陈，于文艺未能得精深之发挥，于政治未易有详尽之叙述，是以遍丐各方，征求文字，冀为抛砖引玉之举；借增篇幅之光。渥承各方爱护，或予题字，或赐撰文，或赠以史料谭丛，蒙地之掌故，借以流传；或寄以学说政论，政府之治理赖以宣达；此种热心学术，爱护本刊之意，同人等实所敬佩而至感激者也！当兹元朔佳辰，本期刊物，作为七三五年之新年专号，爰志数语于卷首，用伸庆祝之忱，兼鸣感谢之意。

《蒙古文化》（月刊）

张家口蒙古文化研究所研究部

1940 年 2 卷 1 期

（朱宪　整理）

外蒙古在国际法上的地位

〔美〕Louis Nemzer 原著　　李立人 译

半世纪来，中国边疆所牵涉的国际局势，错综复杂，而中国对于其广大边疆之统治，亦相与俱堕。列强纷纷设置租借地，划分势力范围，设立保护国，于是中国中央政府与各地当局间所存在之法律关系日趋混淆，引起无限的争辩。而若干团体想为他们政府扩充租借地之地盘作先锋队，和若干学者替各个国家的帝国主义作非正式的代言人，全都曾尽量的利用这混淆不清的局面。外蒙古在远东局势上日增其重要，其法律地位之不确定，较之其他中国边地（原文本作 Four Dependeneies，应译作"四附属地"，然因不见之于中国官书，故改译作"边地"——译者注）——其法律地位本均不甚确定——尤为显明。

国际法上对于外蒙地位最近之研究，或者（一）认为外蒙是个完全主权国（Fully Sovereign State），或者（二）认为它已经完全和苏联合并，成为联邦中的一个组成邦（Republic），或者（三）认为它是中国宗主权下的属邦（Vassal State），众说纷纭，莫衷一是（注一）。所有此种假定均认为合法主权（Legal Sovereignty）已非中国所有。然而，如果只细研究最近外蒙之关系，自然可以得到外蒙仍属中国主权之结论。虽然此种确立主权之问题，现在仅具法律的意义，然而当前东亚的政治变迁，和外蒙现在战略上所居之重要地位，使吾人相信确有分辨清白之必要。

　　一直到十九世纪的最后二十五年，欧洲各国均承认外蒙是中华帝国不可分的一部分，没有独立的国际人格（注二）。然而大战以前帝国主义活动激进的时代，帝俄在外蒙划分了"利益范围"，并且取得了英、法、日本的明白承认，和若干其他国家的默认（注三）。同时，俄国更助长蒙古的民族运动——蒙古民族运动之源起，并非由于俄国之鼓励（注四）——准备更进一步的犯罪。不幸满清崩溃，帝俄官吏所静待的良机，不期而遇（注五）。

　　一九一一年外蒙宣布独立，然而俄国却愿意承认他们领袖做"自治政府"。一九一二——一五年间，帝俄政府和"自治的蒙古"以及中华民国政府谈判了许多双边条约，至一九一五年六月七日中、蒙、俄三方订立《恰克图协定》，而达于最高峰（注六）。由于这些条约，关于外蒙的"政治、领土性质的问题"，"中俄两国间之协定，于谈判之时，外蒙亦应参与其间"。中国政府接受了这项条约约束。威廉（E. T. Williams）早在一九一六年就提出了"至于中国不过是在名义上被承认为宗主国，而实际上外蒙是在中俄共同保护之下的"的理论，就拿着这一次和以往的若干让步作基础（注七）。

　　帝俄政府崩溃之后，中国当局从新主张其对外蒙的统治权，外蒙的首领们被人劝了再度内向，签了一个请愿书，请求撤销他们自治的权力。这一个请求在一九一九年十一月二十日就被批准了（注八）。于是中国政府设法解决中、俄、蒙间的许多协定，而籍〔借〕口蒙古的宣言说"我们自己情愿放弃自治，这些个协定当然失效"（注九）。帝俄代表或高尔查（Kolchak）政府激烈的抗议（注十）。而中国政府对于国际法的这种惟一解释，不为所动，北京政府主张：要求自治的起源，是根据于蒙古人民自己的意思，而所有与自治有关的协定，全是根据于自治的要求。现在，"蒙古人民的意思"，要撤销其自治，那么所有这些条约当然失效，而不再有拘束力量。

一九二一年白俄自西伯利亚被迫退入外蒙，而将中国军队击退，中国的统治因而中断，于是蒙古才得到一个喘息的机会。不过到乌金斯登堡伯爵（Baron Urgern-Sternberg）开始其"白色恐怖"（White Terrors）的时候，蒙古人又感觉到这是前门去狼后门进虎，悔不当初，于是不久他们转而求助于他们的邻人，蒙古喇嘛向中国政府所作的呼吁，没有得到回响（注十一）；然而布尔希维克党人早就怀着双重目的想对外蒙有所动作，当然对于新组成的蒙古国民党（Mongolian Nationalists）表示无限的欢迎。

共产党的理论家，始终认为和殖民地及亚洲被压迫的民族合作政策，是他们政纲的基本姿态（注十二）。因此，和亚洲民族维持友谊是列宁外交政策的一个骨干（注十三）。由于布尔希维克党对外蒙的政策，更可证明其真确不移。早在一九一九年苏联即向蒙古人民宣言，称"蒙古为自由国家（Country）"，要求撤退已经控制了外蒙政治、经济的俄国顾问和资本家，并且要求蒙古人民对于蒙古内政完全自理。苏联政府为表示其好意，公开宣布愿意"立即开始苏蒙间之外交"，并且邀请他们"就便派遣自由蒙古民族的代表到红军里来"（注十四）。一九二〇年，蒙古国民革命党在苏联境内成立，一年后，又成立了正式的军队和临时政府（注十五）。

苏联陆军首领，也同样的认为外蒙是一块战略上的要地。贝加尔湖以南的这些地区是进攻俄国亚洲领土的最好根据地（注十六）。苏联认为中国人是日本帝国主义的工具，如果把那个地方的白俄换成中国人，从这块地方进攻苏联，威胁并没有减低，乌金斯登堡并不掩饰他进攻苏联的计划（注十七）。红军首领因之以更大的压力压迫苏联内政当局，要求允许他们处置这种危险。

虽然苏联在外蒙采取积极行动，有信仰和战略上的理由，然而在没有取得中国的同意以前，苏联政府还是迟迟不决。就是在这中、苏、蒙关系尚未确定的阶段，苏俄和远东共和国早已默认中国在外蒙有某些权利存在。一九一九年苏联宣言外蒙为"自由民族（Free People）"，对于内政有完全处理的权力，然而布尔希维克想派军队到外蒙去，还是要等取得中国当局同意之后再作。中国拒绝了他们的要求，苏联外交部又借口中国地方军队请求苏联陆军的援助，从新提出他们的要求（注十八）。

一九二○年十一月发表的苏联外交人民委员长齐切林（Chicherin）给予中国政府的照会中说：苏联军队将以"中国之友"的资格开入蒙古，"此项军队于蒙古境内白党摧毁之后，立即退出中国领土"（注十九）。北京政府拒绝苏联援助外蒙境内中国人民的请求（注二○），而官样文章式的声明，并不需要这种援助（注二一）。乌金斯登堡的军队，还没有派遣出去攻打西伯利亚，远东共和国的军队就开进了外蒙（注二二），取得了苏维埃社会主义俄罗斯共和国和蒙古国民革命军的增援，他们战败了蒙古境内的白卫军，并且捕获了乌金。

接着，蒙古临时政府假口"尚不能够完成运用新政权的机关，请求苏联政府暂时驻军在外蒙，静待共同敌人威胁的完全消灭"（注二三）。苏俄承诺了这种请求，并且宣称："业已完全确定，对于蒙古人民自由发展以及苏俄和远东共和国安全之威胁消灭之后，驻在自治外蒙境内之苏军，立即撤退。"并且表示相信"不久的将来，由于苏蒙人民之共同努力……以蒙古人民之自治为基础，蒙古人民定能取得自由之发展"（注二四）。大约同时，苏联驻华代表柏克斯（A. Paikes）向北京政府担保，苏联派遣军队开入外蒙，完全因为蒙古临时政府的请求，蒙古和中国订立协定之后，苏军决立即撤退（注二五）。

到一九二一年的夏天，苏联在外蒙发生了三种兴趣：第一，布尔希维克的理论认为蒙古民族和其他东方被压迫民族一样，假设经过适当的接触，会接受共产主义的，所以获得蒙古民族的信任和友谊，对于苏联十分重要；第二，苏联的军事领袖，已经认识外蒙在战略上之价值，可以作为进攻俄国亚洲领土的军事根据地，苏联不能坐视其被反苏的政治势力所占有；第三，苏联政府若干分子，觉得帮助中国十分重要（注二六）。其外交机关就是很好的代表。因为这种认识，使得他们必须承认中国在外蒙的某些权利，用以证明苏联业已放弃了帝国主义的目的。

很显然的，这些目的并不是完全调协的，如果特别向某一方面努力，则其余目的的完成就会受到阻碍。聪明的苏联外交机关，可以允许给予蒙古人以有限度的共产主义的宣传，和经济的援助，然而也充分认识，如果承认它是一个国家或者在政治上作更进一步的煽动，徒然引起苏联在中国和世界的代表的困难，让他们的敌人宣传"赤色帝国主义"而已，毫无裨益。然而，如果立即广泛公开的承认中国在外蒙的权利，这一定疏慢了蒙古民族和其他中亚民族，他们会抱怨把他们移交中国之手。苏联将军队永远驻屯在外蒙，以便永久控制这块地方，保障这块根据地不被反对苏联的军队占去，苏联军事领袖，可以满意了；然而一定引起蒙古人的反对，并且证实了中国人对苏联的怀疑，而且向世界宣告俄国在远东的帝国主义业已复活。现时代没有经验的苏联外交家认清了他们在国际局势上的虚弱，又被各种国内压力扰乱着，在纷杂混乱矛盾的方法中来求外交政策的执行，结果造成无止境的困难和烦恼（注二七）。这种状态在他们执行蒙古政策的时候，特别可以证明。在他们的外蒙政策中，苏联官方对于外蒙古在法律上的地位，究竟如何看法，已使若干外国观察家莫明其妙。

一九二一年十一月五日为着建设两国间的友谊关系，苏俄（R. S. F. S. R.）和外蒙人民共和国缔结协定，由这一个协定，上述一点怀疑可以得到适当的说明。虽然其中若干基本规定，不过在于建设苏蒙两民族的关系，然而其中确有条文规定，和他以往对于中国蒙古的改策，大相径庭。

在协定的"绪论"中宣布帝俄政府和"自治"蒙古间，举凡由于前者之背信弃盟贪婪无餍之政策强迫签订之协定，由于两方内部新生的情势，现在完全失效（注二八）。其第三条规定，禁止双方利用其领土"供反对他方目的之用"。苏俄在这一个时期，和与他接境的国家缔结了许多条约，全有类似和同样意义的规定（注二九）。第六条也遵着先例，划分疆界（注三〇）。其余条款规定双方间贸易、纳税、人民权利、司法事项、土地代价等之最惠国待遇。苏俄政府将他们在外蒙境内的电报器材赠予蒙古人民，双方特别订立了电报合作章程。

同一个协定里，还有若干其他规定，似乎也不尽与其往日在外蒙的地位相合，有二条是规定互相承认的，在第一条苏俄政府承认"蒙古人民政府为蒙古惟一合法政府"；第二条规定，"蒙古政府承认苏俄政府为俄国惟一合法的统治者"。第四和第五条规定双方交换领事和"全权代表"（Plenipotentiary Representatives）。虽然苏联对于这些条款的解释是漠忽〔模糊〕模棱的（注三一），然而一些公法学者，确拿来证明现在苏俄已承认外蒙为完全主权的独立国家。这种解释，是和苏联政府对于外蒙在国际上的地位一向所持的政策矛盾的（注三二）。中国法权在蒙古统治的范围，近年来因时而不同，这是一个假定，虽然苏联依这一个假定而行事，然而苏联政府，在这一个条约的以前和以后，从来也没有否认过中国在外蒙的主权。而且在这一个条约公布以后和若干接连的事件中，苏俄从新确认她对这一个问题的态度，完全一致。

一九二二年十月十四日，越飞（Adolph Joffe）在他给中国外交部的一封信里再度重申一九二一年齐介〔切〕林照会的精神，承认蒙古是中国的领土，属于中国的主权（注三三）。明年，越飞会见孙中山博士，孙博士那时并没有作官，但是公认他是中国民族主义的领袖，他们发表联合宣言，在宣言中，孙博士承认中国不能维持蒙古的秩序，制止反苏自卫军的复活，所以他认为立即撤退俄国军队"既不必要，也非中国的真正利益"。在越飞这方面，也"正式向孙中山博士宣布：现在的俄国政府从来也没有，现在也不会对外蒙行使帝国主义的政策，或者使外蒙脱离中国"（注三四）。越飞的继承人加拉罕（Karakhan）在一九二四年更进而表白苏联对外蒙的态度，他着确的宣布他的政府承认蒙古是中华民国领土的一部分，关于中国与蒙古的实在关系的严重问题，他说这必须等待两方的直接谈判（注三五）。依据费希（Louis Fischer）的叙述，蒙古军司令兼蒙古政府副主席但詹（Iapoy Danzan）于一九二四年到北平来，就是为着这个目的，但是没有成功（注三六）。

　　苏俄对于蒙古的政策，在苏俄新派驻蒙代表伏希烈也夫（Vasiliev）一九二四年正月在外蒙首都所发表的演说中，得到最显明的证据，在回答关于苏俄对于蒙古独立的态度的问题中，他指出来：他可以"坚定的"申述环境是仅许蒙古自治，而不许她独立的，这不过是名与实的不同而已。他说外表的独立会招致更大的压力，他劝告蒙古人承认他们现在生活着的现状，因为在现在的条件下生活，可以比在所谓独立下面生活还自由一些。这样，蒙古能够利用自治的权力对中国仅仅在名义上表示矢忠，而同时他们竟〔尽〕可走他们自己进步与自由的路子（注三七）。

　　伏希烈也夫的解释，希望调和苏联对于中蒙两不相容的目的，他以为民族独立与自治两者作用之区别，十分显明。虽然在苏联对于"被压迫民族"地位的态度上，没有明白表示，斯大林（Joseph Stalin）于一九二〇年任民族人民委员时指明，帝俄之臣民，如果均想自成"独立的"主权国家，那么很快的他们就会成为帝国主义势力下的战利品，不能再希望自由了，他相信所谓独立的乔治亚、阿美尼亚、波兰、芬兰等等的所谓独立，都是自欺欺人的虚幻，而将他们是甲或乙帝国主义者群的附属御用物的真象隐蔽起来罢了（注廿〔三〕八）！一个附属的民族，只有在他有充足的经济力和武力足以抵抗外来帝国主义而维持独立的时候，才能鼓励他宣布独立，这是苏联政策基本的一点□根据上述观察，判断苏联在外蒙所处的地位，可以见出苏联认为鼓励外蒙建设完全自治的政治、经济机构，而不赞成他冒然宣布立即独立，这是聪明的政策。

可是，要想把苏俄对于中国在外蒙所占法律地位的态度，确切的说明，也是十分困难的工作。因为苏俄是对外蒙惟一有直接关系的外国，所以中国政府特别看重一九二四年五月卅一日两国代表所签订之顾、加拉罕《中俄解决悬案大纲》，其第五条为关于外蒙之规定，直到今天并未另订其他代替的条款，所以仍然可以作为中苏谈判外蒙问题之基础。其原文如下：

苏维埃社会主义共和国联邦政府承认外蒙为中华民国领土之一部，并尊重中国在该地之主权。

苏维埃社会主义共和国联邦政府宣言，苏联自外蒙全部撤兵问题，一经在本协定第二条规定会议中，确定撤兵时间及保证外蒙边境安全手段，双方同意之后，所有苏联在外蒙之军队，应立即全部撤退（注三九）。

中国政府根据第一项的规定，认为苏俄业已承认中国为处理外蒙事务之惟一在法律上有资格的政府，所以任何俄国政府认为外蒙政府具有合法权威（de Jure Authority）的行为，中国政府一定抗议，因为中国政府没有把合法权威授予外蒙（注四〇）。不过苏联则宣布，她虽然"承认蒙古是中华民国全部领土之一部，可是蒙古享受自治，内政事件不许中国干涉，并且允许蒙古建立自主的交涉"（注四一）。所以认为他可以和蒙古政府谈判条约，其范围自互助协定到内国法院命令在他国境内执行协定等，均无不可（注四二）。

俄国的态度，默示的否认了中国关于第一项的解释，不过并没有把俄国所负关于中国在蒙古的地位的义务，完全推翻，俄国虽然承认尊重中国在外蒙的主权，不过对于其所尊重的主权或权力，俄国并没有明确的定义。可是，如果承认一国在某地之主权，则相因而至的权利，在国际法律惯例上，自有其存在之最小的限度，此必须注意。譬如在中国的租借地和巴拿马运河区，虽然在无论哪个例子中，名义上的主权者把所有国际法上具有主权所应执行之其他各种权利及权力，实际上授予别国执行，然而这最小限度的权利，还是被人承认的。在这里，只要中国和巴拿马具有主权，那么他们就在这些地方领有而且执行"最后的和最高的法律权能（Ultimate and Supremes Legal Competence）"。仅有主权者才能用公开的或默示的行为，规定该地方政府在宪法中的地位，也只有主权者才有处置该地领土之最后权威（注四三）。

中国在外蒙建立起上述最小限度的权利，在蒙古的法律地位上，就有坚确不移的作用，只要俄国承认中国在外蒙的主权（注四四），则俄国只能承认蒙古地方政府，是由于中国宪法机关赋予权力的机关。更值注意者，根据最近苏联的宣言和外交惯例，如果不取得其本身的同意，而欲改变中国在外蒙主权者的地位，其可能性更大为减少。有一个例外，苏联政府在最近五年来，已经废弃了条约之事状如恒的原则（Doctrina of Rebus Sic Stantibus）（注四五），而且曾经明白宣布现存国际权利义务，只有经过相关各方之谈判，才能改变（注四六）；将来的谈判可以根据苏联承认中国在外蒙的主权，而更确定中国在该地之其他权利及义务，而上述最小限度之权利的存在，可不必再用特别协定来确定。

虽然中国政府要求单独完全统治外蒙，然而自从一九二二年以来，中国政府避免用武力方法来主张这种权利（注四七）。采用这种态度的一个理由是中国知道苏俄将保护外蒙政府以抵抗第三者的攻击（莫斯科方面最初不过暗示，以后就宣布了）。苏联保护外蒙，其法律根据，不外苏联对于顾、加拉罕协定第五条第二项的解释而已（注四八）。一九三六年《苏蒙互助公约》公布，当时苏联政府机关报《消息报》就根据这种解释，对于预想到的对于公约的批评，预为辩护，并指出条约上规定着："关于保护其边界安全所采之手段""问题"，双方同意将来由中苏开会解决；因此，该报坚持着，签字国家业已承认，关于保护蒙古边境由双方共同负责。其政府发言人宣称：

> 由此观之，中国政府显已承认苏联在特种情形下，为保护蒙古人民共和国之边境，有权采用派兵之手段。诚然，此种手段，早宜一如北京协定所规定由中苏会议详为计划，然其所以并未产生，其责不在苏联，乃由于中国遍地烽火，以及中国政府地位之不稳有以致之（注四九）。

依据中国政府的默"认"，苏俄宣布它保护蒙古政府，兹与蒙古政府合作，这是苏联把扶助蒙古，保全其领土之完整及不可侵犯，从事经济、文化、建设等责任放在自己肩上的必然结果（注五〇）。不过，苏联宣布他并没有管理蒙古人民共和国的事务，所以对于蒙古人民共和国的行为，不负担任何责任。这种地位与"保护"之现代观念相去甚远。所谓保护，乃保护者对于被保护国之确定"不完全掌权（Diminution of Sovereignty）"及主权权力，施以某种程度之控制，同时，保护者对于第三国，也负着同等分量的责任（注五一）。

外蒙在国际法上的地位，在广泛的原则上看，是清楚的，在特别详细的地方（注五二），就感到有些模糊。在国际间说，在蒙古的主权是赋予中国了，中国、苏联、至少和外蒙并不直接相关的英国，都曾经明白的宣布过（注五三）。蒙古人民共和国的事实政府（De Facto Government）曾经宣布完全独立（注五四），然而并没有取到一般的承认。

中国中央政府和蒙古当局间之实际法律关系，十分难于分辨（注五五）。蒙古要求完全脱离中国而成独立国家，并没有法律根据；不过在政治关系上，则有待于实际的事实。中国主张在法律上完全统治外蒙之内政与外交，有其坚强之法理根据，但是在决定蒙古的现行政策上，效力渺小。苏联宣称苏蒙之真实关系是"中蒙人民以外的事务"（注五六），但对于此种关系各有其有效控制之权。对于中国，这是完全承认她在蒙古的主权；对于蒙古，这是蔑视中国政治威权，而承认扶助一种自治；对于第三国，由于她对蒙古政府的军事援助与合作，而在那造成了一个"排外的势力范围（Negative Sphere of Influence）"。

根据本文提供之论据，在法律上主权属于中国，甚为明显的事实。至于这种畸形局势的造成，则不是这里所要讨论的。

（译自 The American Journal of International Law，Vol. 33，

No. 3，July，1939）

附注：

1. See the following：Oppenheim，International Law，4thed.，p. 233n；British Foreign Minister Anthoay Eden's answer to a Parliamentary question 5s reported by the Times，London，Feb. 13，1936，p. 6；P. M. Roxby，"Mongolia" in Eecyclopaedia Britannica 1929，vol. 15，p. 7 10；G. E. Socolsky，The Tinder Box of Asia，1932，p. 181.

2. British Parliamentary Command Papers，3134，China No. 1，（1882）pp. 13−15.

3. B. De Siebert and G. A. Schrelner, Entente Diplomacy and the World, 1921, Chap. I; E. B. Price, The Russo-Japanese Treaties of 1907－1916 Concerning Manchuria and Mongolia, 1933.

4. A. Kaltinikov, in The Revolutionary East, 1934, No. 5, pp. 137－156 (the oringinal theme is "The native revolutionary movement in preautonomous Mongolia"); S. Shodzholov, "The Autonomous Movement in Mongolia and Tsarist Russia", in The New East, 1926, No. 13/4, pp. 351－363.

5. See the introductory article by A. Popov, "Tsarist Russia and Mongolla", in The Red Archives, 1929, No. 37, pp. 1－16

6. Mac Murry, Treaties and Agreements with and Concerning China, Vol. I, pp. 992－996, 1066－1067, 1178－1179, 1179－1189, 1239－1244, 1259－1265.

7. "Relations between China, Russia and Mongolia", in A. J. I. L, Vol. 10 (1916), p. 807

8. Millard's Review of the Far East, Shanghai, Vol. XI, No. 1, p. 12－13.

9. Ibid.

10. See The Times, London, Nov. 10, 1919, p. 13; and ibld. July 23, 1919, p. 11; Robere T. Pollard, China Foreign Relations, 1933, pp. 120－121.

11. China Year Book, 1924, P. 580; And see Henry K. Norton, The Far Eastern Republic of Siberia, 1927, pp. 140－141.

12. Stalin, Maxism and the National Colonial Questions, 1935, pp. 740－77.

13. Louis Fischer, The Soviets in World Affairs, 1930, p. 463.

14. Doxom, op. cit. , p. 72.

15. Viktorov and N. Khalkhin, The Mongolian People's Republic, in Russian, 1936, p. 27.

16. T. J. Betts, "The Strategy of Another: Russo-Japanese War", in Foreign Affairs, Vol. 12, No. 4, pp. 592-603; For the Russian expression of this view, see Izvestia, Moscow, Apr. 8, 1936.

17. The Special Delegation of the Far Eastern Republic to the Washangton Disarmament Conference, "Letters Captured from Baron Urgern in Mongolia".

18. See the China Year Book, 1924, p. 576.

19. Pravda, Petrograd, Nov. 14, 1920.

20. Norton op. cit., p. 332.

21. Izvestia, Moscow, Jan. 5, 1921.

22. Viktorov and Khalkhin, op. cit., p. 17.

23. Izvestia, Aug. 10, 1921; And Leo Pasvolsky, Russian in the Far East, 1922, pp. 167-177.

24. Izvestia, ibid; Leo Pasvolsky, op. cit., pp. 177-179.

25. J. J. Korostovetz, Von Cinggis Khan zur Sowjetrepublik, 1926, P. 317.

26. Graham, "A Decade of Sino-Russian Diplomacy", in American Political Science Review, Vol. XXII, No. 1, pp. 45-69.

27. See E. A. Korovin, Das Voikrecht der Ubsrganziet, 1929, pp. 1-2.

28. British Foreign and State Papers, Vol. 192, (1930), Pt. I, pp. 854-857.

29. T. A. Taracouzio, The Soviet Union and International Law, 1935, pp. 253-256.

30. Op. cit., p. 54.

31. 蒙苏双方之解释均各不同。

32. Taracouzio, op. cit. , pp. 287-298.

33. China Year Book, 1924, p. 860; Koroitovetr, op. cit. , p. 320.

34. China Year Book, 1924, p. 863.

35. Fischer, op. cit. , p. 544. Also see Chicherin's Note to the Outer Mongolian Government, Izvestia, Moscow, 1921, Sept. 17.

36. Fischer, op. cit. , p. 544.

37. North China Herald, Shanghai, March 15, 1924, p. 402.

38. Stalin, op. cit. , p. 79.

39. MacMurray, Treaties and Agreements with and Concerning China, p. 134.

40. China Year Book, 1924, P. 883; M. Nikitine, Mongolia, in Dictionary Diplomatiqus, paris, 1933, p. 147; Documents on International Affairs, 1936-1937, pp. 473-474.

41. Chicherin's Report on International Situatious, In Izvestia, march 6, 1925.

42. Izvestia, Apr. 8. 1936; Taracouzio, op. cit. , p. 471; and passim; also Taracouzio, In A. J. I. L. , Vol. 31, p. 60. 1937, "International Cooperation of the U. S. S. R. in Legal Matters".

43. C. Walter Young, The International Legal Status of the Kwamtung Lossed Teritory, 1931, pp. 13-14; Quincy Wright, Mandates under the League of Nations, 1930, p. 297.

44. Eugene A. Korovin, (book review of Taracouzio,) in Havard Law Review, Vol. 49, 1936, p. 1394.

45. Eugene A. Korovin, "Soviets Treaties and International Law", in A. J. I. L. , Vol. 22, 1928, pp. 762-763.

46. Litvinov, Foreign Policy of U.S.S.R., in Russian, 1937, p. 151.

47. China Year Book, 1924, p. 980.

48. 见本文前。

49. Izvestia, Apr. 5; Pravds, Apr. 9; The New York Times, p. 19, Apr. 10, 1926.

50. Izvestia, ibid.

51. Baty, "Protectorates and Mandates", in British Year Book of International Law, 1921-1922, P. 112; Clyde Bagleton, The Responssibility of States in International Law, pp. 35-36.

52. In Pacific Affairs, Vol. 10, No. 3, p. 335.

53. China Year Book, 1926, pp. 795-800.

54. 如谓中蒙为宗属关系, 似乎亦无理由根据, 而且虽然在一九一五年六月七日之《恰克图条约》中曾引用"宗主权"及"自治"二词, 然而今者三方全不承认有宗属关系存在。

55. Russian Review, Vol. III, p. 165.

《外交研究》(双月刊)

重庆外交问题研究会

1940 年 2 卷 1 期

(李红权　整理)

内蒙研究[①]

译自 New East Asia

明若　译

确保远东之永久和平，谋举中日共存共荣之实，这是日本对中国的国策，并且根据中国有识之士，及正当的国民舆论而促进与协助合理的完成，这也就是日本实现上述的永久和平与共存共荣的手段，因此，这次"蒙古自治政府"的成立得于日本的协助与全力支持是谁也不可否认的事实。

世界各处袭击而来民族斗争的大波，使内蒙古的天地亦不能脱离了这狂澜而成为永久乐园。西有赤俄的东渐，南则有满〔汉〕族的侵入，更加上近年来日本的积极殖民与移民至内蒙，使内蒙的民族达到了危急存亡之秋与临于灭亡之途了。所以，内蒙的民族如果不再设法自治、自立，那末内蒙的民族必定要为他族所同化了。

内蒙的现况

最近四月九日汪主席与德王在张家口会谈的结果，使内蒙的问题完全解决了，因为在过去，内蒙确实是一个严重的问题，并且

---

① 作者是站在日伪立场上行文的，为保持资料原貌，照录原文，请读者明鉴。——整理者注

几乎成功一个悬案，但现在的"内蒙自治政府"却亟愿在汪主席领导下向着和平反共建国的大道迈进，这的确是一件有历史意义的成功。

所谓东部内蒙古是合四盟三十八旗及锡呼图库伦喇嘛旗和在〔地〕地〔察〕哈尔东方的伊克明安旗之四十旗而成，面积为一六一，六八○平方公里，人口为五，五○○，○○○人，内有五，一○○，○○○人为汉人，一○○，○○○人为回教徒，而蒙古族人仅不及三○○，○○○人，彼等现在尚分为宗族、平民、奴隶等三阶级，成吉斯汗的后裔为宗族，称为亲王、群〔郡〕王、贝勒、贝子。至于东部内蒙古的地区是由山海关向西走，沿万里长城至居庸关分开，向北折至八达岭，向西行则折入中国本部，穿过雁门关将山西分为二部，在长城线之北者称曰内蒙，长城线以内称为华北，因此长城是华北与内蒙的"分界线"。

自从一九三七年的八月十二日南口被日军占领后，在这二个月中内蒙各地的自治会相继成立了。九月四日南"察哈尔自治委员会"成立，十月十五日北"山西自治委员会"成立于大同，十月二十七日"内蒙自治会"亦成立了，直至十一月二十二日这三个自治会正式合并而成为"内蒙自治联合政府"。这"内蒙自治政府"的首领为德王，政府内部分为总务、内政、绥靖（即公共安全部）、财政、实业、司法、贸易等七部，在这七部中及自治政府首脑部中，蒙汉人长部者其比率约为五比二，说得明白些，这七部中有五部的部长是蒙人，二部的部长才是汉人呢。

在"内蒙自治政府"直接管理下的内蒙银行资本为一二，○○○，○○○日元，内蒙电气公司的资本为二四，○○○，○○○日元，内蒙地产公司为一○，○○○，○○○日元，伦远（译音）铁矿公司资本为二○，○○○，○○○日元，内蒙铁道公司的资本为六，○○○，○○○日元。至于大同煤矿公司是由

"内蒙政府"与华北企业公司合作投资的，资本额为四〇，〇〇〇，〇〇〇日元，但是我们要知道这许多资本额中大部分是日本人投资的。因此内蒙银行所发行币制的汇率也是随着日金的涨落而涨落的，所以内蒙的经济权几乎全为日本人所操纵与统制的。

内蒙与日本

从来流传于内蒙古的对日空气即是亲和的，合作的，虽然也曾经有过一度的所谓"抗日"、"排日"的空气，但是也仅仅是一度吧〔罢〕了。自从《塘沽协定》成立，内蒙也就成为"特殊地区"，日本在这特殊地区内有驻兵之权，因此内蒙对日空气除了恢复原有的亲和的空气，更进一步的与日本打成一片了。

但是最近日本的各种现象，内有政治、经济、思想的纷乱，外有多难的国际诸问题，世态更变为混沌，即使政治家亦有忘却久远之计者，所以著者以为虽然日本的最后目的是在海洋政策，但是为了实现远东永久和平与实现大陆政策，日本应该更进一步的和内蒙合作，并且积极地开拓与投资于内蒙的各项事业。

日本近数年来对内蒙的开拓与投资，真所谓"惟恐后人"，因此这数年来内蒙的工业发展得相当的快速；同时我们又应知道日本投资额巨量的增加后，一方面固然可以促使内蒙实业与工业的发展，使日本所缺乏的工业原料及食粮供给更形充足，而无不足之忧，他方面亦可使日蒙贸易额互增，如此则日蒙关系可以更形密切了。因此巨量的增加投资额于日本固有利，于内蒙亦有利；特别是内蒙的工业与实业的得以复兴。

内蒙所有的富源如高粱、玉蜀黍、粟等食料产品至少也可以解决一部分日本的食粮不足的问题。他若棉花与烟草的栽培，于日本工商业原料上是非常有望的。至于矿业呢？铁、煤、石绵、食盐以及森林的栽培及畜牧事业等一切事业的发展，于日本是绝对有利的。总之，站在经济学的立场而言，华北、内蒙与日本是不可分离的。

我们又知道内蒙人口密度还不及日本内地的人口密度的五分之一。同时呢？除了一四，二五三平方公里的可耕地面积外，尚有十分之九为未开垦地（约有九千余万方里之多）。当然啦，这些未开垦地固然为日本移民的良好场所；但是另一方面如果能尽量的开发这未开垦地，那末无论于日本的国策上、经济上、政治上，都是绝对有利的。不过著者以为开拓与移民的方法、手段，一定要良好才行呢。否则肥了的是中国人，而日本人却成了"内蒙的肥料"。

内蒙的气候

因为内蒙是一望千里的沃野，且无河流小川往来于其间，因此内蒙的气候亦即成为所谓大陆性气候了。每日间昼夜与一年中冬夏间温差（相差的温度）真是大极了。七月里平均温度为摄氏二五·四度（每日测温四次，上午八时、十二时，下午二时、六时），一月平均温度为摄氏〇·五度，但是夏季最热时几及摄氏四十度，与南洋相似，冬季最冷时达零下三十度，最奇的那就是"一日三秋"了，实际上一日或者会变上十数次呢。

致〔至〕于雨量呢，比起中国本部来那真是少极了，终年也不过是六百耗左右。虽然内蒙的气候是如此的不良，但如果施以大陆栽培法，那末对于这不良好的气候，仍是良好的。并且因为在六、七、八、九四个月中的雨量，约占终年雨量的十分之七至十分之八，足补春季雨量的不足，因此也有人称〔为〕六、七、八、九四个月为"温季"、"雨季"。

由此我们可以知道内蒙气候的缺点是：

一、气温相差太大，且为大陆性。

二、雨量缺乏。

三、栽培期短。

但须知道（1）栽培期虽然短，但因气温高故仍易于成长。（2）干燥可改植棉花。（3）因严寒故易于收藏。

内蒙的对外贸易与经济状况

近年来与内蒙发生贸易关系的约为四处，即西北、平津、山西与满洲；直至一九二九年为止，外蒙的对内蒙贸易额始终保持着第一位。但最近数十年来特别是中日事变发生后，外蒙与内蒙间的贸易几乎全部停顿了。

包头是内蒙的贸易中心地，自从中日事变发生后，西北（包括宁夏、甘肃）对内蒙的贸易亦大量的减少；这是由于甘肃与宁夏至今尚未宁静；而平、津的对内蒙贸易却相反的在大量的增加。

鸦片（特货）占输出额中百分之四十，谷类与食料占百分之三十五，其次即煤、铁等矿产。

因为内蒙的经济制度比较上旧式些、粗陋些，因此虽然有一部分的贸易是有利于内蒙的，但是大部分还是于内蒙有损的，入超呢？并且入超的数量是很大：即以一九三九年对外贸易而论，即入超二○，○○○，○○○日元，致使最近数年来内蒙的财政真是拮据极了，赤字公债，亦在大量的增加中；这是一件极堪忧虑的事，如果不立刻设法，那末内蒙的经济将陷入极度危险的状态。

解决与救济这财政困难的方法，我（著者自称）以为应该实施下列各方针：

一、致力于畜牧业与农作物的发展与生产——我们知道内蒙未开垦地是占内蒙的全面积的十分之九；因此，努力致力于畜牧业与农作物的发展与生产是不生问题的。

二、统制与加强企业公司的组织——虽然，"内蒙自治政府"成立仅仅是两年，但是这些企业公司却都不受统制的，没有组织的；当然，有好许多是不利于当局的；因此刷新经济制度与金融政策是急不容缓的事。而统制与加强企业公司的组织，又是在内蒙的现况下所必需要的。

三、尽量接受日本的投资并利用其技术以开发矿产，那末于财政上以及对外贸易收入上是不无小补的。

四、增强人力的利用——这是的确的，内蒙的人力是不足的，如果须要"地尽其利"，那末人亦必须尽其力。而移民、殖民又是增加人力利用的唯一的良好方法。因此奖励移民到内蒙，于内蒙确实也有很多的好处呢。

内蒙的富源

A 矿产

内蒙的天然富源，特别是矿产的蕴藏；伦远（译音）的铁及大同的煤可称为内蒙之冠；其他如石绵、云母、黑铅等物的蕴藏量亦很丰富；总之内蒙的天然富源是很丰富的。

内蒙已有三○二个已被开发的矿产，而矿产的地点其中一百四十五处在山西北部，一一○个在察哈尔，四七个在绥远。

自从一九三八年八月"内蒙自治联合政府"颁布《矿产条例法》后，至一九三九年二月止，仅仅是六个月中，经过请求而获得矿权者又有二百四十七处之多。其中以煤矿为首位，云母次之，黑铅矿又次之。至于铁矿，那末内蒙大约有二○○，○○○，

○○○吨的铁的蕴藏量，并且大部分分布在伦远附近。即以伦远一处而论，年产即在五○○，○○○吨以上。并且这里的铁质也是很良好的，含有铁质约有百分之四十至百分之七十之谱。白云山一带铁的蕴藏量为三四，○○○，○○○吨，最近呢，伦远铁矿公司已在华北企业公司与"内蒙政府"合作投资下开采了，白云山则尚未开采。

蕴藏煤量最丰富的区域大约是察哈尔南部与山西北部，以及大星山（译音），内中以山西大同的煤质最为良好，而贮藏量亦最丰富，约计三○，○○○，○○○，○○○吨；它的煤质成分为百分之六十，因此实在的蕴藏量为一七，○○○，○○○，○○○吨。如果大同煤矿年产三○，○○○，○○○吨，那末亦可继续开至五百七十年之久。这是一个多么伟大的矿藏呀！

至于云母及黑铅等矿业呢？有好许多亦已着手进行开采工作，但大部分却还在计划中。

将煤液化而为煤油，这是日本开发内蒙的最重要的一项政策与急须实行的事。因为如果一旦能液化煤而成为煤油，那末日本所缺乏的汽油可以迎刃而解了。多次的实验与试验的结果，人造汽油是试验成功了，并且年产约可三，○○○吨。

最近日本为了增高生产效率计，大同煤矿增加了资本金五○，○○○，○○○日元，伦远铁矿公司增加了三○，○○○，○○○日元，而以一三，○○○，○○○日元为增加人造汽油公司之资本。

B 畜牧业

除了煤、铁矿之外，畜牧业在内蒙的富源一项中堪称为第二；这是由于内蒙地区广大辽远以及青草的茂盛所致的。下表为最近内蒙畜牧业之近况：

牛	五六〇，〇〇〇头	马	五〇〇，〇〇〇头
骡	九七，〇〇〇头	驴	二七五，〇〇〇头
山羊	八九五，〇〇〇头	羊	三，九五五，〇〇〇头
骆驼	五三，〇〇〇头	猪	五四〇，〇〇〇头

因此羊毛、皮革也就成为内蒙对外贸易中次重要的一项。

C 农作物

内蒙可耕之地之面积约为一四，二五三方公里，但是还有十分之九仍未开垦呢。因为气候的关系，栽培期短少的缘故，所以像玉蜀黍、小麦、大麦、黑麦、粟、米谷等物都是一年一熟的。

一九三八年中内蒙输出约有三〇一，一七五吨的农产品，值约为三八，〇九五，〇〇〇日元之多，约占输出总额中全额的百分之三十五，而鸦片之输出却为四〇，〇〇〇，〇〇〇日元。

D 食盐业

"无海之国"的内蒙古，由盐湖而制成盐的，最有名的是西乌珠穆旗的布斯浓尔，该湖的周围约为五里，年产约为百五万十贯，近年由内蒙输往满洲者，年约二一，二〇〇，〇〇〇担。当然啦，这笔收入也就是输出中重要的一项。

内蒙的前展

当一九三九年九月一日"内蒙自治政府"成立的时候，内蒙的政治机构组织也就大大的增高；的确的，这"自治政府"的能否实行其权力与维持良好秩序以便促进新东亚秩序对于这政府的将来是相当的重要。

总之为了防卫内蒙本身，为了实现东亚新秩序，"内蒙政府"

应实现下列四方案：

一、"自治政府"应切实励行亲日防共的职务，特别是与外蒙隔绝，如此则方能确保其独立自由。

二、努力开发煤、铁等矿以为发展本土内的工业与增加对外贸易。

三、兴水利，多开河渠以利农业灌溉及调节气候。

四、奖励对外贸易及调整金融。

内蒙工业的能发展是殆无疑义的，我们且不以已开发的矿产及畜牧业等而论，我们姑以林业、制盐业，及曹达灰工业而论，即足以使内蒙抬头，特别是抬头沟、太平沟、徐家北沟、上射力虎、帽子沟等的金矿，即其他如硫化铁，白云山亦有所发现。因此内蒙的工业前途的确是未可限量的。

一九三九年的输入总额八九，五〇〇，〇〇〇日元中有三〇，〇〇〇，〇〇〇日元是建筑的原料——像机器呀、钢铁呀、水泥呀、良好的木材，以及其他建筑上应有的东西，因此，我们相信在不久的将来，内蒙将以崭新的姿态出现于吾人的眼前。

如果"内蒙政府"实现了它必要的经济政策——金融政策的改善，交通政策的刷新，以及工业政策的加强，商业政策的改进，那末我（著者自称）相信在最近的五年中，如果内蒙仍本过去反共、对日亲和的空气，和日本真诚合作，那末内蒙必可焕然一新，而成为世界上最良好的移民地带了。

此文是根据日本主观的立场而说话的，但是内蒙问题的解决，自我国府还都后，当然也认为是"当务之急"、"刻不容缓"的事。

——编者附注

《新东方杂志》（月刊）

上海新东方出版社

1940 年 2 卷 1 期

（李红权　整理）

伊所长新年之期对全员训话①

文都尔护　纪录

诸位同事，今天是成吉思汗纪元七百三十五年的元旦佳节，今日是家家门前，松竹焕彩；条条街头，蒙古旗飘。时当岁首，万象更新。欣一元之乍转，举樽称庆；祝岁历之更始，大地回春。王道普被于人民，快乐洋溢乎言表。朝野上下，鼓舞欢腾，共贺新春。盖一年之计，在于斯也。

自我蒙古成立"政府"以来，当政者惨澹经营，数载于兹，百废俱兴，政无不举，若产业之开发，若治安之确立，若交通之完成，若教育之进步……以及国计民生，在在无不大显迈进！至于宗教之整顿，社会之设施，以及劳动之统制，文化之建设……亦均在蒸蒸向上。抚往追来，以衡今昔，官民百业各方，莫不勃勃然，俱有生气在焉。本所自奉命而改"蒙古文化馆"为"蒙古文化研究所"以后，内部组织机构，更见严密进步，此亦端赖诸位同事之努力所致焉。今后本所工作方面，着重在研究西北文化，诸位都是鸿材硕学之士，于工作方面，自能一德同心，更加迈进，以付〔副〕政府设置本所之属望，而尽诸位自己之天职。

此外还有一点，即古人所谓"国家兴亡，匹夫有责"，现在我

---

① 作者是站在日伪立场上行文的，为保持资料原貌，照录原文，请读者明鉴。——整理者注

"蒙古政府"，正在蒸蒸日上之际，属内各级机关政府，亦均能体副政府之旨，相应上进。惟考诸史籍，凡一国之兴盛，必以其国内之文化为前题，其文化盛则国亦强。本所既为文化机关，而我蒙古属内，又为绝无仅有之设，是本所对于"国家"所负之使命，可谓至重且大矣。本所既负有如此其巨之责，而诸位同事，都是本所巨子，本所将来完成此种使命，自在诸位同事肩头负着，故诸位之于本所，于"国家"，均负有重大责任，希望诸同事努力迈进，莫稍畏葸〔蒽〕，并祝诸位新年之禧。

《蒙古文化》（月刊）

张家口蒙古文化研究所研究部

1940 年 2 卷 2 期

（朱宪　整理）

今日的内蒙古

刘燕午　撰

一　蒙胞对祖国的观感改变了

去年冬，我军出击包、萨，几度进出于沦陷区，在那里可以看到两种不同的现象！就是当我军通过汉胞居住区时，所看见的是汉胞对于国军的热烈欢迎与竭诚协助；在通过蒙胞居住区时，情形就完全相反，那些在日寇卵翼下所成立的"蒙古自卫团"毫不客气地对我们射击起来，不交涉还好，越交涉，越说明，子弹就越能稠密起来。

有好多人就根据这一个事实来批评蒙胞的国家观念薄弱。

实际上，这种批评是不对的，它不在蒙古特殊政治、文化等的背景上去着眼。

在蒙古王公制度下，政治并非平民所能过问，而且知识也为贵族和喇嘛阶级所专有，平民的一切唯王公的意向是从，王公中确实有些是缺乏国家观念的，因为他们要维持封建割据，所以发生袭击国军的事情。

所以有人主张改革王公制度。一位政工同志纳士巴图（伊克昭盟准格尔族〔旗〕人）有过这样的意见：

"王公制度无疑的是阻碍了社会的进化与历史的进步的，但现在却不能遽然废除它，第一步工作，应当是先从教育着手。"

关于蒙古民众对于世袭制度所取的态度，纳士巴图同志这样告诉我：

"老年人看此，当然还是看作神圣的，青年人已经不大感觉兴趣。"

现在也有一些事实可以证明，蒙胞的祖国感是日渐加深着！一九三九年春天，有二十五个达拉特人从包头甫到大树湾，投回祖国的怀抱，在一个欢迎大会上，他们叙说着，在日本兵的皮鞋下所备受的虐待与痛苦，他们说："已经反正的并不是他们的觉悟比别人早，而是他们先抓到了反正的机会。"最后，他们用最激昂的蒙古话发誓，他们今后永远效忠于祖国！同年，也有好多抗〔杭〕锦旗人，脱离了伪蒙军的阵线回到祖国的大地。

在今年春天，我们的国军经过河南蒙地时，沿途蒙民也都给我们以热烈的欢迎，抗〔杭〕锦旗的自卫军，常常要离开他们的驻地二三十里来迎接。

二　两族间的隔膜

我应当概略地说一说蒙汉两族间还存在的隔膜。

首先，在蒙汉平民当中，往往因为言语的不通，以致减低两族民众彼此互相了解和原谅的深度。在蒙胞往往因自己的无知，在各方面，如贸易等行为上要受到汉胞的欺骗，在汉胞又往往受蒙胞的强悍与掠夺的威胁，这种情形在大河北岸蒙汉杂居的地方，尚不显然，因为言语通，感情融洽了，民族的界线，微细到看不出来。

还有一点，是蒙古同胞近来已经受了汉民农业政策的紧密包围了，四周肥沃的土地牧场，都变成了耕田，蒙民都被挤到荒凉的沙漠里去，他们担心，将来是不是有被驱赶到死亡去的危险。

可是在蒙汉上层当政者间的摩擦，却不这样单纯，它往往是因为一些行政的、财政的、土地的问题得不到合理的解决，而发生裂痕，这种裂〈痕〉顶可怕，因为它常常就是两个民族间裂痕的开始，而且侵略者也往往神不知鬼不觉地，从那条裂痕里，伸进阴谋挑拨的黑手！

三　德王和阿王

德王和阿王，是日寇所玩弄的两个傀儡，然而他们却各有不同的政治主张。在"七七"事变前，那位纳士巴图同志说："德王是主张借日本人的力量，实行蒙汉分家，建立一个大蒙古国，阿王却是温和的，他不主张脱离中央政府去谋复兴蒙族的办法，求日本，他觉得那是自寻灭亡。"

为了主张的分歧，听德王曾好几次派人行刺阿王。

据最近纳士巴图同志属意调查，伊克昭盟各旗的人民，对德王之背叛祖国，都表示十分不满与痛恨，对德王所统率的蒙古伪军，也取着同样的态度，但对阿王却给予宽大的原谅，这是因为德王是一个自动的叛逆，阿王却是被日寇所架去的"肉票"。

阿王被架，在□一九三八年春天，事后，他的子民接他的一封亲笔函，纳士巴图同志曾看过一遍，阿王在这封信里，告诉他的子民说：

"我现在已作了日寇的阶下囚，一切命令都是日寇伪造的，希望依然服从中央，不要听日寇的话……"

今年春二月，包敌西犯河套时，我们又听到这样一个消息，日寇已密令阿王回旗活动，那时我正住在东离阿王府四五十里的桃力民附近，那〔纳〕士巴图同志想从杭锦旗自卫军方面探一探虚实，结果这消息终究被事实所否认了。

谁也不知道阿王近况如何，是生？是死？假如还没有为日寇所谋害而健在的话，我们希望他永远保持着钢铁的意志，像牧羊北海的苏子卿，留胡十九年，还依然关怀着祖国的河山。

四　五不管状态

蒙古问题，是一个复什〔杂〕的问题，蒙政当然也是不大容易办；惟其复什〔杂〕，不容易办，一个强力的专一的处理蒙政的机关，是必需的。然而现在，似乎是如此，间接与直接办理蒙政的机关有四五个，机关虽多，事却办得少，而彼此要再"客气"，互相"推让"一下，那就更什么也办不了。行政效率且不说，就对蒙古问题前途也不堪想像的恶影响，这是不是一个严重的问题呢？我想是的。

今年三月底达拉特旗×××司令××到绥西来，曾很慨愤地对人表示："蒙政是处在一个五不管的状态里，像没娘的孩子一样！"

他并且指出了这种状态的严重性：

"假若长此以往，对行政机构不加改善□改革，前途是非常暗淡的，我最担心，蒙胞会往别处跑。"

最后，×××司令还表示蒙民的文化教育，政府亟应设法使之建立与普及，他主张伊克昭盟应设一政治部，各旗各设立一政治部，他说："在普及蒙族教育，巩固团结统一，粉碎敌人阴谋上都有其必要。"

总之，这都是一些值得考虑的实际问题，我们不能瞪着眼睛看着蒙胞往别处跑。

五 明天的蒙古

满族二百余年所施行的愚民政策，使一个强悍有为的民族衰老了，少年人和青年人差不多，都喜欢进喇嘛庙图闲散，有吃，有穿，不必劳动，男子都变得懒而且愚昧了，牧畜多半都是女子的事。

在草原与沙漠之海里，生活了一年多，我发现这一个民族仍然是有为的，各旗普遍的实行着征兵制，连喇嘛也有抛掉经典拥起枪杆的了，每个喇嘛召（召即庙）都驻扎着几十个士兵，合起来数目是非常大的，他们惊人的骑术与射击是可以夸耀于世界的，强悍的民族性，仍被浓厚的保留着，所缺少的，只是知识与组织。

给他们知识与组织，成吉斯汗的雄风，会尽量的再来一次发挥的。蓝天落日，平沙绿草，牛羊，牧女，美丽的青年的蒙古利亚！

在明天，他将是中华民族历史上的一颗灿烂的明星。

《精忠导报》（半月刊）

第九战区司令长官司令部战地服务团

1940 年 2 卷 3 期

（李红权 整理）

蒙旗党务设施之回顾与前瞻

察绥蒙旗党务特派员办事处　撰送

吾国以党治国，党权高于一切，此夫人而知，无待赘述。顾蒙旗过去因文化之落后，环境之束缚，以致党之基础未能确立，党之势力未能深入。最近二年来抗战军兴，一方面因中枢之重视，一方面因环境之需要，蒙旗党务随略现曙光，而日趋发展。兹分过去、现在与将来三点，将蒙旗党务情形，略述于后，以供邦人士留心蒙旗党务者之参考焉。

一、过去　蒙旗党务创始于民十五白云梯主持之内蒙党部，惟因经费之困难，人材之缺乏，与夫环境之恶劣，故不久即行停顿，成效未赌〔睹〕。继之为民十七李丹山、金永昌主持之内蒙党部，仅活动于北平一带，未能深入蒙旗，故影响甚小，且因种种关系，不久亦行中断。迨民二十二年至二十四年，绥远省党部内附设之推进盟旗党务委员会，负责征收党员，组织民众团体，党务进行粗具端倪，旋因暴日强迫取消华北党部，致难继续活动。民二十五年又派员白音仓前往秘密工作，惟因环境之诸多困难，成效未著，即归停顿。

二、现在　自民二十六芦沟桥事变以来，蒙旗顿成西北国防前线，暴敌为完成其满蒙侵吞政策，积极觊觎，我政府深感蒙旗地位之重要，认为非确立党之基础，发挥党之力量，无以提高蒙胞之民族观念、国家意识，而蒙胞中之优秀分子，艰苦备尝，亦均痛感于外侮之迫切，环境之需要，一致认为只有发动党之力量，始能挽救蒙旗地位之危险，基于此种种客观之需要，遂于二十八〈年〉一月一日成立办事处，积极工作，着手征收蒙旗党员，与以主义之训练，使之认识三民主义之伟大，与夫民族团结之必要，借以提高蒙胞之民族观念、国家意识，以增抗敌御侮之国防力量。因工作同人之努力，未及一年，党员人数日增，已成立直属区分部六处，各旗之区分部亦均在先后次第成立之中，各种会议均能按期举行。国民精神动员委员会、新生活运动促进会，亦在本处发动之下组织竣事，此实蒙旗党务之进步，而为过去未有之现象。

三、将来　本处因鉴于蒙旗党务之重要，决于最近之将来先行成立党员训练班，期普遍训练党员，使之均能明了本党之主义与夫抗战之必要，然后加以组织，俾成为抗敌自卫之有力分子，以保卫蒙旗而安定西北。同时更用宣传之方法继续征集党员，务期质、量并进，以增加本党在蒙旗之地位，而发挥救亡抗敌之力量。

总上所陈，蒙旗党务设施之回顾与前瞻已略具于斯，惟以文献之无征，参考之不便，挂一漏万之讥，当在所不免耳。

《中央党务公报》（半月刊）
中国国民党中央执行委员会秘书处
1940 年 2 卷 3 期
（丁冉　整理）

敌人魔手下的内蒙

一萍 撰

一

德王被日本特务机关所挟持和迷惑，已是长久的事了，"七七"抗战前内蒙古一带屡生问题，表面上以德王为中心，实际上由日本特务机关操纵。民国二十七〔二〕年七月，曾有各盟族〔旗〕王公数十人，以德王为首，在百灵庙召开会议，决议组织自治政府等等，向中央提出要求，全国同胞在三民主义国内民族一律平等的原则下，对于内蒙同胞的要求自治之举，亦表同情，故国府曾派遣当时内政部长黄绍竑偕蒙委员会副委员长赵丕廉氏赴百灵庙与德王及各盟主〔旗〕王公直接商讨，翌年（二十二〔三〕年）九月中央政治会议，通过内蒙自治办法原则八项，内蒙可在适宜地点设立内蒙地方政务委员会，委员长及委员，原则以蒙古同胞担任，委员会直属于行政院，受中央之指导，这个原则，已由各王公接受，九月四日政务委员会在百灵庙成立，云王为委员长，副委员长索王、沙王，德王则任委员兼秘书长。在这样一种办法下，内蒙的自治问题已有了解决的基础。但内蒙问题并不这样简单，为的是他已不仅是一个纯粹的内政问题，而有着日寇的魔手在后面兴波作浪，它就怕蒙古王公和中央的意见和感情太融洽，则它的阴谋将无法施展，并吞内蒙的野心，将难于实现，所以它尽量挑拨王公和中央的感情，向德王狡施一切威胁利诱的手段。据日本宣称，德王曾于民国二十四年派遣代表到长春向日、"满""恳请"援助。这若是事实的话，也不过是日本特务机关的过门手法而已，敌人当时是想"兵不血刃"而得到内蒙的，民二十五年德王竟派李逆守信编组伪蒙古保安队，在西苏尼特组织伪政府，妄废民国年号，改用成吉思汗称号，这时候不但日本特务机关人员满布各地，日本正规军传亦化装杂在伪保安队中，更传日本送德王飞机三架。可是动乱的内蒙，在日寇的魔掌下，已是肉在俎上了，十一月大动乱正式爆发，所谓"内蒙政府"竟通电向绥远省政府"宣战"，随之绥远战事展开，敌军和李逆军队一败涂地，德王局蹐于苏尼特一隅，敌阴谋被粉碎。这也许是敌人发动全面侵略的一个原因，绥远战局，正是抗战的序幕而已。

二

　　全面抗战爆发，在德王等一部王公统治阶级，正视为大好机会，当我正规军从察南、晋北等地撤退后，敌军先设置各地傀偏"地方维持会"，二十六年九月四日，察南有所谓"察南自治政府"成立，十月十五日有所谓"晋北自治政府"出现，十月二十八日以德王为奸首的"蒙古联盟自治政府"也登台了。在察、绥、晋区，这时共有了三个各自"独立"的伪政府的存在。

　　这种分立的办法，敌人随之就觉到统制不便，于是在二十六年十一月二十二日，令各伪政府派遣代表到张家口"商量"归并，

即成立所谓"蒙疆联合委员会",敌代表金井章二及村各彦次郎为该伪委员会的太上皇。这时候傀儡系统和人选是这样的:

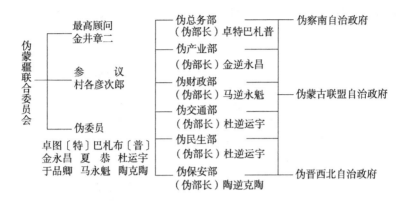

三个政府的组织并不一样,伪蒙古联盟自治政府的组织式样,是奇怪得从来没有见过,其上级系统及人物如下:

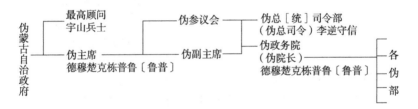

所谓"最高顾问"权力竟在伪主席之上,这又是日本军阀的新发明,在"行政系统"上,都要表明敌员高于一切,下面是伪主席和伪参议会平行等等,莫不是非驴非马,在那里欺辱内蒙同胞。

其他察南、晋北两伪政府系统,则在政府之下,竟无主席,或什么长之类,而设一个"最高委员",和敌派"最高顾问"是竹内文平,伪晋北自治政府的"最高顾问"是前岛升。

这样的一种"统治系统",行到去年九月,敌人又觉不够方便,因为当我游击队进袭时,各伪政府互相推诿,至于收税,则关卡重重，互相争利，所以又决定把它改变，同时为使内蒙更"特殊化"起见，于是年九月一日，就把三个分立的"政府"合并起来，统称"蒙古联合自治政府"，其"上级""系统"表如下：

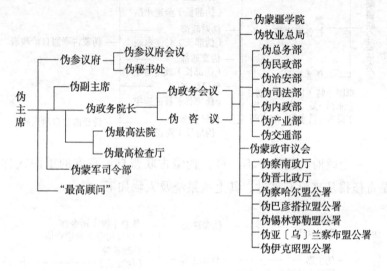

这次改变把三个分立的伪政府完全取消了，改设为"厅"，于逆品卿（察南）和夏逆恭的伪权都被削去，当然心里不愿意，但"主人"的意见如此，只有服从而已。

改后的"人选"情形，和以前大不相同了，以前敌人未直接出来做什么"长"之类，即如伪察南自治政府的保安厅是日人高木一也，他是用代理的名义，但改组后连这欺骗民众的假面具也不戴了，把统治东北的办法，全套的移了过来，以日本人为主干，至于蒙汉傀儡，则随便装十几个或者给他挂个空壳的名衔罢了。

伪政府"最高顾问"是日本人金井章二，"主席"是德穆楚克栋普鲁〔鲁普〕（德王），于品卿与夏逆恭二逆则被安以"副主席"的空职，外则"总务部长"、"民政部长"，以及其他各"部"各"长"的"副长"都是日人，再下的"厅长"、"署长"之流，则更不用说了，德穆楚克栋普鲁〔鲁普〕一直顺从着特务机关的意志，暴跳的叫"自治"、"独立"，今天他可以自觉了吧！

三

在汪逆卖国的《日汪协定》密约中，有"承认华北及蒙疆为国防上、经济开发上的特殊地带"、"蒙疆等地驻兵权"、"承认蒙疆高度自治政府"各条。汪逆未登台前，于本年一月二十四日，在青岛和南北傀儡梁、王会谈时，关于"内蒙问题"，决定派遣周逆佛海和李逆守信（伪蒙政府代表）会见（已于二月二日及三日实行），正式承认内蒙为"高度的防共自治政府"，汪逆割裂国土出卖，在登台前就实行了。——这也就证明高、陶暴露的《日汪密约》的百分之百的真实。

伪蒙政府所宣布的"施政纲领"共五条：

（1）发扬"东亚道义精神"；

（2）"团结"各民族；

（3）安定民生；

（4）防止共产主义；

（5）与友邦合作建立"东亚新秩序"。

五条所谓"纲领"，一、二两条是空的，第三条也是官话，第四、五两条是敌人的口惠而已，一切政治、经济权都操在敌人手中，所谓"自治政府"也者，空无一物，奴才而已。据敌人称伪自治政府管辖下共有五百五十万是汉人，所谓"蒙族自治"也者，不成立，是德王的乱舞，敌人的阴谋而已。

《浙江青年》（旬刊）
金华浙江青年旬刊社
1940 年 2 卷 4、5 期合刊
（李红权　整理）

绥西穆斯林的爱国动态

小苏　撰

绥西通讯：六月一日，绥远各界在陕坝举行"讨汪锄奸运动大会"，我们穆士〔斯〕林八十多岁的老汉、五六岁的小孩一共集合了一百多位热烈地便参加了。

这天刚下过一阵小雨，天气颇觉凉爽，我们很整洁的排队向东操场出发，四野都是绿油油的，觉着塞外的可爱！

穆斯林男的女的也挤满了操场，老汉、小孩一个个集中精神，带出热烈兴奋的情绪，在倾听任振华同志上台讲演，他们毫不觉累！

今天的讨汪大会，我们受到人家不少的夸奖，大概他们是初次的罕见吧！绥西回胞早应组织起来，给敌人一个打击，以粉碎敌人在各地树立的伪回教政权。

会毕，接着就是游行，当大队熙熙攘攘，游行在大街的时候，各种口号、歌曲高冲了云霄，在这时穆斯林青年进行曲，也很悲壮高朗地奏了出来，愈增加了穆斯林们更热烈的兴奋！

这说明了穆斯林弟兄们抗战的决心，也说明了敌人、汉奸，挑拨离间的失败。

夕阳渐渐西下，及返回来已经下午六点二十分了，大家互说一句："主的安宁在你们上"，欢然而散。

又讯：中国回教救国协会绥远省分会为展开战地工作，发动回民参加抗战起见，现正积极筹组战地服务团云。

《中国回教救国协会会刊》（半月刊）
重庆中国回教救国协会会刊社
1940 年 2 卷 5 期
（朱宪　整理）

"满"蒙国境划定委员会哈尔滨会谈^①

作者不详

自去年十二月七日在赤塔举行之"满"蒙国境划定委员会，于十二月二十五日业已完毕赤塔之任务，因之日"满"代表于十二月二七日由赤塔启行赴哈，苏蒙代表则于一月三日由赤塔出发。我政府于十二月二十七日下午一时半发表如左：

> 混成委员会第八次会议，于康德六年十二月二十五日在赤塔市举行矣。该会议关于委员会今后之业务顺序之规定而签字，鉴于最近纷争地域之国境确定之商议顺利进展，当议由康德七年一月七日在满洲国哈尔滨市继续举行。

又日"满"代表一行，于十二月二十九日抵哈尔滨时，曾发声明如左：

> 我等自本月七日以来，继续于苏联邦之赤塔市与苏蒙侧代表会合，关于划定最近曾发生纷争之满蒙国境，直至二十五日，计举行八次会议，进行讨议，但会议进行始终顺利。此间日满官民各位对我代表部曾行援助激励，对此谨表谢意。其次哈尔滨市之会议，已预定自一月七日起举行，今后我日满代表部，决益加努力，以副日满官民各位之期待。再此际拟更申一言者，即我等于出入苏联国境及于逗留赤塔中时，曾蒙苏蒙侧

---

① 请注意作者的敌伪立场。——整理者注

礼诚待遇，于此谨表谢忱。

《国际时报》（月刊）

新京满洲帝国外交部调查司

1940 年 4 卷 1 号

（朱宪　整理）

抗战中的绥远

张西洛　撰

一　最左翼的抗战形势

提到绥远，如果不是今年三月的绥西大捷，恐怕很多人早把这个地方忘掉了，不，都以为全被日本鬼子占去了。的确是这样，绥远的战事是七七抗战之前一年七八月就在绥东开始了，当时的蒙匪伪军以商都为根据地，分犯陶林、兴和，而后十一月初，敌人又集兵百灵庙，而后七七抗战爆发之第三月——廿六年九月，归绥、包头都相继沦陷，以至于今。实际上绥西的安北、五原、临河、东胜等县仍在我军手里，我们不能忘掉的，尤其绥远又是我们全面抗战中的最左翼呵！

我们要谈绥远军事的演变，可以分三个阶段来看，第一个阶段是从廿五年绥东战役到七七抗战；第二个阶段是从七七抗战到绥、包沦陷；第三个阶段是从绥、包沦陷到现在。百灵庙之役包括在第一阶段里，绥西大捷包括在第三阶段里。

首先我们来看第一阶段：在绥东战役里，敌方的主角是李守信同王英两人，率领着蒙匪伪军攻我陶林、兴和，我方由傅作义之三十五军，汤恩伯之十三军，及赵承绥的骑兵部队担任防御，我方是占优势，战役中以红格尔图战役最为激烈。当时与七七抗战所不同的：第一，这一个战争是局部的抗日战争；第二，敌方是以伪军的〔为〕主力，只有极少数的日本特务部队；第三，敌人是企图以非正式战争的方式攫取内蒙。绥东战役的特点在：第一，当时负责军事总指挥的傅作义已能够运用"运动战"，固然还不很彻底；第二，敌方并不沿铁路进攻，专沿公路进犯。

到二十五年十一月，塞外已经是很冷了，敌人突然集中兵力，企图利用汉奸及"蒙政会"的德王破坏蒙汉感情而逐渐向绥北推进。百灵庙之役敌人是很吃亏的，因为当时傅作义已能相当灵活的运用"运动战"，汤恩伯也很机动，于是，是月下旬，由傅下令秘密集中汽车二百余辆调兵，首先包围百灵庙东面，然后迂回至四周。百灵庙四面皆山，我军突于某日上午攻入，敌军溃退。现在的×师青年师长袁庆荣是首先攻入的。

百灵庙攻下在战略上和政略上都是极有利的，蒙胞们称百灵庙为"圣百灵庙"，而该地又是敌特务总机关、伪蒙政会、伪军的所在地，这一个胜利给了敌人一个有力的打击。

之后，双方相持到七七抗战。

我们现在再来看第二阶段：二十六年八月敌军突破了南口，分兵两路，一路南犯山西，一路沿平绥铁路进至绥远境内，绥北方面的伪军也卷土重来，绥东和绥中的集宁、归绥、托克托、萨拉齐、包头等沿平绥路的据点都先后为敌伪军占领。安北、固阳、武川、百灵庙等亦陷落，只绥西南一隅尚存。

这一阶段中，敌人在军事上是异常得手的。绥远的军事长官傅作义留在山西，赵承绥也不在绥远，汤恩伯是很早就被调往守南口，在绥境的，只有一个马占山。

二十六年十月以后的绥远，是在无政府状态中！

最后我们来看第三阶段，也就是绥远军事上的新阶段：傅作义二十八年三月由绥南转入绥西以后，在军事上有了新的布置，整军工作刻已完成，反正部队均重新编制，枪枝亦重新编竣，新编部队经费确定七千元，但实际需二万元，不足之数系由中央补助。敌人当时在绥远的兵力，除绥境所驻伪军外，敌兵力有一师团又一骑兵旅团。

这一个阶段中，除绥西战役外，也是很平静的在相持状态中。

这次敌人进犯绥西，是在我反攻包头之后。廿八年十二月二十日的拂晓，我军即以最神速最敏捷之姿态进抵包头城。事先，我们以"以欺骗代秘密"的原则，在五、临大大的庆祝新年，吸引着全绥西人们的注意，也分散了敌人的注意力，一面却以急行军向包头挺进，包头的敌军约一千一百人，伪军约四百人，炮二十门，装甲车、坦克车一百余辆，由小岛正山郎指挥，我军攻包头时，小岛正在张家口。三昼夜的战斗，我军是完全胜利了。占领了敌人的司令部，焚毁了敌人的军火库，毙敌伪一千余，毁汽车无数，击毙一骑兵联队长。最有价值的，是包头的老百姓在三昼夜的战斗中，跑出了许多，离开了包头，跑到内地去！

包头之敌失败后，敌人是很恐慌的。为了呼应桂南、粤北的大会战，绥西之敌出动了。廿九年一月二十八日，敌军以第二十六师团和炮、骑各一联队为主力，约二万余众，以安北为主要基点分三路进犯：第一路沿五临公路，第二路沿安五公路，第三路由河东西渡南犯。

二月初，敌军已由南北两面形成分进合击绥西之势，先后攻下五、临而后占据黄杨木头迫近宁夏，这十天内敌人的攻击是很猛烈的。中旬，我军布置完成，九日克复黄杨木头，十二日晚冲入临河，克复陕坝，敌残部退守五原，同时由归绥增援，我方则积极布置一大规模之歼敌战，一面派绥东南某部出击，截断归、包援军。

三月十六日，我军继续向五原西南之邬家地进击，二十日即抵五原南郊之义昌圪坦，一部则在扒子补隆与敌军作战，另一部在西山咀，时我军已三面将五原包围，展开歼敌战。

从十八日起我军即开始围歼五原之敌，二十日晚我军挺进于隆兴长及五原旧城，二十一日下午将旧城完全克复，三得三失，五原终在我军手中。此次战果，歼敌三千四百余名，并将敌特务机关长桑原当场击毙。绥西的战斗我军获得完全胜利。

敌人自从这次惨败后，至今仍保持着二十六年十月时之相持状态。在战略上，五、临巩固之后，我军获得相当优势，西南可以保障宁夏和阿拉善旗，北可以屏障乌兰察布盟，其南更可屏蔽伊克昭盟。进可取安北、临〈河〉、包头，直捣平、津，摇撼东北。诚如蒋委员长所说："此后不仅保障西北，而且奠定收复失地，驱除敌军之基础，在抗战全局上，关键尤为重要。"这最左翼的抗战形势确是最值得注目的！

二　战时行政机构之建立

绥远省主席傅作义将军廿八年三月以前并不在绥远，是在山西领导作战，绥远省的行政机构，仅仅在陕北的榆林设有一个省政府办事处。实际，绥远当时还有安北、东胜、五原、临河等县及十几万绥西民众。

一个省没有了政府，自然一切事情都无从推动，至廿八年三月，傅主席从河曲经绥南返到绥西以后，绥远省的战时行政机构才算建立起来了。一般人称绥远廿八年三月以前的时期，为政治脱节时期。廿八年四月以后为复兴时期。

四月起，恢复各项工作，省府为加强行政机构，提高工作效率，除设民、财、建、教各厅外，并添设参事、参议、技正、技士及视察员，另设蒙务组专理有关蒙旗事务。同时制定《绥远省战时行政纲要》为推进工作之根据。

　　绥省共十六县，两设治局，除五、临、东三县尚存以外，安北设治所〔局〕仅存一半，其余皆沦入敌手。省府为适应当前抗战需要及加强各单位之工作效率，最近在五原召集各游击专员、县长会议，确定"游击区域党政军一元化"。民政厅长袁庆曾对记者说："我们的专员、县长，都是战斗性的，攻击性的，都要能打仗，能打游击，才能当县长，不能打游击，就不能当县长。民政厅就以这个标准任用县长、专员。"

　　我也曾经会见几个从绥东来的游击县长，他们也就是那一县的国民兵团团长，县动委会的主任委员，党部的书记长，无论党政军的人员都受他一人的统一指挥。

　　既然专员及县长的责任如此重大，这些人的认识及工作能力则更应提高才行。于是由第×战区副司令长官部举办"抗建工作讨论会"，分批召集各级人员参加讨论。使与会人员在讨论问题时尽量发表意见（民主的），由各教官及指导员加以批评指导，一经讨论终结，议案决定，须一致遵守服从（集中的），如此，认识既可统一，而力量亦易集中，此种讨论会，进行数次，收效很好。专员及县长等还专门举行有"战地工作讨论会"，研究具体工作。

　　绥省的政治目标，除推进一般的工作以外，特别注重：（一）瓦解敌伪政权，扩大抗日政权；（二）摧毁敌伪组织，建立抗日组织；（三）揭破敌伪宣传，加强抗敌思想；（四）加强组织民众，建立战时行政机构；（五）扩大游击根据地；（六）吸收战地青年及知识分子；（七）建立敌后通讯网。

　　现在的绥远，表面上看除绥西外，其他的地方都在敌人手里，事实完全相反的。绥远十六县，除兴和、集宁两县外，其余各县皆有我派去之县长执行政务。绥远民气甚高，不愿受敌人收买，在敌区内如两人发生纠纷，一方情愿受屈，皆不在敌伪县府内去告状。

　　绥远原为内蒙古的一部分，对于蒙务，省府异常注意，因为目前敌人尽量利用德王，争夺蒙胞，挑拨蒙汉感情。省府蒙务组设立以后，即协同盟旗指导长官公署办理蒙务，主要注意促进蒙汉感情，争取附敌盟旗反正，发动各盟旗积极参加抗战。伊克昭盟及乌兰察布盟在抗战中均有良好的表现。

　　绥远的政治，是一天一天在进步中，他们的困难，是经费太少，现在全年中央补助费只廿一万六千元，地方收入只有十五万七千六百五十六元。其次是工具缺乏，自从查禁敌货，根绝走私后，后方的接济因交通不便甚感困难，省府用的一张公文纸几乎都成了问题，自然更谈不到从昆明搬运造纸机器到绥远了！

　　绥远的政治是由混乱时期而走上了正轨，后为适应抗战的需要而有了革兴，行政机构不如其他省份之庞大复杂，它是先有事实需要而更设置一个机构的！尤其可佩的是，自主席以下的公务员都穿一色的黑布制服，拿极低微的生活费，这样琐屑的小事，都是值得我们后方各省学习的呵！

三　民众动员的实况

　　绥远省动员委员会的工作最有成绩了，他们的工作确确实实深入了民间，扩大到敌后，于纯斋先生是省动委会的书记长，他曾经很干脆的向记者表明了几句话："如果敌人冒险进犯到绥西来，我们的老百姓马上就可完成'填井'、'藏粮'、'破道路'……一般的空室清野的工作，因为现在已经演习得很纯熟了！"这是廿八年底的话，今年绥西大战中果然应验了！绥西的民众们都发挥了配合军队作战的效能。

　　其实绥省民众动员的工作开展还并不很久，去年五月五日动委会才正式成立，工作人员仅仅是以宣训总队的廿九人作为核心的三百多个青年。他们的组织大纲，是依照中央廿六年十二月颁布的法令拟定的。他们的工作目前着重于：（一）组织民众；（二）训练民众；（三）武装民众；（四）团结蒙汉。省动委会为全省动员工作总枢纽，各县有县动委会，区有区动委会，乡有乡动委会。

省动委会设组织、宣训、自卫武装、总务各组，动员日报社、流动宣传队、编刊委员会、训练委员会，另设视察员二人。

动委会的中心工作初期为：（一）改善人民生活，以减轻人民负担，严禁奸商垄断居奇，彻底铲除压逼敲诈勒索人民的许多黑暗；（二）推动妇女工作，现在已成立妇女识字班五十几班，有各级妇女工作讨论会，各地成立有妇女会、妇女队，现正调练各妇女队长；（三）建立民众农校，现有六十五所。设立奋斗室，现有五十余所及图书馆；（四）推行新生活及精神总动员，国民月会在绥西已普遍举行；（五）动员民众帮助军队，联络军队帮助民众；（六）扩大战时生产；（七）除奸工作，因绥远地域辽阔，民族复杂，封建组织仍然存在，秘密结合时有所闻，现建立有除奸网，各级分设除奸队，各地有放哨，并开办除奸干训班；（八）取缔散兵游勇；（九）优待抗属；（十）稽查仇货，严防奸商活动；（十一）演习空室清野。以上各项在去年八月底均皆完成。二期中心工作为：（一）民众教育工作：A、加强充实国民月会；B、加强充实夜校、晚会及奋斗室活动。（二）民众组织工作：A、提拔组训民间优秀分子，充任军政干部；B、组织担架队、伤兵站、防护队、自卫队、乡老队、妇女队、儿童队。（三）一般社会工作：A、完成精确的调查统计工作；B、调查统计并实行优待抗属；C、研究土地问题，彻底改善民生；D、倡导推行合作事业，改善民众生活。

现在省动委会各部人员共三十人。五原共四区十八乡，每区工作同志六人，每乡二人，共五十五人。临河共四区三十七乡，现有工作同志九十三人。安北只有一区六乡，现有工作同志十八人。东胜县初次展开工作，只有特派员二人。总计各级工作同志共一百九十八人，每个工作人员不论级职高低，责任大小，每月生活费均为廿元。

最后应特别提出的，绥西的民众普训工作，已开展至广泛组训民众的新阶段。它的统一组织是绥远省国民抗敌自卫团，凡绥西及龄的男女一律参加，所谓及龄是指十六岁至五十岁。训练日期，前期为一月，每日两小时，后期为每周集合至中心村受训一次。任务为组织担架队、慰劳队、通讯网、除奸队、抗属互助队、自卫队、情报队、纠察队、防护队、运输队、农田生产突击队等，现正积极训练地方干部。

四　绥西的经济建设

谈绥远的经济建设，只能限于绥西一部分，因为绥、包沦陷之后，这些地方的经济建设工作即行停止，在我军确守中的绥西——后套地方，经济建设工作才刻不容缓的在进行。

绥远平时有句俗话，说"牧一林二农三"，绥远的畜牧业在战前确是第一位的，近来因为战事影响，刚好将这句话颠倒过来为"农一林二牧三"了。

去年，绥西展开了扩大的"春耕运动"，军政长官首先让军队归还了民众的耕牛，并给民众以保有耕牛、种籽的充分保障，使后套种下了一万五千顷左右的粮食，后套本来是产粮最丰富的区域，他的面积约十六万一千七百余顷，在黄河与乌加河环抱之中，每年约产粮食五十万石。后套农业之所以有如此成绩，不过是下列两点原因：（一）黄河的水利；（二）土地的肥沃。

谈到水利，这是与土地问题一样的成为了绥西目前的主要课题。水利操纵着后套农业的命脉，土地的荒芜是绥远人民穷苦的主要原因。

绥西的水利，原为私人所经营，至民国元年始收归公有，但以管理不良，弊害丛生。现将五临安水利管理局于廿七年七月改为"绥西水利管理总局"，所有后套各渠，均归总局管理，计有大干渠十三道，干渠三十三道，及许多支渠、子渠，灌田约二万顷。现正拟挖乌加河大退水渠，该渠为各渠退水总汇，因年久淤塞，勘测结果须再挖一万七千二百八十丈，除前已挖二千七百丈外，余尚需款三十万零九千余元，正呈请行政院暨经济部贷款。同时整修旧有渠道，整理实业基金地渠道，改善渠口闸箱及渠岸，种植树木保护渠岸，训练水利干部，出版水利刊物，一切均在积极进行中。

其次是土地问题，绥远全省的面积，据曾世英君推算，全省面积凡三十万四千零五十八方公里，但其中能开垦者仅归绥平原及河套垦地，虽然可耕之地已如此狭小，然已开垦者尚属少数。推测起来，不外两个原因：（一）蒙旗地方多未开垦，或大地主拥有广大土地，垦民无从开垦；（二）垦民流动性太大，多春季来，秋收后即他去，大多不愿永居。

绥省现正办理荒地垦殖，由省府组织垦务委员会统筹管理，垦地经调查后，其面积能容纳一千人以上者划定垦区，组设垦区办事处，专办垦务，不满千人者，由县府进行办理。垦地划定后，分段编配垦民垦种，每户人口在五人以下者垦地一顷，每户人口在六人以上者垦地二顷。本省实行"耕者有其田制"，凡愿耕种者，由政府计划分配给耕者，如系垦种私有荒地，其租额不得超过土地正产总额百分之十五，并应自开垦之日起免缴田租三年。有了这种种的优待条例，现在绥西的荒地，已渐渐在垦殖了！

最后再看造林和畜牧工作。绥省林业，一向是自然发展，只有大青山一带树林较多，廿五年有第一林区之设，计苗圃面积共十三顷七十亩，共育苗七百余万株，去年春间扩大乡村造林运动，计栽六万三千八百株。牧畜方面比较衰落，仅对制革方面加以改良，举办毛织手工训练班，筹设毛织实验工厂，小规范〔模〕办理毛织事业。

对于重工业，在绥远委实无法开展，人材尚有一二位专家，但是原料与机器都感到缺乏，塞外现在所兴办的，仅仅是几架木机用作工具的手工业而已。

五　改善人民生活在绥西广泛展开

一到绥西境内，第一个触目的就是墙壁上的标语很多，标语中又以"改善人民生活"这一句话为最多，写标语〈的〉有省政府、党部、动委会、战区政治部等机关，这可看出在绥西改善人民生活，已是刻不容缓的事情了。

平时，就是黄河所独富的河套一带的居民，也是很痛苦的，租税重重，军队又骚扰不堪，傅主席回绥西以后，第一个要作的，就是这个工作。德王拼命在那里收买蒙胞，组织伪蒙自治军，而李守信等人更是大量收买民众，扩充伪军。我们为甚么不把民众团结在抗战的旗帜之下呢？

大家都明白，改善人民生活是实际减少了人民的痛苦，加强民众对我之信仰，直间接增强抗战实力。在绥西，省府已着手办的，有下列几项工作。

（一）豁免捐税及民欠农贷　省府迁榆林后，曾将全省民欠二十一年至二十六年粮赋及征收局所之车捐，一律豁免。去年四月进驻绥西复将以往所征斗捐、车捐、骆驼特捐、营业税……等，一律分别豁免停征。一面又将各县局民欠省赈务会之农贷及其他贷款一并免予归还。统计豁免全省民欠粮赋共一百四十二万余元，豁免地方及无饷部队挪借省款共绥钞十七万余元，豁免农赈贷金共十二万三千余元，豁免全省各种税捐年约九十余万。

（二）调整军粮　省府会同战区副司令长官部组设"绥西军粮调整委员会"及"采购军粮介绍所"，评定价格，严禁各部队自行征用。

（三）限制租息　绥西各县僻处边陲，地租利率较任何地方为高，对于一般平民生计影响甚大，省府现制定限制租息办法，限令地主所得地租，每顷不得超耕作收获物百分之五十，并担负官租、水租及县地方一切摊派款项，利率不得超过月息二分。

（四）评定物价　核定各县军民必需物品最高价格，切实执行，以免奸商操纵。

（五）限制消费　粮食关系抗战前途甚大，对于生活非必要之消费，自应统筹节用，业经规定办法，限令各缸户一律停止烧酒，统计五、临、安三县缸户停烧后，每年可节省食粮七万余石。

省动委会也配合省府办了几件改善人民生活的工作，但因限于权力，使很多工作皆无法开展，他们所作到的：

（一）调查各乡贫户予以赈济。

（二）参加监理本年丈青工作。

（三）利用各种方式——如晚会、联欢会、欢迎欢送会等促进军民合作。

（四）制定民间疾苦调查表，内分丈青、摊派、差役、军民关系、高利贷、贪污、水利、垦务及其他各项，汇成专案，谋相当的、实际的予人民生活以改善。

（五）发动民众存贮干粮。

（六）监督差役摊派等。

（七）发动民众帮助军队盖营房。

（八）发动民众〔军队〕帮助民众秋收。

改善人民生活，在绥西确已收到相当的效果，举一个很小的事实为例：绥西目前已没有讨饭的叫化子，这一点可以看出绥远的政府已能够给每一个人以最低限度的生活，同时做到了"人尽其力"的标准。

实际的改善了人民生活，动员工作是不难推进的，由绥西可以看出：要做到人人参加抗战，只有从改善他们的生活着手。

《国民公论》（半月刊）

桂林国民公论社

1940 年 4 卷 1 期

（朱宪　整理）

"满"蒙国境会议业务告终①

作者不详

关于临时"满"蒙国境确定混成委员会，其会议业务告终一节，当即于二月一日午后五时，将该委员会之共同声明发表如左：

满蒙国境确定混成委员会，自康德六年十二月七日至同月二十五日于赤塔，又自康德七年一月七日至同月三十日于哈尔滨市，前后经十六次会议，于该会议，日满代表部与苏蒙代表部关于国境确定问题，双方之见解完全对立，已经明了，鉴于双方见解完全对立，委员会在久保田日本委员主宰之下，于一月三十日所举行之最终会议，决定其业务已经终结。

外务局当局谈

"满"蒙国境确立混成委员会一月三十日之最后委员会声明，其交涉已达不能缔结，日"满"及苏蒙方之委员，业将该会议之结果，报告于各该国政府。

---

① 请注意作者的敌伪立场。——整理者注

苏蒙代表回国

　　出席于"满"蒙国境确立混成委员会哈尔滨会议之苏蒙代表一行，于一月三十一日乘午前八时五十五分列车经满洲里而就归途，至于今后关于本会议之问题之推移，须待政府之交涉。

《国际时报》（月刊）

新京满洲帝国外交部调查司

1940 年 4 卷 2 号

（朱宪　整理）

赤塔国境会议告终[①]

作者不详

关于确定诺门汗方面"满"蒙国境，前于六月九日，业由日本东乡驻苏大使与苏联莫洛托夫外务人民委员间成立约定。当时曾行公表，此次为实施该约定，定于八月一日起，在苏联邦赤塔市举行为确定"满"蒙间现地国境之委员会下村外务局政务处长及博彦满都兴安局参与官任命为我方委员，外务局于七月二十五日发表当局谈〈话〉如左：

> 关于确定客岁发生纷争之满蒙国境地域，兹为实施六月九日驻苏东乡日本大使与莫洛托夫苏联外务人民委员间所成立之约定，定于八月一日起，在苏联邦赤塔市举行满蒙间现地国境确定委员会。我方委员为外务局政务处长下村信贞及兴安局参与官博彦满都。我方委员一行预定于二十六日乘亚细亚车由新京首途赴赤塔，再蒙古方面委员为"多尔吉"师团中将及"斯米尔诺夫"赤军参谋大佐。

豫定自八月一日起，在赤塔市举行之满蒙现地国境确定委员会，因蒙古方面之关系，改于八月三日举行。自开会以来，经过六次决议及与技术专门家会谈，收获预期成果。双方代表于八月二十五日离赤塔赴现地国境。二十六日午前十一时，"满"蒙现地国境确定委员会由两国政府发表共同声明，声明原文如下：

依据昭和十五年（即康德七年）六月九日东乡、莫洛托夫之协定及同年七月十八日东乡、罗卓夫斯基之协定，所成立之满蒙现地国境确定混合委员会，自本年八月三日于苏联赤塔市曾举开第一回会议，迩来举开六次，更于其间由技术专门家屡行会谈，于互相理解精神之下，关于现地作业，决定诸多新规，获得所期之成果。是以满蒙双方全权代表部，于八月二十五日离赤塔市赴现地国境矣。

《国际时报》（月刊）

新京满洲帝国外交部调查司

1940 年 4 卷 8 号

（朱宪　整理）

敌人侵占绥远后的毒化政策

李松如　撰

一　绪言

敌人之欲亡我国家，灭我种族，除直接施用军事的、政治的与经济的阴谋侵略外，所到之处，迅速并扩大以鸦片、白面（海洛英）等类毒品毒化我民众，亦为其一贯的政策之一。自七七事变绥、包失陷以来，敌人在政治上利用汉奸，组织傀儡政府，煽惑蒙、回，挑拨民族感情，组织自卫团，加强保甲，防我游击部队之袭击，积极修建公路，构筑防御工事，扩大飞机场，建立根据地。在经济上搜掘资源，统计〔制〕贸易，倾销敌货，夺取法币。在毒化政策方面，则竭力宣传并奖励扩大栽培鸦片，强迫收买烟土，统售专卖。对吸食者，则售予吸食证，可尽量公开收用。此外更于绥省各县县城，及繁重乡镇，广设所谓"俱乐部"，设备各种烟具赌具，并设有剧院、妓院，举凡倾家荡产、亡国灭种、毁灭人道之恶剧，应有尽有。敌人手段之毒，用心之苦，可谓极矣。兹就敌人在归、萨、包各县毒化情形，略行记述，以供国人与主持正义爱好和平诸友邦之明了，唯文中材料系由敌区逃出之人士口述所得，各种情况，虽均系亲见亲闻者，但关于统计数目缺乏，特引以为憾耳。

二　关于栽种毒物情形

敌人入据绥、包之后，对扩大栽种鸦片一事，即积极奖励提倡。声责过去我政府征收鸦片烟亩罚款甚重，"皇军"及伪政府爱护民众，对此项烟款，可以减轻。包头伪市政府，曾于二十七年春，召集各区区、乡长开会，声明本年全县烟款仍照旧政府时代所派之数目征收，但种烟面积则不加限制，人民可随意扩大栽培，为的是减轻人民负担，增加农家收入。这种杀人不见血的毒化政策，表面上是多么官〔冠〕冕堂皇，说的好听呀（按绥远应于二十八年禁绝，在未断绝前，每年限定栽培面积，并逐年缩小其范围），但是表面上，虽说各县征收烟款总数与过去政府一样，而实际上，则逐年加重。按萨拉齐县过去全县每年烟亩罚款总数最多不过十五万元，而在去年（二十八年）敌伪政权下征收之款，则达二十一万余元，增加之数，竟达三分之一。其他各县，亦均如此。而敌方尚以减轻人民负担的口头〔号〕来迷惑。这和前次敌飞机十架，分两批来五原空袭的时候，投弹轰炸之余，另外还散满纸喊的和平的传单，是一样的把戏。

各县应征收的烟款总数目，系由伪蒙古联盟自治政府派定，各乡分担的数目，亦由伪县长与敌顾问为之决定。但人民种烟的亩数，仍然要严格的丈量。丈量的方法，各县不同，如包头与托县，系由官方直接派员丈量。归绥县由各乡包揽自丈，萨拉齐县因伪县长与顾问意见不一，最后决定由人民自丈，但须由各乡人民互相监视调丈，即甲乡人民调丈乙乡，乙乡者调丈甲乡。严格丈量的理由，口头上说明系为防止流弊，平均负担，使人民苦乐得以均匀，而实际上乃为强迫收买烟奶时，有所根据，人民无法隐藏拒售。其次为在翌年加派烟款与扩大鸦片栽培面积，亦有标准，用心之苦，可谓无微不至。

一般无知农民，只顾目前小利，不知国家民族的危险，更加以敌人的宣传和诱惑，以为种烟可以获大利，但是由于去年烟税的加重，收获物悉数被敌人强迫收买，结果亦无厚利可图，有的收成不佳者，尚须亏本，所以今后有许多农民，已不敢再栽种鸦片。去年各家种烟亩数，敌已令强迫呈报，今年鸦片栽培面积，当不能少于去年。所以凡人民之因无利可取而声明不种，且其土地肥沃，并在交通便利之处者，则可将土地交与伪方自行种植，如土地瘠薄，或交通困难之处，即不种鸦片，亦须按去年之数目交烟，并要按比例逼令增加。目前敌区一般民众，对此问题，正不知如何应付中。

收买烟土，除敌人设有公司专办外，并另设有清查处，专司调查、稽核之责，随时随意下乡在民户家中搜查，凡人民收割之烟，在去年十二月前，须一律售与公司，至十二月后，各乡公司撤销，清查处即行使职权，如有私售私藏者，一经查出，即行严惩。

三　统制鸦片贸易

关于鸦片栽培情形，已如前述。至于鸦片之收买、贩卖、运销等交易事项，则完全由敌方统制，独家经营。

经理察、绥烟土业的组织，为伪"蒙疆土药有限公司"，该公司系由敌方的〔与〕伪政府合办而成，资本以蒙疆银行纸币为主，凡察、绥两省所呈烟土，悉数收买。总公司设于张家口，绥、包及各县，设有公司，各重要乡镇，并设有分所（敌称"出张所"）。为利用各处烟土商为其工作，并羁縻起见，绥、包原有各大烟土店，亦允投入股份，小土贩则多供其下乡收烟看货（检定烟土品质及成色优劣），以为毒化人民之爪牙。

收买的方法，凡人民栽培鸦片所收获之奶浆，须全数出售于该公司，不得有丝毫私存或外卖。人民之有自己吸食鸦片者，须再向官处购买，究竟如何得知烟户之收获物为若干？应收买若干？则照上文所述，预先以各乡烟苗之丈清〔青〕数目为根据，并定出每亩最低之售出数：计旱田，每亩最少须售出硬土（俗称板子货，每两可出熟膏九十成）二十两；水田，则最少出售三十两；如有收获不足时，亦必须另行设法补足。接〔按〕罂粟苗初收割之奶浆，每两最多可制出烟膏三钱，少者不能出一钱，若平均以二钱计，则出九成膏子之二两硬土，最少须奶浆九十两，三十两硬土，则需奶浆一百四十两。以绥省土地平均产烟量计算，除极小数之特殊沃土而更多施以肥料及人力外，或可出此最高量。故一般种鸦片者，所收奶浆，均当不够缴纳官方派定之最少数，更无法生存，而图厚利。其所能够侥幸取者，唯有在丈量烟苗时，施行贿赂，可得稍予折扣，盖一般汉奸走狗全以黑暗中饱，从中渔利也。

伪公司按地亩抢收之烟土，原系以硬土为标准，但当时烟户所收获者，均为奶浆，烟户将奶浆提出，经干燥检定后，按成折扣，实际上十足之烟，最多按九成合算，悉据奶浆，如有以晒成之硬土交纳者，尚拒而不收。原因系收回奶浆后，当可以掺入其他伪质，然后再做成板子而出售，硬货之中则不便掺假矣。

收买烟土之价格，按品质之优劣，分为五等：计头等，每两（硬土）价洋三元五角；二等，每两三元五〔三〕角五分；三等，三元二角；四等，三元五分；五等，二元九角；实际上最优质之烟，不过列为二等，普通者仅按三四等给价。

四　鸦片售卖情形

过去鸦片收售，各县均有大小土店，自由交易，自经敌统制后，所有烟馆售卖之货，均须向该伪土业公司贩买，绝不准问〔向〕别处购买，且亦无处可买。烟馆营业手续，系先填写申请书，递呈伪公司，请求营业，批准后再出〔后〕具保证书及保证金，即可开张。烟馆出售之烟膏，均须贴以印花，虽零星出卖，不论一角或五分之烟片，亦均贴印花一枚，印花票面价额，为大洋一分，收入之数，实不在少。对吸食者，毫无限制，可尽量吸用，唯须登记缴纳灯捐，并请领吸食证，每月缴纳二角，以六个月为满，期满再后〔后再〕换新证，一般人民预料，每届期满换领新证时，必将逐渐加征灯捐。

最近绥远敌向各县乡村，每乡征要特务员一人，参加训练，训练毕业各返原村，专任稽查爱国抗日分子，我方工作人员，与使用现洋法币，及私自贮藏或售卖烟土者等工作，自此以后，敌人的侵略阴谋和政治活动，更将逐渐的加强起来。

五 各县广设俱乐部

关于鸦片之栽培、贩卖及吸食情形，已略如上述，此外尚有最惨无人道，不顾信义，而能使人倾家荡产，断送生命者，莫如俱乐部，兹亦略述如下。

敌人常利用种种羁縻、怀柔、软化的手段，来破坏我国民的经济产业，消灭我固有的道德，摧毁我民族精神，戕贼我国民体格，以图根本陷我于万劫不复、永无反身之境地，俱乐部正为达到此种阴谋的良好手段，所以敌人足迹所到之地，广为设立，亦为其一贯政策之一。绥远首先就在归绥、萨、托、丰、凉等县，予以设立。包头就敌人的立场言，本来是设立俱乐部最相当而且最必要的，但是因为包头伪政府的负责人，天良尚未完全丧尽，□坚决拒绝此种设施，结果始终未能成立。

俱乐部设立的地点，在各县城、各区镇以及各大人口稠密之重要乡村都有。例如萨县一县，除县城设立一所外，并在萨尔沁、鄂尔及逊、陶恩浩、苏波□盖及善旦村，均已先后筹设，并逐渐扩展在其他各村。归绥县之毕克齐、察索齐二镇，及白塔麻花板以及其他各大乡亦均有。在归绥市者旧城设于城西之孔家营子村，因俱乐部每日聚集人口甚多（常达数千），分子复杂，敌人恐发生事件，故不敢在城市中心地带设立。

俱乐部内设备之杀人不见血的工具，以赌具为主，凡麻雀、牌九、合子宝、骰子宝、掷骰子等赌具，应有尽有。每种设置数场至数十场不等，凡有愿意设场玩赌者按照规定，缴纳捐款后，即可开辟一场。业务兴盛之场，以赌徒众多，拥挤不入，一摊容纳不得，有时一场竟分数摊，例如掏宝者，以一个宝盒子，而将宝单子分设于周围各处，开宝后，由一人高唱其出宝结果，各摊均依此定输赢。

俱乐部内设部长一人，系包办性质，谁出款向敌承包者，即称为部长。在萨县初设之时，每日包捐百余元，无人应包，当地人不知其内幕与作用，根本不敢接近，外来的汉奸，也不识营业前途如何，惟恐亏本，故多日无人承包，只得由官方包办。至后聚赌者日见增多，营业发达，收入增加，利禄薰心、市井无赖之徒，遂争相包办，包额亦逐渐加重，因争包者甚众，遂由劝包而改为投标办法，每日包捐数额〈由〉百余元而竟增至一千八百余元，包户向各赌徒征收之捐，为数更巨，除按日缴纳包款外，并由其中剥削巨额之余利，仅就包额而言，每日一千八百余元，每月五万四千元，每年约六十五万元，以人口不满二万之萨拉齐一县城，每年即有如此巨额金钱，为敌榨取。此外尚有各重要乡镇与中间之层层剥削尚不在其内也。

承包之户，常行调换，调换原因，多由于包户已由其中榨得相当渔利，囊饱腰肥，即安然托辞而去，其因用人不当，检点不周，渔利虽重，消耗挥霍亦不轻，所得不足以抵缴包款，以致亏本脱离者亦有之。但每次调换包主时，包款必有增加，承包时，须由三家商号，出具保证，连环担保，大约承包人每调换一次，包款亦增一次。

俱乐部设立初，一般民众，多不能明真像，畏惧不前，不敢深入，营业遂异常冷淡。敌人为吸引诱惑计，遂扩大范围，开设剧院，由各地调来剧班，合并演歌。最初入场观剧者，每人尚收剧价洋一角，后因观众不甚踊跃，遂将剧价取消，一任人民自由出入观看，并设置大小饭馆，及零星吃食货摊，俨然成一繁华市场，其目的均在用尽种种方法引诱我无知民众，先使入其范围，然后即逐渐坠入罪恶之深渊中，并计划逐渐设置妓院与烟馆，果然不久诱入之人口即大增，赌场营业亦日形繁昌。

参加赌博者，初只城内一部分闲散游民及赌徒，以后花样日多，吸引力日大，城内各行商人、工匠，亦逐渐参与，最后各乡入城籴粮、运煤、卖草之农夫，手中稍有余款，亦多被吸入。竟有由后山固阳、武川一带前来籴粮之农夫，而从事赌博者，人民之因此而致倾家荡产者，不知凡几。大部分人民，一坠赌窟，即不易拔足，输钱之后，有的生活无法维持，而致为匪盗者，有的为生活压迫，加之羞愧无颜见人，而行自杀者，有的丈夫或儿子因赌博破产，而陷家中有老弱妇孺生活断绝而自尽者，悬梁刎颈，服毒之事日有所睹，尤以一般青年被陷入而遭毁灭者，为数颇多。

俱乐部内专有一部分警察，维持秩序，如有赌徒欠款不交，或扰乱秩序者，即严行惩办，凡公务员及军人不准赌博，其用意惟恐此类人员输钱后，致工作上或公务上发生其他变故也。

六　结论

敌人在其侵占区及对国际间，以其所谓"东亚协同体"、"东亚新秩序"、"中日亲善"、"经济提携""日满支协同体"为其唯一扩大宣传之材料，对我民众，更大吹其"中日亲善"、"王道乐王〔土〕"之口号，由上所述，敌人在鸦片及赌博上加速其对我亡国灭种的毒化政策的实施，即可知其所谓"亲善"、"提携"、"新秩序"、"协同体"及"王道乐土"等之口号，虽然如何麻醉与动摇，而其工作之实际，则事实胜于雄辩，一手难以掩尽天下人耳目也。

《西北论衡》（月刊）

西安西北论衡社

1940 年 8 卷 5 期

（朱宪　整理）

战后五原之青年工作问题

李树茂　撰

一　绪言

关于战后五原之环境及其改造问题，已根据事实，加以分析，并提出具体意见及问题。其中对于今后政治上应取之方针，愚见以为应适用青年，积极展开工作，则不难造成生气勃勃之新局面，而其能否顺利进展，完满达成，则以能否维系本县原有之工作青年，更能否号召吸收新的青年为主要关键之一。兹更就本县之青年工作问题加以研讨。

本文所论之青年，系指能起领导作用之知识青年而言，亦即指党、政、教各部门直接参加抗战工作者而言。具体指出，即县党部（下级党部分布于各工作部门中），县区乡各级动委会，县属各机关如县政府、民众教育馆，县城及乡村各小学，青年乡长，省政府社教推行员等青年工作人员，及其他机关中之少数人员。各部队政工同志，因防地不定，且与地方工作较少直接关系，故未列入。

二　五原工作青年之数量与质量

本县各机关中工作人员，时有变动，难以确定其数目，事变以来，人事之转变尤大。兹以上述之范围而就目前现有之青年人数言之，计各级动委会工作同志四十余人，公立城乡小学校教职员约三十人，党部、政府及其他零星工作青年约二十人，总计其数不过九十人。

骤然视之，以塞外如此偏僻之一小县，竟有将近百人的青年知识分子，从事工作，亦不为不多矣，然而若将其质量，详加研究，则立可洞见其可怜虚弱之状态。以下论列，一部就调查，一部分就估计，虽难断定其为绝对数，然相距亦不至过远。

讨论本县青年的质量，大体上仅以文化水准、能力、品格、体格几项标准粗略的分析之。

（一）文化水准　按学历程度分为小学、初中、高中及大学四个阶段而统计之。凡未入中等学校求学者均列入小学一级中，其中包括正式小学，已毕业、未毕业者，私塾肄业者，未入学而曾充军士干部者等均在内。凡曾在初中毕业或肄业者，均列入初中级内，高中及大学者，亦然。

如此划分所得之结果，小学程度者竟占百分之六十，初中者约占百分之三十，高中者约占百分之十，大学者简直凤毛麟角，可谓绝无仅有。而其中之小学一级者，大半又多不及高级小学毕业之程度，本县青年文化程度之低可见一般矣。

青年工作同志的文化水准如此其低，吾人实应有深切之认识与注意，然后对其工作岗位、人事配合、工作环境诸方面，尽量予以适当的调整与配备，尤其需要随时不断的予以直接的（见面的）工作指示、训练与领导，则无论个人与工作始能逐渐随时代而进步。

（二）能力　评定能力比较抽象，较少具体标准可资依据。但能力之高下，除天赋才慧与工作经验中锻炼者外，亦当以学识之深浅为转移。本县青年之学历程度既如上述，则其能力难有特殊行现者，亦可以想知。兹以甲、乙、丙三等分别之，凡精明强干，敢做敢为，能独立负责，遇事能有条不紊处理自如者，列为甲等，约占总数十分三弱。其中庸平凡，常居被动地位，不能独立负责，但如有适当领导指示，尚可勉强推动工作者，列为乙等，此类人材居最多数，最少占十分之五以上。其能力太低，或推亦不动或动亦难见成效者，列为丙等，约占十分之二。

（三）品格　就各人之私生活、行为、修养、道德、忠实、信用、认识与工作热诚、情绪及责任心、纪律心各方面混合评定，将品格一项，亦分为甲、乙、丙三等。

甲等　各项标准完全表现最佳者，几不可得，大体上均表现差强人意者，即列为甲等，为数亦不多，充其量不过十分之一。

乙等　品格中等者居最多数，约占总数十分之七。

丙等　特别低下者亦不多，约占十分之二。

（四）体格　一般青年因多在劳动中从事工作，故其身体大体均不太劣，但特殊健壮者，亦不甚多。若以之分为壮、中壮、弱三级而统计之，则以列入中壮者为最多，约占全额之半数，强壮者约十之三，柔弱者约十之二，过于孱弱或患残〔疾〕病者亦极少。

三　五原青年的工作环境

自绥西事变，五原惨遭浩劫，地方秩序及各项组织，均发生极大变化。在此种环境下，对于青年工作，有许多有利处，亦有诸多不利处，兹分述之。

（一）好的方面：

1. 旧的恶势力，随敌伪之惨败而亦遭破坏，工作阻力，大形减少。

2.民众经敌伪蹂躏压迫，对抗战有较深刻之认识，对青年工作亦易于接受。

3.青年只要努力干，正有许多工作，等候着去发挥其聪明才能。

（二）坏的方面：

1.绥西青年人数少，工作部门多，到处需要人材，吸收青年，对于质的方面多不加选择，有的一般青年，遂致自满，发生骄气，减少前进心。

2.秩序不稳固，使青年心理不安。

3.文化食粮缺乏，缺少学习机会，生活干燥，无正当之消遣娱乐。

4.党政军动员中上级配合不够，遂影响下级同志之工作，不能密切顺利进行。

5.生活太苦，有时连最低限度之衣食，亦无法维持。

6.无实权，有时不能放开手做。

四　五原青年的生活

抗战以来，百物价格增昂，乘国难而发财者，不知凡几，惟有公务人员，其工作之艰苦，与日俱增，而生活之降落，反大有江河日下之势。就绥西而论，当以五原生活为最艰苦，尤以战后为甚。再以五原的公务员论，则又以党务、动员与小学职教员生活为最苦。

战后的五原生活程度，市布每尺一元以上，鞋每双八九元，线袜每双二三元，衬衣一件七八元，手巾一块一元余，剃头每个七八角，火柴每包八九角，肥皂每条一元余，一身单制服非三十元莫成。其他工商百货以及零星蔬菜食品，无不价昂数十倍，简直信口索价，无一定之标准可言。每月饭费，最少在十元以上，十五六元者，亦极普通，而所食材料亦极平常。

至于公务人员之生活费，每月二十九〈元〉，几成为官价。动委会同志虽分别增加津贴，但自去冬十一月迄今已半载，领到者极为少数，县立小学教员则每月薪金不过十八元，似此情形，一般公务人员，辛勤一月，不得购鞋一双，劳苦半载，难得一身单服。此次事变，各工作人员原积存之少数破旧衣服及物品，大都遗失罄尽。近来气候渐热，除借债或另有积蓄者外，其能自身换得单衣者为数极少，而往往尚有父母、妻子赖其维生者，至此更全家有随之受饿之虞，因此生活大感不安，心理亦随之动摇。

百物奇昂，报酬低微，每月二十余元之待遇，且事变以来四五个月未能发给，加之生活干燥，又如〔无〕电影、戏剧、音乐、游艺等正当娱乐，故居于最前线终日埋头工作之青年们的生活，可谓苦至极点矣。

五　五原青年之思想

大部分青年，心地尚清白，思想亦纯洁，对本党主义与总理遗教有深刻之研究与认识者，极难找到。但思想背谬，信仰邪说者，亦不易见。只不过有少数曾为不正确的书报所引诱，口头有时带若干新术语，其实亦无所谓思想与信仰。此次事变后，一般青年对主义的认识，虽未能遽见加深，但对本党之认识与信仰，确大形增进。即以最近许多青年均纷纷自动请求入党一事证之，即可知之。

约有半数青年对于三民主义，毫无认识，其余稍有认识者，亦甚浮浅，不深刻，不彻底，此为今后党务与政治训练重要问题之一。若仅就对三民主义认识之深浅为标准而分别之，可得如下数：

甲、认识较深者——十分之一。

乙、认识平常者——十分之四·五。

丙、毫无认识者——十分之四。

丁、认识不正确者——十分之〇·五。

六　五原青年之心理

由于前述工作环境的变化与生活之痛苦，本县大部分青年的心理常在动荡中，为了推进工作与维系青年，对一般青年之心理，应有彻底的研究与认识，就个人所知，五原青年的心理不外下列数种：

（一）想积极升学者　由于求知欲与上进心的趋使，一部分青年，企图积极升学者，此类青年，大多尚系优秀分子。现在有的已经离此西去，有的正在进行者，亦有的准备不久移动者。

（二）恐怕耽误求学年龄者　有许多青年，因在七七事变以来，已经参加数年抗战工作，但岁月不居，年龄渐长，唯恐长此以往，抗战结束，自己求学年龄已过，求学机会不易觅得，一生前途，反为之断送，不如待有机会时，即求深造。

（三）积极工作者　不顾一切，只知埋头积极工作者亦有之，但此为极少数。

（四）维持现状者　大多数青年，因为能力、学识均不够，或者年龄较大，或者有家庭的牵累，既无升学的志向，又无远走高飞的本领，生活虽然不甚优越，亦可勉强维持，虽然工作岗位有时打算调动，但始终亦难走出绥西或五原的范围，他们的心理，只是有何事即做何事而已。

（五）因生活压迫而企图移转者　有的青年，因感生活太苦，无法维持，其有家庭负担者，更难以支持，因此遂不得不设法变动工作岗位，或另觅工作地区。前者多拟离政入军，因部队待遇较高，且服装可以省钱不少，后者则拟离五趋临，因西方生活较低，且较安全也。

（六）随环境而转移者　目前许多青年的心理，均在摇动不定之中，其中大多数，均视环境之转变而可以变更之，如果工作环境与生活能改善，则此类青年均可安然从事工作，否则即有逐渐向他处转移之趋势。

（七）想经商者　由于生活之不能维持，又见商人之盈利，每日三二元之利息，易如反掌，每月动辄可得一二百元，于是有认识不足者，则企图离开工作，而从事经商，但怀此类心理者不甚多。

七　如何维系青年

五原已处于国防的最前线，五原的工作，都是极艰苦极重要的工作，此等工作，又非英勇而且纯洁的青年同志努力以赴，莫能胜任。而此类青年，则以环境及生活等种种关系，心理上发生种种变化，而不安于工作，故如何始能安定青年维系青年，使均能安心服务，当为目前极重要之问题。

关于增加生力军，驱逐西山咀以东之敌伪军，整顿训练各游击部队，均与安定青年及民众心理有密切关系，但此等问题当局自有妥善办法，此处无须赘述。兹所述者，仅就对于青年本身工作及生活环境之应改进与解决者，提出愚见，以供研讨。

（一）加强青年领导　青年能否维系，不全在报酬之高下与生活之优劣。主要问题，在乎工作要有正确的领导，精神要有适当调剂与安慰，尤其是本县现有的青年，因为大部年龄的幼稚，文化水准的太低，与工作经验的缺乏，更需要随时不断的有正确的领导。此百十名青年大部均在政府所统辖的机关内从事工作。但是过去的政府，对工作抵〔只〕是命令式的去执行，根本谈不到工作的领导与指示，即以县、区、乡各级动委会而言，所负的责任是如何重大，所担的工作是如何艰巨，但以人数甚多，遂参差不齐，在程度上、认识上、生活上、修养上、工作上，有许多都感觉不够。负责任者，应当经常用书面的或会议形式加以检讨批评、指示、领导、鼓励与纠正，则公私工作、生活与学识、技能，始能逐渐有所改进，绝非临事以一纸命令，即可成事者。至于乡村小学教员，往往一经放出，就再不加过问，虽因领款与会计发生关系外，负首脑之责者，数月或数年不见一面者，亦常常有之。

自去年县党部成立以来，对于此项问题，即加以注意，但一以时间短促，六七个月即遭遇事变，党内工作尚未深入于各部门（尤其是乡村），一因在行政上及工作上对各部门少直接关系，故至多只能个别与党员取得联系，对各项工作，尚不能整个领导。即以本县各级动委会工作而论，半年以来，经多少同志不避艰辛，埋头苦干，决不能说毫无成绩，而事变初时所表现者，对于过去工作的效能，丝毫未能发挥，这不是个别同志的问题，其症结完全在乎无中心领导的人员，而负领导责任的首脑人员，反置之不理，尚能谈何工作。

（二）确定党、政、军联系配合办法　党、政、军上级各方如连系不够，往往使下级人员工作更无法配合，如果县级各方配合不善，则对青年领导工作，难以收到最大效果。按理论言，以党的方面，即可对青年的思想、生活及工作全加以领导，但就过去的事实，党只不过对大部青年的思想信仰，做了初步的领导，而且也很迟缓，至于工作，因为各部门组织系统与行政职权的关系，势难作普遍的领导。在政府方面，往往急于求某件工作的速效，只有命令的颁发，而无工作的领导与指示，结果命令是命令，工作还是工作。

党、政、军一元化，对于青年工作的领导，最为有利，党可以借政的力量，对青年的思想信仰之外，并对工作及生活能作整个有统系的领导，政可借党的领导作用，发挥各部门的工作效能，必须如此，对各部门的青年，始能展开有计划的领导，才能维系住青年，发挥青年的力量。

（三）改善青年的生活　现在一般工作同志的生活，不但辛苦，而且异常干燥，正当娱乐如游艺及运动器材，丝毫无有，终日在干燥无味之环境中过生活，当亦太感苦闷，抗战本是艰苦的，但在青年同志们的精神上，亦应尽量予以安慰。在可能范〈围〉内，例如各种雅乐器具、运动器具、国术器具，应由政府略予设备。在县区所在地，组织成游艺会，当工作之余，乘暇尚可以举行运动或娱乐。

此外购买大量正确的书报杂志等现代读物，随时供给各处工作同志阅读亦至为重要。如此则可在思想上、常识上、国内外形势上、工作技术上……各方面均可做有力的领导，并可解除青年们许多苦闷。此项工作，党部已在尽量开展，惜书刊不多，一时亦恐难普遍。

（四）提高待遇　青年知识分子，在此时咬牙吃苦，是应当的，但必需能维持最低限的生活，始能维系其工作。动委会各级同志的生活待遇，各有差别，能使同志们都有上进心，如能按时发给，尚可勉强维持。如县立各小学教育，每月仅十八元，当此米珠薪桂的时候，如何能维持其生活，有家庭负担者，更不必提，无怪被逼有拟弃职□商或度打柴卖草的生活。教育为立国之本，本省的县前途，目前就以此硕果仅存之三县半的教育如何来决定，而本县小学教员待遇如此，亦甚少有人顾及之，此政府应特别注意设法提高者也。

（五）保证将来予青年以进修机会　许多青年从事抗战工作，已经二三年，在此苦闷闭塞的环境中过生活，眼见学识毫无增长，又见升学的同学远历兰州、西安、重庆、汉中……各处高中或大学，已形〔行〕将毕业，非常羡慕，反顾本身，年龄日长，牵累越多，常此以往，抗战结束，反将自己前途断送，不若目前乘机升学，以图深造，此亦一般青年普遍的心理。挽救之道，唯有由长官负责声明，现在各部门参加工作的青年，将来抗战结束，对其升学的保送上及经济上，必有尽量扶助的保证。

青年为民众的领导者，又为一切工作的实际推动者，关系之大，不言而喻，要想使青年的才能尽量发挥，抗战工作，急速进展，必须对于青年的本身、青年的环境要认识清楚，生活要为之改善，工作要有领导，困难问题要予之解决，然后对于工作，因人、因是、因时、因地而制宜，则一切工作，无一不可成，每个青年，亦无一不能做，实可断言。

本文仅就目前五原的情形而论，其实临、安二县，也许是大同小异，关于青年的工作问题，本不限于此，兹不过仅就一时所目及者略言之耳。

此外尚有重要问题，即青年之训练问题，与此地青年如何培植及敌区青年如何动员，亦颇值得吾人之注意。此处以篇幅所限，暂不置论也。

《西北论衡》（月刊）

西安西北论衡社

1940 年 8 卷 10、11 期合刊

（朱宪　整理）

日人铁蹄下的西土默特旗

巴靖远　撰

自从前年（一九三七）十月中旬倭寇侵占绥远以后，这个旗——土默特——的灵魂，也就随着本旗荣总管的出走而出走了。所以旗政府的躯壳虽然仍在那里存在着，但是它底精神与朝气一点也没有了。留在旗下的几个傀儡，除了受倭寇玩弄外，对于全旗底政务，以及全旗民众底痛苦，根本就一点也不关心，他们每日只知向倭寇屈膝讨欢，再不懂有其他可干的事项。

在日寇未进入绥远以前，旗下少数昏庸官民因受德逆底荒谬宣传，以为蒙古民族真到复兴之期，所以到了德逆到绥的时候，旗内的仕官们，就有一部分人不愿离开旗境，只有本旗荣总管深明大义，向以国家民族之权利为前提，在当时一眼看到国军既退，环境恶劣，不能久留省垣，遂率领卫队及有识仕官，暂移绥西包头，后因时局更紧，默察各仕官中，又有不愿离开的人，于是在包头召集各职员、士兵训话，将日寇底惨暴行为，及德逆之荒谬宣传，详述一回，其目的是在使大家觉悟，一齐退出以作将来收复之计。唉！谁想到他们里边已有八九人做了投降的准备，荣总管的话他们虽不敢明露反对，但还想煽动骑兵卫队以强硬手段索取旗政府的印信，荣总管发觉了他们底阴谋以后，当时怒发冲冠，切齿斥责一回，谓："本旗政府之印，乃系中央政府所颁发，汝辈是什么东西，敢谋向我索印，今日今时，尚不是汝辈造反的时候，汝等且自摸摸颈上有几颗脑袋，我荣某系成吉思汗有血性的子孙，岂能受汝辈威胁，作日贼之奴才……"责斥的他们俯首无声，羞愧的流出泪来。荣总管第二次偕马占山最后退出绥远，在包见到他们这种怕死投降的丑态，就是将他们强迫带了出来，亦恐怕途中发生意外的情事，于是只好带了一部随从及两个侄子，便匆匆渡过黄河向内地走出了。

总管一走之下，这些人们好像是老鼠不见猫了，便自由横行组织了一个旗务维持委员会，委员九人，均系原来的科长及参领，并推定一位与德逆有关系的森额（前任本旗政府总务科长）为委员长，并推定一位留东洋会说日语的贺云章（前任绥远毛织厂厂长）为副委员长。当倭寇入城的时候，这位会说日语的贺汉奸便率领着这伙委员们双膝跪倒倭奴的面前，很恭敬底行欢迎礼，我写到这里心中非常伤心，他们当时底卑贱情态，实在难以描写。将日本鬼子接到城里的时候，这般委员们便向蒙古伪政府要求扩充旗政，拟将特别旗改为两个普通旗，但是失望得很，德逆接到呈文还在考虑中，不料日本特务机关竟以无理底［的］手段，派了许多日本宪兵，包围住旗政府要即刻封锁，并且要根本取消。这些委员们及伪总管亢仁等，听到这种骇人的解散消息，马上就吃了一大惊，于是就推伪总管到伪蒙古政府，请求德逆作主，向特务机关交涉。而德逆听到这个消息，也莫名其妙，赶紧派人到特务机关说了个舌敝唇焦，及许许多多的下情话，才算免强保留着这个旗底名目。这些人们经过这一度的打击，才知道日本鬼子的下马威，确实利害，这时候才一个一个的悟过来，才知道荣总管底话确实是又合理，而又有先见的，大家都后悔底伤心起来，以后受日本鬼子的气，更是日益加重，经过好多次的打击，他们便由希望日本，变为讨厌日本。换句话说，就是由喜欢变为悲观，就拿征兵做个实例，去年在一年当中竟征了四次壮丁，约为八九百名，做绥远的保安队，亦可以说是送命队，到这时候全旗民众及仕官们，更明了日寇底毒辣阴谋，及德逆可恨底欺辞。所以有很多知识青年都想往出跑，作者当时亦在乡村隐居（前年退时因患病未逃出），见到日寇的这样横行霸道，及蒙古傀儡政府的腐败情形，真是伤心万分，若不另想图生办法，将来整个民族的前途，以及蒙人的前途，实在不堪设想。我们于是秘密约了几位思想纯洁而可靠的同学（中央政校的同学），在乡间开了一个会议，究竟出去抗日呢？还是当地发动民众呢？最后的决议是这样：——分两种工作，一种是出来谒见本旗荣总管请示工作办法；一种是留在乡间去秘密招募民众参加反日运动。结果是照议案做到了，作者于去岁九月便化妆渡河出来，我们的总管亦见到了，他们留乡的同志究竟做的什么工作，自离开绥远以后还未听到确实的消息。

总而言之，全旗的民众及青年仕官等，经过这将近二年的日贼压迫，及东蒙人士底貌视虐待，实在大大地觉悟了，才确确实实底认识鬼子的面目了。现在全旗的民众除掉准备杀贼以赎前罪外，并且成群结队底向光明的内地跑来参加抗战。本年数月间出来的知识青年已达十数人，将来军队、政务人员底大量反正，是不成问题的，而我大中华民族底光明前途，更是不可限量的。

于榆林客次所作，二十八年五月十日

编者按：此文作者巴靖远先生系土默特旗的一位青年，他从虎口里面逃跑出来，立志要做一个中华民族的战士，真是难能可贵。文中所述都是他亲身经历的，我们读此好像日寇的狰狞面目就在我们面前，不由我们不咬牙切齿的痛恨。又巴先生与编者的来信，还表示愿意继续为我们写敌伪在蒙旗活动的各种丑态，这尤其是编者所极端欢迎的啊!

《蒙藏月报》
重庆蒙藏委员会
1940 年 11 卷 1 期
（朱宪　整理）

为《日汪密约》告察、绥蒙旗同胞

振珮　撰

去年十二月三十日，汪逆兆铭私自在上海与日寇签订的卖国密约——《日支新关系调整要纲及其附件》——近经原系汪逆亲信党羽高宗武、陶希圣，因天良激发而揭穿公布，全国同胞由此明了了敌汪一年来鬼蜮勾结的阴谋奸计，莫不发指眦裂，愤慨填膺。敌人妄想根据这个密约，除了要我们承认他在东北制造的伪满州〔洲〕国外，北至大戈壁，南至海南岛，还要我们设定所谓"特殊地位"，甚欲上至气象，下至矿物，也要全般的受其控制支配，这样凶狠毒辣的文件，在中外古今的历史上都无先例，比之以苛酷著名的二十一条约，比之灭亡朝鲜的手段，还要酷辣百倍。我们披阅了这个密约，可以更明白地认识日寇所谓"东亚新秩序"，不过是"灭亡中国"、"奴隶中国"的别名，更可以知道汪逆所倡的"和平运动"简直是十足的"卖国运动"。

这个密约，当然是以整个中国为其宰割的目的物，但要想一口吞并这样庞大的领土，确也不易，所以他又狂妄地把整个中国划分成"满州〔洲〕"、"蒙疆"、"华北"、"华南"若干个不同名辞的区域，树立各种不同外貌的傀儡组织，其惟一作用，无非是一地之脔割开来，便其吞嚼罢了。本报愿将日寇对于"蒙疆"的阴谋，略予剖析，借此促起察、绥蒙旗同胞的注意和警惕。

照原密约附件一——《调整日支新关系之原则》——第二条

的规定，"华北及蒙疆在国防上并经济上设定日支强度之结合地带，在蒙疆地方，则除前项之外，因防共之关系，特别设定军事上及政治上之特殊地位"，所谓"蒙疆"，原密约另条规定"系指内长城线（包括在内）以北之地域而言"，这当然包括了察、绥两省境内所有各盟旗，所谓"强度结合地带"，在敌汪双方谈判中改为"紧密结合地带"，紧密结合的内容，照敌方解释有四个成分，第一是驻兵在内，第二是资源开发上特殊便利，第三是通讯的协力，第四是特殊行政机构的存在。这就是说整个察、绥蒙旗的经济、政治、交通、军事都要放在日寇管辖控制之下，再加上"特别设定军事上及政治上之特殊地位"，却更干脆地把我察、绥蒙旗化为日寇国防的第一线，化为侵略我全国以至全世界的阶梯。

敌汪秘约签订了这个酷辣的原则，还嫌不够，更有附件二《调整要项》的规定，这是更进一步把我察、绥蒙旗所有主权逐件点送给敌人，照原要项规定，此后日寇要在所谓"蒙古自治政府"，配置政治顾问与职员，并得将所要之军队驻屯于蒙疆，对于铁道、航空、通讯，日寇更保留其军事上要求权及监督权，日寇驻军区内之国防、治安，由日寇协力行之，埋藏资源之开发与利用，应予日寇特别之便利。这可说把整个察、绥蒙旗不折不扣地送给敌人。但这还嫌不够，日寇更进一步解释说："内蒙的完全独立自治，是不变的特殊事实。"这就是说我蒙旗永不能翻身，我蒙旗同胞子子孙孙都要做亡国奴，这真可说开历史上亡国空前的惨例。

以上我们既已说明了日寇在这个密约中对于察、绥蒙旗酷辣的阴谋，现在我想更进一步分析日寇所以千方百计必先灭亡内蒙的原因。这在总裁严斥近卫声明文告中，已有详切说明。简单的说，他先灭亡内蒙以求进而征服中国、征服世界，是继承"明治遗策"、"田中奏折"、"近卫声明"一贯的暴行。"所谓共同防共，目的本不在防共，也不在于防俄，而实在于借此名义以亡华。"明白了这个道理，我察、绥蒙旗同胞，即应觉悟只有团结抗战，才有出路，不要再误信汪逆"和平运动"的迷惑，不要再受日寇扶植内蒙独立的诓骗。大家更坚定"民族至上，国家至上"的信念，集中我们的意志和力量，为整个民族国家，争取最后的胜利，才足解救自身目前严重的危机。

最后，这有一点要郑重说明的，即我中华民族原为一不可分离的整体，而蒙旗与内地的关系，极为密切，情感尤极亲睦，且蒙古民族，原为抗日最古的民族，故自抗战以来，最大多数的蒙胞，在人力、物力种种方面，均已有很大的贡献，尤以察、绥蒙旗同胞，已在抗战史上留下了许多可歌可泣的故实。最近，蒙旗王公及军政高级干部，多先后亲来我战时首都，尤足表现精诚团结的坚强。这一个密约的揭穿，真不啻对蒙旗同胞下了千百道激励士气人心的文告，相信我察、绥蒙旗同胞，读了这个密约，必与我们同样的发指眦裂，愤慨填膺，必更能一致愤慨激昂地加入抗战的阵营，与日寇作殊死的斗争。

《蒙藏月报》
重庆蒙藏委员会
1940 年 11 卷 1 期
（朱宪　整理）

我们的外蒙

李次墨　撰

一　外蒙本身的伟大

外蒙东扼关东，西控西域，南障大漠，北邻苏俄，是北部的绝大屏藩。自秦汉以来，匈奴、突厥，常相为患，其关系中国之安危，何可胜道！它拥有四百八十余〈万〉方里的土地，在全国居第二位，仅次于新疆罢了。若与其他各省比较，它大过西藏一倍三，青海二倍三，四川六倍六，黑龙江六倍六，云南四倍，甘肃四倍一，西康四倍四，绥远四倍七，辽宁五倍四，吉林五倍七，察哈尔五倍八，宁夏五倍八，广东七倍，广西七倍四，湖南七倍九，热河八倍四，陕西八倍六，湖北八倍六，贵州八倍九，江西九倍四，河南九倍七，山西十倍四，山东十一倍，安徽十一倍半，河北十一倍六，福建十三倍六，江苏十四倍七，浙江十五倍半。它既拥有这样庞大的土地，其出产之富，蕴藏之多，也并不亚于其他各省。只以交通不便，多数蕴藏物未加开发，直到今天，仍保留着原始时代的牧畜生活，这多么令人感叹呵！

二 外蒙在国际法上的地位

因为外蒙本身的伟大，国际间对于它非常注目。国际法上对于外蒙地位最近之研究，或者（1）认为外蒙是一个完全主权国，或者（2）认为它已经完全和苏联并成为联邦中的一个组成邦，或者（3）认为它是中国宗主权下的属邦。众说纷纭，各具高见；三种说法，我们认为第三种比较说得妥当。从历史上研究，自成吉斯汗时代它与中国就发生了关系，而且它是中华民族组成分子之一，在《五五宪法》中已明白规定着它的地位，凡是蒙古族与汉、满、藏、回各族同等待遇，一样享有参政权、选举权、罢免权、复决权、创制权。同时，拿蒙古本身来说，也应该属于中国管辖，从这外蒙过去取消自治的请愿书，就可以证明了。要是说外蒙是苏联的属邦，在国际法上是不允许的，因为苏联过去已经承认外蒙是中国宗主权下之一部分，在国际法上说来，中国可以说是一个名义主权者。它可以把所有国际法上具有主权所应执行之其他各种权利与权力，实际上据予别国执行，但必有其最小限度，这最小限度是被人承认的。既然如此，那我们对于外蒙领有而且执行"最后和最高的法律权能"。因为只有主权者才能用公开的或默示的行为规定地方政府宪法中的地位，也只有主权者才有处置该地领土之最后权威。苏联承认外蒙是中国的属邦，当然它没有处置该地的权威，这是很明显的。

三 外蒙独立与中国的关系

（A）外蒙独立经过简述

外蒙独立曾有两次，第一次是在西历一九一一年，这次独立的原因，主要的是满清政府羁縻〔縻〕政策之失当，它对于蒙民除了禁习〔蒙语〕汉语的愚民政策外，并任用昏懦无能的三多大臣使库，这次〔位〕大臣到任不久，举办新政，重敛百姓，民生困于涂炭，嫌怨在心，急图报复，乃有独立革命之肇兴。由于这种原因引起了俄国侵略的野心，正当中蒙情感恶劣之际，俄人乘机煽惑，怂恿蒙古独立，并借二百万卢布（蒙古以金矿作抵押）与外蒙，帮助以军火。当时中央政府正忙于革命事业，无暇顾及边务，对于外蒙提出的各种要求，通通接受了。俄蒙趁机私自订立《俄蒙协约》、《通商章程》、《开矿合同》、《铁路条约》、《电信条约》等密约，照理说，外蒙是中国的属邦（一九一五年中俄会议《中俄解决悬案大纲》第五条规定，俄国承认蒙古为中国领土之一部分，又《声明文件》第一条规定俄国承认中国在外蒙古之宗主权），和别国本无缔结条约的权力，俄国因急切鼓励蒙古独立，乃有各种不合的条约的订立，正和日本灭朝鲜，法国灭安南一样。

外蒙独立成功之后，俄国恐怕英、日两国异议，早与英、日订立了《日俄协约》、《英俄协约》，后者成立于光绪二十五年，有"扬子江流域为英国之铁道建筑范围，长城以北为俄国之铁道建筑范围，互相承认，不相侵害"之规定，前者成立于宣统二年，有"化南满、内蒙为日之势力，化北满、外蒙为俄之势力"之规定。这两种协约，给俄国侵略外蒙以最大保障，它可以在外蒙大跨其步，任所欲为了。外蒙曾被苏联〔俄国〕统治了一时，可是不幸，一九一七年俄国大革命发生了，赤俄和白俄在外蒙相继为害，蹂躏不已，蒙民感到生活困难，万般难忍，乃召集王公会议，决自愿取消自治，其请愿书之要点如下：

　　　　窃外蒙自前清康熙以来，即隶属中国，喁喁向化，二百余
　　年，上自王公，下至庶民，均安居无事。自道光年间，变更旧
　　制，有拂众情，遂生嫌怨。前清末年，行政官吏污秽，众心益

怀怒怨，外人乘机煽惑，遂启独立之举。嗣经订立条约，外蒙
自治告成；然迄今数年，未见完全效果。近来俄国内乱无秩，
不能统一属地，自无保护条约之能力，而布里奴纥等任意勾通
土匪，结党纠众，选派人到库，催逼归〈顺〉，拟统一全蒙，
独立为国，种种煽惑，情甚迫切。且唐努乌梁海向为外蒙所属
区域，始则白俄强行侵占，继则赤俄复进。外蒙人民生计，向
来薄弱，财政困难，匪可言喻；加以此等外患，实在无法办
理。本官府召集王公、喇嘛等屡开会议，咸谓近来中蒙情感敦
笃，嫌怨尽泯，均各情愿取消自治，仍复前清旧制，凡于札萨
克之权仍行直接中央，所有平治内乱，防御外患，均赖中央极
力扶救，业经呼图克图汉〔汗〕之赞成。惟期中央关于外蒙
内部权限，均照内地情形，持平议订，于中央统一权亦不抵
触，自与蒙情相合，亦〈于〉国家有益，是我外蒙官民其所
祈祷者也。至前订《中俄协约》及《俄蒙商约专条》并《中
俄声明文件》，原为外蒙自治之所缔结，今既自愿取消自治，
所有前订各条，当然无效力……

由上面请愿书的内容看来，蒙民期望中央扶救之心，何等殷
切！当时中央政府派徐树铮为册封专使，亲至库伦，代表政府册
封活佛呼图克图名号。谁知徐氏到任，一意孤行，取消法王名号，
引起蒙民深刻的反感。第一次独立方告结束，第二次独立又开始
酝酿了。第二次独〈立〉发生于民国九年，乃日本唆使白俄与土
匪连合为患而起，当时情势紧张，外蒙电请中央援助，终因内乱
（直皖战争）未果。结果赤俄领军南下，打退了白俄，与外蒙订立
了条好条约（一九二一年签字）。一九二三年又订立蒙俄密约，举
凡开矿、实业、森林……等，都为俄人把持殆尽。民国十年，外
蒙发表第二次独立宣言，大意谓："蒙古国民政府的最终目的是实
现共产主义，我们要飞过个人资本主义的发达期，从游牧状态一

直冲入共产主义的社会里去。"这正是苏联心理所想的，外蒙此举，正合乎他方的口味，然而却不是中央政府所梦想得到的事。

（B）外蒙独立后与中国的关系

外蒙与中国有不可分割的关系，它是北部的绝大屏藩，如果外蒙遭不幸，被别的国家夺了去，则西北根本无办法可守，整个中国也要遭受着危险。一向中蒙情感非常浓厚，礼尚往来，互通有无，彼此都能相处。无奈外蒙三心二意，忽而独立，忽而自治，竟至永久叛离祖国，投入苏联怀抱。这可说是一件极不安心的事。为什么呢？外蒙为苏联所有了，中国失掉了北部绝大的屏藩，随时都可招引外患。同时外蒙变成了共产主义国家的属邦，专心替主人出力，忘却了祖国过去的赐予，时至今日，一向的通商关系，似乎无形中停滞了。自然，外蒙在苏联帮助下发展成了一个现代化的国家，可以听别人的指挥，尽量与中国脱离关系，但当着中国遭遇不幸的当儿，敌人打入了外蒙的边缘——内蒙——的时候，外蒙拥有七十多万的机械化部队，仍睡狮般的不怒吼一声。万一敌人野心勃勃直冲入了外蒙境地，未见得别人的话——保证不得受侵——完全靠得实在。如果中国不幸被日本吃干了，未见得外蒙就能过舒服日子，这是不易的道理，希望外蒙早日反省，否则，白白作了牺牲品，实在可惜！

四　外蒙投入了苏联怀抱？

苏联侵入外蒙开始于外蒙第一次独立，一九一一年《蒙俄协约》订立后，苏联对于它采取了五个步骤：（1）以留学俄国之蒙古左倾青年为中心，组织蒙古国民革命党及革命青年团，以此两团体作为革命的主要机关。（2）组成蒙古国民军，与俄国之赤军协力扑灭白俄在蒙古之势力。（3）召集蒙古国民会议，建设蒙古国民政府。（4）撤废活佛，确立共和政府。（5）施行社会及经济各方面之革新。这五个步骤的实行法，先是用经济势力之扩张，继以大规模之煽惑，结果归宿于政治侵占。

其手段又可分为三种：（1）利用喇嘛教，笼络蒙民。（2）贿买活佛，从事宣传。（3）用金钱欺骗一般蒙民（但蒙民必须以金钱作抵）。蒙民一向智识低落，脑筋简单，只知贪图一时之便，忘却了终身的自由。结果他方利用他们的弱点，急力钻营，无论政治、经济、教育、文化、军事，都由苏联一手把持，而外蒙本身却只晓得惟命是从，不能妄自行动。它已经投入苏联怀抱了，所有的一切内容，都社会主义化了。我们看到它这种演变情形，不禁发生无限的感慨！

五　国人对外蒙应取之态度

时过境迁，追忆外蒙之所以叛离中国，始则前清政府所采取羁縻〔縻〕政策之失当，继则年年内乱，兵荒不已，政府忙于内务，对于边政，素取放任。所谓"国必自侮而后人侮之"，自己无心经营，别人当然会眼红起来。当今中国正武装全民从事解放战争，无论汉、满、蒙、回、藏各族，应该精诚团结，一致御悔〔侮〕才是。然而抗战三年了，敌人已经打入外蒙的邻地—内蒙——了，它还是睡狮般的受人指挥，按兵不动（外蒙有七十余万机械化部队），把自身的利益搁置不问。这是它根本错信了别人"保证不受侵"的话，试问万一中国不幸，遭遇了莫大的危险时，敌人能让外蒙安全过日吗？何况外蒙本身在战略上具有重大的价值呢（苏联认为外蒙是友苏政治力的根据地）？因之，我认为外蒙叛离中国，投诚苏联，是自讨苦吃，自蒙〔取〕灭亡。虽说中国过去政府施行羁縻〔縻〕政策，有拂蒙情，然而现在的中央政府，却抱定最大决心整理边务，可惜正当努力之初，遇着了日本帝国主义的侵略，只好随风转舵，搁置前先计划，从新武装抗日，目前正含辛忍苦在贤明领袖指导之下从事抗建工作。这兵荒马乱的巨流时代，赐予我们以发奋图强的机会，我们虽然在坚苦抗战，但是对于边务未尝忘却一时。外蒙是中国的，根本就是中国的，轻轻让别人拿去，未免可惜！因之，希望每个中华儿女都抱定挽回权力的壮志，和打退贪婪无厌的日本鬼子的决心。最后，我们还呼一个口号，"外蒙是我们的"！

《边事研究》（月刊）

重庆边事研究会

1940 年 11 卷 6 期

（朱宪　整理）

伊盟两个严重问题

圣伦　撰

目前伊盟有两个严重问题，值得大家注意。现在把它作一说明：

一是粮食问题：伊盟境内多沙，产粮本不丰。但沿河一带，土地肥沃，极适于种植。不过近年因这些地区未能全种食粮，影响粮的出产。加以昨今两年大旱成灾，收成不及以往十之三四，所以粮产更稀。另一方面，则因驻军太多，兵员给养，支应困难，因此粮食问题一天天严重，解决这个问题，首要将有用之地，都改种食粮，其次要军队能够自筹给养，自行向绥西采购，这样标本兼施，才能得到彻底解决。

第二是羊皮毛问题：羊皮毛为伊盟出产大宗，也是国防之重要资源。过去多由商人运往平、津出口，为华北主要对外贸易之一。现在则一运往绥、包，即足资敌，故经政府严令制止。同时欲防止资敌，必须政府大量统制收买，另谋出路，以增加抗战力量。目前禁运资敌与统制收买，正在双管齐下，但进行均嫌不够，未能全竟事功，影响抗战、民生至巨。今后亟需要军、政、民三位一体，在民众觉悟、政府努力、军队协助之下，共同推进这一工作，方能收到实效。

伊盟是内蒙抗战的根据地，复兴的基石，在今天我个人相信，必须使这两个严重问题得到解决，始足谈到其它。

《边疆》（月刊）

西安边疆社

1941 年 1 期

（丁冉　整理）

日本对于蒙古之间谍工作

黎小苏　撰

日本的间谍工作在世界上是有名的，日本为求实现他的"大陆政策"，所以积极的从事侵略，其发展的过程，是先从间谍工作着手活动，这是有许多的事实能够证明的。换言之，间谍工作就是日本侵略的急先锋。差不多世界上每一个角落里都有日本的间谍潜伏着，而且日本的政府每年化了一笔巨大的金钱，用为从事此种间谍工作的活动。

日本垂涎蒙古地方资源的丰富，已非一日，以故所定实行掠夺蒙古的计划异常周密，积极的从事于间谍活动，一方面侦查地形和资源，一方面则尽量挑拨、煽惑、分化蒙古王公，离间与中央疏远，以遂其野心。日本的间谍深入蒙古工作是在日俄战争时代，当时日本派遣许多间谍潜入哲里木盟及海拉尔一带，收买蒙匪从事袭击，曾给俄军以重大的威胁。所以当时间谍活动的对象，不在蒙古而在俄国。日本以蒙古为对象的间谍活动，开始于日俄战争以后，因为南满已经为日本所攫取，于是侵略蒙古的野心亦随之展开了！在前清光绪三十年，日本间谍鸟居龙藏潜入赤峰一带调查实情，回国后盛称热河蒙古□富源无尽，引起日本朝野人士的注视，所以侵略满蒙的健将田中义一曾主张以日本女子嫁给蒙古王公，以便于从事间谍工作，可见日本对于蒙古的间谍工作，真是布置周密了！

在九一八事变以前，日本间谍在蒙古的活动尚不公开，只是派员秘密或化装到各地刺探消息或调查实情而已。迨热河、察北不守以后，日本在蒙古的间谍活动，使〔便〕由秘密而成为公开的了。日本在蒙古的间谍组织——特务机关分布之广，有山海关、张家口、多伦、加普寺、百灵庙、归绥、包头、额济纳旗、阿拉善旗及凉州、西宁等处，由此可知日本帝国主义的野心，不仅热河、察哈尔境内各盟旗受其威胁利诱，即远在宁夏、甘肃、青海等地的蒙古盟旗亦有其侵略之爪牙了！兹将其间谍机关之组织及其工作活动情形概述如下。

一、察北　日本间谍工作在察北活动，开始于民国二十四年，由田中久设立机关刺探察北各地军政情形，并从事于宣传工作，其工作人员普及于察北六县，极力挑拨离间，日本在间谍威胁利诱的策略之下，拱手而得了察北六县。二十五年五月伪蒙古军政府成立后，以德王为傀儡，而一切实际大权仍操于日本间谍之手，所有蒙古人的财物、生命及妇女的贞操都被摧毁残灭殆尽了！

二、百灵庙　日本在百灵庙的间谍工作，以盛岛角房为首领，盛岛有蒙古通之称，曾旅居蒙古有年，并充当喇嘛，熟谙经文，且娶蒙古女子为妻，一切生活亦纯粹与蒙古同化，蒙古各地情形相当熟习，以故日本侵略蒙古的阴谋几全出于盛岛之计划和实施。百灵庙蒙政会的成立，虽然不是用〔直〕接由于日本所造成，但是日本人利直〔用〕之以挑拨离间地方与蒙旗的感情，却收获了极大的效果了！

三、额海〔济〕纳旗　日本在额济纳旗的间谍活动，肇始于民国二十年，最初雇用印度人奈鲁侦查亚〔西〕蒙内部实情，于二十五年一月间由日本人山本率领多人至额济纳旗从事实地测量。其路线分为两路，一由新绥汽车路经三德庙至定远；一由张家口至安西马鬃山。至二十五年九月由江崎寿夫正式设立机关工作，由百灵庙运输军火甚多，并编成蒙古保安队，其阴谋计划欲借前清同治年间回人惨杀蒙人之仇恨，挑拨蒙回间感情，企图煽动宁夏之阿拉善、额济纳两旗及青海二十九旗联合成为"阿额青蒙汉〔汗〕国"，并计划成立安西间谍机关，由横山信治负责办理。惟额济纳旗各地的日本间谍组织，均为我方破获了！

四、伊克昭盟 日本在伊克〈昭〉盟的间谍活动为时更早。民国初年时，有日人森当潜入达拉旗王爱召，假充喇嘛，表面上为念〈经〉祈佛，实际上则秘密实行间谍活动，往来于各大召间，以其举止阔绰引起土匪注意，曾被绑两次。七七事变发生以后，森当即出走归绥工作，从事于联络各旗召庙之喇嘛。迄绥远、包头失陷，日人曾以全力企图控制伊克昭盟，迭派间谍至各旗活动，梦想造成"大元帝国"，以绥蒙为中心支配整个西北，但均为我方逐个破获，积极摧毁，粉碎了日本统制伊盟的阴谋。

五、其他 九一八事变后，日本间谍工作大事活跃于内蒙各地。其在西蒙一带的活动，设立学校、医院，从事笼络和麻醉蒙古人。在西蒙所设之小学校，计锡林果勒〈盟〉阿巴喀贝子府及百灵庙等地，招收蒙古儿童，供给服装、书籍等，课本用日蒙合璧，强迫学生习学日本语，同时又诳骗各旗王公，挑选旗中青年可资利用者资送日本留学。并在察北及百灵庙等处均设有医院，免费施诊，又经常派人至各旗流动施医，以蒙古人素不讲究卫生，尤以性病为无法治疗，日本人施用新法医治，殊见功效。以故一般蒙人受此小惠，乃认为日本人之可亲近，其用〔其用〕心之诡巧，可见一斑。又为笼络蒙古王公，日本著名之女间谍川岛芳子，曾一度嫁给哲里木盟盟长齐王之子凡珠尔扎布为妻，其结婚礼节系采用前清的仪式，此为日本侵略蒙古所施用的美人计。

综上所述，可见日本间谍工作在蒙古的活动，真是无孔不入了。我们感觉到日本帝国主义侵略蒙古的阴谋，诚为毒辣而且可怕。日本为侵〈略〉蒙古，宰割蒙古，其在蒙古地方所［略］设布严密的间谍网，收买土匪，笼络王公，欺骗蒙民，离间蒙汉及蒙回间的感情，逞其挑拨煽动的伎俩以分化我中华民族，胁迫蒙古同胞，欲使蒙古人永远为其奴隶，供其驱使，所以日本在蒙古的间谍无异是刽子手，而蒙古人在日本间谍玩弄之下丧失了一切。

　　日本帝国主义侵入绥远、包头等处以后，利用无耻的蒙古王公为傀儡，成立了伪蒙古联盟自治政府，伊克昭盟各旗王公，曾一度被骗，幸而发觉了日本的欺骗，设计脱离，参加抗日工作，更加强了我们的实力。现在伊克昭盟及乌兰察布盟各旗王公、人民等，均已认清了他们的敌人，合力御侮为抗战的前锋，粉碎了日本的阴谋。他们已经醒悟，惟有团结御侮，才能获得蒙古民族的自由，惟有密切合作，才能得到蒙古民族的解放了！

《边疆》（月刊）

西安边疆社

1941 年 5 期

（朱宪　整理）

怎样保卫伊盟

何树屏　撰

伊盟前线的沙漠地带，是天然的游击区，正规战之在沙漠，似猛虎之遇淤泥，任你多么凶恶，威力亦无法施展，终将愈陷愈深而不克自拔。尤其是略带机械化的敌军踏进伊盟的第一步，已失其九分效能了，由已往敌人在□城、树林召……多次的失败，足为"游击与沙漠"力量伟大之铁证。

自敌人发动侵略战以来，最初即决定西进、南进两条路线。其西进目的在进窥甘、青、宁、新，包围苏联，断我外援。而迄今毫无成效者，固由于傅、门两将军之先后坚强抵抗，而伊盟各游击队凭着有利的地形，侧面的袭击与牵制，亦是不可磨灭的助力。我们要保卫伊盟，必须（一）统一指挥划分防区；（二）储备食粮；（三）加强政治工作；（四）发动锄奸。以上乃保卫伊盟最关军事的四大项，其他待举之要政当不只此。绥境军政当局，有的固然已尽到了最大的力量，惜机关骈列，事权不一，军政连系不够，困难丛生，责任相卸，有能说而不能行者，有努力而行不通者，致使盘踞之敌，声势日大，滋蔓难图，良可慨叹！拿破仑说："两智将不如一愚将。"伊盟军政，需要统一指挥，实在太迫切了。

《塞风》（半月刊）

陕西榆林塞风社

1941 年 9、10 期合刊

（朱宪　整理）

蒙古抗日烈士云继先死后蒙冤

——高天君《我们的绥蒙》之严重错误

韩泽敷　撰

好议论不求甚解，是一种坏习惯，不知道妄下断语，那更是一种奇耻！所以近来对边疆问题，有些人以走马观花式的狭隘观念，妄肆议论，信口雌黄，甚或是非倒置，指鹿为马，以致出版界闹得如此其糟！

上月友人由西安寄来新中国文化出版社高天君于二十九年六月出版的《我们的绥蒙》大著一本。展诵其内容，至《安定伊盟力》一章中，发觉这么一段歪曲事实的记载：

原文云："新×师在抗战形势的需要下，经过两次扩编而成的，最初这支队伍为蒙旗保安队，由德逆的汉奸势力分化而成的，它在本质上，已具有政治意义，而抗日则为其先天的使命，迨至大队长云继先二次附逆，白海风将军乃毅然把他打死……"

的确抗日为新×师先天使命，这是人所不能否认的事实，关于"迨至大队长云继先二次附逆，白海风将军乃毅然把他打死"的一节，不知高天君何所根据，而发这一篇议论，诚令人百口莫辩。不仅我替云继先君叫屈，想白海风师长看了此段高论，亦不能默认此种莫须有的恶名！

况云君之死，是为部下叛变戕害，其死因肇始于脱离德王，因云继先、朱实夫二君，为德王部下之两青年军官，所有德王干部之军校学生，向受云、朱二人之指挥，德王在军事上依之为左右手，云等亦竭诚与之合作。其后德王为东蒙亲日派包围，对云等逐渐疏远，而留住百灵庙蒙政会之东蒙亲日派，且有危害云等企图，云等虽受压迫，仍隐忍服从。嗣德王之叛迹日著，于嘉普寺别组军政府，云等因受国家高等教育之培养，不□随其作叛国爪牙，乃于二十五年二月二十一日夜，与庙蒙会民治处科长苏鲁岱，保安处科长朱实夫，教育科长贾鸿珍，财委会科长任秉钧，参事康济民等，秘密发动，于二十三日晨率同官兵千余名，开始离庙，一面派代表赴绥向傅主席接洽，请求收容，一面通电中央报告经过。德王经此打击后，对云等含恨愈深，乃悬赏百计谋害云等。而日寇驻绥特务关长羽山，尤多方助纣为虐。云等处此险境下，犹坦然不备。不料云部军官赵贵柯利欲熏心，竟与敌伪勾结，以金钱诱惑一部保安队哗变，因变起肘腋，云未及防，被害。大队附朱实夫君，仅以身免。事后由朱代理大队长，日伪尤不满足，又募死士，在朱寓所附近伺隙谋害，经傅主席密令宪兵保护，始免于难。此为云君被害前后经过情形。当云君被害时，白海风师长供职北平军分会，何能毅然把他打死？云被难数月后，蒙旗保安队改组，白始继任总队长，根本与云之遇害，风马牛不相及。云果有二次附逆举动，何以被害后，傅作义将军亲往慰唁祭奠，优给家属治丧费，附逆者身后安有如斯之哀荣？质之高君，亦将无词以自解。

那么云君之死，是国家和蒙古的一大损失！云君被害，是为国家民族而牺牲，称之为抗日先烈，爱国志士则可，不应加以二次附逆的污蔑。抗战至最后阶段，凡有忠于国家民族者，我们表扬之唯恐不足以彰其德，何敢摭拾道听途说，辱及先烈！如果我们强拉硬扯，给云君加上二次附逆的头衔，那们〔么〕赵贵柯、德王辈便是忠于国家爱护民族者了！愿高天君予以教正是幸。

　　　　　　　一九四○，二，二○于榆林

《塞风》（半月刊）

陕西榆林塞风社

1941 年 11、12 期合刊

（朱宪　整理）

蒙旗一年

作者不详

　　光阴荏苒，岁月不居，民国三十年又降临了。过去之一年中，由于全国同胞艰苦奋斗，抗战的胜利基础业已奠定，而后方建设，进步尤多。在这庆祝新年进步之中，我们试以检讨过去一年中的蒙旗动态。

　　第一、抗战以来，西蒙大部沦入敌手，然硕果仅存的伊克昭盟，却成为蒙旗的抗战堡垒，日在成长进步中。日寇在蒙旗所施的诡计阴谋，已在我蒙胞坚决抗战中，粉碎无余。除奸工作在伊盟已展开积极姿态，继乌审旗西协理扎正义之后，因附逆投伪而被处极刑的蒙奸尚有干动朋素。

　　第二、这一年中的蒙政，进步极速。绥境蒙政会两次委员大会所决议的案件，皆切合实际，适应抗战需要，如扩大春耕、推进教育、实施卫生等，皆为蒙胞迫切的需要。而各旗政府打破旧制，任用知识青年为仕官，尤为蒙政进步的光明表现。

　　第三、蒙胞皆知拥护中央，拥护领袖。这一年中蒙旗扎萨克之入京者，络绎于途。他们都抱着一颗热诚的心，去晋谒领袖，向中央报告。他们认识很清楚，惟有团结一致，加紧抗战建国，才是蒙胞的复兴大道。

　　其他关于党务教育者，察绥蒙旗党部，改组为绥远蒙旗党部，工作力量加强；各旗旗党部皆一一成立，蒙胞之入党者很多，可见蒙胞对主义信仰的深切了。各旗小学，原有者多已恢复，尚有许多新设者，伊盟中学学生渐有增加，令人感到蒙旗教育前途十分有望。经济建设，虽较落后，然耕地垦殖之增加，亦所在多有。

　　总之，过去一年中蒙旗各方均有进步，这种现象，是在抗战中长成的。现在民国三十年开始了，我们希望蒙旗同胞更紧张起来，努力抗战建国，争取最后胜利。

《边疆通信报》（周刊）

榆林边疆通信报社

1941 年 57 期

（李红权　整理）

蒙、藏、回族代表献旗歌颂总裁

超越历史一切领袖之上，
蒙、藏、回胞莫不景仰崇拜

福　撰

本报重庆通讯：蒙、回、藏同胞联合组成"联合慰劳抗战将士代表团"，现已推定章嘉为领团代表，迪鲁瓦、白云梯、麦斯武德、尧乐、喜饶嘉措、圣露、丁杰等七人为首席代表，其全团代表名单录后。

蒙旗〔族〕代表

章嘉活佛、沙克都尔扎布（沙王）、迪鲁瓦（外蒙活佛，一度投伪，现已反正）、白云梯（前中央委员）、白瑞、康济敏（康王）、乐景涛（监察委员）、白海风（新×师师长）、达理扎雅（阿拉善扎萨克）、塔旺扎布（额济纳扎萨克）、荣祥、巴文峻（监察委员）、吴云鹏、陈树仁（前热河省党委）、胡凤山（蒙政会委员）、纪松龄（第×师团长）、荣照（以下四名均系参政员）、席振铎、金志超、苏鲁岱、阿□寿、卜文林、达密林多尔济、白凤兆、何兆麟、李永新（中央边疆党务处长）。

回族代表

　　麦斯武德、尧乐博士、艾沙、哈的尔、艾伯都拉何吉、尧道昌、马赋良、麦睦德、依司玛衣、苏敬新、阿海麦提、艾焕新、吴范新、哈美新、古赖母、克礼横、欧伯伦、拉西德、海大一、高福尔。

藏族代表

　　喜饶嘉措（宗教哲学家）、圣露、丁杰、策觉林活佛（系班禅之弟）、瓦穆仓、罗桑坚赞、贡觉仲尼、阿旺坚赞、仑珠、格桑泽仁、黄正清（土司）、罗友仁、夏桑登、噶桑、绕幹、萧必达、李春先、程文渊、石明珠、康朗珠、刘曼卿、戴学礼、江安西、冯灵仙、黄玉兰、彰错、洛松扎西、磋扎巴、甲餐、王信安。

　　上述代表团一行七十八人，于二月二日晨九时，向蒋委员长献旗。首由全体代表向蒋委员长行三鞠躬礼，继由章嘉活佛及云南西北喇嘛寺代表分别呈献锦旗二面。蒋委员长一一亲自接受。献旗毕，章嘉读颂词序，白云梯、麦斯武德、喜饶嘉措、格桑泽仁等用蒙、回、藏三种语言，宣读颂词，旋由委员长致答。兹录该团蒋委员长献旗时颂词如下：

　　　　蒙、藏、回族联合慰劳抗战将士代表团领团代表章嘉，首席代表白云梯、迪鲁瓦、麦斯武德、尧乐、喜饶嘉措、圣露、丁杰暨代表康济敏、哈的尔、仑珠等七十八人，谨以至诚向我最高统帅委员长蒋麾前，敬献汉、蒙、回、藏四体合璧之锦旗一面，文曰"东亚救星"。日本帝国主义者以残暴之武力，企图掠夺东亚一切资源，奴役东亚一切民族，称霸世界。钧座领导中国抗战，三年又半，陷日本于泥淖之中，莫能自拔。中国为积弱之国，十余年以来，钧座宵旰勤劳，尽瘁国事，其间所经过之艰苦困难，及抗战期间，前方数百万军民之壮烈牺牲，真足以动天地而泣鬼神。钧座之伟大人格、坚强意志、卓越智德，尤其刻苦恒勤之精神，超越历史上一切民族领袖之上，而我蒙、回、藏同胞更蒙时予扶植，多方惠爱，感德殊勋，莫不一致景仰崇拜。今者抗战胜利，日益接近，建设事业，大有进步。代表等正值迎接胜利年之春节，齐进陪都，谨代表全体蒙、回、藏民众，敬向钧座致最高之敬献，并恭颂政躬康强，万寿无疆，庶国家幸甚，民族幸甚。

　　　　　　　　　　　　　　　　　　　（福，二月二日）

《边疆通信报》（周刊）

榆林边疆通信报社

1941 年 64 期

（朱宪　整理）

特王谈话：乌旗无×党

仅在靖边插花地活动　侵占旗地蒙人不受骗

云灵　撰

勾结说完全无稽

（本报乌审旗通讯）外间纷传乌审旗王公、仕官，以与×党有所勾结。本报记者综合特王及其左右谈话如下。

×党活动非在旗境

乌旗西南边境张家畔、把兔湾、乌兰二令，虽在旗内，实为靖边县之插花地，非该旗行政权管辖所及。×党驻兵以上各地，是否奉有命令实不得知，该旗自亦无从去问。

真正蒙人誓不接近

×党所派工作人员如白汉宸等，不过粗通三五句蒙语，旧系边商，亦无政治知识，故活动地盘，仅限于汉地、汉人。×党之外国理论，与蒙人思想相距过远，蒙人尚有国家观念，誓不受骗。

侵占垦地利害冲突

×党所持"伪币"（新华券）虽以武力贬价推行，但蒙人视之如同废纸，拒不流通。且该旗西部垦地，经备价数千元自驻军手中赎回后，竟被×党把持侵占，旗府毫无收入，实甚恨之。

收送礼物不算勾结

为交涉上述垦地，该旗曾送与×党坐马一匹，牺牲甚巨，亦无结果。春间白汉宸乘榆林边客献旗之便，前来送点小礼物，该旗遵照国策，自不便拒绝不收。两者尚谈不到勾结也。

患恐×病无可奈何

该旗西境之鄂托克旗，盐池被占时，曾以武力抵抗，蒙兵死亡甚多，未能胜利，致该旗流行"恐×病"，不敢与之对抗，只有应付一法。谈话人对于此点，特别表示"无可奈何"。

《边疆通信报》（周刊）

榆林边疆通讯报社

1941 年 76 期

（李红权　整理）

白音仓专论之反响：改善盟旗行政组织可由蒙政会设计实施

应召集扎萨克会议研究程序
仕官受训请中央派旗府秘书

作者不详

（本报特讯）自蒙政会委员白福源（音仓）氏《改善蒙旗地方行政组织》专论在本报发表，蒙旗行政组织应当改善及何法改善，已成蒙旗本身及各方人士关心讨论之问题。据本报所接各旗通讯及本报记者亲访各方面谈话之结果，知白氏此文已唤起普遍之同情。综合意见有下列各点：一、白氏为一青年蒙古政治家，生在东蒙，久驻西蒙，经验至为丰富，故其所言，自为蒙人之自动要求。此种言论，如出诸一般论客或他人，究生若干价值，恐不可知，而自白氏口中道出，则觉亲切有意义。二、关于如何改善盟旗行政机构，蒙政会本身则能设计实施。盖盟旗行政机构实即地方自治机构，所行政事实亦地方自治事宜，而蒙政会固为"蒙旗地方自治政务"机关也。此事着手处，应由蒙政会召集各旗扎萨克会议，在指导长官公署指导之下，研究行政院颁布之盟旗政府组织法，具体规定实施程序即足，不必另行呈请中央再颁办法也。三、在实施改革之先，各旗仕官必须受训。不久"伊盟青年训练班"即将开始，第一批当训练各旗协理、章京、梅林及其以下行政人员。四、盟旗行政干部虽经训练，但短期内未必胜任愉快，亦不容讳言，应由各扎萨克自动呈请蒙政会，函请中央政治学校或边疆学校，派遣毕业学生来任各旗政府秘书，精诚相助推行自治。

《边疆通信报》（周刊）

榆林边疆通信报社

1941 年 76 期

（李红权　整理）

论伪蒙古人民共和国

作者不详

一部世界史，打开内幕来看，可以说是间谍活动史。

以古代伪国家的创立为例来看，雅典的阿尔昔巴底斯，中国的石敬瑭、刘豫，说他是傀儡固然是不错的，其实这真正是甲国在乙国里创立的间谍组织。

到了近代，这种以建立国家为名，其实是组织间谍的事例更多了。帝国主义者几乎无一不运用这个方法。倭寇的"朝鲜李王朝"、"远东共和国"、"满洲国"、"蒙疆委员会"、"华北行政委员会"、南京"国民政府"汪记，以及预定组织的"回回国"、"西藏国"，纳粹的汉伦、吉斯林、丹森堡、殷嘉德……这都是帝国主义者在其侵略的对象国家所制造的伪国——间谍组织。阿尔昔巴底斯、石敬瑭、刘豫、溥仪、德王、王揖唐、汪精卫……都不过是间谍首领就是了。

伪蒙古人民共和国，也绝对不属例外，它是赤色帝国主义者在中国所建立的一个间谍组织。它的领袖阿穆尔，真正是赤色帝国主义的一个大间谍。但是××的×××、×××的×××，也曷尝不是赤色间谍？

赤白帝国主义用建国方式组织间谍，形式完全相同，但理论是不同的。白色帝国主义用"民族自决"、"国家独立"一套口号，赤色帝国主义除了用"民族自决"口号之外，还有一个"阶级斗争"的口号。主义也是不同的，白色帝国主义用"大和主义"、"纳粹主义"、"法西斯主义"，而赤色帝国主义则用"马列主义"。白色帝国主义的理论和主义，令人一看便知是间谍理论，而赤色帝国主义的理论和主义，却被浅见的人奉为革命理论，这一点，尤为绝对不同之处。浅见的人们，身为间谍而不自觉，主观上尚自认是革命战士，这是赤色帝国主义的聪明及可怕之处。

中国的青年们，对于白色帝国主义在中国所组织的间谍——汪精卫、王揖唐、德王、溥仪，你们是正确警觉，深恶痛绝的了，对于赤色帝国主义在中国所组织的间谍——阿穆尔、×××、×××，你们也曾正确地警觉了没有？

话说回来，便是汪、王、德、溥也早就自觉是间谍（自觉是汉奸）了，但阿穆尔、×××、×××自觉了没有呢？

《边疆通信报》（周刊）

榆林边疆通信报社

1941 年 76 期

（朱宪　整理）

沙王率七旗扎萨克电总裁拥护边疆施政纲要

福　撰

（本报扎萨克旗通讯）伊盟盟长沙王率七旗扎萨克，五月二十一日电总裁，对《边疆施政纲要》表示感奋。原电如下：

总裁钧鉴：此次八中全会轸念边陲，对蒙疆一般政治、经济、教育详定施政纲要，均蒙通过，恭读之余，曷胜感奋！谨将该案译成蒙文，晓谕各旗。所有官民，一致称颂，并感激总裁暨中央全体委员之德意，诚恳早日逐项实施。肃电致敬。

《边疆通信报》（周刊）

榆林边疆通信报社

1941 年 78 期

（丁冉　整理）

杭锦旗特写：旗政复原状，
楚格拉二十五日召开

党务现曙光××逃走　指署工作当更趋忙碌

林　撰

本报杭锦旗通讯：记者三月九日由榆动身，因沿途交通不便，迄三十一日始抵杭锦旗王府。考察月余，已大体了解现地情况，兹分别择要报道如下。

政治苦撑

七七事变后，杭锦旗扎萨克阿王被敌伪掳去，旗政陷入无政府状态者久之。后中央据请，令色令道尔济协理代行扎萨克职权，色协理年资甚高，为阿王亲信干部，颇得旗众拥护。受命以来，小心翼翼，第一步恢复旗境秩序，第二步整理保安及财政。经三年有半之努力，始能维持阿王在旗时之原状。惟各事官以阿王蒙尘，性命可危，未免心悬两地，因之精神上未能集中提高。色协理患关节炎，困顿床笫，大为可怜。三十年度"楚格拉"，定六月二十五日召开，当清理旗政过去，并树立未来计划。政治苦撑局面，下半年或能打开也。

（军事略）
党务曙光

杭旗除阿王于民国初年即加入本党，思想较新外，本党在此伊盟西北角纯为处女地。去年四月，绥蒙党部委本旗阿木固朗为旗党部书记长，月拨经费百五十元，下设干事二人，书记一人，积极推动，业已登记党员××人，每周均召开纪念周，在本旗实属创举。本旗南部与鄂托克旗毗联之桃力民地方，地富人多，情状复杂，过去××在此颇为活跃，但仅能鼓动地痞流氓，不能深入蒙旗。绥蒙党部已派特派员绳景信，在该地组织办事处。自×××师开到后，××由曹布诚率领，均已南逃脑高岱等地。

指导自治

指导长官公署派驻本旗人员为秦汝霖及夏建□两同志。秦同志曾驻鄂托克旗，与记者同事，异地重逢，备极亲热。秦之指导工作大体展开，与旗府人事上颇为融洽。主张蒙地不宜开垦，尤获同情。夏同志兼任×××××××××部副官，系指署与其指挥部队间之联络人，待人和蔼，办事负责。两君对记者照顾处甚多，殊可感也。六月"楚格拉"闭幕后，对地方自治事当有决定，指署指导工作自必随之趋于忙碌矣。

荒凉王府

敌伪盘据阿王府时，我孟文仲旅曾奉命进剿双方大战数日，我卒将敌伪击则，但王府既成战场，因之损失甚巨，公文、藏书、档案付之一炬，房屋多有弹痕。旗政府未受若大损失，惟今□风沙特大，四月六日至十一日飓风六日，天日如昏，旗政府东门及北门被积沙封闭，院内堆成沙梁三道，记者所住北房，五层石阶掩没无影，积沙可以入户，盖屋门亦被屯壅矣。此间水井深数十丈，牛皮一张，回旋制绠一条，用骒马转动汲水，记者试用平生之力，亦奈此大滑轮不得。

五月七日，林

《边疆通信报》（周刊）

榆林边疆通信报社

1941 年 78 期

（李红权　整理）

青年的力量

作者不详

我们读蒙政会七届大会的决议案，发现了蒙旗青年已经表现了他们的力量。

蒙政会的历次决议案，虽然大体上都把握着目前问题的要点，作确当决议，但富有历史意义的决议，不能不数四届会里扎萨克康济敏先生的十余案。他提议蒙旗高级事官可由平民充任，而且通过了。行了未行，是另一问题，但这种破天荒的决议，实为七百年来第一声。而康先生正是青年的扎萨克。

这一次共通过议案十件，动议四件。在政治方面，通过《改善蒙旗组织，充实内部力量，以资推动工作，而收完成自治效果》案，这可以说是康扎萨克提案后最有力量、最有价值的一案。另有《训练各旗保甲人材》案。在金融经济方面，通过《设立中国蒙民□行》案，《成立小本贷借处》案，《呈请中央提高皮毛价格》案，《积极提倡手工业》案。经济方面的提案，也称得其大体。

而这些提案的委员们正好都是青年人。经天禄、胡凤山、白音仓、代表贡噶色楞的顾兆忠、代表奇俊峰的贺守忠、代表特固斯阿木固朗的奇玉山诸位，哪一位不是年富力强、通达内外情势的青年？至于富兴阿、布林托克托胡、恩巴克雅尔、图布升巴雅尔、朝克都楞，我们都不熟识，想来也许是青年罢？据本报所得确息，

《提高皮毛价格》案，虽由兼任委员的七旗扎萨克署名，实亦系由两位青年委员的倡议，而得联名提出的。至于经天禄动议电中央对《边政纲要》表示谢意，白音仓也建议伊盟盟长及七旗扎萨克一致通电（电见今日本报）拥护，更能表现民情，通达人情。

这些要案，由青年们商同他们的老前辈们议决是议决了，但落在青年肩上的新任务是设法执行的事了。他们该如何督促参事、民治两处召开会议，详拟改革盟旗行政组织办法？保甲人材如何训练？中国蒙民银行如何集资开设？都是今年以内的重要工作。自然他们会尊重自己的提案，积极促成的罢？青年朋友们，我准备在第八届会上听你们的报告呢！

《边疆通信报》（周刊）

榆林边疆通信报社

1941 年 78 期

（李红权　整理）

阿王悲愤死矣！德王已堕落

段敬斋守正不屈竟被灌死
绥、包、张家口殆无日不杀人

作者不详

（本报特讯）前蒙旗党务推进委员任殿邦之三弟殿秉，任职伪巴颜塔拉盟保安第三中队，于上月率部反正，受××军收编。日前来榆，据对本报记者谈称："德逆自任伪职后，受日寇监视极严，一切不得自由。现每日生活为打牌及玩女人，包姘坤伶兼妓女名小金铃者，打得火热，英雄气概销磨于无形，惟尚未吃洋烟耳。我辈青年随其含辛忍痛，原意有所作为，得当报国；今德王堕落如此，故青年人怀去志。杭锦旗阿王被敌掳到包头后，任为伪伊盟盟长。阿王聪明远见，且与德王不睦，对其伪职毫无兴趣，终日悲愤，此老汉业于四月二日死矣！丁逆我愚仍任伪秘书长。亢逆仁任伪巴颜塔拉盟副盟长，洋烟已断，心广体胖。殷石麟之弟现已失踪，当系被敌捕去，绥、包、张家口殆无日不杀人也。巨商段敬斋先生守正不屈，且对傅长官交付之工作，益〔异〕常出力，为日寇识破，业用煤油将先生灌毙。伪蒙军经一再缩编，共余二三千名。大多数蒙人均盼国军早日开到，无人不念委员长。"

《边疆通信报》（周刊）
榆林边疆通信报社
1941 年 81 期
（丁冉　整理）

奇文英沉痛电文

誓率全旗十万余军民拥护中央服从领袖

作者不详

（本报特讯）七月廿八日准旗干训班第一期毕业，班主任兼第×区司令奇文英曾电委座致敬。电文极为沉痛，态度至为坚决，一扫电文空虚无物之弊，兹觅录如次：

委员长蒋钧鉴：溯自九一八事变，日寇利用溥仪成立伪满，七七事变，日寇利用德王成立伪蒙，分化毒计，惟恐不周，诱惑名义，惟恐不显，举凡傀儡之扶植，汉奸之利用，无所不用其极。要知日寇在田中奏议中早就决定了"以华制华"的政策，企图达到吞并全中国之目的。□、包沦陷后，文英曾被挟赴绥垣，日寇许英以师长位置，威胁利诱，唆使背叛祖国。英虽出身行伍，粗知礼义廉耻，观溥仪、德王虚拥名位，毫无自由，发号施令，全由日人，已成笼中之鸟，十足的傀儡。但英因环境关系，只得虚与委蛇，伺隙脱险，俟机向祖国最高领袖面陈衷曲。去春赴都展觐，始见天日。辱承钧座发枪发饷，爱护蒙旗，无微不至，每念及此，无任感奋。英誓率全旗十余万军民，竭诚拥护中央，服从最高领袖，准备守最后一寸土，流最后一滴血，歼灭倭寇，抗战到底。值兹本旗干训班第一期学员毕业典礼之日，掬忱奉闻，并电致敬，伏乞垂察。

《边疆通信报》（周刊）
榆林边疆通信报社
1941 年 88 期
（丁冉　整理）

建设伊盟的几点意见

曾广昕　撰

伊克昭盟，共分七旗，人口为二五五，五五七人，为西北之重要屏藩，但以交通梗塞，文化落后，仍多半保持着游牧的生活，未事开辟。

抗战以来，蒙边在军事上的重要，不减于各战区，为着达到全面抗战早日胜利计，亟应建设伊盟。仅就管见所及，贡献几点意见。

一、特种教育　教育为立国之本，而特种教育，尤为蒙旗所必需。蒙地文化落后，百废待举，纵有少数蒙古智识青年，力求进步，又被地方的积习所阻，未能实现。为建设蒙旗及坚定蒙胞抗战信念起见，应首先提倡教育。惟伊盟地广人散，住无定址，集中教育，困难实多，对症下药，除积极兴办正常教育外，应采取流动式教育，仿照邵爽秋巡回教学车精神，施行特种教育，以期智识文化，普遍增加，使一切建设事项，不致落后。

二、提倡农林　农林问题，关系抗战前途至巨。蒙地辽阔，固以畜牧为宜，但可资农林之处，亦在所皆有。我国向以农耕立国，当处抗战接近最后胜利的关头，食粮问题之重要，自不待言。至造林一项，大而关系供给军需之用，小则可阻沙侵田禾之害，其余增产森林，调和空气等等，尤非造林不为功。惟蒙旗迷信风水，不事栽种，以致肥沃土壤，终成荒沙旷野。亟应在伊盟择一适当地点，设立农林试验场，积极遍造农林，以利抗战。

三、改良畜牧　蒙旗为着沙漠关系，多事畜牧，但对选种、防疫与管理诸方法，向不注意，一任其自然，妨害繁殖，死亡之数，屡年倍增。亟应设立模范牧场，聘用有畜牧智识之专门人才，分派各旗，对畜牧诸方法，尽力指导。并附设毛织工厂，尽量收买毛革，一方增进蒙人生产，同时防止原料资敌。中央经蒙旗指导长官公署之请求，在榆设立贸易委员会榆林收货处，计调查二十八年一年，伊盟各旗尚剩余绒毛四十一万八千零五十斤，皮革八万二千七百一十五张，按当时市价估计，约值洋三十七万四千七百五十二元，可见蒙地毛革之丰富。若能改良畜牧，其每年增加之数率，尤属不可限量。

四、筹设矿厂　伊盟矿产之丰富，稍事留心边务者，莫不知晓。如扎、杭、达、乌四旗的盐、碱，准、郡两旗的煨炭，鄂托克旗的银、铁、锡、炭及盐、碱，东公旗的石棉，此为天然出产，用之不尽，为国家之最需用品。其余各旗未经开辟的矿产，尚不知凡几。物弃于地，未免可惜。中央应选派矿业人才，入蒙组织矿厂，以建旗、建国。

五、建设交通、讲求卫生　交通、卫生，关系地方发展。伊盟为国防重地，黄河两岸，敌我对峙，关于运输军需、沟通文化等等，实为刻不容缓之务。前闻蒙政会拟有蒙旗通衢要道架设电话计划，并附图样等件，转请中央，待核准实行。至便利道路一项，一面希望中央将规定之驿站办法，扩设在伊盟各旗，一面可将各旗划分界段，按里数多寡，广置指路牌，使交通不致发生阻碍。其卫生事业，蒙人向不注意，病疫流行，死亡听之于命，亟宜讲求。除原为蒙而设之蒙古卫生院、防疫处，应迅速移入蒙旗工作外，并宜派遣医务人员，组织医务所、卫生队，分布各旗，俾便普遍防治。

上列五项，均为建设蒙旗亟应举办之件。至制度之需要改革，团队之加紧训练，及其他应兴应革者，尚为数甚夥，宜按其缓急，依次举办，才不背中央抗战建国之德意。

编者按：作者字季远，黄州人，现任指署秘书。

《边疆通信报》（周刊）

榆林边疆通信报社

1941 年 93 期

（李红权　整理）

勖蒙政会八届大会

作者不详

蒙政会八次大会定下月五日开幕，已志上期本报。现在准备出席的委员们，想来都在预备提案。本报对于这一次大会有几点希望，在这里说一说，作为与会诸君的参考。

一、我们希望从本届开始，蒙政会在效率方面，大大地提高。本来，中央设立该会的原意，是根据国父的《地方自治开始实行法》，给蒙古同胞一个自治的机构，教他们自己管理自己的政事。这个机会在满清时代自不能有，便是在本党执政以前，也是绝难实现。现在蒙胞获此机会，有此机构，真要特别兴奋，特别珍视，千万不要把它弄成一个有名无实的机关。所以在实行方面，全会一百四十四名委员、职员，都应当准时召开常会，逐日到班办公。莫说无公可办，只要有人，便有事办。莫说无钱办公，只要肯办，那么不用钱即办的公事，也多得不可胜数。

二、七届会中，白音仓、经天禄、奇俊峰三委员所提《请改善蒙旗组织，充实内部力量，以资推动工作而收完成自治效果案》，给蒙胞和关心边疆的人士一个极大的欣慰和希望。本报七十八号社论指该案为"富有历史意义"，并说："我准备在八次会上听你们的报告呢。"此案经通过后，交由该会参事、民政两处详拟办法，再行转请核办。现在我真准备听你们的报告了。在八届会中，总要把这划时代的提案，给它一个实行的时期。特别是三位提案人，你们□要发挥民主精神，像伟大的代议士一样，负责去质问你们提出而经通过的提案的下文。

三、蒙旗目前第一要务是救荒问题。诸位委员来自各旗，对于本旗灾况，目睹身经，必能有详细沉痛的报告。大会对于这个严重问题，总要决定一个办法出来，否则，不但各旗负责者（亦即各委员），为此问题所恼，恐怕明年春天更要闹得不可开交。不过办法总要以"自力更生"为原则，专靠请振，绝不济事。本报载过，有人主张各旗开放旗有及王公私有土地，平均为人民分田（主要是不分蒙汉），增加生产，这就是"自力更生"基本办法。达、杭两旗已在实行。我们以为该会很可以公平正直地对此作一决议，并要监督各旗实行才好。

《边疆通信报》（周刊）

榆林边疆通信报社

1941 年 97 期

（朱宪　整理）

绥远之重要性、特殊性及其改进方策

白邻德　撰

绥远省为我国之西北边疆，兹就史地所载，及目前的抗建情势，略述其重要性与特殊性，拟就对症施药之改进方策，以供边疆施政者之参考，并就正于海内贤达。

一、绥远之重要性：绥远在汉属定襄、云中二郡，后魏据以为国都，唐设都护府治之。五代属辽，属金，明为蒙古游牧之所。清代为绥远将军驻节地。民国初设特别区，继改为行省。"七七"事变后，东部沦陷，独西部屹然存在，位于抗战建国之最前线，为晋、陕、甘、宁四省之屏藩。时至今日，保绥西，即所以重西北，重西北，即所以利抗建，其所居之地位，诚重要也。

二、绥远之特殊性：（甲）人口稀少而民族复杂　绥远人口，据该省省政府民国二十一年调查，约为二百〇一万一千余人，平均每方公里约为七人。方之内地各省人口最少之贵州，每方公里尚相差六倍之多。言其种族，除汉、蒙两族占多数外，尚有少数之回族、藏族、满族。人口稀少，则边防空虚，种族复杂，则团结不易。（乙）地面辽阔而交通不便　据曾世英君推算，绥远面积约三十万四千余方公里，仅小于内地面积最大之四川。言其交通，除黄河由宁夏入境，经后套入山西，可揽舟楫之利，与绥新、包宁两公路可资运输外，其他通陕北、通山西以及境内各县旗往来，皆持骡、马、骆驼为工具，公私运输，极感困难。（丙）出产丰富

而工业不振　绥远矿产以煤为最多，盐、碱次之。银、铁、石棉间亦有之。煤产于大青山前后及河套□内，盐、碱产于鄂尔多斯部之盐湖与碱湖中。此外所产皮毛更属量多质美。言其工业，煤、铁向乏机器开采之企业，盐、碱纯恃天然生成，毛织、制革等工厂，寥若晨星，货弃于地，利溢于外，殊为可惜。（丁）风俗不良而教育落后　绥省风俗，汉人女子足缠布带，蒙人女子头戴宝翠。蒙汉男子多垂发辫，蒙人亲丧不葬，弃之沟壑。男女情欲不检，淫乱成风。迷信喇嘛，家家拜佛。言其教育，尚在萌芽时期，全省无专门大学之设立，中学仅有二处，合计学生不足五百人。各县县立小学，每县一处。境内伊盟七旗，每旗有旗立小学一处，惟准格尔旗有五处，平均每校学生人数约为二三十名。全省学龄儿童，十九失学，青年壮丁，十九文盲。今后移风易俗，提高文化水准，实非整顿教育不为功。

　　三、改进绥远方略：由前所述，绥远属重要之地位，俱〔具〕特殊之情况，忧心国难，关怀边事者，宁可忽视。兹拟具补偏救弊之改进方策如下：（甲）蕃殖人口　蕃殖人口首宜由政府善为诱导，改革边民迷信喇嘛之风，以增加人口之生育。其次为普遍开展新生活运动，俾绥蒙人民一切生活卫生化、合理化，以免疾病与嗜好之戕生。再其次实现总理国〔民〕族主义，使各民族精神化为一炉，免除蒙汉隔阂，将内地失业人民，移入绥省，从事生产建设事业。（乙）便利交通　修筑绥省公路、大道，并普设电报、邮政，俾绥蒙军事上、建设上，能得到运输便利，消息灵通之效果。（丙）振兴工业　长期抗战，端赖生产。绥省天然宝藏及皮毛出品，甚为敌人所垂涎，尽量开采，尽量制造，不但边民之利，更为国防之资。现闻蒙旗指导长官公署呈准在伊盟扎旗设立毛织工厂，不久见诸实施，可为振兴绥远工业之曙光。允宜由中央再拨巨款，将绥省一切工业次第经营，促成抗建大业。（丁）普

及教育　绥省文化低落，民风不良，以及其他一切不景气之状况，率由教育未曾普及之故。允宜依照民国二十四年中央五中全会《重边政宏教育以固国族而成统一》之宣言，并今岁八中全会《边疆施政纲要》之规定，宽筹经费，详定方案，就绥省现有学校教育，扩而充之，注重生产，造就边疆建设人材，一面厉行社会教育，以改善边民生活，使一切设施，均赖教育普及而收顺利进展之效果。

上述种种改进方策，均系对绥远省客观方面之特殊情况，而为补偏救弊之良药，并切合于我最高领袖蒋委员长提倡国防建设之主旨，而为目前抗战争取胜利，及永久巩固边防切要之图。愿我中央政府与绥蒙当局，以及全国同胞特加注意，一致努力。

民国三十年十月廿五日

写于缓〔绥〕蒙指导长官公署

《边疆通信报》（周刊）

榆林边疆通信报社

1941 年 99、100 期

（李红权　整理）

鄂旗党员大会已圆满闭幕

通过：组织宣传团、扩大造林、组织联合
办事处、举办训练班、创办蒙文周刊、致敬总裁

祥　撰

（本报鄂旗通讯）鄂旗党部于十月二十日上午八时召开全旗党员大会，出席党员计百四十六名，由书记长田文祥主席，上级党部派章特派员文轩参加指导。如仪开会后，由主席报告，嗣即讨论提案。十一时宣读守则，圆满闭幕。

提案：

一、为加强宣传工作，以利抗战，提请公决案（杨昌炎提）：（理由略）办法——甲、组织鄂旗党政军学联合宣传团，至旗境各地作巡回宣传。乙、利用各召庙庙会作大规模宣传。决议：通过。

二、为扩大造林运动，以防风沙，改良气候，提请公决案：（理由略）办法——广立苗圃，栽培树苗，并规定每户必须种树五株，负责灌溉。决议：本旗章司令前已通令全旗各户，每年必须栽树十株，惟办法与本次提案之意见稍有不同，原案函送旗政府参考。

三、为发起组织鄂旗党政军学联合办事处，提请公决案（田文祥提）：（理由、办法略）决议：通过。

四、为加强党务工作，奠定本旗党基，健全本党核心组织，增

加抗建效率起见，拟举办党员训练班，是否有当，提请公决案（田文祥提）：（理由略）办法——甲、暂定六十名；乙、分两期举办，每期三十名；丙、每期一月；丁、地址暂假司令部；戊、教官聘请各机关首长担任；己、科目分学、术两科；庚、详细组织另定；辛、经费呈请绥蒙党部转呈中央拨款；壬、三十一年二月至三月定成。决议：原则通过，指定田书记长拟具详细办法、预算，呈请核准后实施之。

五、六、七、八均从略。

动议：

一、创办《蒙文周刊》案（程杰动议）。决议：通过，交旗党部负责筹备。

二、为湘北再捷，以本大会名义电总裁致敬案（田文祥、杨昌炎动议）。决议：通过。

通电：

总裁蒋钧鉴：窃自倭寇逞凶，五稔于前，全国军民在钧座领导之下，一致奋起，争取最后胜利。此次湘北再捷，遐迩欢腾，奠反攻之根基，正国际之视听。胜利在望，成功可期。肃电奉贺，并致敬意。

祥，十，二十二

《边疆通信报》（周刊）

榆林边疆通信报社

1941 年 100 期

（朱宪　整理）

蒙政会八届大会详情：
通过五要案，蒙政现曙光

规定员工逐日上班　朱长官谈伊盟灾情

作者不详

（本报扎旗通讯）蒙政会八届大会，于六日上午十时，在该会大礼堂开幕。到常委鄂齐尔呼雅克图、荣祥（殷石麟代），及委员阿凌阿、胡凤山、白音仓、奇玉山、奇俊峰（贺守忠代）、奇文英（那林得力格代）、贡葛色楞（顾兆忠代）、色令多尔济（绰克巴达尔户代）、贺耆寿（任秉钧代）、经天禄（贺凤翔代）、旺庆扎布（康济民代）、康济敏（齐世勋代）等十四名。鄂常委主席，指导副长官朱绶光，由榆莅会指导。如仪开会后，鄂常委报告开会意义，嗣由朱长官致训词（辞均略）。朱致词后，时间已晚，主席当宣布闭会。七日接开第二次会，决议提案一件，动议案一件（见本报特栏）。八日朱氏赴伊盟中学训话，学生情绪至为热烈兴奋。九日朱氏召集蒙政会科长以上职员聚谈，征询意见，作改进蒙政会之参考。并规定常委两名经常驻会，主持会务。会内职员按日上班。其有特殊任务不能到班者，得呈请沙委员长批准，否则概以旷职论。职员工作优异者嘉奖，劣等者儆诫或申斥之。员工薪俸，每月月终按数实发。全体精神大振，蒙政渐露曙光。十日，朱氏返榆，全体委、职员欢送出郊，扎旗小学全体学生亦列队道旁，朱氏与欢送者一一握手言别，热诚和蔼。

朱长官谈话

（民革社讯）副指导长官朱绥光返榆对记者谈："本次蒙政会委员大会，提案虽似较少，但关系当前急务。尤以伊盟灾荒问题，为此次大会主要讨论题目。目前伊盟灾情十分严重，人民多以草□为食。据伊盟保安长官公署调查：人民共约二十一万；急需振济者当在十万人左右；且需振济至来春，须历时五月之久。振济之食粮，需六万石之谱。各旗或可将旗下牛马骆驼编组成运输队、以备自行运输粮食，或□伊盟之出产如盐□运往邻近粮区，换取食粮，□寓以工代之意。故大会议决责成蒙政会振济委员会详拟具体方案，以便转请中央□济。"其次谈"及伊盟政治设施，虽较□□步，究仍未达到抗击客观环境之需要，本人乃于会后召集蒙政会科长以上人员□会，当即订改正要点十六条，以资改□。"

《边疆通信报》（周刊）

榆林边疆通信报社

1941 年 101 期

（丁冉　整理）

蒙政会提案全文

作者不详

提案

（一）拟请拨款救济伊盟各旗灾民案　提议人：常务委员图布升吉尔格勒

甲、理由：查伊盟各旗，近三年来旱魃为虐，天高不雨，灾情惨重，亟应救济，借固边陲，而救民命。

乙：办法：由本会将伊盟各旗旱灾实况，备文呈请指署，转请中央赈济委员会拨发专款，并派员会同本会赈委会前往各旗实地赈济。

丙：决议：通过。

（二）拟请中央发给伊盟各旗保安队经常费案　提议人：常务委员图布升吉尔格勒

甲、理由：查各旗保安队，前年已经第八战区派员点检，嗣即按照正式编制，先后改编就绪。兹因各旗保安队整训在即，关于服装、饷糈以及械弹补充，均付阙如，既与军容有碍，且亦关系给养。为整饬军风纪暨便于训练计，拟请转请军政部统筹计划，并自三十一年度起，按季配发服装及每月支给饷糈，以资维持经费，而便守土抗战。

乙、办法：一、各旗保安队应造具官兵花名人数及粮饷、械弹各清册，呈由保安长官公署转送本会汇转指署，呈请核发。二、中央按月拨发各种军需品及粮饷时，概由指署令行本会函转伊盟保安长官公署，令饬各旗领发，以期一律。三、粮饷额数应请军政部按照正规军办法待遇，以资维持生活。四、决议：交本会保安处会同□署办理。

（三）拟请改编小学常识课本案　提议人：常务委员图布升吉尔格勒、委员白音仓。

甲、理由：查伊盟各旗小学所用课本，向由各旗小学当局自由采用，彼此间既无标准，更不划一，且课本内容大都不适蒙旗需要，更少抗建教材。兹为补救上述缺陷计，应将常识、国语两种课本先加改编，其中凡有不适蒙旗需要之教材择要删除，另外编入有关蒙旗史地□会以及抗战建国之普遍教材，既能适合蒙旗需要，更可灌输儿童抗建常识，即各校教学亦可划一也。

乙、办法：由本会先将常识、国语两种课本负责改编审查，呈请指署，核转教育部核准后，交由本会负责付印，所需经费，另行筹划。

丙、决议：修正通过。

（四）为拟请成立工作督导团，以资协助各旗推进行政案　提议人：委员胡凤山。

甲、理由：各旗对于本会下达之政令，多未能确切积极实行。长此以往，妨碍工作效率，湮泯政治功能，影响自治，殊非浅鲜。盖本会为蒙旗政务最高机关，对抗建要政，负实施推动之责，对大会决议案，掌命令执行之权。试一检讨过去，思谋策励将来，亟应成立工作督导团，核定中心工作，配合精干人员，在不耗巨资、不旷时日之原则下，协助各旗旗政府整饬，步伐齐一，提高事务速率，必使行政适于现代之要求。本此标准，诚恳督之而不批评，剀切规之，随时鼓励，并代为解除困难，设法予以便利，以期展开自动工作之本领，而臻发揭自治精神之目的。

乙、办法：一、督导团之人选，由指署及本会遴派谙练、适当之现职人员充任之。二、督导团之人数，视工作之繁简，规定三人至五人，并指定其中一人为主任，综负全责。其余为团员，必要时得调用事务员□人，兼司缮写事宜。三、督导团之经费，各团员仍支取本职原薪，每人月加伙食津贴六十元，不另支给□费，除移动时车马费用实报实销外，每月规定发给公杂费二百元，概由指署保管事业费项下拨发本会转给之。该团绝对不得要求或接受各旗之任何支应，以免骚扰。四、督导团之工作办法，采取巡回式，轮流驻在各旗，至少以十日为限，但最多亦不得超过一个月。各团员之工作，应受主任之指定办理。五、督导团之工作计划，由本会拟具大纲暨实施办法，呈由指署核定之。

丙、修正通过。

（五）议题：呈请上峰，在伊盟成立稽查处，以维军纪，而安地方案　提议人：常务委员鄂齐尔胡雅克图、委员白音仓

甲：理由（略）。

乙：办法：拟请转请上峰，在扎旗成立稽查处，各旗设立稽查队，经常维持军纪，稽查奸宄。

丙：决议：通过。电请傅长官办理。

动议

一、奉命成立伊盟毛织工厂。

决议：由实业处负责办理。

二、设立国立伊盟完全小学。

决议：由秘书、教育两处负责筹办。

《边疆通信报》（周刊）
榆林边疆通信报社
1941 年 101 期
（李红权　整理）

《蒙政会应行改革要点》十六条

作者不详

（本报特讯）蒙政会八届会中，副指导长官朱绶光，曾规定《蒙政会应行改革要点》十六项，要点业见上期本报所载朱氏谈话。兹觅录该件原文如次：

一、会内各职员务须按时办公。

二、常务委员应照章常川驻会，协助委员长处理会务。

三、各处会须有主任、科长、科员长〔常〕川驻会办公。

四、每月至少应由委员长召集各处会科长以上职员，开联席会议一次，检讨工作，俾资改进（本署驻扎人员得列席参加）。

五、会内职员除兼任各旗政府重要职务经委员长许可者外，其余务必一律到会办公。若无故不到，应予停职，并呈报指署备查。

六、会内经费，应由财委会负收支全责，每月月终，由经手财政事务人员，将本月收支款项概况，报告委员长、常委及财委会审核，并呈报指署备查。

七、会内职员薪饷，应由会计科按月发给，但遇有困难情形，得变通办理。

八、各种特别开支款项，不得与会内经费混淆。

九、会内收支概况，应依照中央颁布之会计法规，按月造具表册，呈报指署汇转核销。

十、荐任职以上人员遇有更动，务须呈报指署备案。

十一、应由参事处拟定各处会办事细则及各种法规，经委员长核转□署批准后，令全体职员一律遵守。

十二、会内职员出差，应依照出差旅费章则支领旅费，于公毕核实报销。

十三、各处会职员，应每半年举行考核一次，分别奖惩，并呈报指署鉴核。

十四、委员大会议决案件，应于开会后二个月以内将实施情形呈报指署。

十五、各处会应于每年前半年将后半年应兴事项，后半年将翌年前半年应兴事项，详细计划制成方案，呈委员长审核，以备开委员大会时，提出讨论，见诸实施。

十六、每年年终应将各处会工作状况分别呈报指署，俾便转报。

《边疆通信报》（周刊）

榆林边疆通信报社

1941 年 102 期

（丁冉　整理）

德王失败史

作者不详

最近本报续接张家口消息，德王伪组织，业被汪逆精卫的伪组织所"统一"。德王不久不是退回百灵庙，便是公庙子，去当"委员长"，纯然为一地方组织。成吉思汗纪元的"年号"，也改用"中华民国"，蒙古的四色旗，改上了"青天白日旗"，他的"大元帝国"的春梦，已经作到尽头了。德王是失败了，但他这失败史，太值得我们重温一遍。

他的名字初见报端，是民国元年拖着小辫到南京"诩赞共和"的时候，那时人们也不过把他当作童骇〔孩〕看待罢了。二十年，他到北平去看张学良，回头到南京去打吴鹤龄，一般人才知道有那么一个"龙颜凤准"的王公，画报上才看到他和一群北平绥靖公署人员的合影。但除了新闻记者以外，一转眼，关于他的记忆，便在人们的脑海里逃走了。

他到南京，没有打倒吴鹤龄，一口气跑回大漠荒沙之内，去生闲气。正好敌人巨大间谍排〔头〕目，化装蒙人，去到他的王府，一勾二搭，他便上了钓钓。"宣统皇帝"登基之日，他便派卓世海去当代表。二十二年，他决心利用日寇的西进，要挟中央，欺骗蒙人，在百灵庙唱"高度自治"。二十三年，中央准许成立蒙政会，他本应当好好干了，但硬给绥远省出麻烦，并把日寇势力带到西蒙来。

　　因此他成了准叛逆，西蒙有识之士再也不能容忍了。先有西蒙王公的要求察、绥蒙旗分治，成立了绥境蒙政会，次有云继先等倡义归来，把这个民族败类赶回察哈尔去了。他陷溺已深，箭在弦上，二十五年春便正式在善〔嘉〕卜寺挂出伪招牌。以后便是作日寇先导，两次进攻绥东。二十六年冬，绥、包沦陷，他□到归绥，后来建"都"张家口，成立伪联盟自治政府，这恐怕是他的得意时代，公然谈话要求德、义承认他〔他〕的伪国。

　　但到了这个时代，他才看到中国先败后胜，小鬼外强中干，对于蒙古纯系利用，而自己承认把蒙古带到十八层地狱来了。他既怀有二心，日寇也变更了政策，专"育成"汪逆，而再不睬理他了。由此高山落石，他便失败到了今天。

　　他虽然还没有死，但在日寇方面以至将来收复失地之后，他的政治生命，算是已经死了（如果立刻反正，还有希望）。我们不妨做个盖棺之论：蒙古王公亲日必亡。中华民族只有团结成为一体，共同抗日，才是光明大路。

《边疆通信报》（周刊）

榆林边疆通讯报社

1941 年 102 期

（李红权　整理）

蒙旗一元献机运动

——本报特派员陶濬川于扎旗

陶濬川　撰

今年的防空节，各地各旗都在热烈举行，而扎萨克旗也比往年不同了。在举行那天，不但参加的人，如火如荼的踊跃，并在会场中经主席团提倡组织"蒙旗一元献机运动劝募委员会"，以期普遍推行。这几天，经主席团的积极筹备，于本月一日正式成立。该会简章上规定："一、本会定名为蒙旗一元献机运动委员会。二、本会以依据中央防空事业实施计划，厉行劝募，响应一元献机运动，购买'蒙古号'飞机，增加抗战力量为宗旨……十、本会任务于三届防空节前完成之……"照这几条看来，如果努力推行，则"蒙古号"飞机，不久总会实现的。

我们要明了，战争的胜负，不完全归诸军事，而是以国力的总合为关键。什么是国力的总合呢？即一国的人力、财力、物力统统加在一起的力量。现在蒙旗所提倡的"一元献机运动"，就是为了增加国力。我们应该怎样慷慨解囊，一元、一元、又是一元的踊跃输将，积少成多，购买一架飞机，是很容易的事。

中日战争，到现在已经四年多了。第一期，因为我们的武器不如人，只能达到消耗战的目的；第二期，因为我们的武器日渐充实，遂由被动变为主动，不但有力防止敌人的进攻，而且还不时与敌人以极猛烈的袭击。自今以后，就是我们准备反攻的时候。

领袖在二届参政会二次大会席上说"今冬明春为总攻侵略者之良机",由此可见,我们反攻之期,已不在远。此时有钱者出钱,有力者出力,真是千载良机。

"蒙古号"飞机,这名称甚好,意义也太重大了。我们不仅希望"蒙古号"飞机,于三届航空节,翱翔太空,尤其希望蒙旗青年很快的投到航空的阵营里去服务,以他们魁梧强健的体格,勇敢善战的精神,从事此项工作,定会胜任愉快的。

《边疆通信报》(周刊)

榆林边疆通信报社

1941 年 105 期

(朱宪　整理)

民国三十年的蒙旗

作者不详

　　岁月易逝，民国三十年忽焉过去。值此除旧布新之际，我们试一回顾过去一年中之蒙旗动态。

　　抗战以来，蒙旗接近前线，以是蒙旗建设的需要至为迫切。中央、地方对于是种迫切要求，都以极大的努力在进行着。首先值得我们注意的是蒙旗行政机构的改革，由蒙政会第七届委员大会决议请办。蒙旗地方行政组织的落后性，早为蒙旗有识人士所不满，以前清旧制，而使之适应现代之新兴诸多政务的施行，其不能相宜是很明显的。现在蒙政会居然决议改革，可见蒙旗政务的施行，已向新的途径迈进，这是蒙旗的一件大事，是不容我们忽视的。蒙政会第八届委员大会后朱副指导长官特提出《蒙政会应行改革要点》十六项，在这上面对于蒙政会应行改革之处，均加以详细的规定，这也是蒙政革新的进一步表现。

　　其次是伊盟的防务益加巩固。蒙旗保安队本有整编之准备，使之能卫乡保国。现整编虽尚未动手，然蒙旗保安队协同国军杀敌的，已不在少。最近陈副总司令长捷奉命守备伊盟，指挥驻军，严防敌伪□扰，伊盟防务益趋巩固，尤可见中央对蒙旗已有整个保卫计划。

　　第三是党务工作的推动。蒙旗党部于此一年中充实各旗工作力量，对主义之宣扬大加努力。而发动捐募寒衣、捐款、救国公债以及捐献蒙古号飞机运动等，尤使蒙古同胞燃起爱国之狂热，实为空前未有的盛举。

第四是垦地的增殖。蒙旗宜垦的土地，当从速垦殖，增加食粮生产，蒙旗当局已深切认识。而达拉特旗、杭锦旗决定继续分与旗民户口地，俾自耕作，尤为抗战以来蒙旗的最大的进步表现。苟各旗一一实行，则牧民食粮问题自可解决，不至十分严重了。

此外关于教育者，则有设立国立伊盟小学之决定。关于灾荒的救济，振委会已屡拨巨款办理救济。然灾情重大，杯水车薪，有缓不济急之感，似应妥筹具体办法，根本做起，那么灾情自可免去了。

民国三十年的蒙旗，确有诸多实质的进步，这是抗战五年来的重大收获。然而抗战建国是一件十分艰巨的事业，每一个国民都应当尽其国民天职，有钱出钱，有力出力。蒙旗同胞对于此点，已多了解，此后更应当加倍努力，以争取胜利的到来。

民国三十年过去了。民国三十一年是我们的胜利年，蒙旗同胞一定预备了欢跃的心情，迎接中华民族的抗战胜利的到来吧？

《边疆通信报》（周刊）

榆林边疆通信报社

1941 年 107 期

（李红权　整理）

绥远蒙古纪略

中列　撰

一　绥蒙之重要

蒙古高原，自长城而北，讫大漠之阴，东起辽、黑，西至新疆，纵横四千余里，内瞰中原，外接强邻，诚亚洲之要冲，中国之屏藩！蒙古之得失，系中国之安危，历代边患，常在西北；元、清因之以主中华，职是之故，清初置于宇内，以术绥服，安宁二百余载，即其末叶，亦不闻寇盗烽火之惊〔警〕，盖亦洞烛窍要，用能弭患于未然也。

此理日寇亦深知之，故田中奏折有云"欲征服中国，必先征服满蒙"之说，暨"九一八"以来，倭奴力据东北，即侵内蒙，军事、外交兼施，政治、经济并用；初则煽动内蒙自治，继则胁令德王叛逆，后则欲迫我划"防共区"，使"特殊化"，无非一本"满蒙政策"，积极侵略。"七七"变作，倭寇已发动全面战争，然方陷绥、包，即将伪蒙移植，武力掠夺而外，尤重政治阴谋，其欲以较小牺牲，获此战略形势，仍无二致。

蒙古区分内外，外蒙自民初异动，民十再度脱离，虽有"中国领土"之各〔名〕，早成全瓯残缺之状，我国防线，实际自民十以后，即以内外蒙界畔为鸿沟。今年苏、倭□□，互相承认"伪满"、"伪蒙",虽我已严正声明其无效,但外蒙已在南边设卡增兵。且曾掳我〈外〉交部驻班定(阿拉善旗北境,近外蒙)电台人员,闻因德苏战起,始获放还,是则不仅不以我为祖国,甚且已视我为敌体,缘是内蒙之国防地位,更增重要。

绥远蒙古以地势论,系蒙古高原之边缘,束阴山、黄河之中部,东西平展,此为走廊,南北梯连,此为阶级。以交通论,外通库伦、俄境,当俄蒙南下之孔道,内邻绥、宁、晋、陕,扼内地北去之咽喉,在〔左〕绥宁、甘,以入新疆,右逾察、热而达东省,实南北之锁钥,东西之杼轴。以蒙疆论,我国蒙古,散居外蒙各部及黑、吉、辽、热、察、绥、宁、甘、青、新等十省,而绥蒙适处外蒙之内,十省之中,为诸蒙之枢纽。以现状论,则寇伪西向之凶锋,已陷我绥蒙之半,俄蒙南窥之趋势,方陈兵绥蒙之边,前虎后狼,危险殊甚!再以战局论之:言固守,绥蒙实我大西北最后之屏障,言反攻,绥蒙为我北战场最要之根据,故其在平昔,已属北藩之核心,在目前,尤为战局之重点。

绥蒙之重要,既如上述,然其人口之稀少,游牧散漫,文化之低落,力量之单薄,又无在不露极度之空虚,急应如何巩固安定,建设充实,俾能适应抗建,允为今日朝野上下迫切之要区!凡是皆须自研究始,顾绥蒙幅员广袤,情况复杂,详列专论,经纬万端,不特非笔者浅陋所能,抑非鞅掌余闲所许,兹篇记述,极举大略,提纲发凡,如能有助于注意边疆问题者对绥蒙之研究,俾有司多所参资,则大幸也。

二　绥蒙之略历

蒙族为室韦、契丹之一部,实突厥族与东胡族之混种。穷其源流,即黄帝时之荤粥,帝喾时之犬戎,周之猃狁,秦漠〔汉〕之匈奴，南北朝之柔然，隋之突厥，唐之蒙古斯，宋之蒙古，明之鞑靼、瓦剌，清及民国之内外蒙古，皆一脉相传，有史足征。于宋末，更入主中国，混一欧亚，号国曰元，斯为极盛！其名王成吉思汗、忽必烈，威震天下，白人且目为"黄祸"。

蒙族自来以大漠为游牧之根据，然部落分合，迁徙靡常，迨有明中叶以迄清初，住地始渐趋固定，诸部因之创立，故兹所述之绥蒙，亦昉于明代。

今日绥蒙，计凡七部，乌兰察布盟四部，乌拉特、茂明安、四子部落、喀尔喀是也；伊克昭盟一部，鄂尔多斯是也；归化土默特二旗，归化土默特是也；绥东四旗，察哈尔部是也。

明代元兴，顺帝北走和林，犹存尊号，史称北元。传至坤贴木儿，为臣鬼力赤所篡，去国号，称鞑靼，去帝号，称可汗，鞑靼之四〔西〕，有一部落，元亡，其臣猛可贴木儿据之，渐强大，名瓦剌，亦称卫拉特，即今乌拉特部之起源，清天聪七年归附。

明成化间，鞑靼部达延汗立，骁强，并诸部，其三子扎赉尔，领漠北蒙古，号喀尔喀。清〔后〕准噶尔强盛，屡侵喀尔喀部，喀尔喀不敌，有避漠南后不返者，是即今喀尔喀部之起源，清顺治四年归附。

达延汗次子巴尔色领漠南西半，死后由长子究弼理克承嗣，移居河套，即今鄂尔多斯部之祖，天聪元年附清。

巴尔色次子俺答，年老降明，封"顺义王"，并名其地曰归化，即今归化土默特部之始。清太宗征察哈尔，驻归化，土默特部悉降。

俺答盛时，达延汗曾孙打来孙本驻宣府外，惧为所并，徙居今察省地，□察哈尔，是即察部之祖。明末林丹汉〔汗〕崛起特强，屡抗清兵，太宗时，亲合漠南已附诸蒙王攻之，林丹败走死，子额哲嗣，降清，封"亲王"，而徙其众于满洲以为监视，再传至布尼尔，吴三桂之叛，征兵不至，削爵讨之，杀布，废牧地，编众为八旗，移宣化、大同边外，称"内属游牧部"，即内属蒙古，不与他蒙比，是即察部八旗起源；民十七，绥远改省，划右翼四旗入绥，即绥东四旗。

至于茂明安与四子部落二部，其始未详，清天聪七年归清。

满清既服诸蒙，遂变其组织，创立盟旗制度，以代原来之部落，设"盟长"、"札萨克"以代原来之可汗、酋长，政令统于理藩院，军事辖于各地驻防大臣以治理之。绥蒙区划如左：

鄂尔多斯划分七旗，总为伊克昭盟；乌拉特划分三旗，合喀尔喀右翼一旗，茂明安一旗，四子部落一旗，合为乌兰察布盟；二盟皆受绥远城将军监督。土默特划分二旗，置一总管，归绥远城将军直辖。察哈尔部划分见上述，归察哈尔都统直辖。

民国初建，亦因清制，仅将理藩院改蒙藏事务局。三年设热、察、绥三"特别行政区"，每区设一都统，职司与清之将军都统若，绥蒙庶政，即受绥远都统监督，更改蒙藏事务局为蒙藏院。十七年国府成立，改内蒙各地为省，绥远特别行政区为绥远省，划入绥东四旗，于中央则改蒙藏院为蒙藏委员会，总理蒙藏行政及兴革事宜。惟斯时蒙古盟旗尚受省方之监督管辖。十九年，《蒙古盟旗组织法》颁布，区划仍旧，管辖则旗隶于盟，盟及特别旗，直隶行政院，其涉及省县事项，与省县政府协商处理。盟旗至是遂受省监督，且不直接受蒙藏委员会之管辖，绥蒙亦然。

东北四省沦陷后，德王等少数王公及青年受敌伪胁迫煽动，于二十二年酝酿"自治"，数经呈请折冲，二十三年初，中央准令设"蒙古地方政务委员会"，管理各盟事务，直隶行政院，受中央主管机关即蒙藏委员会及中央指派大员即"蒙古地方自治指导长官"之指导，其涉省事件，与省府商办，会址在乌盟百灵庙，绥蒙亦受其管辖。

然百灵庙蒙政会，在敌人掌握之中，"自治"徒有虚名；且时局日紧，绥蒙王公青年觉悟其对国家民族责任之重，乃请脱离百灵庙蒙政会另设自治机关，中央照准，二十五年初令设"绥远省境内蒙古各〔盟〕旗地方自治政务委员会"，亦隶行政院，受蒙藏委员会及中央指导大员即"绥远省境内蒙古各盟旗地方自治指导长官"之指导，会址在伊盟伊金霍洛（成陵所在地），自后绥蒙事务，遂归绥境蒙政会辖理。七七事变后不久，敌陷绥、包，绥东诸旗及乌盟大部尽入其手，且曾扰及伊盟，局势一时甚为紊乱，绥境蒙政会陷于停顿，后迁榆林。二十八年其负责人沙委员长等赴渝请示，归后迁返札旗沙王府，恢复原状；绥蒙区域除沦敌者外，仍归统辖。

三　绥蒙之概况

甲、政制与负责人员

第一节　各盟旗

一、盟旗组织与职权　蒙古原有部落而无盟旗，清服诸蒙，始有盟旗之编制，至今未改。而旗又为蒙古之基本组织。

兹首言组织，次述其职权。各旗有札萨克一人，为一旗之长，行政机关旧称"札萨克府"，今为"旗政府"，佐扎萨克者为"协理台吉"，各旗名额不一，常为二人。其下为"管辖〔旗〕章京"，各旗一人，"白通达"，各旗一人。次为"梅楞"（或称梅伦章京）、"参领"（即札兰章京）、"佐领"（即苏木章京）、"骁骑校"（即"昆都"）、"领催"（即"博硕和"）、"笔贴式"、"什长"等官。梅伦以下名额，视佐领之多寡而定，什长管十户，佐领管百五十丁。每佐领下，设领催六人，数佐领上置一参领。梅伦则十佐领以下之旗设一人，以上者二人。笔贴式无定额。合若干旗为一盟。盟有"盟长"一人，"副盟长"一人，"帮办盟务"〈一人〉或二人，然亦有不设者，"兵备札萨克"一人。在昔盟无一定机关，惟三年"会盟"一次，盟长率属来会，为盟主，后因会盟渐废，盟事较繁，民国后设"盟长公署"，今为"盟政府"，但实际各盟多未成立。惟内属蒙古组织稍异，旗无札萨克，仅各有"总管"一人，其下事官名称亦有不同者，旗以上无盟，如本文将述之绥东四旗与归化土默特旗是。

　　旗为蒙古最重要之行政单位，凡旗内政治、军事、司法，皆归札萨克管辖，协理台吉辅助之，管辖〔旗〕章京理民事，梅伦理军事，参领为旗府与佐领间之转承人，佐领为地方事务之实际负责者，催领处理催款、差役、拘传等事，笔贴式办理文书事项，白通达则司仪典。盟为蒙古高级自治机关，对所属各旗有统治监督之权。在昔三年一会盟，其所属各旗之札萨克，必须率所属官员及"闲散王公"等会于指定地点，凡清理刑名、编审丁籍、简阅军实等，皆于会盟行之，仪注极隆重。其后会盟渐废，盟之职权遂日小，今则盟仅存统治监督之形式，各旗事务□行自理，惟重要事尚呈报盟长而已。此即蒙旗职权之大略。至内属蒙古之各旗群，旧由察、绥两省府直辖，职权小于他旗。

　　兹抄列蒙古盟旗行政组织表如下：

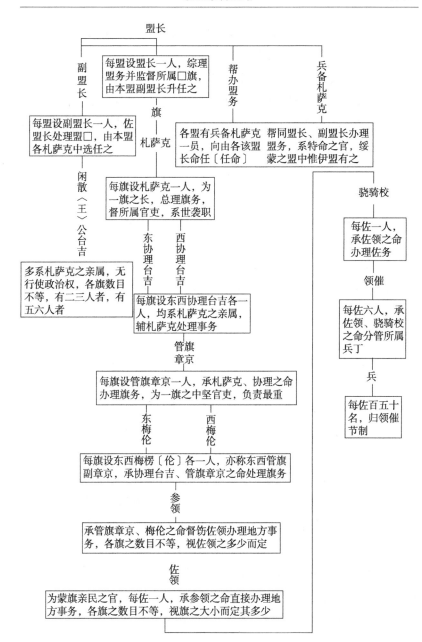

二、绥蒙各盟旗负责人　以上所述为蒙古盟旗政制一般情形，兹当分述绥蒙各盟旗之负责人员：

甲、乌兰察布盟　盟长原为喀尔喀右翼旗之云王（云端旺楚克），副盟长原为乌拉特中旗之巴王（巴宝多尔济），二十八年云王病故，照例由巴王升充，副盟长则由四子部落旗札萨克潘王（潘节〔第〕茶〔恭〕察布）兼升。惟巴王年老，又因乌盟陷敌，不愿与德王军周旋，故常避旗境，不出问事。

1. 四子部落旗　此旗俗称四子王旗，札萨克为潘王。

2. 喀尔喀右翼旗　此旗俗称达尔汗旗，札萨克为济色特巴勒珠尔。

3. 茂明安旗　札萨克为奇默特凌庆胡尔罗瓦。

4. 乌拉特后旗　此旗俗称东公旗，现由前札萨克额尔克色庆占巴拉幼子贡噶色楞"护理札萨克印务"，实则一切全由其母巴云英女士主持。

5. 乌拉特中旗　此旗俗称中公旗，札萨克为林心〔沁〕僧格，即巴王子。

6. 乌拉特前旗　此旗俗称西公旗，现任札萨克为奇俊峰女士，奇为前札萨克石拉布多尔济夫人，现在我方蒙古以女子任札萨克者，尚属创见。

乙、伊克昭盟　盟长为沙王（沙克都尔札布），副盟长为杭锦旗之阿王（阿拉坦鄂齐尔），二十七年春被敌人掳去，胁令任伪伊克昭盟副盟长，惟□与德王不睦，故甚不得志。帮办盟务为鄂齐尔呼雅克图，沙王之子，亦札萨克旗之札萨克。

1. 鄂尔多斯左翼前旗　此旗俗称准噶尔旗，现由东协理奇文英"护理札萨克印务"。

2. 鄂尔多斯左翼中旗　此旗俗称郡王旗，札萨克为图王（图布升吉尔噶勒）。

3. 鄂尔多斯左翼后旗　此旗俗称远〔达〕拉特旗，札萨克为康王（康达多尔济）。

4. 鄂尔多斯右翼后旗　此旗俗称杭锦旗，札萨克阿王被敌掳去，现由西协理色登多尔济"护理札萨克印务"。

5. 鄂尔多斯右翼中旗　此旗俗称鄂托克旗，札萨克为旺王（旺庆札布），惟甚少任事，庶政多由该旗"伊南游击司令"章文轩氏处理。

6. 鄂尔多斯右翼前旗　此族俗称乌审旗，札萨克为特王（特古阿木固朗），最近病故，札萨克印务暂由协理奇玉山护理。

7. 鄂尔多斯右翼前末旗　此旗俗称札萨克旗，札萨克现为鄂齐尔呼雅图克。

丙、绥东四旗　四旗旗政原归察省管辖，二十五年察北失陷，四旗不愿附逆，请归绥省管辖。

1. 察哈尔右翼正黄旗　总管为察密凌苏龙。

2. 察哈尔右翼正红旗　总管为鄂斯克济勒格代理。

3. 察哈尔右翼镶红旗　总管为巴拉贝扎布。

4. 察哈尔右翼镶蓝旗　总管为阿凌阿。

丁、归化土默特旗　归化土默特分左右翼两旗，设一总管，现总管为荣祥。

第二节　绥境蒙政会

一、组织与职权　绥境蒙政会之设立，已见前述，至其组织与职权，则于其组织大纲可以见之。兹摘要抄录如左。其所称"本会"，皆绥境蒙政会之简称：

第二条　本会办理左列各盟旗地方自治事务：

乌兰察布盟所属各旗，伊克昭盟所属各旗，归化土默特旗，绥东五县，右翼四旗。

第三条　本会直属于行政院，并受中央主管机关及中央指导大员之指导，遇有关涉本省之事件，应与省政府会商办理。

第五条　本会设委员□人至二十四人，由行政院察、绥省境内各盟旗之盟长、副盟长、札萨克或总管及其他资格相当之人员中遴选，呈请国民政府派充，并于委员中指定委员长一人，副委员长三人。

第六条　本会每月开会一次，遇必要时，得召集临时会，前项会议以委员长为主席，委员长因事不能出席时，得派伐〔代〕表列席。

第七条　本会委员长执行事务之决议，并处理会务，监督所属职员。各副委员长每年轮流驻会四个月，辅助委员长处理会务，委员长因事不能执行职务时，由驻会副委员长一人代理之。

第八条　本会设左列各处，分掌各项事务：

秘书处，掌管机要文电、会议纪录、文书编译、统计、会计、庶务等事项。参事处，掌管撰拟本会之行政计划及法案、规章、命令等事项。民治处，掌管关于民治事项。实业处，掌管关于实业及交通事项。教育处，掌管关于教育事项。保安处，掌管关于保安事项。卫生处，掌管关于卫生事项。（下略）

第九条　本会各处设职员如左：

各处处长一人（简派），秘书四人（荐派），参事四人（荐派），各处科长十二人至十六人（荐派），科员十人至六十人（委派）。

第十一条　本会设参议十八人，由委员长就各盟旗佐治人员中派充之，常用驻于本会，代表本盟旗接洽并办理一切事务。

第十三条　本会经费，由本会依照会计年度编制预算书，报请中央主管机关，转呈核定，由中央就国库或地方税收中指拨之。

本大纲于民国二十五年二月十五日公布施行。

其后此会又增设"防共训练"、"建设"、"财务"三委员会及

"绥东四旗剿匪司令部"。二十八年迁札旗时，将"防共训练委员会"取消，增设"赈济委员会"，绥东剿匪司令部亦无形取消。

二、重要职员　此会委员原为沙王、巴王、阿王、潘王、齐王（齐色特巴勒珠尔）、齐王（齐默特凌清胡尔罗瓦）、额王、林王、石王、噶王（噶勒兰罗勒玛旺札勒札不苏，前鄂托克旗札萨克）、康王、图王、特王、鄂王、荣统管、沙拉布多尔济（达尔汗云王之子）、巴总管、达总管、孟克鄂齐尔等，其后因死亡或陷于敌伪，人极不全，二十八年加入奇俊峰、贡噶色楞等。今年因图加强工作效率，后加入青年委员百音仓等数人。原来委员长为沙王，副委员长为巴王、阿王、潘王，今三副委员长均在陷区，不能□会。

此会各处及委员会之负责人如左：

秘书处处长荣祥、参事处处长康王、民治处处长特王（新故）、教育处处长图王、实业处处长阿总管、保安处处长奇文英、卫生处处长包登多尔济、建设委员会主任委员奇俊峰、赈济委员会主任委员旺王、财务委员会主任委员鄂王。

第三节　缓境蒙政指导长官公署

一、组织及职权　此署简称指署，其组织与职权亦规定于其暂行条例中，兹摘要抄录如左：

第一条　绥远省境内蒙古各盟旗地方自治指导长官，承行政院之命，指导该省境内蒙古各盟旗地方自治事宜，并调解省县与盟旗之争执。

第二条　指导长官一人，由行政院呈请国民政府特派之。

第三条　指导长官公署，设参赞一人，由指导长官呈请行政院简派之。

第五条　绥远省境内蒙古各盟旗地方自治政务委员会开会时，指导长官应出席指导，或派参赞出席指导。

第六条　绥远省境内蒙古各盟旗地方自治政务委员会呈报行政院或蒙藏委员会之公文，须同时呈报于指导长官公署。

第七条　绥远省境内蒙古各盟旗地方自治政务委员会处理事件，或发布命令，指导长官认为不当时，得纠正或撤销之。

第八条　绥远省境内蒙古各盟旗地方自治政务委员会经费，由指导长官公署转发之。

本条例于民国二十五年二月二十五日公布施行。

二十八年重加修正，增设副长官一员，指导长官不能亲临指导时，其职权由副长官代行。

二、重要职员　指署与绥境蒙政会同时由国府明令成立，指导长官国府特派阎锡山氏充任，并简派石华严为参赞，阎长官因另有要公，不能亲临指导，故一切由石参赞代行，要事专呈请示而已。二十八年设副长官，由阎举朱绶光氏充任，朱亲驻榆林就近指导。其后石参赞辞职，遗缺现尚虚悬。

第四节　蒙藏委员会

一、组织与职权　蒙藏委员会为中枢主管边务之机关，绥蒙亦归其管辖。蒙藏委员会属行政院，其组织与职权亦见其组织法，兹摘要抄录如左：

第一条　蒙藏委员会依《国民政府组织法》第二十条规定组织之。

第二条　蒙藏会员会掌理事务如下：

（一）关于蒙古、西藏之行政事项；

（二）关于蒙古、西藏之各种兴革事项。

第三条　蒙藏委员会设委员长、副委员长各一人，委员十五人至二十一人，由国民政府选择熟谙蒙藏政府情形者任命之，就中指定六人为常务委员。

第四条　蒙藏委员会每星期开会一次，遇必要时得召集临时会议，前项会议以委员长为主席，委员长因事故不能执行职务时，以副委员长代理之。

第五条　蒙藏委员会委员长，执行前条会议之决议，并综理会务，监督所属职员及各机关。副委员长及常务委员，辅助委员长处理会务。

第八条　蒙藏委员会设左列各处：

（一）总务处。

（二）蒙事处。

（三）藏事处。

第十条　蒙事处掌理关于蒙古事务。

第十七条　蒙藏委员会于必要时，得委派熟谙蒙藏情形或语言文字者，为翻译员或调查员。

本组织法系民国二十一年八月十二日修正公布。

《蒙藏委员会组织法》今者又有修正，于边疆适宜地点增设"调查组"及"联络站"，处理各驻在区之边情调查及联络、宣传等事宜。绥境现设有"绥蒙组"及所属札萨克旗、鄂托克旗二联络站，即将设立者尚有桃力民、三德庙联络二站。

二、重要及有关人员　蒙藏委员会现任委员长为吴忠信氏，副委员长为赵丕廉氏，委员有边事专家如白云梯、马鹤天诸氏，有边疆政治领袖如达拉特旗康王、阿拉善旗辽王等。蒙事处长为楚明善氏，派驻绥蒙调查组组长为郑焕宇，调查员周文蔚等，札旗站调查员施宗森、钟吕恩，鄂旗站调查员杨昌炎、丁治国，桃力民站调查员马成浩等。

乙、军事及军事机关

第一节　一般状况

清代划蒙古为盟旗，实仿满洲八旗之制，盟旗本身即军政合一之组织，自昔至今，皆系义务民兵制度。故就广义言之，蒙民之壮丁，皆为民兵，在昔三年一会盟，即三年一"比丁"，"比丁"者，编审丁籍，加入已及兵役年龄之新兵，而替出衰病之老兵也。一旗之最高长官为札萨克，辅其办理军事者，则有协理台吉及梅伦章京，其下参领、佐领、骁骑校、什长等员，即为实际指挥统辖之军官。清时三丁即有一甲，有事半数出征，半数留守，故蒙兵武功特盛。自近代武器进步，蒙兵遂形落伍，然亦已改用步枪、马枪及少数之机枪、手枪等，而由其骑射之精良，仍不失为天然优秀之骑兵。惜多未训练，近代军事智识，犹鲜灌输，而装备之简陋，械弹之缺乏，已极可怜之象。蒙兵军纪甚佳，一因封建传统，养成自然阶级服从，命令易于贯彻，一因兵即是民，故民不畏兵，兵亦极少扰民之事。

民国十九年，蒙古会议开于首都，曾建订蒙旗法规多种，而《蒙旗保安队编制大纲》亦其中之一，欲〔现〕摘其要点如左：

（一）蒙古各旗原有之各项队伍，一律改编为"蒙旗保安队"，专任保卫地方治安之责。

（二）蒙古各旗带兵梅伦，一律改为保安队"总队长"，秉承札萨克统带全旗保安队；带兵参领，一律改为保安队"副队长"，帮统全旗保安队。

（三）蒙古各旗保安队以每三十人至十人为一分队，置"分队长"一人，三分队为一中队，置"中队长"一人，至中队数目之多寡，由蒙藏委员会按照各该旗地方情形酌定之。

（四）蒙古各旗保安队经费，由各旗收入项下开支。

（五）蒙古各旗保安队"总队长"、"副队长"，均由本旗札萨克遴选具有军警学识之蒙员任用之，承该管盟长分咨该省政府及蒙藏委员会备案。

惟实际绥蒙各旗照此大纲编组者甚少，其照编者，办法亦不尽相同，各旗保安总队长有由札萨克自兼者，其下队长名称亦有不同者。

其后伊克昭盟有保安长官公署之设，各旗"保安总队部"，多又改称"保安司令部"，司令由各札萨克自兼。

抗战起后，蒙古各旗又有改设"防守司令部"者，绥蒙亦然。此外尚有"游击司令部"、"抗日游击支队"、"剿匪联军总指挥部"等。□其特殊形式，俟于另节述之。

第二节　各旗军实

蒙旗军队，名称虽迭更易，然实力并无何增益，训练既仍忽略，械弹亦鲜补充，即以名额而论，固历史皆行征兵制度，而蒙旗人口又少，经费不多（抗战后政府虽有补助，然为数有限），亦不能以之从事充实。兹将绥蒙各旗之军实表列于后：

绥蒙军实一览表

盟部名	旗名	佐数	兵额	枪数	子弹数
乌兰察布盟	四子王旗	二〇佐	游击队二百名，王公卫队五十名	杂枪百五十枝	不详
	达尔汗旗	四佐	游击队及王公官佐、护兵共五百余名	杂枪二百余枝	不详
	茂明安旗	四佐	警卫队兵四十余名	杂枪四十余枝	不详
	西公旗	一二佐	保安队二百五十名	杂枪百余枝	不详
	中公旗	一六佐	游击队三百余名	杂枪二百余枝	不详
	东公旗	六佐	游击队百五十名	杂枪百余枝	不详
伊克昭盟	札萨克旗	一七佐	保安队百八十余名	杂枪二百余枝	子弹约六万粒

盟部名	旗名	佐数	兵额	枪数	子弹数
	乌审旗	四二佐	游击队骑步兵共九百余名	杂枪三百余枝	子弹五万余粒
	鄂托克旗	八四佐	游击队骑兵六百余名，保安队骑步兵约四百名	杂枪八百余枝	子弹十万余粒
	杭锦旗	三六佐	保安队	杂枪约五百枝	子弹九万余粒
	郡王旗	一七佐	保安队二百五十名	杂枪三百余枝	子弹二万余粒
	准噶尔旗	四二佐	游击队骑兵九百余名，步兵百余名	杂枪千余枝	子弹十八万余粒
	达拉特旗	四〇佐	保安队骑兵二百余名，步兵四百余名	杂枪八百余枝	子弹十万余粒
绥东四旗	正红旗	一三佐	保安队百余名	不详	不详
	正黄旗	一九佐	保安队约二百名	不详	不详
	镶红旗	一三佐	保安队百余名	不详	不详
	镶蓝旗	一三佐	保安队百余名	不详	不详
归化土默特部	归化土默特二旗	六〇佐	骑兵、步兵各千名，共二千名	杂枪千余枝	不详

附注：本表系根据二十二年绥省教育会之统计数目及廿五年与廿八年调查材料。

第三节　特别组织

上节所述，乃绥蒙各旗之基本实力，各旗由此根本，亦多另为特殊之组织者，兹简括概述于次。

（一）伊克昭盟保安长官公署　　长官为沙盟长，本署职司组训及指挥伊盟各旗军队者，其计划为：加强各旗保安机构，各旗之保安司令部，由旗札萨克兼任保安司令，直辖于保安长官公署，各种武装，均按大队编制，将来或改团，综计七旗可编二十大队。参谋长褚大光。后增设副长官一员，现已由傅副长官作义保荐马秉仁氏充任。当前主要任务为组训各旗队伍，闻马氏即赴渝请示办法中。署址设于札旗沙王府。

（二）札萨克旗保安司令部　　该部即照保安长官公署之计划成立，司令为鄂札萨克兼，有保安队二大队，司令部设沙王府。

（三）伊南游击司令部　　司令为章文轩，原为鄂旗喇嘛，参谋长韩裕如，准旗人。有游击队二大队，六百余骑，及保安队四营，约四百名，系鄂旗组织。

（四）西蒙抗日游击第一支队部　　司令奇玉山，参谋长陈有明，实力见前述。司令部在乌审旗王府，系乌旗组织。

（五）达拉特旗保安司令部　　司令本系康王，由马子禧代理，参谋长为殷石麟，编制为三团，实力见前述。司令部在达旗。

（六）伊盟七旗剿匪联军总指挥部　　总指挥为康王，系战前组织，现定有名义。

（七）蒙古游击军第二〔一〕区司令部　　司令奇文英，系准噶尔旗组织，实力即准旗军队，已见上述。司令部设准旗。

（八）蒙古游击军第二区司令部　　司令原为潘王，四子王旗沦陷，现由其副司令陈玉甲充任，军兵近百人，枪马甚全，司令部现设绥西。

（九）蒙古游击军第三区司令部　　司令荣祥，参谋长陈镇波，官兵数十名，司令部现驻榆林。

（十）绥境蒙边第一区防司令部　　司令原为阿王，阿王陷敌后，其职复由副司令徐世明升任，参谋长黄楚三，官兵共三百余人，枪马齐全。该部现驻杭锦旗黄河沿。

（十一）蒙古游击军教育大队部　该队系指导长官公署所设，人数约二百，原驻榆林，现移防后套训练蒙古军队。

（十二）乌拉特前旗防守司令部　司令即札萨克奇俊峰女士，参谋长黄楚三，官兵共二百余人，分两团，枪马甚全，现驻防绥西。

（十三）乌拉特后旗防守司令部　司令即护理札萨克贡噶色楞，贡现仅十一岁，一切由其母巴云英女士主持，副司令史钦房，参谋长顾兆忠，官兵共百余人，枪马亦甚全。

以上各部经费，皆由中央发给补助，惟各部成立，多在抗战发生以后，整顿充实虽诸方难尽如人意，但一般景象均极振作。且如乌拉特前后旗防守部等，曾与敌周旋，颇著功绩。他如绥蒙区防部蒙古各游击军队等，均大有希望。常人每以为机关太多，番号太杂，多以骈枝架叠为病，其实除一二少数外，每部无不有其特殊作用，如能就其成规，充实整顿，加紧训练，则目前固可为防守各蒙之有用武力，将来反攻时更可作为收复沦陷蒙旗之先头部队，实未可以其现状有逊于正规军队而忽视之也。

丙、宗教与信仰

第一节　喇嘛教之渊源

蒙古〈自〉宋宁宗时代，即笃信佛教，嗣印僧莲花生入藏，创设"红教"，颇受人民崇拜。元世祖戡定西藏，虑地远难服，遂尊喇嘛教领袖八思巴为国师，利用宗教绥抚人民。归而定喇嘛教为"国教"，自是喇嘛教遂盛行于蒙古。后因红教炫幻为业，失佛教旨，于是宗喀巴以"黄教"代兴，□规律，明经论，而信者景从，蒙古亦然。

宗喀巴有二弟子，曰达赖喇嘛，谓是"观音化身"，曰班禅喇嘛，谓是"金刚化身"，传之衣钵，以世其教，遗嘱于二弟子，使世世以"呼毕勒罕"转生以维法统，驻锡西藏，综揽政教，称曰"活佛"。

元明以来，蒙古黄教僧侣，仅有"国师"、"禅师"之封，而无"活佛喇嘛"之号，蒙人认国师、禅师不过人王之宠锡，未若西藏活佛喇嘛出自"天授"之尊荣，清代有见及此，乃假佛说，使蒙古亦有活佛天授"转世"，顺治七年，外蒙有高僧曰格根，遂授以"哲布尊丹巴呼图克图"，驻锡库伦，是为外蒙有教主之始。康熙中，五世达赖有高弟曰章嘉，在多伦诺尔建汇因〔宗〕寺，经达赖授"呼图克图"号，雍正时，转生于多伦，建复善寺，于是永为内蒙之教主。

内蒙宗教势力，虽不如西藏，外蒙教主总理政教之甚，然因其自王公以至于庶人无不信奉，故其影响政治，影响社会则固亦深且巨也。

第二节　蒙人奉教状况

蒙人笃信佛教，远绍元代之遗传，清廷复以"崇佛"为愚弱蒙古之政策，帝后自称"老佛爷"，优礼活佛、僧侣，辉煌寺院建筑，无论贵贱，其为喇嘛者，无不推崇保护，复因人民为喇嘛则免差，并受社会尊礼，故蒙人迷于是途、竞充喇嘛，兄弟数人，常仅留其一以承先接后，余悉以为喇嘛，故各旗俱有男丁以喇嘛为多数之象。蒙人之一生，以礼佛为最要事，居室虽毡庐而狭，而供佛必有其位，屋外则"吗哩竿子"无家或缺，即公署、府邸，无不有之，晨起跪拜诵经，闲时喃喃在口，患病唪经被除，犯罪唪经忏悔，遇有喜事则诵经以谢佛，丧葬婚嫁，亦诵经以祈祷，蒙古社会中，几无事不唪经，无事不请喇嘛，小康以上人家，平常每月必请喇嘛诵经祈福一二次，其于各寺庙会参加之热烈，布施之慷慨，远道朝山拜佛之虔诚，俱足令人惊叹。社会以此为风尚，僧俗以此为生涯，曩昔慓悍之性，几不复可见矣。

　　第三节　绥蒙各旗召庙及喇嘛数目

　　绥蒙各旗乌、伊两盟召庙及喇嘛数目可列如左：

乌、伊两盟召庙喇嘛数目一览表

盟部名	旗名	召庙数目	著名召庙	喇嘛数目	占人口百分比	附注
乌兰察布盟	四子王旗	三〇处	□太召	约一，〇五〇人	约一一·〇	
	达尔汗旗	一二处	百灵庙	约二，三〇〇人	约一一·五	
	茂明安旗	一〇处	积福寺、莫尔根庙	约五〇〇人	约二五·〇	
	西公旗	二四处		约六三〇人	约一六·〇	
	中公旗	三四处		约二，一〇〇人	约一七·五	
	东公旗	八处	韩密锡均补音庙	约一，二〇〇人	约二〇·〇	
伊克昭盟	郡王旗	四二处		约二，七四〇人	约一七·〇	伊克昭即大庙之意
	准噶尔旗	二二处	准噶尔召	约九〇〇人	约八·一	
	达拉特旗	七二处	瞻旦召、阿拉全灵庙	约六，一〇〇人	约一八·〇	
	鄂托克旗	四九处	新召	约二，六五□人	约二五·〇	
	乌审旗	二一处	乌审召	约四，〇〇〇人	约一〇·四	
	杭锦旗	五九处	豪仙召、乌计儿庙	约一，七〇〇人	约二〇·〇	
	札萨克旗	一〇处	阿太庙	约三〇〇人	约八·〇	
总计		三，九一二处		约二五，二七四人	约一五·二八	

　　上表所用数字，一部采自谭惕吾《内蒙之今昔》所引民国二十二年绥省教会统计数，一部采自孔祥哲《蒙旗概观》，一部系作者调查所得。精确程度，未敢自信，然平均每百人中，至少有十五六人为喇嘛，则据作者实际在伊盟调查之经验，尚觉出入不大，

故仍列供读者参考。

　　至于绥东四旗及归化土默特旗之召庙数及嘛嘛数，不悉未列，惟此数旗民智较高，尤其土默特旗最为开化，其对喇嘛教之信仰，一般均已淡薄，喇嘛数目当远不如前述之多也。

　　第四节　天主教与赔教区

　　蒙人信奉喇嘛教，殆已成第二天性，然绥蒙人中亦有奉天主教者，鄂托克旗南部"城川天主教区"是也。

　　先是清咸、同间有比籍教士某至苏巴亥地方传天主教，蒙人以其为外人，又笃于信佛，无或听从。第二次又来，则带一准噶尔旗蒙人，即士人所称为"准噶尔先生"者，以司通译与联系，又雇一穷蒙古为仆，厚其薪资，令其"随教"，并助其娶妇置产，蒙人咸歆动。教士长医术，蒙人素苦多疾疫而缺医药，由是俱感其惠，远近风传，争结纳之。渐有勉强信教者，光绪中，教徒至十余家，教士因立教堂于城川。旋"义和拳"之役，各地"杀洋灭教"，此处教堂亦被焚如，教士逃走，教徒亦多有损失，比教士惨淡经营之基础，摧残殆尽。惟随来八国联军，继以《辛丑和约》，清廷令鄂旗赔款八万五千两，蒙王短于资，遂将黑梁头、城川、小桥畔一带地土划与教堂以抵赔，于是教士复返，教堂再立，教徒重聚，声劳煊赫，大胜于前。教堂则以教产为根本，以廉租招垦为香饵诱致居民，随而令入其教，四方来归教徒日众。蒙人各旗皆有，现计在二百户，千人以上，鄂旗约十之五，乌旗、札旗各十之二，其他郡、准、达、杭诸旗共约十之一，而汉人教徒十倍蒙不啻也。教堂复以教产所入，陆续于陕北附近地区购押产业，立堂传教，合城川及陕北三边、横山、榆林等边墙以外地，浸假至三十余堂，遍布于东西三百六十里、南北七十里之地区上。教堂率分租股二成，另收牛、羊、住户等捐。据三边人士廿年统计，每年已可收入十余万元之多。

教堂于赔款地内有行政、司法等权，所有教徒，无不受其统治与支配，形成一特殊势力范围，论者至以"三边天主教秘密国"见之，久矣夫为中国主权之所不及矣。

民二十，三边人士曾发起收回教产运动，廿四年由外交部、陕省府各派员与教堂代表商定购回教产办法，签订条约，关于鄂旗城川区，亦有令教堂与鄂旗协商，对该区"传教自由"与"治安"获有保障时，即无偿交还，因赔教地乃庚子赔款之一部，庚款各国均已退回，赔教地自应亦予退回也。惟以陕北多故，鄂旗虽与订约收回行政权，然彻底珠还，尚有待努力也。

今之城川，临其野则村落棋布，鸡犬相闻，居民凡百数十家，因无喇嘛，故人口蕃息，观其郭则坚城深池，俨然堡垒，入其中则钟楼高耸，十字摩霄，其间居民之栉比而居者又数十户，熙攘往来，恍若城镇。其西之黑梁头"洋裳"，景象相若。有医院以施诊疗，有男女小学以施教育，其地文化之高，实冠伊西各旗。经济则重农垦，牧畜为副，故教民生计，亦优于他旗，诚蒙古之善区也。

由城川天主教传〈教〉事迹，吾人得数重要注意点如下：一、喇嘛本为蒙胞之"族教"，然亦非不可变更；二、卫生（赅括人疾、兽疫）工作对蒙古影响之大；三、教育问题关系民族团结，该区虽有基础，但并中国语文亦付阙如，殊应改良；四、垦牧兼施，因地制宜，为增进蒙古经济之不二法门；五、教堂与鄂旗及三边，均多镣辖，应即速谋彻底收回。

丁、产业与经济

经济问题乃民生之重心，而产业极度幼稚之蒙旗，对此尤应特别重视。良以内蒙受清朝二百余年愚禁政策之结果，及今尚在游牧生活中。故就经济方面观察，大体言之，尚为游牧时代之经济，产业亦唯有牧业，人民除牛羊马驼等牲畜外，几无别项生产可言。此种生产方式，既不能适应现代之潮流，而其牧畜又不知运用现代之科学方法，一听自然，是以蒙民之生计，日趋穷困，此今日蒙民之一般经济状况，绥蒙固亦未能例外。再若分析言之，各盟部蒙旗情形又稍有相异之处：有完全在游牧生活状态中者，有受汉人同化，在半牧半农状态中者。□蒙民因不习耕种，即有垦地，亦多委之汉人代种，己则惟收地租，所得十之一二，仍无大补足以救其穷。故如何改良蒙古之产业，增进蒙民之经济，实为目前切要之图。兹将绥蒙经济概况简述如次：

（一）乌兰察布盟　乌盟六旗系以牧畜为大宗生产，惟牲畜头数，即蒙旗政府，亦无统计，但就一般状况而论，普通蒙民每家各有羊二三百头，牛数头，马、驼等或有或无，富有之家，则羊以千计，牛、马则以百计，但比较茜〔稀〕少。

除牧畜外，各旗皆已有报垦之地，故蒙民亦间有恃农业或垦地地租为生者。清光绪末变更计划，欲开发蒙旗，命贻谷为督办垦务大臣。驻绥远，令各旗报垦，即蒙旗报垦之由来。其开垦手续：由蒙旗报垦而后，开垦时即以该地地价之三成五拨归蒙旗。地价因地之肥瘠而定其价额，每亩自数角至二十元不等，垦后复由农民每年每顷缴纳四角至一元八角之地租。其有蒙民因开垦后，失去牧地者，官厅为之代寻牧地，并每户发迁移费五十元。又俟该地升科后，由官厅代征私租四厘，作为"惜蒙银"，以便发给随缺生计地之蒙民。此系指由汉人承垦者，而蒙人间亦有自行开垦者，是谓"私垦地"，其开垦方法，即招汉人前往代其开垦，每年所得，由佃种人与土地所有人按成摊分，常规：佃种人得八成，地主得二成，但亦有三七成、四六成摊分者。并有收租金者，每亩约二三角不等。兹将各旗报垦地、已耕地、已报未垦地合列一表于后：

旗名	报垦地	已垦地	已报未垦地	附注
达尔汗旗	九百九十余顷	九百九十余顷	无	
四子王旗	二万一千一百二十余顷	六万六百余顷	七百二十余顷	
茂明安旗	三万四千八十余顷	三万六百二十余顷	三千四百六十余顷	本表摘自
西公旗	八千七百十顷	七千九百三十一顷	七百七十九余顷	《今日之内蒙》
中公旗	二千二十余顷	一千七百十顷	三百顷	
东公旗	一万三千三百八十顷	八千六百四顷	四千七百七十六顷	

除农牧外，乌盟并产黄芪、防风、甘草、苁蓉等药材，又有盐滩及炭窑。

（二）伊克昭盟　伊盟地居河套，土地肥沃，出产特多，故在西蒙三盟中，比较最富。其东部四旗垦地特多，农业已占重要地位，渐臻半牧半农社会之社会矣。畜产与乌盟同，西部三旗牲畜□□，尤有盐、碱大量出产，而药材如甘草、柴胡、苦豆等，产量甚丰，甘草尤为大宗。

伊盟各旗报垦地、已垦地、已报未垦地一览表

旗名	报垦地顷数	已垦地顷数	已报未垦地顷数	附表
札萨克旗	二千一百七十余	二千一百七十余		
乌审旗	一千五百八十余	一千五百八十余		
鄂扎〔托〕克旗	一万余	七百二十九余	九千二百七十余	
杭锦旗	七千三百六十余	七千三百六十余	无	本表摘自《今日之内蒙》
准噶尔旗	一千九百三十余	一千九百三十余	无	
郡王旗	九千六百三十余	九千六百三十余	无	
达拉特旗	一万三千四百八十余	一万一千六百一十余	一千八百七十余	

（三）绥东四旗　绥东四旗，即在绥东五县（兴和、集宁、丰镇、凉城、陶林）境内者，其土地业已尽数开垦，约共十七万顷。

境内之蒙民，亦完全习于农业，蒙汉杂处，其生活情形、经济状况，与汉人无大异，与其他游牧生活之蒙民则迥乎不同。

（四）归化土默特旗　本镇〔旗〕之土地，亦已尽数开垦，共约二万三千九百三十顷。境内之蒙民亦与汉人同事耕种，经济状况亦几完全入于农业阶段，与内地无异焉。

戊、群育与学校

蒙古民性，本轻文而重武；重以满清一代，厉行极端愚禁政策，杜绝蒙民受教育之机会，欲习汉语汉文，皆在不许。以故三百年来，蒙古文化，实无进步可言。泊乎末叶，欲变初衷以开边化边，有选拔优秀就学，及准成立私塾之举，是蒙古教育于以胚孕，惟仅东蒙一隅，余者未受其惠。民国一反清时弊政，注重边疆教育，特设蒙藏学校于北平，专收蒙藏子弟，并予以种种便利，俾其得入内地学校，内蒙青年，始有受新式教育之机会。就中且不乏俊义之士，亦有留学外国者。国府建立以还，订有优待边疆学子之条例，年拨补助边教经费数十万元，资助边疆学校及就学生徒，各国立大学，亦多有特订优待边疆学生之办法者，而公费学校，如军官、警官及中政校附设之蒙藏学校今已改为边疆学校者，尤有准蒙藏地方当局尽量保送青年入学之规定。抗战以还，政府亦屡经指索各蒙旗学生参加军政训练，新更移樽就教，特设深入蒙地之大规模训练班，是未来蒙古教育之前途，已露无限光明，殊值吾人欣慰者也。

绥蒙教育状况，按各地而论，绥东四旗及归化土默特旗与乌、伊两盟相距悬殊，兹略〈述之〉：

（一）绥东四旗、归化土默特旗　据战前调查，绥东四旗已设有高、初两级小学数所，小学生毕业者已二三百人，肄业者近百，中学毕业生达二十人，肄业者数人，大学生数人。中学以上学生，皆系至内地就学者。土默特旗原有中等学校一所，十七年因经费困难停办。现有高小一所，学生一班，共数十人，初小十所，学生约二百余人。其已受小学教育者，千人以上，中学生四十五人，受军事教育者十余，国内专门及大学教育者十余人，留学外国者亦有三人，在蒙旗中，此旗教育实最进步。

（二）乌兰察布盟及伊克昭盟　乌、伊两盟之教育情形，战前各旗仅有类似私塾之学校一二所，教习蒙文，惟达旗、郡旗两旗间者兼授汉文。其颇具规模者为乌拉特三公旗共设之初小，有学生数十人，乌旗之同仁小学，有学生百人。两盟学生之来内地就学者，仅三数人。中央对各旗小学，规定每月每所补助百元，后增为二百元。蒙政会设立后，其教育处亦有推进教育计划，各旗至少先设小学一所。抗战发生后，乌盟几尽陷敌手，伊盟初亦岌岌可危，教育亦因而停顿，如杭旗小学，解体后至今犹未恢复。廿八年沙王等在渝请示后，蒙政会迁札旗恢复工作，重令各旗兴办。其已有规模者，如鄂旗阿拉庙小学等，亦特加奖饰，同时又筹划国立伊盟中学一所于札旗，令各旗保送学生入学。学生以东部诸旗为多，共数十人，校长经天禄氏办理颇为热心，二年来规模已具。乌盟现与东西公旗负责人在我绥西各办小学一所，学生亦各数十名，蒙汉子弟兼收，课程尚合标准。

因满清愚禁政策之结果，普通蒙人不但视教育无关重要，且专以送子弟入学为"当差"苦事，在乌、伊二盟，此种心理，一般仍未消灭，惟较有□者，或与汉人多接触之处，则已日见开明，深入其地，当可闻："我们蒙人，真'蒙'住了！还是读书的好！"之叹息呼声。但须多养师资，裕其经费，适时推行，责成各旗政府特别注意协助，不妨酌采强迫义务教育之方式，则蒙旗文化，当可兼程迈进也。

己、疾疫与卫生

马鹤天先生考察外蒙，谓"外蒙人民之所以倾向苏俄者，由于俄政府明了外蒙实际情形，对待外蒙人方法之得当"，而指其得力工作，首为"对于一般民众为之普及兽医，提倡卫生"（见《蒙旗概观序》）。去冬作者调查鄂旗城川天主教区，亦见以蒙人习性之保守，佛教信仰之深固，而能变其初服，接受外人传来之另一宗教，实得力于医药诊疗之施行。良以一般蒙人不知清洁卫生之道，故疾疫特别盛行，蒙地虽有"喇嘛医生"，但人数无多，且医术简陋，药料缺乏，鲜有着手成春之效。有病虽痊，最后希望，惟待喇嘛之诵经祈祷，其无益于事，自不待论！结果惟有残废死亡而已。我国人口死亡率之大，世界上已首屈一指，而蒙藏人口之死亡率，当又为国内第一。蒙古生齿不繁，人口日减，本有喇嘛教与疾疫两大原因，而后者尤为重要。盖喇嘛虽多，然妇女不少，喇嘛能守规律者盖寡，生殖宜可照常进行，而疾疫，特别是花柳之流行，无法遏制，实为蒙古人口生少死多之最大症结所在！此就蒙古及整个民族言，卫生工作，应列为首要者也。至如前之所述，为一般蒙古同胞之需要，解除其最大切身之痛苦，且由此可以消除种族裂痕，增进民族情感，以辅佐便利其他工作之推进，卫生工作，亦应列为首要！作者旅蒙调查时，曾经预备自用之简单特效药多量，结果为蒙胞索赠无余，且常因就病治疗，更受蒙胞极大之欢迎与感谢，减少工作之困难不少，足见蒙胞对医药需要之迫切。此犹指人疾而言。至兽医防疫之重要，亦与之相等，因牧畜为一般蒙人之主要财产，生活胥赖于是，人疾尚有喇嘛医生之谫陋医药与针灸手术可以救急，有时亦能奏效，而兽疫一作，除请喇嘛诵经外，毫无其他办法，听其互相传染，成群死亡，惟有望而嗟叹。作者去冬旅行杭、鄂二旗，曾见羊瘟盛行，若干家有三数百羊，已大部或全部死去，蒙人但知其为求佛念经无效之"传病"，束手无策，坐看穷困之来，厥状实极可怜。

中央对蒙古卫生工作，本设有"蒙古卫生院"及"绥蒙防疫处"，惜过去因种种关系，俱未能入蒙实诊。今年蒙古卫生院奉令充实，增设乌盟及伊盟两"卫生所"，所又分为数"队"，每所每月经费五千元，大半以购药品，春夏间，伊盟卫生所一队，已进札萨克，乌盟卫生所则进驻绥西后套，虽然杯水车薪，究亦聊胜于无。且既有此基础，但求负责者努力进行，则以后蒙胞痛苦，当可逐渐减除，又其他抗建工作，如能与其配合，尤可观事半功倍之效，此亦特值吾人注意者也。

四　伪蒙概况

自倭寇令诸伪与汪逆伪组织合流后，最近已闻盘据绥远四年余之伪蒙亦缩小范围，奉令回察，一幕丑剧，渐及尾声。惟吾人论述绥蒙，仍有了解其梗概之必要，故赘及于此。

首言伪蒙之原委　倭寇企图灭我之毒计，以"满蒙政策"为第一方案，故占东三省后，复攫热河，而于二十二年又进一步胁诱德王等发动请求"内蒙自治"，廿三年百灵庙蒙政会成立，虽当时参与"自治运动"之人，大多数均无与倭寇勾结之动机，然此事之主动者为德王、吴鹤龄、陶克陶等，实皆受倭寇之勾结与支使。蒙政会成立不久，即有百灵庙之役，故此次"自治运动"，实即今日伪蒙之怀胎。当时幕后之牵线者，为敌关东军参谋长及多伦、承德等特务机关长，廿六年七七事变后，绥、包沦陷；十月德王等在东条（即今敌首相，当时任关东军参谋长）及桑原主持之下召开"蒙古大会"，随而傀儡组织"蒙古联盟自治政府"出现于绥垣，二十八年又改"蒙疆联合委员会"，设于张家口。今则闻除蒙旗地外，绥、包等各县交付汪逆。以组织而论，在"蒙古联盟自治政府"时代眉目宛然，不愧"傀儡"二字，改"委员会"则换汤不换药，变更无多。兹故略详于伪自治政府之叙述。

伪酋德王，名德穆楚克栋鲁布，原为锡林果勒盟苏尼特右旗札萨克，兼锡盟副盟长，蒙政会成立，任"秘书长"，"自治政府"为"主席"，改"委员会"为"委员长"，其人原无极大野心，经敌人之蛊惑，始闻以"成吉思汗第二"自诩。惟傀儡滋味饱尝以后，态度又消极，"现每日生活为打牌及玩女人，包□坤伶兼妓女名小金铃者，打得火热，英雄气概销磨于无形"（榆林边疆通讯报〔社〕讯），不再妄想能在倭寇亡我之日完成"大蒙古国"矣。

德王及伪组织之操纵者为敌驻绥之特务机关长羽山，伪组织内，特设"最高顾问部"，羽山即"最高顾问"，其下附设"逆产处理委员会"，操生杀予夺之大权，伪蒙不过其附属品而已。

伪蒙区划，前将绥省名义取消，以久已不属蒙旗之清水河、托县、萨县、凉城、兴和、集宁、丰镇、陶林、和林、固阳、武川等十一县，及绥东四旗、土默特旗，成立一"巴彦搭拉盟"，委补昔〔英〕达赖为盟长，同时察哈尔亦划为二部，察北商都、张北、崇礼、康保、多伦、德化、尚义等八县，并入"察哈尔盟"，乌、伊二盟仍旧，仅并安北入乌盟，五原、临河、沃野入伊盟，合锡林果勒盟共五盟。

伪政府"主席"、"副主席"各一（副主席李守信），以下设"政务院"，院长德逆兼充，内分"总务厅"，及"民政"、"财政"、"保安"、"畜产"四部。总务厅长为陶克陶，厅下分"总务"、"人事"、"企划"、"主计"、"外务"五处，完全由日人把持。民政部下分"内务"、"教育"、"建设"三处，并附设"蒙古学院"、"蒙古文化馆"。财政部下设"税务"、"理财"二处，附设一"税务管理处"。畜产部下，分"畜政"、"牧野"二处，附设一"家畜防疫处"。保安部下分"司法"、"警察"二处，附设一"中央警官学校"。此外与政务院平行者，有一"司法局"，处以上均派有日寇顾问。

军事方面，设有伪蒙军总司令部，总司令李守信，参谋长吴嘏庭，伪军原编九师及三游击支队，九师原即不足，仅第一、二、三三师系基本部队，略有战斗力，他均乌合之众，原来汉人多，现大半调蒙人充数，闻第九师自始即未成立。团以上，均派有倭寇"参谋"，其权力最大，主官亦听其指挥。

其在沦陷区蒙疆之活动方式，常耀兽兵以示威，施小惠以怀柔。而在我完好之伊盟方面，亦时派间谍活动，并曾占达旗紫〔柴〕磴为根据，命达旗立逆贼森盖驻彼，乘机勾结，企图扰乱伊盟。惟我伊盟王公领袖深明大义，不为所动，今春我军收复紫〔柴〕磴，并敌在伊盟之立足点亦随之予以取消矣。

卅年十一月卅日脱稿于西北问题研究室

《西北问题论丛》（年刊）

兰州中央训练委员会西北干部训练团西北问题研究室

1941 年 1 辑

（李红权　整理）

论保卫伊盟

汤昭武　撰

伊盟，绥境蒙旗的堪察加，在今天，由于抗战进到现阶段的今天，因而使他对于抗战，尤其是西北抗战的关系，显然显得特别重要了。因为如此，所以伊盟显已增加其对于全国地位之比重，也正因为如此，所以伊盟才有值得特别保卫的可能与必要。

首先伊盟是一个重要的战略据点，即是说，伊盟虽然是一个沙漠地带，而且这个地带也并不是敌我争夺焦点或重心。但由地形来讲，伊盟前临后套，背倚陕北；以军事的得失来讲，伊盟安危，即是整个绥蒙战场的转换关键之所在。所以伊盟一方面是西北的门户，同时也还是收复西北的一座最有力的堡垒。

复次，伊盟也是一个政治的斗争的场合，谁也知道，伊盟是蒙古同胞的栖息之所。但正因为这理〔里〕有了蒙古同胞，因而我们的敌人便无时无刻不想在伊盟找空隙。就是说，敌人忘〔妄〕想"以华制华"，企图分化蒙汉，以达到其灭亡中国之目的。远如阿王之被绑，近更以森盖为首，来策动汉奸潜入各旗活动，便是很好的例证。因此，怎样粉碎敌人的阴谋，怎样争取蒙胞的内向，这已成为我们保卫西北的主要任务之一。

最后，伊盟更还是一个物品供给的策源地，抗战需要人力，但也需要物力，伊盟牧畜事业特盛，因而羊毛的产量极为丰富，说到羊毛，在今天不仅是利用问题，而且也还是一个需要问题。例如军政部，在最近便已向陕北订购军毯百万条，而将士应用的毛织物品，其供给也为数不少。他如皮革、奶油、肉类……外界尤多仰赖于伊盟方面之输出。伊盟的出产固然无多，但仅此一端，即已裨益抗战前途非浅。

伊盟与抗战的关联具如上述，则伊盟在抗战的现阶段，其特别值得我们注意的地方和价值，实已不容讳言了。然则我们将怎样把握伊盟，即怎样把伊盟巩固成为一个坚强的抗战堡垒，这是保卫伊盟，特别是保卫伊盟整个军民的迫切任务了。

可是话要说回来，伊盟是蒙古同胞的所在之地，而蒙古同胞所在的伊盟，其一切情形必然不能尽与内地相同。即是说，蒙古同胞当自有着他的独特性，这种特性的形成，在今天，由于客观的反映，而我们尤当予以正视与重视。但必须指出，蒙胞虽自有其独特的历史与境环〔环境〕，然而国难当前，敌人与共，今天我们只有以国家利益为前提。一句话，中华民族的利益是整个的，这不仅在抗战的今天是如此，而且建国的将来还会如此。我们重视蒙胞，但也正如蒙胞应当尊重我们的意见是一致。

基于这个原则，我们根据本党民族政策，并针对当前客观环境，为保卫大伊盟而提出几个迫切问题来。

第一，加强蒙政机构，统一工作效率。一般说来，我们的蒙政机构，上级都有朝气，且都能切实的领导工作，只是下级方面，即负责执行工作的某些个体，由于认识不足，或者因为环境关系，间或有些疏于职务的地方或表现。可是干部的分配不够，以至委派常有人不胜任之职，也是其中主要原因之一。惟其如此，所以上级每有好的指示，而下级通常不能达到圆满之成功，这是非常可惋惜的地方。为此目的，如欲健全蒙政机构，则必要从改造干部入手，至机构与机构之间，尤应统一意志，俾能集中力量。最好由中央主管机关，颁发一个共同的工作纲领，而这个纲领□最好交由绥境蒙旗自治指导长官公署，配合当地情形，酌量运用，并负责督促和指导一切伊盟行政机构切实执行，这两者是一致的。换句话说，如果有了健全的机构，而不能统一工作，这仍然无补于事。

第二，加强伊盟兵力，整饬军队纪律。伊盟河沿辽阔，敌人在在有隙可乘，且柴磴和大树湾两地，伪军盘据，为患心腹，更当早日铲除。为此目的，伊盟实有布置足够兵力之必要。而入蒙军队，尤必做到纪律严明，怎样爱护蒙民，怎样推行政令，更怎样准备迎击敌人，一切这些，都是抗战将士的天职。果尔，则敌人休敢越过黄河一步。

第三，整饬武装，训练民众。"轻骑善射"乃为蒙人之特长，为着抗战，这种特长，实有提倡和发扬之必要。因此，我们应当把蒙旗的现有武装，有计划的在一个军令之下，将他加以整理与训练。至未经组织之民众，趁此时机，也应利用各种形式，通过各种方法，普遍把他组织起来。因为保卫家乡，地方的力量才是最可靠的力量，而且也是最能善于发扬的力量。过去这一工作尚感不够，亡羊补牢，为今不晚。

第四，开发物产，增进民生。抗战需要人力，而人力实基础于物力。伊盟地区广阔，畜产发达，为着改进蒙民生活，首先应从发展经济着手，政府亟应设一专门机关，在统筹全局之下，负责办理一切生产合作事宜。如改良牧畜，开发荒地，设置小规模之工厂……等。诚如是，非但蒙民抗战的情绪可以提高，即国内供给方面，当亦增加来源无限。

第五，粉碎数〔敌〕人的政治阴谋，并加紧揭破其欺骗宣传。敌人阴谋活动，在目前实无所不用其极，伊盟地属边陲，此种阴谋尤须特别注意。为此目的，除以军政力量对付之外，我们应当利用报纸、传单以及各种小册子来加以揭发与揭穿。这是目前伊盟工作当中的一个最主要的工作，而且也是团结蒙汉，共同参加抗战的一个最基本的前提。

　　伊盟是长城外的一个堑壕，为着巩固这道堑壕，我们要有力出力！

二九、十二、二十四，在榆林

《边疆》（月刊）
西安边疆社
1941 年创刊号
（朱宪　整理）

扎萨克旗政府及其下级行政组织

作者不详

一 旗政府行政组织

旗府设有扎萨克一员，扎萨克以下有东西协理各一员，东西协理以下有管旗章京一员，管旗章京以下有东西梅楞各一员。除以上四级主要官员外，其下有图老蒙甲格齐（官名，系译音）一员，哈勒哈齐一员，京垦笔齐克齐三员，爱拉特哈勒三员，得木齐三员，另有二员在王府服务，有笔齐克齐若干员，有学习笔齐克齐若干员，有闲值班人员若干名，有博硕呼十二名。

扎萨克为一旗之最高行政长官，综理全旗事务，除有关国家行政及外交事项须听命于中央政府外，余多由扎萨克自行处理，其官职系世袭罔替。东西协理补〔辅〕助扎萨克治理旗务，蒙人称协理为图萨拉克齐台吉，意请〔谓〕补〔辅〕佐官员台吉，上半示官职，下半示身份，此独仅台吉子弟始有资格充任。管谓〔旗〕章京承扎萨克及东西协理之命，处理旗务，为事官中之中坚分子，蒙人称管旗章京为"和硕甲格齐"，即管理旗务之意。此职平民虽可充任，但平民之在旗府服务者，亦以升至此官为止。东西梅楞等于副管旗章京，梅楞系和硕梅楞章京之简称，承扎萨克、东西协理及管旗章京之命，处理旗务。图老蒙甲格齐乃执掌法理之官，但现在其职务系有名无实。哈勒哈齐处理本旗居民（蒙、汉人）间之纠纷事件，并管理汉民。自民国二十七年夏扎萨克旗保安司令部正式成立后，从事组织保甲，汉民归保安司令部管理，哈勒哈齐一职，几等虚设。京垦笔齐克齐掌理旗府文书事项，其职务与书记长相似。爱拉特哈勒为承启之官，对扎萨克负直接传达任务。得木齐系掌理庶务。笔齐克齐司缮写，其职务与书记同。学习笔齐克齐与学习书记意义同。闲值班人员掌理杂务。博硕呼负传达公文及勤务任务。旗府所有事官员役，概无薪饷，且食须自备，惟每年所分得之人民罚金或代物，不在少数。

二　地方行政组织

旗政府下设有东、中、西三扎兰，扎兰下设有十二苏木，另有一苏木名昆对（译音）。

每扎兰设扎兰章京（即参领）一员，上受命于旗府高级事官，下传达旗府之公文命令于所属苏木，并帮同地方事官办理地方事务，其职务与保甲相似，如需办公人员，可在本扎兰区内临时指派充任。至传达公文命令之博硕呼，则由其所属苏木之博硕呼轮流充任。

每苏木设苏木章京（即佐领）一员，是为直接管理蒙民户口之官，管理全苏木事务。昆都下有博硕呼四名，供苏木章京及昆都之差遣，并承苏木章京及昆都之命，分管其所属户口人民。

每扎兰章京管辖四苏木，每苏木章京管辖一昆都及四博硕呼，按前规定每博硕呼管廿户口，但现各博硕呼所辖户口数均随其原属户口中之生死而增减之，属户迁往他旗者，仍归其原苏木章京、昆都、博硕呼管治，对于硕〔旗〕府之义务与权利，与在旗内居住者同，盖伊盟法律系采取属人主义。

昆对设有昆对章京，归扎萨克直接管辖，并受东扎兰章京监督。昆对人民皆为王府应差，似为扎萨克家奴，一切权利皆受扎萨克支配。昆对人民之男女婚嫁，须得扎萨克福普许可，始得嫁娶，至其应尽义务与普通人民同。

三　旗政府、扎兰及苏木行政情形

扎萨克常驻王府，不到旗府办公，遇事则执事官前往谓示，各事务官及员役到府办公，系实行分组轮流值班制，每组每次值班二个月，每年每员值班二次，每人一年有四个月值班期。所有事官及员役分为三组：1. 东协理、东梅楞、京恳笔齐克齐、爱拉特哈勒、得木齐各一员，博硕呼四名，笔齐克齐、学习笔齐克齐、闲值班人员各若干人为一组。2. 西协理、西梅楞、京恳笔齐克齐、爱拉特哈勒、得木齐各一员，博硕呼四名，笔齐克齐、学习笔齐克齐、闲值班人员各若干人为一组。3. 管旗章京、图老蒙甲格齐、京垦笔齐克齐、爱拉特哈勒、得木齐各一员，博硕呼四名，笔齐克齐、学习笔齐克齐、闲值班人员各若干人为一组。事官不到其值班时期，不在旗府办公。如遇有事，扎萨克则召至旗府或王府议事。平时旗府仅有值班事官，所有一切事务，概由值班事官负责处理，如有不能解决事项，则留待旗务大会论议。旗政府与人民发施命令，概由扎兰章京转令所属苏木章京，由苏木章京转知人民，各扎兰章京及苏木章京皆在其家处理公务，无正式办公处所。苏木章京之任务，为清查户口，征集摊派款项，掌理民间诉讼，解决民间纠纷，分配征索差徭，征抽壮丁，维持地方治安，及一切与地方有关之事宜。

《边政公论》（季刊）

重庆中国边政协会边政公论社

1941 年 1 卷 3、4 期合刊

（李红权　整理）

所谓 "蒙疆明朗化"

从周　撰

一

敌寇御用学者田中贡在其《支那事变解决之方针与方法》一文中，曾提出了"滚雪球政策"，他说"大陆政策之进行，须有确定计划，将如彼广大之中国，一气占据，而使之日本化，虽属痛快，然非贤明之策。当丰臣秀吉平定国内时，平定一地方，一面休息人马，一面准备再进于次之地方。与此同样，先将绥、察、华北日本化，再进于华中、华南，更转向山地中国。兹假定以日本为第一圆，则满洲为第二圆，绥、察、华北为第三圆，华中、华南为第四圆，山地中国为第五圆，依次使之日本化，所谓滚雪球政策，实为解决事变之大方针"。敌寇对于所谓"蒙疆"区域的进攻，就是充分利用了"滚雪球"的"日本化"政策，但在敌寇的政治术语上，却称之为"蒙疆明朗化"。

敌寇所谓"蒙疆"区域，包括察南十县，雁北十三县及察北、绥远全部，而以察北、绥远建立之伪傀儡组织为其活动中心。敌于"九一八"事变后，即积极进行侵略内蒙之准备。二十四年占东蒙，以为西侵根据地，借图实现"蒙古大元帝国"之迷梦，如唆使德王、李守信、卓什海等，遂以"德化"为中心，策动西蒙独立。二十五年乌珠穆沁旗召开伪第一次蒙古大会,成立所谓"蒙古军政府",德王被敌任为总裁,李守信任参谋部长,吴鹤龄为参议部长。军府下设军事、交通、财政、内务、外交、教育、实业等署,王英、于志谦、王道一均任军长,一时出现"西北内蒙防共自治军"、"西北蒙汉防共自治军"、"西北边防自治军"、"兴中军"等名色,至绥东战役,我军送挫敌伪于百灵庙、红格尔图等地,伪军府遂无形消灭。

二十六年七七事变后,绥远沦陷,敌寇先派安斋、金治章"政治接收委员会"搜查各机关,并以贺逆秉温为首组"绥远地方治安维持会",继又以敌机载德逆于十月八日飞绥,十月二十七日在关东军参谋长东条英机暨特务机关长桑原荒一郎直接主持下,迫令各蒙旗王公参加伪第二次蒙古大会。德逆等遵从敌寇意旨,决议组织伪蒙古联盟政府,以云王、德王为正副主席,改归绥为"厚和市",并于乌兰察布盟、锡林果勒盟、察哈尔盟、伊克昭盟外,另设巴彦塔拉盟,统辖归绥、武川、和林、清河、丰镇、集宁、陶林、兴和等县。

二十八年春,国军反攻绥远,民众纷起抗战,云王于三月二十四日逝世,盟旗各王公无不恨敌入骨,发生动摇,德逆又受敌之命,召开伪第三次蒙古大会,宣布德逆为"主席",仍兼伪政务院长,李逆守信为"副主席",仍兼伪蒙古军总司令。旋于八月一日改组伪组织,首则扩大伪政务院为四部一厅,除原有民政、财政、保安三部外,加设畜产部,增置总务厅,总揽一切行政,以最忠实之汉奸陶克陶总负其责。

二

伪蒙古联盟自治政府之行政区域,为乌兰察布盟、察哈尔盟、

"巴彦塔拉盟"、伊克昭盟、锡林果勒盟及"厚和特别市"、包头市。实际上除"厚"、包两市及锡、巴、察三盟外，乌盟仅有一部附逆，五原、临河等广大地区仍在我军控制下，伊盟则一仍旧惯，沙王担任我蒙旗宣慰使。至为敌寇威胁之各盟旗王公，多与我军暗中联络，伺机反正。敌方发表伪府统治面积五十五万平方公里，二百七十余万人民（内蒙人三十一万，回民五万，余均汉人），实则自欺欺人。

伪府以敌寇所派之最高顾问宇山兵士为指挥策动之人物，顾问部具有绝大威权。除德逆任主席兼政务院长，李逆守信任副主席兼"蒙古军"总司令外，著名汉奸陶克陶任总务厅长兼保安部长（陶系热河苏鲁华旗人），特克希卜彦任民政部长（保定军校三期生，曾任伪军政府军事署长，伪陆军中将，热河喀拉沁左旗人），郭尔卓尔扎布（锡盟人，曾任伪府参议）任畜产部长，吉尔嘎朗（日本长崎高商昭和六年毕业，东北布特哈旗出身，曾任伪兴安东省总务科长，及伪满蒙政部工商科长、伪蒙军政府财政署长）任财政部长。至盟公署，则设官房及民政、畜产、保安三厅，巴彦塔拉盟辖五旗十一县，盟长补英达赖（土默特旗人，颇为敌寇重视），主任顾问泽井铁马（日人）。察哈尔盟辖八旗八县，盟长卓特巴扎布（历次伪蒙古大会均为主席团之一），主任顾问简牛耕三郎（日人）。锡林果勒盟辖十旗，盟长林沁旺都尔，主任顾问中村浅吉（日人）。乌兰察布盟辖六旗一县，盟长巴宝多尔济，主任顾问山本（日人）。伊克昭盟辖八旗三县，盟长一职敌诱胁沙克都尔扎布未成，乃挟副盟长阿拉坦瓦济尔号召，顾问田原守（日人）。"厚和特别市"长贺秉文〔温〕，主任顾问小岛育男（日人）。包头市长刘继广，主任顾问朝增秀二（日人）。此外，伪政府下另设参议会及政务委员会，延揽闲散王公及所谓"汉蒙名绅"组织之。蒙政审议会，则为伪府之咨询机关。总军司令部下，分设参谋、军政两部。

纯由敌寇组织之顾问部，乃伪府幕后之策动机关，以最高顾问总其成，各盟、市公署设主任顾问，各旗、县置顾问或辅助官，保安队、警察署则为指导官，重重监视，操纵一切。所有各级顾问之人事分配、调动及其经常工作，均向最高顾问负责，所在机关之主官无权过问。顾问之推荐，则由敌驻扎平绥路兵团司令官指派。敌最高顾问及顾问指导官等之一切工作，均受该兵团司令官及当地特务机关之指导，伪府各级组织的负责人，实质上是百分之百的傀儡。以德逆言，日寇对之监视极严，行止坐卧，均失自由，德左右昼夜形影不离者，有敌籍妙龄女秘书二，陪同会客并帮同办公，入晚与德同衾，轮替将德逆每日办事、会客及说话情形，一一报告日寇顾问及特务机关。德逆尚且如是，其他傀儡喽啰更可想见。

三

七七事变后，平绥沿线于二十六年九—十月间先后沦入敌手。敌乃挟其制造傀儡之故技，于九月四日设伪察南自治政府于张家口，管辖察南十县。十月十五日设伪晋北自治政府于大同，管辖雁北十三县。十月二十七日设伪蒙古联盟自治政府于绥远，管辖察北及绥远，总称之曰"蒙疆"。嗣敌鉴于平绥沿线军事、政治、经济地位之重要，为调整并统辖汉奸雁北、察南及蒙古伪组织，以便有计划的进行产业、金融、交通等各部门之统制，遂于二十六年十一月二十二日成立伪蒙疆联合委员会，以为"蒙疆"伪中央政权之初步组织。计设产业、金融、交通等委员会。二十七年七月敌为扩大"蒙疆"政权组织，加强最高行政机构效能，又有一度改组。根据敌寇所谓"建立蒙疆为防共特区之张本"，"以治安第一要义与亲日防共、民族向上、民族协和等纲领",积极实施其奴化政策,以便使"蒙疆"成为"单独区域",担当所谓"防共前驱"之任务。

伪蒙疆联合委员会之最高元首为敌方最高顾问,察南、晋北及蒙古三伪组织之首脑于品卿、夏恭、德王等逆与伪府各最高顾问均为当然委员,另由各伪府推派代表二人与敌寇各机关派员共同组织。伪委员会下设总务部,掌管最高政策之决定与各伪府之行政等事项,产业部,掌管平绥沿线资源之开发与各种统制政策之执行,另设财政、交通、民生、保安连前共六部,各负其责。最高顾问为金井章二,原兼总务委员长,改组后总务部由卓特巴扎布接充,产业部长金永昌(又名勋卿,"蒙疆"驻伪满办事处长,曾参加二十七年东京召集之日、"满"、华、蒙经济恳谈会),财政部长马永魁,交通兼民生部长杜运宇,保安部长陶克陶。

《日汪密约》中,敌寇的野心更明白地表现出来:"华北及蒙疆在国防上并于经济上设定日、满、支强度之结合地带,在蒙疆地方,则除前项之外,因防共之关系,特别设定军事上及政治上之特殊地位。"基于此种"特殊地位"的要求,"滚雪球政策"需要更向前"滚"一步,进展到新的"一圆"。三十年六月初"蒙疆"行政机构的"再革新",便是适应了敌寇的这一新要求。

"察南"、"晋北"两伪组织,索兴把装潢门面的"自治"字样也取消了。"政府"变成"政厅",于品卿、夏恭等逆滚蛋,换上陈玉铭、田汝弼,"主席"变成"长官",下一步必然是像朝鲜那样纯粹殖民地化,干脆设立个日本"总督府"了。"蒙古联合自治政府"成为最高组织,"滚雪球政策"的进"一圆",果然使"蒙疆区域"更加"日本化"了。如前岛之任总务厅长,早坂冬男之任治安部次长兼中央警察学校校长,沼野英不二之任经济部次长,关江〔口〕保之任总务部长……都是敌寇亲自出马的例证。

新的组织中，以牧业总局与蒙政审议会合并，另设兴蒙委员会，受政务院长之统督，“认为有制定、废止或修正法律、教令或院令之必要时，应具案呈政务院长”。“掌理关于蒙旗民政、教育、实业及保安事项。”“设总务、民政、教育、实业、保安五处。”

四

敌寇在“蒙疆”的政治阴谋，首先即在于挑拨蒙汉情感，破坏蒙汉在抗战建国中的团结。对察南、对晋北，敌寇开始就取了直接统治的手段，而对蒙旗则加重所谓“自治”的色彩，以蒙蔽诱胁的手腕，执行其毒辣的彻底消灭蒙古的政策。伪军及伪蒙军均通过顾问受日寇的指挥，“西北边防自治军”要直接由敌特务机关操纵。过去民团及警察，均编为旗县保安部队，每县置警察署，民团大部编为自卫团及清乡队，并以种种方法，收缴汉人枪枝，解除汉人武装，而另编纯蒙人之保安队，且由东北调集大批汉奸，充其主要干部。警察统制在严密地进行着，“中央警察学校”，由敌寇早坂冬男亲自主持，“巴”、察两盟尚有地方警校，同时积极训练高级警探及特务人材。更于各地警署设高等股，特务科组织在各县、旗、乡布置情报网，企图以高度之特务手段，利用汉奸匪徒，破坏我之抗日活动。

“蒙疆”金融，以伪蒙疆银行为唯一之统制机关，该行系合并前绥远平市官钱局、丰业银行及察南银行而成，资本金一千二百万元，总行设张家口，大同、绥远、平地泉、涿鹿、张北、丰镇、怀来、宣化、包头、北平、多伦等地均设分行。其次蒙古联盟实业银行，原系抢掠绥、包、集宁、丰镇各地银钱业资本而成，设归绥，资本百万元。晋北实业银行，迫收大同十三家银钱业而成，资本亦称百万，总行设大同，口泉、阳高、岱岳、左云、天镇、朔县、浑源、应县、广灵均设分行。察南实业银行，设张家口、宣化、涿鹿、蔚县、怀来、赤城设立分行。各伪行无不滥发伪钞，以吸收我之资源。据伪蒙疆银行副总裁寺峙于本年六月九日之"全蒙金融恳谈会"报告，仅该行发行额本年五月底截止，已达六千八百七十四万五千元。查该行成立以来，民二十七年发行三五，五二〇，〇〇〇，民二十八年六〇，七九〇，〇〇〇，民二十九年九三，〇一五，〇〇〇元，如加入本年年底将达之发行额一六四，九八八，〇〇〇元，则三年来该行之发行总额将达三万五千四百三十一万三千元！晋北、察南及蒙古联盟三实业银行，虽无确实数字可稽，但其发行额亦必惊人无疑。除伪府各行外，尚有日、鲜、伪满及伪联银券等钞流行市面，此等银行，均设分支行或"出张所"、"驻在员"于蒙疆要地，实施其操纵榨取之诡谋。

伪府财政，年来实行金融统制及"货币一元化"政策外，并确立税制，各府均成立税务局，受敌直接指挥。关税、统税、田赋等虽经一再整理，无如捉襟见肘，收支不敷仍巨。敌伪一筹莫展，唯有以滥发纸币为唯一之手段。去年度伪蒙古政府向银行借款达一万一千五百七十三万六千元，本年五月止借款已达一万零三百五十四万四千元！伪府收入项下即以二十八年为例，竟以"鸦片税"居首位。同时发行"福利奖券"，为敌推行"中国事变爱国公债"，更为加强金融统制，提高伪币信用，复策动日本住友银行与伪蒙疆银行签订"汇兑契约"，实现所谓"日满对蒙疆金融之支援"。实则强化傀儡对敌之依存性，以便进一步地统治"蒙疆"广大地区。

交通方面，平绥铁路二八八公里，由敌北支事务局直辖。各县旗逐渐完成公路网。汽车运输事业，由敌蒙疆汽车公司垄断办理。电讯事业，由敌蒙疆电气通讯设备株式会社包办。

奴性文化教育亦在积极推行。蒙疆区域内设有蒙古、晋北、察

南、蒙疆、农业等五学院，巴盟设师范学校，察、锡、乌三盟，
包头各设青年学校一所、中学八所（伪蒙府二、察南四、晋北二
所），此外尚有"蒙日语文讲习所"、"善邻会"小学、"临时教员
养成所"。敌寇文部省于二十七年底派出大批学校指导人员，充任
"蒙疆"各校教员、干事等职。本年六月间，敌伪筹备成立"蒙疆
青年兴亚同盟塾"，其目的有三：一曰"为蒙疆建设之思想运动"；
二曰"思想动向之调查及灭共对策之研究"；三曰"民族及宗教之
调查研究"。敌伪统制文化，于伪政务院下设立"纠报局"，以
"达成国策基础之情报搜集、报导与启蒙宣传，指导统制各种思想
及文化团体，检阅新闻及统制出版，统制广播事务、电影、唱片、
戏剧、演艺"等为目标。宣传机关有《蒙疆新闻》、《蒙疆新报》
（张家口）、《蒙疆晋北日报》（大同）、《蒙疆日报》（归绥）、《察
哈尔新报》（察盟）。"蒙古通讯社"、"蒙疆新闻社"（张家口），
均由敌人派遣顾问直接监督指导。

五

　　平绥沿线丰富资源，为敌觊觎抓取之目标。《蒙疆产业四年计
划》，即是敌寇榨取之具体计划。晋北之煤，察南之铁，产量极
富，而绥、察皮毛，尤为我国主要生产。据敌方统计"蒙疆"畜
产，计绵羊一二,九五五,〇〇〇头，山羊五六〇,〇〇〇头，马五
〇〇,〇〇〇匹，骡九六,〇〇〇头，驴二七五,〇〇〇头，骆驼五
三六,〇〇〇头，猪五四,〇〇〇个，合计六,八七三,九〇〇头[①]。
毛占全国年产八成以上，羊毛年产五千万担。察、绥、雁北，铁、
煤、石棉、盐、碱，敌寇已先后派员调查，分别开采。大同一带

─────────

　　① 原文如此。——整理者注

煤矿，全部为敌人接收。敌著名之"兴中公司"，设支社于大同，张垣、口泉、下花园分设"出张所"。龙烟于二十六年十二月即成立龙烟铁矿矿业筹备处。皮毛一项，则由敌国钟纺、满蒙毛织、日毛、三井、三菱、兼松、满洲畜产、大蒙等八大公司包购。石油业由蒙疆石油公司包办。商业分由蒙疆公司、大蒙公司统制，各业成立所谓"组合"，完全以销售仇货为主。而大蒙公司总社并由长春移设张家口，以便利经济之榨取。该公司在"蒙疆"具有极大之权威，主要业务系经营日、"满"砂糖、煤油、烟草等输入，与平绥铁路沿线食粮、蒙盐、皮毛、牲畜之输出。截至二十八年止公司资金已增至百一十万元。敌寇为便利经济之掠夺，由包头向固阳、安北、百灵庙修筑铁路。运输及通讯事业，完全由敌蒙疆运输公司及蒙疆电业株式会社办理。敌寇进行之"蒙疆"经济统制，可谓无孔不入。

察、绥鸦片一项，敌尤视为奇宝。武川一带敌曾令民众种烟，敌寇及伪东亚同盟军（白逆凤翔部）每亩捐烟〔烟捐〕十五两并大洋十元。蒙疆公司内特设烟土部，专司买卖烟土之责。"厚和"且成立"阿片配给人公会"！敌以绥远年产一千万两之鸦片，仍为未足，近更强迫民众扩大种植，以遂行其彻底毒化我人民之毒计。

敌寇在"蒙疆"进行"明朗化"的工作，结果是使人民愈益走向饥饿线上了。根据敌伪发表的张家口物价指数（虽然这种数字是不可靠的，因为他们总想掩饰自己的罪恶），如以民二十七年八月下旬之批发价格为标准，则三十年五月下旬，粮食价格增三八·七%，纺织品价格增三一·八%，燃料增三二·五%，调味品增三四·七%，毛皮增九一·三%，建筑材料增三六·二%，共计六十八种日用品，总平均增加价格几达百分之四十！

六

综上所述，敌寇从"蒙古大元帝国"的幻想起，直到伪蒙古自治政府止，一贯地在使"蒙疆"向着"日本化"的大道进行，榨取"蒙疆"丰富的资源，"以战养战"，巩固察、绥、晋北的政治、军事统治，作为进攻我西北，扫荡华北的根据地。设定平线〔绥〕沿线的"特殊地位"，开拓武装进攻苏联的大道。察、绥、晋北的人民，从实际的体验中，现在已更加认清了敌人狞恶的面貌，他们正在配合着中华民族抗战建国的洪流，将动员所有的力量，挣脱征服者的枷锁，加速敌寇的毁灭。

《战时政治》（半月刊）

山西第二战区司令部政治部战时政治半月刊社

1941 年 1 卷 9 期

（朱岩　整理）

绥境蒙政会第七届委员大会纪盛

李国青　撰

（本刊伊盟通讯）绥境蒙政会第七届委员大会于五月二十日下午四时在伊盟扎萨克旗该会大礼堂举行，会期三日，出席委员、代表有：沙克都尔扎布、荣祥、鄂齐尔呼雅克图、阿凌阿、经天禄、白音仓、奇俊峰（贺守忠代）、特固斯阿木固朗（奇玉山代）、奇文英（富兴阿代）、色登多尔济（布林托克托胡代）、图布升吉尔格勒（恩克巴雅尔代）、旺庆扎布（朝克都楞代）。被邀列席有：绥蒙党部主任特派员白海风、绥蒙指导长官公署参事王运昌、蒙藏会调查组施宗森、准旗扎萨克奇治国及该会科长以上职员。绥蒙指导长官公署副长官届时莅会指导。

第一日

下午四时举行开幕礼，同时补行经天禄、胡凤山二委员就职仪式，由朱副长官监誓，领导行礼如仪后，宣誓人经天禄、胡凤山同时宣誓，继由朱副长官致训词，勖勉有加，情词恳挚。末由宣誓人经天禄代表致答谢词。大会主席沙委员长致开幕词，略谓：本会第七届委员大会今为举行开幕之日，朱长官不惮风尘之苦，亲临指导，各委员、各代表均能如期而至，晤对一堂，其重视蒙疆，关心蒙政，实令人无限荣幸，无限兴奋。回忆第六届会议，决议各案，无一非当务之急，虽推行不遗余力，而成效未克全收，此固由种种关系不能得心应手，要亦本会负责同人所当引为遗憾者。往既有慊，来犹可追，际此群贤毕集，务望各加检讨，互策将来，如何者未辨〔办〕，宜竭蹶以图，何者无成，当事功迅赴，以及教育之扩充，保甲之编制，民生之改善，实业之振兴，均须依据法令，考察现情，必使切合机宜，推行尽利，幸勿但凭理想，徒尚高谈，转致事少完成，行多迟滞。并请朱长官详加指示，俾有遵循，以期达到抗建之目的，促进蒙旗政治之休明，是则本会之大幸，而尤同人所深祷者也。继由兼秘书处长荣祥报告上次大会决议各案执行情形，朱副长官、白主任特派员均有恳切之致词。会场庄严肃穆，情绪至为良好，直至六时许始告休会。

第二日

于午后四时开会，由鄂常委代主席，荣常委首先宣读阎长官训词，继即讨论议案，当通过要案七件，至七时休会。兹将议决各案志之于次：（一）成立小本借贷处以利民生案，决议原则通过，请中央指定银行派员办理。（二）拟请筹设各旗邮政以利通讯案，决议交民治处注意调查办理。（三）捐薪购买公债以资倡导案，决议本会同人认购一万元以上。（四）本案保留。（五）训练各旗小学师资案，决议原案通过。（六）训练各旗保甲人材案，决议修正通过。（七）为拟请改善蒙旗组织，充实内部力量，以资推动工作而收完成自治效果案，决议原则通过，由参事处、民治处召开会议，详拟办法，再行转请核办。

第三日

　　下午二时开会，除昨日出席之委员、代表外，贡噶色楞电派之代表顾兆忠亦如时参加，鄂常委代主席，继续讨论议案，连前共通过要案十件。贡、图、经三委员均有临时动议，当经一致通过。由朱长官致闭会训词，鄂代主席致闭幕词，至五时半，此大会始告圆满完成。兹将议决各案志于次：（八）改善本会各级职员待遇俾安心工作案，决议照案通过。（九）呈请中央提高皮毛价格以维蒙民生活案，决议通过。（十）提请设立中国蒙民银行开发富源培植国本案，决议交荣常委另行详拟办法，呈请中央核办。临时动议：（一）积极提倡手工业增加蒙民生产案，决议与第九案合并办理。（二）呈请中央增加各中小学教育经费案，决议交教育处参考。（三）密。（四）电总裁暨阎长官致敬，电中央执行委员会对于理〔五〕八全会通过之边疆施政纲要表示谢意，一致热烈通过。

《蒙藏月刊》
重庆蒙藏月刊社
1941 年 1 卷 13、14 期合刊
（朱宪　整理）

蒙疆蓬勃兴盛[①]

自日美会谈决裂，友邦大日本，乃以坚决之意志，与英、美敌性国家群宣战，但开战以来，日本英勇精锐海陆空将士，以破竹之势，将英、美太平洋主力舰，击沉多数，击坠飞机数百架，并将其重要之根据地，完全占领，皇军威武英姿，震动中外，建树伟大之战绩。唯在大东亚战争，继续进展中，我蒙疆上下一心，誓与盟主大日本合作，共济时艰，同撑难局，全疆民众，深明大义，对于时势有彻底之认识，故能各安生业，举物心两方面总力，作枪后之支援。今日蒙疆全境，社会安定，无异平时，民众义愤填膺，咸知老奸巨滑之英、美两国，实为东亚扰乱之源泉，而美、英依存之重庆伪府，则为祸乱之媒介。所谓美、英、重庆，实为东亚之共同敌人，因此一心不乱，认定讨伐之目标，在友邦大日本指导之下，随时努力，故能步趋一致，精神饱满，发生灿烂之光辉。今日圣战甫开序幕，已有如是团结之众志，将来随战争之进展，而同心协力，始终作强盛之支援，固东亚莫大之幸福，亦蒙疆无上之光荣也。

自战争发生后，蒙疆当局即发表声明，决与日本协力，并布告

---

① 作者是站在日伪立场上行文的，为保持资料原貌，照录原文，请读者明鉴。——整理者注

商人，不得有扰乱经济等行为。持论正大，尤为全疆所信仰。民众方面一心一德，仰体当局之盛意，而罔敢或忘。故全疆安堵，商人保持道德，公平交易，以谋市面之繁荣。社会晏然，群情快慰，经济状况，不特无异于平日，且有蒸蒸日上之象。现在疆内各大都市，舆情热烈，民众大会，到处举行，既因日本军之战胜，而兴趣横生，更因大义之无可辞，而一致奋发。疆内各大都市，人心兴奋，尤呈空前盛况。可知大东亚战争，出自东亚民族之总意，故万民拥护不约而同，且以充分表现蒙疆之旺盛也。

美、英、重庆，均已恶贯满盈，次第灭亡，莫能幸免。灭亡以后，世界新秩序建设顺利进行，东亚繁昌，当然更进一步。我蒙疆官民为求全疆无穷之福利，在一致团结下，誓歼顽敌，已奏肤功。可知蒙疆民情，朴茂、忠实、勇往，故能见义勇为，当仁不让，至于如是之盛。

就最近情势以观，幅员广阔之蒙疆，确有如火如荼之新气象，盖官民同时奋勉，以资应付非常之时局，故生产方面，充分旺盛，食粮富足，生活无虞，文化向上，民智大启，周边"伪共"，悉数铲除，虽在冬季期中，一般贫民，依然有工可做，不感生活之困难，兴盛景况，蓬勃气象，遍于全疆，是为大东亚战争中之极好现象。

蒙疆为东亚共荣圈之重要一翼，全疆之兴盛，即共荣圈之兴盛，基于此种原因，殊令人感觉愉快。盖东亚新秩序建设，为疆民所共同之盼望，以此为意志，而共襄圣战之完成，固有伟大之意义者也。

《大亚细亚》（月刊）

厚和巴盟兴亚协进会

1941 年 2 卷 2、3 期合刊

（李红菊　整理）

蒙疆的明朗化^①

小叶　撰

平沙无垠、一望无际的蒙疆土全〔地〕，现在一天比一天的明朗了。不但是金融稳定，秩序良好，全体人民安居乐业，而且各种的新兴事业，随着时代的飞跃猛进，大有一日千里之势。除此以外，当局对于各大都市的计划，规定的特别详明完善，合于近代化，现在也都着着实行了。就是通常的行政，也是处处精密完善、有条不紊。至于改良警政、整理积谷、振兴水利、开发产业、修筑道路、编制保甲这些事，都是替人民着想，以解除民困为先务的，没有一件不见诸实行。这种成绩，是何等的惊人呵！所以广漠的蒙疆，从此就成为灿烂光辉的区域了。因为蒙疆在事变以前，是一个被人轻视的地方，我们从远代说起来，明朝、清朝，都是拿佛教来羁縻蒙古，以致一切政治组织，完全是和内地不能相同的。到了民国以来，这种手段，还是相沿不改，后来，军阀专政，那就糟上加糟，格外的不堪设想了。他们以割踞地盘为能事，任意的敲榨民膏民脂，以饱一己的私囊，且更纵容亲戚私人，厉行恶劣政治，把个广大的蒙疆，弄得非常的腐败黑暗。这种积重难返的情势，是不容易挽回的。所以事变以后，经过一番特殊

---

① 本篇作者的侵略者立场十分明显。为保持资料原貌，照录原文，请读者明鉴。——整理者注

的努力，才把黑暗的蒙疆，一旦变成明朗，这实在是难能可贵呵！现在我们蒙疆七百万的人民，熙熙攘攘，同乐尧天舜日，当然都感觉十分的愉快。但是，单知道感觉愉快，是没有什么作用的，我们一定要明白蒙疆过去的情形，和今日的地位，并且仔细思想，究竟蒙疆明朗以后，有什么伟大的意义。把这种种关系，深思熟考，弄得十分清楚了，那末，才能得到真正的愉快。所以把这种伟大的意义，简单的叙述一下，好教一般人民，容易得到鲜明的观念。这大概也是我全蒙疆的民众，所乐于听闻的吧。1. 蒙疆和外蒙接壤，外蒙这块地方，是早被苏联"赤化"的了。现在外蒙的人民，真是在水深火热里面，痛苦达于极点，但是，苏联的野心，仍是蓬蓬勃勃，和豺狼虎豹一样，老是没有餍足的。他既"赤化"了外蒙，还要伸张魔手，再向内蒙染指，这是何等的危险呀！在这种情势岌岌的时候，神经错乱的蒋派军阀，不单是不想方法来防止扑灭，反而推波助澜，拿蒙疆当作通路，把"赤祸"招引到内地去，所以在那个时候，以包头为中心，由张家口而库伦，而五原，而宁夏，至甘肃兰州，而进至新疆，差不多都可说是赤色的路线。幸而友邦皇军，仗义兴师，把联俄容共、祸国殃民的旧军阀，驱逐净尽，进入蒙疆，新政权乃及时成立，经贤明长官之认真督导，与全蒙疆民众一致之协力，政治益臻明朗，才把"赤祸"一律扫除，才完成防共的任务。现在日德意同盟缔结，日、"满"、华国交调整，成立防共阵线，形势巩固，是世界和东亚的安定力愈益增强。我们蒙疆既能和这些正义的国家，取得一致行动，这是何等的功绩。所以蒙疆明朗，是有一致防共的伟大意义。2. 蒙疆的情况，和华北比较，是显然不同的。因为蒙疆地处朔漠，凡百落后，况且是蒙古人民生长居住的地方，风俗习惯，和内地并不一样。不单是蒙古人民如此，凡生长在蒙疆的汉民族，因为时常和蒙古人民交易往来，习惯成自然，也就和内地人民有许多的差异了。在事变以前，若是有人提到蒙疆两个字，就会令人感觉到蒙疆农村的荒凉、经济的萧条，和文化的落后、产业的逊色，这完全是由于政治不良的影响呵！现在蒙疆庶政修明，百业昌盛，已日臻于明朗之途，可知移风易俗，事在人为，又可知道这是蒙民否极泰来，已经享到很大的幸福了，所以蒙疆明朗，是有改造环境的伟大意义。3. 蒙疆的富源，实在是非常的丰富呵！但是在旧军阀的时代，一般贪官污吏，只顾劫夺财物，不知开发利用，遂致货弃于地，坐而患贫，日趋窘迫。现在当局积极经营，通商惠工，力求上理，友邦人士，更以其新式的科学，从事于指导提携，故事业勃兴，云蒸霞蔚，良非偶然。最近如黄河流域的沃野千里，不是有待于大规模的开发么？龙烟铁矿、大同和下花园的煤矿，不是要仗着新法的经营么？牛、马、羊、驼等畜产和各种皮毛，不是要改良畜牧和制造，才可以生产旺盛么？所以蒙疆明朗，这些无尽藏的富源，就可以完全开发，不至于长久埋藏在地下，和抛弃在荒郊僻壤了！所以蒙疆明朗，是有顺应需要的伟大意义。以上所述几种伟大的意义，大家都能够彻底的明白，那自然而然的，就要感激友邦大日本诚恳的提携，和我蒙疆当局的励精图治，才能收护〔获〕宏大的功效，而实现明朗的王道乐土呵！

《新亚细亚》（月刊）

上海新亚细亚月刊社

1941 年 2 卷 3 期

（朱宪　整理）

具历史性之德王两度访日[①]

吾生 撰

自日、德、义三国缔结新约，而后建设世界新秩序之壁垒日益巩固，自日、"满"、华三国调整国交，而后东亚共荣圈日臻发展，盖现代新潮奔腾澎湃，旧秩序之金权民族，已日趋于崩溃之途。苟于此时而思固步自封，不特为势所不能，而亦为时代所不许。英、法干戈扰攘，丧乱迭寻，即不识时代潮流、执拗不悟有以致之，《书》所谓"天作孽，犹可违，自作孽，不可活"，殆即此也。现代世界之大势，既如上所述，所以东亚圣业，为现今切要之图。我"蒙古联合自治政府"，自树立新政权以来，赖当局励精图治，凡百建设，突飞猛进，数年以来，政绩昭著，入蒙考察者，对于蒙疆之新猷，莫不表示惊异，此皆友邦日本，指导支援之力，方克臻此，而德主席之宵旰勤劳，亦为世人所公认也。德主席具英武之姿，深识世界大势，高瞻远瞩，亲仁善邻，领导蒙疆民众，努力于兴亚圣业，对于"灭共"一事，尤为积极，曾于成纪七三三年，亲自访问盟邦日本，借以考察政治，以为发号施令之良规。回蒙之后，举凡盟邦之善政良法，一一仿采，付之施行，年来化行俗美，恩德及人，此皆取法盟邦之成效也。上月十一日，德主

---

① 本篇作者的侵略者立场十分明显。为保持资料原貌，照录原文，请读者明鉴。——整理者注

席为感激盟邦日本，对于蒙疆肇建赐予绝大援助，实行答礼为目的，复作第二次访日之壮行。抵下关时，发表谈话，略谓："此次为第二度之访日，东亚新秩序之建设，在现地已收成功之效，此实东亚协同体一翼之蒙古自治政府，不胜欣幸者。将来决与日本努力强化提携，以期贯彻蒙古政府之特殊使命。"更发公文书如下："当成吉思汗纪元七百三十三年首次访日时，蒙日本朝野特别招待，实使吾人加深认识大和民族伟大之点，对产业及文化各般飞跃之发展，更佩服之至。现在建设东亚新秩序之气运，实使日、满、蒙〈及〉其他亚细亚诸民族共荣之气高涨。余为对日本之好意答礼，并由于互相认识而增进一层名实俱符之有机的关联，故再度来访，望朝野各方，多加指导，实不胜期待云云。"关于以上德主席之谈话，言简意赅，实切合于现代之大势。溯自德意志希特勒总统，力图世界新秩序之建设，撕毁凡尔赛不平等之条约，脱离英、美桎梏以来，英、美金权民族，为自私自利计，拼死抵御，然而时势所趋，新潮鼓荡，英、美已无抗拒之能力。盟邦日本，审时观势，于此时，与德意志、义大利缔结协约，欧亚携手，加入轴心国家，以谋东亚共荣圈之发展。"满"、华闻风兴起，调整国交，互遣大使，盖至是而东亚民族迷梦方醒，亟谋结成协同体，以建筑兴亚圣业之基础矣。夫东亚为我东亚人之东亚，欲思联络团结，应有先进国家为之领导，盟邦日本，维新以来，国势鼎盛，一切政教文化，凌驾欧美，而且风俗习尚，与比邻接壤之"满"、华、蒙大同小异，故我东亚民族，欲觅强盛途径，非以盟邦日本为导师，则不能达其目的。德主席深知及此，故不惮勤劳跋涉，一度二度访问盟邦，盖为东亚着想，非图游观之乐。吾人对于德主席之贤劳，更应服膺感激，自加奋勉，激励身心，以跃进于建设东亚之途，庶不负德主席之盛意。方今"赤魔"潜伏，蒙疆立于防共第一线，虽已布铜墙铁壁之坚垒，绝对不虞其跳梁，然居安思危，古有明训，当兹欧风美雨奔腾震荡之际，我蒙疆朝野上下，正宜一德一心，同舟共济，俾东亚民族，发扬光大，不使欧人专美于前，斯为得之矣。更有进者，德主席以御尊贵玉体，不惮跋涉之劳，躬亲两度访问盟邦日本，其望治之殷，为全世界所公认，吾人对此，应如何感激，奋发有为，共图努力兴亚之圣业，使蒙疆日臻治理，奠万年不拔之基，则德主席东渡之行，实占历史上最光荣之一页，猗欤盛哉。

《大亚细亚》（月刊）

厚和巴盟兴亚协进会

1941 年 2 卷 4 期

（朱宪　整理）

德王访日印象记[①]

[日] 竹内始万　作　　张铭三　译

记者这次随着德主席访问日本，自始至终没有离开，现在将其概要及所感之一端，报告于下。

德王于前年秋天曾举行第一次的访日，这次是第二次。该一行除了德主席以外，还有最高顾问金井章二氏、蒙古军总司令李守信将军，并随员及其他同行者十余人，共计有二十余人，随员中之蒙古人有榷运清查总署长吉尔嘎朗、通译朝克巴达尔夫、瑞永、副官李广珍、那木四朗四〔五〕君，和主席府之巴拉沁多尔济、西冷敦德格两君，其中巴、西两君是初次到日本的。

由张家口出发是二月十一日，回到张家口是三月十六日，共计前后三十四日，到达东京是二月十五日，午后三时廿五分到达东京站后，立即赴二重桥一同参拜宫城，然后下榻帝国饭店，解除旅装。

翌日（十六日）以后，德王实为繁忙，参拜靖国神社、明治神宫、多摩御陵、北白川宫御墓所后，即参内宫中记帐，趋赴各宫家拜谒，又陆续与近卫首相、松冈外相、东条陆相各要人会见，连日外出访问旧知，偶然回到饭店，来访者便络绎不绝，几无休

---

① 本篇作者的侵略者立场十分明显。为保持资料原貌，照录原文，请读者明鉴。——整理者注

憩之暇。

入京后十日间不知不觉地过去了，但是在这期间应办的事情大体都办完了，为了消遣起见，遂于廿五日夜，由上野站出发，踏上旅行东北之途，翌晨到达仙台后，立即视察市外之蒙古兵供养碑，游览松岛，夕刻返回仙台。住了一夜，翌晨到达盛冈，出席南部伯邸之午餐，参观农林省之种马育成场，巡视现在成为市公园之旧城址一周，晚间出席此间官民之欢迎宴，然后赴花卷温泉。住了两夜，于三月一日踏上归途，当夜到达坂温泉，翌晨出发，于郡山下车视察日东访〔纺〕绩工场，当夜归京，下榻帝国饭店。

东北旅行乃系消遣性质，已如上述，但德王仍系相当繁忙：在主要车站因为有当地的官民有力者的出迎，必须一一寒暄，尤其在仙台、盛冈、福岛、郡山等下车都市，沿途小中学生和国防妇人会人等，手持蒙古政府旗帜，堵列欢迎，更非对之郑重答礼不可。

虽然如此，因为主要的事务大体已经办完而离开了帝都，精神上感觉到很大的快慰，倒是确实的事实。德王对于沿途的欢迎好像很快乐，对于温泉也好像很喜欢，有时一天入浴数次，有时和随员谈笑，有时高兴唱歌。在归途的火车中学习爱国行进曲，将歌词用蒙古文字记在名片的背面，随着大家反来复去地唱，到末了一个人已经完全能唱了。并使副官那木四朗君唱蒙古歌助兴。

自三月二日夜间归返东京至八日出发，又在饭店住了六夜，在这时期把残余的事务全部办完了。

早晨只要没有特别事务便稍事休憩，可是过了早晨以后直到就寝，永远是相当繁忙。然而德王的身体非常强健，好像并不感觉怎样疲劳。

德王不论何时出入饭店，都是悠然不迫的态度，甚惹廊下许多日本人、外国人的注意。尤其他的辫发和蒙古服，更成了众目之的。但是无论在什么场合，态度永远是悠然不迫，实在使周围之人抱亲爱之情和敬意之感。谁也想不到他是由荒凉的蒙古草原中来到的人。来到近代文化结晶的大都市之中，一点也不感觉局促不安。无论到什么地方，会见什么人，心情也不动摇。这种态度是从民族的气魄发生的。尤其德王抱有"我是成吉思汗后裔"的自信心，此点我们不难推察。

固然德王心中相当紧张，并且小心翼翼，虽然酒量相当大，也不敢开怀畅饮，在这次旅行中，没有看见一次像醉了的样子。滞留在帝国饭店的时候，除了有事以外，恐怕一次外出也没有罢，老是在自室内宽坐，没有特别事情是不外出的。这在往复的列车中也是一样，在各主要车站除了为对出迎人等寒暄走到展望车外，为消遣散闷走出室外的事是一次也没有。在不自由的列车中，或眺望窗外景色，或和随员谈天，并且时常拿出中国将棋来，和随员比赛胜负。

因为生活方式不同，种种方面大概要感到不便和不自由吧？但是德王并没有透出过这种口吻，也没有露出过这种颜色。记者于归途的车中，将此事情询问德王，德王笑着答道："在日本式的宴会中必须日本式的坐着，实在觉着不舒服。"

说到宴会差不多都是在晚上，大部分是对方的欢迎宴，但也有含有答礼意味的招待。这些宴会差不多都是日本餐和西餐，中国式的宴会好像没有。在席上的德王演说，不消说是用蒙古话，再用日本话翻译，而且没有草稿，是依照对方的演说而随机应变的，声调不太高，因为是一边想着一边说的，所以不大流畅，但也相当动听，无论什么时候，应该说的话都完全说到了，而且一句废话也没有，这点记者非常佩服。大多数的场合是以在东亚新秩序建设上的蒙古立场，及恳请日本的援助为主题，但是常常加以随机应变的发挥。现在举一个例，就是在归途到达京城之际（三月十二日）出席总督官邸招宴，答谢南总督欢迎的演辞，不消说这也是没有草稿，在总督恳切的致辞后立即站起来说的。以下便是出席该宴会的记者，就记忆所及而记的大意：

当前年秋天第一次访日之际，曾蒙受当地热烈的欢迎，此次本拟顺便来此道谢，不料又蒙受如此盛宴，及恳切的欢迎言辞，实在觉着感谢不堪。回顾日华事变勃发当时，南阁下适服务于关东军，即着眼于蒙古之复兴，尽力于其指导及援助，现在犹记忆不忘，新兴蒙古之所以有今日者，实可说是阁下之庇护，永远令人感谢。现在日本纠合东洋诸民族，成为新秩序建设的中核，向其目的贯彻迈进，我们蒙古也正作为其一翼继续前进。东洋诸民族现在均以日本为盟主，但其中最信赖日本、企图依赖其援助而完成使命者，便是我们蒙古民族，此点希望诸位明了。我相信蒙古的复兴，决不是仅蒙古的复兴，乃是新亚细亚的复兴。不消说现在的外蒙古是处在苏联的势力下，青海方面的蒙古是处在蒋政权下，因此欲将此等处于新秩序建设圈内的蒙古民族，吸引在我们共同目的之下，必须首先图谋内蒙的复兴不可。换句话说就是亚细亚的新秩序建设，必须首先强化防共的设备，使内蒙真正复兴。由此观之，现在的内蒙力量虽然单薄，意义实在重大。我此次访日会见了日本各方面的中枢人物，听取了他们的意见，又见到日本的实情，除了敬服日本上下一致一亿〔意〕一心，对应今日的重大时局以外，并觉着只有这种力量才是大和民族的力量，只有这种力量东亚新秩序才能建设。现在的时局不易突破已不待言，但是我相信日本一定能征服此种难局的。而且我们蒙古也决定在其援助和指导之下，竭尽棉薄，协力完成此种大业。本人除对今晚的款待表示感谢以外，并希望更加援助我们蒙古的复兴。

演辞大要如以上所记，因为要翻译一遍，所以时间相当冗长，但是因为意思详尽充满热情的缘故，博得满场的倾听。旅行中的数次演说，虽然是随机应变各自不同，但是主旨是一贯的，在意义上说，就是以上面的演词作为其代表，恐怕也没有妨碍。应该说的便说，不应该说的便巧妙地避免，而且能竭尽其意，记者对于此点非常佩服。

旅行中数次受到新闻记者的访问，有时并受到突如其来的质问，但是德王巧妙地躲开详细回答，一点也不感觉不安。最初受到访问，是在下关上陆的时候，在山阳旅馆和记者团会见，以后在东上的车中受到记者团的来访，到达东京进入帝国饭店又和都下的记者团会见。德王和欧美的外交官或要人不同，对此还未十分习惯，但是他的应接态度，并没有不自然和拘促之处，实在漂亮。

德王此次访日因为是第二次，也许没有初次那样受感动，但是我想对文物制度及其他一定有不少的新的感觉。记者于归途的车中，对于此等事项，曾直接提出质问，将德王所谈的感想记载在下面。在未记之前，拟对此次访日，先行德王十余日，于德王滞日期间殆行动不离，东奔西走、席不暇暖之金井最高顾问略加叙述。

在滞京期间固不待言，即此次旅行按其繁忙之点而言，金井顾问实在德王以上，按精力方面言，亦决不劣于德王，其废寝忘食的活动情形，实令旁观者叹服。在帝国饭店时没有一天不外出的，甚至一天出入饭店大门二三次，究竟是作什么事情固然无从知道，总之实在是可惊的活动。偶然在饭店休息，访问者便纷至沓来，几无宽坐之暇，但仍依次接见访问者，有时一边用饭一边谈论风生。来访者的种类，有官吏，有实业家、经济家、学者，有名无名，五花八门，其交游之广，实堪惊叹。

金井顾问在外面的活动，都是在蒙疆施政之上，倾注最善的努力，已不待言，但是对于其内容不大清楚，而且此处似亦不应谈及，故不赘述，现在仅拟对如此繁忙之间，与接触之学界方面的关系，略加说明。

由于前蒙疆学院副院长田边寿利氏的斡旋，集合社会学、民族学方面的学者约二十名于饭店食堂，复与西田几太郎博士，及和辻哲郎、长谷川如是闲、谷川彻三、安部能成、三木清等思想界之铮铮者廿余名，相会于银座西八丁目的ェゥン，由金井博士对其所怀抱之民族论及新国家理念，开陈见解。记者因未参加，故不知博士之所论及与会者的批判和意见，但听说永远是博士唱独角戏，没有什么批评和意见。博士永远是欢迎反驳的言论，可是为什么没有反驳的言论呢？我想大概是因为他的意见多出乎列席者的意表，不能立刻加以反驳吧！博士的言论大胆逸出了从来民族论和国家观念的范畴，而且那不是单由思索而来的，乃是自满洲时代至现在蒙疆亲身实践而来的，有绝对的强固性，因此仓促之间，不容易对其加以批判。

其后又在早稻田、庆应两大学和其他地方发挥意见，他投下的石子在学界上留下相当的波纹，确是事实。

滞留东京时曾和都下的新闻记者一度相会，出席者计有朝日、日日、读卖、报知、国民、都、中外，及同盟同〔通〕信等八社的编辑局长、政经部长、东亚部长，其时记者亦同席。博士于席间，对建设当时之蒙疆和现在蒙疆的施政状况，纵横谈论，但此次记者方面亦无若干质问，这并不是记者方面客气，也不是被博士的雄辩征服，我想乃是日本内地对蒙疆还没有十分理解。

总而言之，记者由于此次访日，除了对金井顾问不分昼夜活动，绝伦的精力和热意，表示敬服外，同时并相信现地责任者的气魄，已经与中央政界的要人以莫大的感动。

现在拟报告由于此次访日所得到的德王感想，这主要是于归途的车中，记者不时发出不客气的质问，由德王听到者，兹为便宜计，以德王第一人称记之。

最大的教训

我此次访日乃系第二次，所以不像上次对日本好奇心那样强盛。对于东京和大阪也好像遇见旧知似的。随时随地发生的感想很多，先总括的说亘访日全日程由日本得来的最大教训吧！

日本现在正纠合东亚诸民族，以建设新共荣圈为目标，与其障碍继续战斗，已不待言，我蒙古民族也在作为其一翼的理念之下，向使命达成迈进。当遂行此种大事业之际，国际间发生摩擦也是当然的事实，为克服此等障碍起见，日本正于国内各方面施行新体制，对其进行比较的顺利及上下一致，我们受到很大的教训，并使信赖之念更加坚固。

打算把此种新体制，顺利地采用在政治、经济、产业和各个国民生活上，实在不大容易，因为大众永远是保守的，反对改变旧惯旧习，但是日本方面进行相当顺利，国民思想上有〔又〕没有招来特别的动摇，我想这乃是一般国民充分认识时代，且信赖政府所为之故。换句话说也就是证明国民知识水准的高上，此点实在可以作为我们的模范。日本的长处不是就在这里吗？

关于衣食住

因为日本和蒙古的自然环境相异，所以由风俗习惯至日常生活方式都迥然不同，因此我们来到日本有种种不便和不自由，但是在滞日期间，大部分是住在洋式的旅馆内，所以不明白真正的日本生活方式。现在先说对于服装的感想，蒙古服有蒙古服的特长和缺点，日本服有日本服的特长和缺点，但是日本的男子普通都穿洋服，这在文化上说实在有莫大的意义。蒙古人受过近代教育，服务于政府、军队和其他机关的俸给生活者也穿洋服，但是还没有像日本那样普遍化，日本人普遍着用便利活动的洋服，对于今日的文化活动上已经收到了非常大的效果，然而一方面也不完全摒弃和服，在自宅休憩之时就换上和服，我想这对于日本的精神上也有不少的关系。我从前对于蒙古人的洋服，曾加以若干考虑，打算把他做成制服，并且做了一些样子试试，这是加入几分蒙古风，企图表现蒙古精神的，然而这不过是偶然想到，将来对于蒙古人的衣服问题，更必须加以十分考虑。日本妇女的服装尤其礼服，乍看觉着奇异，看惯了便觉着好看了。

说到饮食，蒙古方面是以肉类尤其羊肉为主，饮料以牛、羊、马乳为主，和日本人的饮食迥然不同，日本食物坏是不坏，但是还不大适合我们的嗜好，然而天妇罗（油炸物）和鸡素烧等，则觉着很好吃。如果要以肉为主要材料之点说，我们是比较喜欢西餐的，不消说中国饭食是顶好的了。

蔬菜类日本很多，而且新鲜好吃，可是按实在说，我对于蔬菜和果物并不觉怎么重要，最重要的还是肉类，正像日本人没有鱼佐饭，便觉不行，同样我们要是没有肉也便不行。

日本的肉类很新鲜，在东京曾吃过成吉思汗饭食，也觉着很好吃。但是日本的肉类和蒙古的肉类比较怎样呢？我以为日本的肉类，是烹调出来的美味，若是按肉类本身的味道来说，还是蒙古草原的肉类占上乘，这话也许有"自己不说自己瓜苦"之嫌吧！

其次说到居住问题，日本式的居室实在好，因为日本的叠（日本屋地所铺之物）和蒙古包中所铺的地毯相似，在地毯上和叠〔叠〕上比较在那太柔软的洋式床上感觉安定舒服。不过在日本式的宴会，必须日本式的坐着，实在觉着痛苦，如果能像蒙古式的坐着，便非常舒服了。

日本的建筑物是开放的，由此可以看出日本良好之点，原来房屋的构造是依照其民族所处的环境的，日本房屋四面开放解放的建筑方法，便可以证明日本的治安怎样的确立了。古时施行善政、国民道德高扬之时，有所谓"路不拾遗，夜不闭户"之话，在开放的日本房屋内能安心住着，可以证明日本的政治怎样的良好了。如果这样的建筑物，原封不动地搬到中国来，也许立刻便一无所有了吧！

日本的风景

日本的风景富于变化，由车窗望之亦目不暇接，山木繁茂，川水清冽，诚可谓山清水秀。

濑户内海很好，这次东北旅行，又得到游览松岛的机会，在没有海的蒙古，对于海实在觉着稀罕，见了洋洋无涯的海，便令人想起广袤千里的蒙古草原了，我想海和草原大概有一脉相通之感。温泉在上次访日之际，曾赴箱根和别府，这次东北旅行，又在花卷温泉住〔住〕了两夜，在饭坂温泉住了一夜，日本的温泉真可说是天下第一。

农耕与牧畜

日本的农村看着好像和平丰富，到处耕地整然，井井有条。我对于农业没有什么研究，但是我想从来以牧畜为天职的蒙古，将来必须对农业加以注意。蒙古人并不一定厌恶农耕，日本人中有许多以为蒙古人因为喇嘛教的关系，所以厌恶农耕，这种理由实在费解，如果是因为喇嘛教的关系，西藏也应该不从事农耕才是，可是西藏方面却毫无顾忌的从事着农耕。蒙古人决不是因为这种关系而厌恶农耕，乃系在汉蒙人的接触地带，对汉人以农耕徐徐侵蚀蒙古人地带发生反感，后退以后自然厌恶农耕了。

我想蒙古的将来，必须农耕、牧畜双管齐下，可是我现在也并非认为蒙古无从事农业之必要，现在有的地方蒙古人也从事着农耕，但是那是不得已的事情，一般的希望是只要环境许可，还是从事牧畜。

无论如何蒙古人是以牧畜为天职的，因此我以为蒙古的复兴也应该将此置于重点，将来的工业发展也应该以牧畜为主体，我相信为东亚共荣圈一翼的蒙古负担，也应该用牧畜回答。

这次东北旅行，曾视察盛冈市郊外的种马育成场，我想蒙古也应该完成此种设备，以图谋牧畜的改良进步。

都会——东京，大阪

对于住在人口稀薄的蒙古草原的人，东京和大阪等大都会是值得惊异的，我不但觉着惊异，而且觉着羡慕，对于集中近代文化之粹的建筑、工木、机械、先〔光〕学等最高技术，固不待言，就是对于人口的繁多，也是值得欣羡的。

北京也是大都会，已为人所共知，但是和东京或大阪比较，便有相当的差异，最显著的，东京、大阪是动的，北京却是静的。

文化水准的高度

日本在东亚有文化的最高标准，已无赘言之必要，这次旅行除了痛切感到以外，并敬服仅仅一世纪间便造成如此状态的大和民族的伟大，我们蒙古必须赶紧吸收此种文化，然而对文化的吸收，必须以最慎重的态度临之不可。

蒙古今日的文化非常低下，然而蒙古人没有失掉蒙古人的意识以迄今日者，没有胡乱吸收其他文化，也可以说是原因之一吧！我们知道满洲族，过去曾漫无所择地吸收中国文化，终至失掉了其民族本来的面目，现在的中国不是也和此相近吗？极力吸收欧美文化，反使自己的民族意义趋于稀薄，成了欧美文化的俘虏。

在这点上我实在敬服日本，日本也吸收了欧美文化，但是日本无论何时都是站在日本的立场。日本一方面发扬其本来的文化，一方面极力吸收欧美文化，并且加以咀嚼，使其完全成了自己的东西。日本之所以有今日者，恐怕就是这种缘故吧！想到这里，我觉着蒙古的文化运动，必须慎重从事，以日本为模范，因此蒙古的复兴，必须先由精神运动做起。

幸而蒙古民族还燃烧着民族意识，明了今日时代的青年们固不待言，就是在草原牧羊、目不识丁的童子，也抱有自己是蒙古民族的自负心。我相信复兴蒙古最大的力量，使〔便〕是这种民族意识，只要蒙古人不失掉此种民族意识，不但蒙古不能灭亡，而且将来必定更加复兴。

蒙古民族的精神运动，除了昂扬此种民族意识以外，同时并必须确实把握建设东亚共荣圈的理念。

蒙古的现状与将来

我打算趁此机会，再谈谈蒙古的现状及将来。

现在的蒙古大别有三，一个是在建设东亚共荣圈理念之下，与其协力的蒙疆，一个是处在赤色苏联势力下的外蒙，一个是处在蒋政权下的青海方面。

我相信三分的蒙古，决不能永久互相鼎立，将来一定要妇

〔归〕并在某一方面。在此种场合，如果在东亚共荣圈理念下的蒙疆强盛，则苏联、蒋政权两势力下的蒙古，一定要归并在蒙疆方面，反之则蒙疆一定要归并在其他二者的某一方面。

现在内蒙的蒙古同胞，仅三十万人，但此三十万人所负的使命，却非常重大，我们除了确实把握建设东亚共荣圈的理念外，同时并必须抱有使此一切蒙古民族，归于此种理念下的理想和信念。据说现在三分的蒙古民族总数有五百万左右，蒙古真正复兴之后，其数字将出人意料之外。

我以为打算实现此种理想，必须先由精神运动做起，并且正对其具体的方策实行种种的考虑。为提高智识水准起见，对教育问题和政治方面也应该加以考虑，并有组织像日本大政翼赞会的强力团体之必要。

视察纺织工场

这次东北旅行，视察日东纺绩之郡山工场，听取了详细的说明，并得到了详细视察实地作业中工场的机会，这乃是科学方面日本最高技术之一，日本各方面都拥有此种高度技术，我对此除了表示敬意外，同时并强加了我们东亚民族的决意。

日本人的技术不但较欧美技术毫无逊色，并且有时还凌驾欧美以上，这不仅是日本人的荣耀，而且可以为东亚诸民族对白色人种吐露万丈气焰，实在也是我们的光荣。我们根据此种事实，给了我们也能拥有此种技术的自信心。

日本人的勤劳精神

来到日本以后，可以从各种方面看出日本真正强大之处，我所感到的便是日本人对皇室尊崇观念之厚，国民信赖政府之诚，礼仪之谨严，勤劳精神之旺盛，尤其是勤劳精神旺盛一项，我参照蒙古的现状，感动最深，现在就谈谈这个吧！

曾于七百年前，在中央亚细亚大陆，完成史上未曾有的发展的我蒙古民族，为何陷于今日的衰退状态，固然言人人殊，但是我以为缺乏勤劳精神，便是一个最重要的原因。

不消说政治上、经济上都有种种的缺陷，成吉思汗的子弟和有功劳者，为了分别割据广大的征服地，以致势力分散，招来不统一，也是很大的原因，如果能想到民族力的统合，将其置于重点，也许更能强大和永久吧！又关于元朝的崩溃，政治方面失掉组织和统合力，军事方面武力低下，财政方面屡次失败，一方面并惹起民众的反感，因为种种恶劣条件的集积，终至败退。而集积此种恶劣条件的原因之一，实可说是当时蒙古人的流于安逸。

总之，安于现状、缺乏勤劳精神，乃是招来今日衰退的最大原因，因此我对蒙古之复兴，特别强调勤劳精神，在讲演或训示之场合，必定鼓吹勤、敬、忠、诚四字，勤不消说就是怠的反对，不论在职务上、日常生活上，都必须精勤，所谓"勤能补拙"是也。敬是放肆的反对，就是有规律、有秩序、有礼节、尊敬、服从之谓，其次，忠便是尽心，所谓尽己之心是也。对朋友、对家族、对民族，办其应办的事，便是忠，最后的诚，乃是至诚、实信之谓，我对于蒙古人精神的振作，永远是此四字为标准的，就中第一急务，便是发扬勤劳精神。

文化的吸收力

现在的蒙古距离近代文化尚远，尤其纯蒙地带的人，完全过着往昔的生活，但是蒙古人并非没有文化的吸收力，而且在这一点上蒙古民族不劣于其他民族，我从前曾说过蒙古的民族意义，乃是复兴蒙古的原动力，同时文化的吸收力也很旺盛。

关于成吉思汗的大业，一般史家都认为是当时的蒙古民族武力优秀，其实仅靠武力决不能完成此种大业的，虽然时代不同，不能和今日比较，但是当时的蒙古是有能征服其他民族的文化的，既有政治的、军事的组织，又有生产武器和其他必需品的力量，虽然没有现在的士官学校，但也有干部军人的养成机关，并有政治上的会议组织，有此等综合的力量，所以才能征服其他民族，而且征服以后能施行万全的政策，尽量吸收其他民族的文化，并加以统率，这便是成吉思汗成功之点。

由此种事实观之，蒙古民族的文化吸收能力决不低下，如果能用适切的方法加以引导，则一定能够复兴。不过我们应该像以上所说的日本，以日本精神吸收近代文化一样，必须以蒙古精神造成文化不可。

蒙古的复兴与日本

蒙古的复兴固然应该由蒙古人本身来做，但是现在的蒙古还没有这种力量，因此我们应该推戴日本为东亚的盟主，信赖日本，由于日本的援助图谋复兴，但是我希望在我们能够做到的范围内，尽量由我们自己来做，因为在可能的范围内多做，便是蒙古人的自身训练，并且能渐次向上，如果能用这种方法加以引导，我相信不久即可自立，同时可以完全达成我们的使命，而作为东亚共荣圈之一翼。

我除了决意复兴蒙古以外，并希望为确立东亚共荣圈，必须民族协和，因为各民族有各自的传统和不同的立场，其融合协和诚非易事，但是在所谓建设共荣圈之共同目的下，必须互相忍耐携手，我想欲民族协和，万不可忘却敬、信、爱之观念，我相信如果能互相尊敬、互相信赖、互相亲爱，东洋诸民族协和协力，一定能达成所谓"东洋人之东洋"的大理想。

《大亚细亚》（月刊）

厚和巴盟兴亚协进会

1941 年 2 卷 6—8 期

（李红权　整理）

亲善声中蒙疆之发展[1]

吾生 撰

蒙疆自新政权成立以来，迄今仅及四载，对于治安之增进、民智之开发、金融之稳固、农林之进展、畜牧之改良等，既有非常之进步，工商各业，亦依新法而改善，故能达成近代之境地。且蒙疆地居塞外，以朔漠之区，一变而为繁华之地域，进化之努力，可想而知。夫蒙疆所以能有如此之兴盛者，固因上下一心、官民一体、共同努力之所致，然而友邦之热诚支援，与乎亲善提携，功效尤为伟大。蒙疆人士，对此各有相当之认识，复以一贯之精神、刚毅之决心，继续向前迈进，未尝稍懈。今日事功卓著，成绩斐然，可知蒙古之发展，正在日新月异中也。友邦日本，以兴亚为心，志愿所在，欲使东亚国家，在国际风云弥漫狂涛怒浪之中，得以自足自给，不受世界潮流之震撼。再则蒙疆地处防共最前线，更以十分之诚意，予以育成强化。近日关系愈益密切，蒙疆驻日办事处，因时势之需要，升格为代表部，伊藤氏以俊杰之才，躬膺首任代表，宏愿所在，极欲为蒙疆效忠尽力，以图诸般行政之猛进，各种事业之兴隆，并使达成灿烂光辉之王道乐土，共享尧天舜日之幸福；此后以友邦之先进文明，尽量介绍于国人

之前，使我蒙疆益臻于明朗。吾人于此，不胜欣慰，企盼之至。然以经济而论，蒙疆与友邦日本，固有成为一体之性质，而其对于"满洲国"，亦有密切关系，故蒙"满"贸易圆滑运营，实为今日之要务。现在双方经济调查现地会议，及时举行，协商精密，计划美满，将来贸易之振兴，物资之开发，确有切实之把握，是亦亲善声中之一种良好现象。友邦日本政治之明朗、工商业之发达、文化之普及、科学之昌明，早已著名于世界，此种合蒙疆之需要，尤宜多所效法者。而在今日，则深明国际形势，且以道义为依归，发挥自主外交，故既与德、意等国成立条约，使轴心日见强化，且与苏联缔结《中立条约》，使东亚治安，更增一番巩固。凡此种种，我蒙疆正宜视为轨范，作为楷模。现在各界人士，对于友邦，时深景仰，咸愿以协和之精神，完成亲密之团结。蒙疆之继续发展，其在于此乎？因亲善提携，而得到特殊之兴盛，我蒙疆已收其效果，故各民族间，感情融洽，毫无隔阂，且不论何时，皆能以兴亚为唯一之目标，在友邦指导之下，一致协力进行。今日成就迅速，而〔自〕非偶然。由此种情况，而付以不断之努力，则乐土蒙疆，前途远大，不特有益于兴亚，且将见惠于世界焉。

《新亚细亚》（月刊）

上海新亚细亚月刊社

1941 年 2 卷 7、8 期合刊

（李红权　整理）

蒙疆地方的各面观

译自九月份出版之 Far Eastern Review

作者不详

"蒙疆",这是一个很生疏的地名,美国人民很少知道这个名字的。这是一块缓冲的地区,横亘在苏联殖民的蒙古和日本占领的区域之间,也就是蒙古地方的一带边界。有许多人虽知其名,而还没弄明白这地方到底在哪里,是怎样一个地方。事实上,无疑的这是一个很重要的地方,由以前所谓内蒙的一带土地集合而成。至于这地方是不是一个"国",这倒要观察之后,才能置喙呢。

若干世纪以来,蒙疆却正是一个运输转口的水陆大码头。许多货旅客商,就已经运载大批货物到张家口、归绥和包头等处——蒙疆的主要城市。货物的种类,包括皮货、羊毛和雅〔鸦〕片不一。把华北和土耳其斯坦、新强〔疆〕、蒙古之间的运输线,联系起来,发生了主要的贸易。沙漠的那一面,同样有成群的骆驼,把中国的茶叶,欧美的棉毛织品、火油、烟叶和杂货,运载到中亚游牧民族的中枢。

贸易的方式,甚至在二十世纪的现在,大半还是依照物物交换的旧例。张家口一处,就集中着相当数额的美商集团。他们在十几年前,就用运货卡车,把中国的银元装载着,通过库伦至张家口八百英里的岩石和沙漠,借此用以交换蒙古的皮毛。但是这些美国商人，不久因为这一带地方军队的骚扰，嗣后又为了外蒙古和华北之间的贸易，从一九三二年以来，越来越苛严，因此都不能立足，连带他们所办的商业，也都撒手放弃了。

蒙疆历史上的英雄"成吉思汗"

蒙疆，在华北方面讲来，不失为一个经济和政治的重要枢纽所在。但是，可惜得很，正像其他被占领区域一样，它已经做了日本经济侵略政策的一个试验场所。这点，只要看大批的羊皮和羊毛载运出口，以及和华北、华中急切成立贸易约定和贸易统制，就了如指掌了。

历代以来，蒙疆人是地处边荒，富于冒险性的一种强悍民族。虽然人民多事游牧，而且人口稀少，但是一切作为，不失有色人种的特别习性。"蒙疆"这个名字，就是"蒙古的边疆"的意思。一九三九年起，蒙古边疆一带范围之内的地区，集合成为"蒙古联合自治政府"，在日本维护之下，维新运动的领袖德王，被指为主席。二十世纪的德王，却系联着伟大的过去，因为他是成吉思汗的后裔。而成吉思汗，当时，是个著名的侵略者，也是"察哈尔北部锡林郭勒盟西阳旗"的最高统领。

十三世纪的时候，成吉思汗率领他的游牧部兵，挑战于仅距张家口三十五英里的万山山麓。两代以后，他的孙子忽必烈，在同一个地方，兴兵击毁长城，长驱侵略中国，直到北京。

对于现代西欧国家新闻纸的读者，比那些伟大的人物还觉耸耳动听的，是那个马占山将军。他是满洲骑兵队的领袖，曾作数度短期间的抗战。这次中日战争中屡次传闻他的死耗，其实他就在绥远这个区域里活跃跃地奋斗。因此引起许多人叹息说"一猫九命"，意思是说，"一个英雄的生死，因为关切的缘故，却要讹传好几回呢"。

蒙古地方的中心

一九一一〔二〕年，中华民国成立以后，到现在蒙疆地方那面国旗，已经过好几次变迁。一九二一年，在外蒙古北部库伦地方（现更名为乌兰布托），算是"蒙古国家的中心"，在苏联维护之下，成立外蒙古人民民治政体的社会主义一党。一九三一年，自满洲被日本占领以后，靠近满洲东北部的兴安一带地方也被并入所谓"满洲国"。这"满洲国"的范围，逐渐扩大，以前内蒙古的热河，于一九三五年并入，察哈尔北部六县，于一九三六年亦相继并入。

属于蒙古地方，也就是早前属于中国版图之内的许多地方，都逐渐惨被分割了。分割的地方，计有察哈尔南部十县，绥远、宁夏以及一大片中亚干燥地区，一直伸展至"阿尔太"区域。同时并包括许多新疆人、同安人和其他蒙古游牧人民在内。

一九三七年七月，就在事变爆发之后不多几时，日军铁蹄，就骚入内蒙古一带，立刻把占着军事形势最重要的平绥铁路沿线四个城市占领。那四个城市是张家口、大同、归绥（更名呼霍呼图）和铁路西面尽头的包头。

自治政府的成立

一九三七年十一月二十二日，由于日人的主导，几个中国和蒙古较为有名人物的襄预，在张家口成立了所谓"蒙古边疆联合行政会议"，起名"蒙疆"，指定三个行政区域：（一）在蒙古联盟区域的"联合自治政府"，置都于绥远的呼霍呼图（归绥）。区域范围，包括乌兰察布盟、伊克昭盟、巴音搭〔塔〕拉盟、锡林郭勒盟和察哈尔部。（二）晋北的"联合自治政府"，置都于大同。包括山西北部十三县。（三）察南的（察哈尔南部）"联合自治政府"，置都于张家口，包括察哈尔南部十县。

一九三九年九月一日，蒙疆又经改组，而更名为现在的"蒙古联合自治政府"。

蒙疆是军事要冲而又是缓冲之地

蒙疆面积，约二十万方英里，正像美国加州和德克山司中间距离的那吗〔么〕大小远近，有五百万到七百万的人口，包括中国人和蒙古人。日本居民约三万六千人。一九三七年秋季以后，日本人骤然大量增加。欧洲人民，只是若干比国和法国的天主教徒，几个瑞典教士和商贾，一部分苏联的铁路和电报员工。至于美国人，约摸二十年前曾在张家口一带踊跃购买皮货，现在差不多绝迹看不见了。

在政治和军事的形势上，因为处于华北和外蒙古之间，蒙疆就成为重要的缓冲之地，也是"满洲国"的西南屏障。控制着五百英里长的平绥铁路，起自北平以西三十英里的南口，西至包头为止。南面边境，与中国的河北和山西一带的长城城脉接壤，划分为界。东接热河及兴安的西部和南部，北面与外蒙古为邻，而西部却是属于东亚细亚的一大片干燥荒芜之地。

由于军事的日趋重要贸易顿形减退

除平绥铁路地处冲要之外，蒙疆也是商贾集载之地。大同附近，有极丰富的煤矿，察哈尔的龙烟，有极厚的铁矿蕴藏——是中国有名的产铁丰厚之地。鉃〔铁〕路两侧，尽是些肥沃之区，尤其是萨拉齐沼地那边，以前中国国际妇女救济协会，曾在这里有着极重要的灌溉计划。

但是从一九三七年秋季以后，蒙疆的经济和金融状况衰落得很厉害。衰落的原因，有好几种。一度充街塞衢的中亚商贾，现在差不多十九止步。八百万英亩正可好好垦殖的农田，却任意搁置，变为草原。其次是商业旅行以及外汇交易，限制过严，把一般货物商品，驱使得在铁路近处轻易不大显露。因为产主都不愿被迫按照法定低价出售，因此想出种种方法，逃避开去。同时，像一九三七年以前那样的大批羊毛、皮货、鸦片，由蒙疆转口时熙攘的模样，也就盛况不再了。

这里有一种很珍贵的出产物，名叫麻黄，这是一种药物，蒙疆却因此而盖彰其名。这里药物，征用于现代药品中，差不多已有二十年了。但是中国人，还只用它的原素，来医治呼吸不顺和几种妇女疾病，却从沈恒（Shen Hung）那时就用了（纪元前二八五二年），到明代（西历一三六八——一六四四），更其出名。那些蒙古和满洲部落的许多酋长，都用它作为进贡的物品，献给部落之王。

进口物品数额的激增

一九四〇年上半年，蒙疆地方由铁路进口的物品，约占全部进口的百分之九十，计重一二九，七二六〔一二九，六七六〕吨，价值八二，三四七，〇〇〇〔八二，三五二，〇〇〇〕蒙疆元（蒙疆元与日元、满洲元价值相等）。比较一九三九年同期，数量上增加百分之十六，价值上增加百分之十七（见第一表）。由铁路出口的物品，计重三二九，四〇九吨（鸦片在外），价值二八，七八四，〇〇〇蒙疆元，比较上年同期，数量上减少百分之三十八，价值上减少百分之五十五（见第二表）。用这些数字来比较，可以见到一九四〇年上半年蒙疆贸易的入超额计五三，五六三，〇〇〇〔五三，五六八，〇〇〇〕蒙疆元。而上年同期，只仅五，九五四，〇〇〇蒙疆元。

第一表　一九三九及一九四〇年一月至六月蒙疆铁路进口物品数量统计表

货物种类	一九三九年		一九四〇年	
	数量（吨）	价值（蒙疆元）	数量（吨）	价值（蒙疆元）
棉毛织品	八，九〇八	二〇，一一四，〇〇〇	二，三七〇	一一，〇九八，〇〇〇
时季物品	一〇，七〇六	五，六四六，〇〇〇	六，五四六	一，二八九，〇〇〇
侈奢品	六，二九六	七，九三五，〇〇〇	八，〇九八	一五，六七四，〇〇〇
金属、机器	一〇，五八八	一三，二一九，〇〇〇	一二，九六二	一四，七二四，〇〇〇
木材	二〇，二〇四	三，四一八，〇〇〇	四一，〇五八	九，六七四，〇〇〇
五谷粮食	一三，三一二	四，九一四，〇〇〇	一六，五二六	八，〇九八，〇〇〇
其他杂货	四一，九一六	一五，一一二，〇〇〇	四二，一一六	二一，七九五，〇〇〇
合计	一一一，九九〇〔一一一，九三〇〕	七〇，三五八，〇〇〇	一二九，七二六〔一二九，六七六〕	八二，三四七，〇〇〇〔八二，三五二，〇〇〇〕

第二表　一九三九及一九四〇年一月至六月蒙疆铁路出口物品数量统计表

货物种类	一九三九年		一九四〇年	
	数量（吨）	价值（蒙疆元）	数量（吨）	价值（蒙疆元）
五谷	二三四，八三九	二九，五六六，〇〇〇	二八，四三八	九，六〇九，〇〇〇
鸦片（两）	（三，〇〇〇，〇〇〇）	二一，六九五，〇〇〇	（二八三，〇〇〇）	三，五二九，〇〇〇
皮毛	四六六	一，六二二，〇〇〇	九二四	二，七四六，〇〇〇

续表

货物种类	一九三九年		一九四〇年	
	数量（吨）	价值（蒙疆元）	数量（吨）	价值（蒙疆元）
矿产	二六四，八九五	一，六四五，〇〇〇	二七四，二〇〇	一，五二二，〇〇〇
植物子	五，一四八	一，〇八一，〇〇〇	二，二九六	一，四五一，〇〇〇
兽毛	一，一一八	二，六四二，〇〇〇	一，〇七〇	一，五七六，〇〇〇
药材	三，三五五	三，五九七，〇〇〇	二，四五一	一，五八三，〇〇〇
其他杂货	二一，八〇〇	二，五五六，〇〇〇	二〇，〇三〇	六，七六八，〇〇〇
合计	五三一，六二一	六四，四〇四，〇〇〇	三二九，四〇九	二八，七八四，〇〇〇

△ 注：鸦片数量不计在总数之内

一九四〇年全年，蒙疆地方由铁路进口的物品总数，计值一五七，七〇七，〇〇〇蒙疆元，出口计值一一三，三〇八，〇〇〇元，全年入超轧〔额〕计价值四一，三九八，〇〇〇元，其他贸易数字无从稽考。

一九三九年歉收，一九四〇年上春，需要大批粮食入口。至于商品类中，如棉织品、时季物品（糖盐及其他）入口数量，减退至九，〇二一，〇〇〇和四，三五七，〇〇〇元。一九四〇年进口机汽车辆、火油等类的数量，较一九三九年为少，但是价值反较高，这是因为涨价的缘故。

通货膨胀和信用膨胀使供给增加

在日元集团国家的眼光观察之下，以及拿贸易对照表来看，蒙疆出口主要物产，是五谷、鸦片和矿产物（煤和铁）。然而从"国际间贸易"的眼光来看，蒙疆著名的出产物品，是皮货、兽毛、亚麻、芥末子和麻黄，似乎从这些物品方面，可以得到不少外汇，借此可以抵付由各国运去的进口物价。不过从鸦片不断以上海为出路这点看来，也可用上海当地应用的货币，来转购到相当数额的外汇的。

在过去的三年中，蒙疆政权，酝酿着通货膨胀和信用膨胀的程序。这事竟会相反地影响得使矿业和工业发展开朗起来，形成供给和需要的物品数量恰巧适合。第三表，显示一九三七年十二月以后三十七个月中蒙疆钞票印发，平均每月增加百分之十二——一部分用来放款或加股给成立的"特种"公司，一部分筹备政府自用。

第三表　蒙疆银行发行钞票额之扩展、对钞票之准备之比例及钞票增发之指数（单位：一千蒙疆元）

年月	发行钞票额	钞票流通额	辅币券	准备	准备对钞票之比例	钞票增发之指数
一九三七年十二月	一二，九六六	一二，九六六	…………	九，九九七	七六·九	一〇〇·〇
一九三八年六月	一八，九七九	一七，七三三	一，二四六	一二，四一三	六五·三	一四六·〇
一九三八年十二月	三八，一〇七	三五，五〇三	二，六〇四	二三，三九〇	六一·三	二九三·二
一九三九年六月	三五，四一四	三一，七三〇	三，六八四	二一，五七六	六〇·九	二七二·四
一九三九年十二月	六五，〇九三	六〇，八〇三	五，〇一三	一八，〇二三	二七·六	五〇〇·八
一九四〇年六月	六二，七二二	五七，二三〇	五，五六四	一七，九七〇	二八·六	四八二·六
一九四〇年七月	七〇，八八六	六五，二〇六	五，六八〇	二〇，四〇九	二八·七	五四五·四

第四表　表内各银行一九三九年七月及一九四〇年七月所载存款放款和投资之数字（单位：一千蒙疆元）

行名	年份	存款			放款		
		资本额	政府存款	其他存款	政府	普通放款	证券
蒙疆银行	一九三九	一一，六七四	三，八一六	三四，六六七	一八，一七八	二〇，三三五	二五，五八一
	一九四〇	六，八二八	八，〇七七	四四，三一〇	八五，二五六	三四，二一一	二八，七一二
察南银行	一九三九	二，四九四	…………	二，七八四	…………	六，二八一	
	一九四〇	一一，三五九		三，三一九		一二，七五四	四〇
晋北银行	一九三九	九九四		一，九四九		三，四〇二	一一九
	一九四〇	二，八三四		三，八〇一		八，一五八	一六〇
蒙古银行	一九三九	二，四一九	…………	二，一八七	…………	五，一九二	一〇〇
	一九四〇	六，三〇三	…………	四，九七七	…………	一三，三八八	一七〇

　　第四表显示一九四〇年七月份蒙疆政府银行的存款，比上年同月增加百分之四五·六。银行放款和投资的数字，增加百分之一三〇·九。放款和投资对存款的比例，由一九三九年七月的一〇九·八，增加至一九四〇年七月的一九九·〇。一九四〇年六月三十日蒙疆银行的平衡表上，明白显出，这比例的增加，可以由该行帐簿上看出是由于通货膨胀所引起。

在日本眼光之下蒙疆的进展

对于在日本印行的一种著名每月经济读物所刊载的所谓"蒙疆三年计划",英国人加以评论称:"一九四〇年蒙疆所需求于日本进口的货物价值,不下一四〇,〇〇〇,〇〇〇日元。不过又指明说,自从日本公布'商品集中计划'之后,或要减少到六〇,〇〇〇,〇〇〇元。就这样,这个不足之数,必须充实这价值六千万元的货物。如果能顺利办到,不无有功于工业……但是看到过去陈迹就知道不足取信,因为按照计划,供给根本不会充实。"

这里更提起的是,在天津、北平和上海投机者购物囤积,货物价格因华北、华中的提高,亦趋价格膨胀。结果,比集中商品计划中所估计的价格,恐不止增加二三倍呢。因为各种原料的价格都涨价,所以制成品也连带涨价了。

对于蒙疆工业发展一点,评论者又指称:"一九三九年农产品由于水灾旱荒,有显著的减退……出口减少,进口增加,同时国家的岁收,也常闹饥荒……使蒙疆独立运动,达到国内资金和金融自给自足的政策,极端困难再行继续行使。

这些表格说明,在日人眼光下,对蒙疆的经济和岁收的趋势,极不满意。并且希望像'满洲国'一样,这个区域必须依赖日本供给资金,谋俾将来工业的发展。然而这种发展,由于趋势的恶劣,无形中必须暂时延期了。"

《经济丛报》(月刊)

上海经济丛报社

1941 年 3 卷 10 期

(李红权 整理)

绥蒙政务指导工作的检讨

朱绶光　撰

边疆政务的推行，难于一般政务的推行，指导推行政务，尤难于直接推行政务。这是实际情形，凡具有政治常识之人，都当知道的。

绶光素习军务，未谙政治，受命之初，惕于材轻任重，恐负寄托；一面请示中央，又一面请示阎长官百川；百公又本中央边疆施政之旨，告以"推崇王公，扶植青年，实惠蒙民，争取内向"十六字。十六字看似简单，实含有无穷之至理与事业；即无异于先哲政治誓言之薪传。到任以来，时时警惕，惟恐或失，并以诚信二字，为立己立人贯彻十六字之途径。兹将一年半以来工作，摘举大要，一则自行检讨，一则与人切磋，以求更进一步的奋勉。

一、教育是政治的基础，教育不良，政治无进展，教育不普及，下层政治更无办法。愚民百万，谓之无民，古训昭然。际兹门户洞开，列强竞争剧烈之时，优胜劣败，尤属天演公例。蒙胞受满清数百年愚禁苛政，文化落后，不可讳言；治本之道，厥在教育，尤其在社会教育。关于正常教育，教部业于扎旗设立伊盟中学，并对各旗小学□□□□□助费，日新又新，自有进展可期。惟□□会教育，似尚未实施因地制宜之有效办法。蒙胞□恃游牧为生，居无定所，地旷人稀，家不毗连，若仅以内地普通社教程序施之，不但不能收事倍功半之效，抑且徒劳而无功。本署斟酌实际情形，上年三月，经拟具蒙旗特种教育办法——即依郜〔邰〕爽秋巡回教育车式，而变为巡回教育式；已由教部采用，定为三十年度边教工作计划。果能按照办法实施，一般劳苦蒙胞，自然得着相当精神食粮；对蒙旗地方自治之推进，不但不生意外之阻滞，且必有很大之潜势力，助其成功。

二、人民生命线，第一是食粮。抗战的今日，伊盟成为最前线，驻军特别多，因而人口也特别加多。本署为救济军民困难，前、去两年，迭经电陈中央，请设军运、军粮等机关，或平转局，又于蒙政会五届大会中，促其提策发动春耕。自揣无直接办理之权能，若幸而达到一部分之成功，蒙胞即减少一部分之困难，也就得一部分之实惠。卒之，军政部鉴于实际情形，于去冬拨发补助伊盟驻军运输费，令由后套及宁夏购买军粮，一面解除军士之困苦，一面减少住民之负担，毕竟为蒙胞谋幸福，已得有小小的收获。第二是各项生产。蒙旗遍地黄沙，表面似是不毛之地，其实不然，其埋藏于地下者，若盐、碱、煤等到处皆有，鄂托克旗之盐尤为利源所在，早经自行开采，蒙政会历次开会，又促其提议大量生产，并拟有扩大办法。这是已开发之经济事业。至于荒野的沙源，自宜从改良土质着手。查沙原现生长有乔木、榆、柳、灌木、沙柳、臭柏等，足证并非不宜栽植之地。若多植树木，一则吸收水分，增加雨量，可免旱荒；一则盘根结实，土质变化，可免飞沙；则死地变为活地，即可扩大生产。又牧畜是现时蒙胞主要生产，因为选种、交配、分群、防疫等知识缺乏，所以牲畜死亡率有加无已，应为设法改良，谋产量之增加。又各种皮毛均系利源所在，查伊盟每年毛之产量，约四十一万余斤，皮约八万二千余张，一方面须防止偷运资敌，一方面并应自行设法收买制造，期于货畅其流，物尽其用，庶免货弃于地。经于去夏拟具农林试验场、模范牧畜场、合作总社等办法，建议中央在案。关于牧畜方面，并编印《改良牧畜浅说》、《卫生浅说》，使得自行防疫。又电催蒙古卫生院，入旗防疫，求牧畜事业之发展。关于皮毛方面，又督促蒙政会拟具筹设毛革工厂计画，于本年转陈中央，并加叙必须筹设理由，期其核准矣。

三、精诚团结，是中央指示民族复兴的大道。蒙政会自百灵庙退出改组成立以来，即本此意旨进行工作，历届开会，本人亦以此意谆谆劝勉。五届大会，奉命调整该会人事，电请增设青年委员四人，于扶植青年之中，寓更加团结之意。增加青年委员后，一则使各旗领袖与青年，打成一片，一则处理事件，有所商酌，和衷共济，融为大我，不言团结，而精神自洽然无间。至于旗与旗暨旗与其他方面，亦是力求团结。去年乌旗与新三师之纠纷，不过部属一时之误会，若不设法团结，彼此争执，势必各走极端，更必恶言诋毁；处理稍一不慎，两方仇恨其事小，倘变出意外之变，讵只违背精诚团结之旨，且更失中央惓惓蒙胞、扶持自治之意义。乃就近商得边区邓总司令同意，又承热忱相助，始而共同派员调查，继而往复费辞调解，卒至大事化小，言归于好。

四、增强抗战力量，固然要团结内部，最重要者，乃是深入敌区，宣扬中央德意，争取内向。此项工作，经妥定周密办法，并宽筹经费，随时派本署外勤人员，冒险潜往敌区，相机秘密策动。零星小部队之反正，姑不具论，其显著者，如伊盟某旗某王遣代表李文盛，于去年九月，随本署职员到陕坝，表示相机来归之忱，达拉特旗台吉旺庆多尔济，随马子禧到榆林，由本署转送中央受调，皆是已发生效力，人所共知之事实。据去员密报，各王公及各部队首脑中，不乏明白大义之人，深悔过去一时错误，不过为地域形势所限，不能即时来归，须俟相当机会耳。此种工作，虽无切实把握，但实际经验的教训，乃知凡事只要不计成效，始终不渝，必能获相当之结果也。

以上所举，乃是一年半以来工作之荦荦大者，至其他禁烟、除奸等，凡属职权上所能做到之事，无不一一尽力指导或直接办理。对蒙政会每届会议，不问有无风沙雨雪，均系亲往指导，与会中同人暨各王公、士官，莫不开诚相见，知无不言，言无不尽。耿耿之忱，常体念委员长实干之训，实事求是，又领略曾涤生方面负责大员不宜贪报奏议之旨，事无结果者不报，不关大计者不报，淆乱闻听者不报，刺激情感者不报，向不过事宣传。关心边务人员，或疑绥光有意神秘其工作者，非也。间尝自思：就职时对全蒙胞之宣言，及历在蒙政会之讲话，果一一见诸实施否？对蒙政前途最低限度之期望，果能计时实现否？道里尚远，不过未背道而驰耳。贤达君子，幸有以教我！

《中央周刊》

重庆中央周刊社

1941 年 3 卷 51 期

（丁冉 整理）

关于库伦活佛

[美] 拉铁摩尔 撰　　钟华 译

本文是拉铁摩尔《蒙古纪游》一书的最后一章之一节。他在民国二十四年春间前往内蒙游历，参预成吉思汗的祭典，在察、绥两省的蒙人区域有种种的接触和考察。其游记散见于《大西洋月刊》、《美国地理杂志》及《英国地学报》，直到去年才将各文重加改修，汇为本书。

拉氏最近经罗斯福总统之推荐，由中国方面聘为蒋委员长的政治顾问，业于前日由美抵渝。此举实与福克斯之任平准基金委员会委员，洪比克之任行政院顾问，同为中美加紧合作的具体表现。此项消息传布后，中美舆论无不一致表示欣幸，认氏为此项任务最适当的人物。不过一般人对于拉氏的感觉兴趣，虽是因为上项任命的缘故，但在中国以及有关中国的各国学术界与言论界，则在几年以前已对该氏具有深刻的印象。他的近著《中国的边疆》（一九四〇年版），曾由赵敏求君在本刊三卷四十二期中介绍，读者当犹能记忆。拉氏对我素表同情，《亚细亚月刊》三月号曾有拉氏一文，中谓：为美国的安全打算，与其与英、荷在太平洋上合作以阻日本南进，不若援助中国以拖住日本泥足之有效。其见解之正确，可见一斑。敬志数语，顺祝拉氏健康愉快！

编者

我从亚拉绥（按：作者的蒙古籍同伴）听到一个民间传说的

故事。那故事述及哲布尊丹巴呼图克图如何成为库伦活佛的经过。从前在外蒙古有一位英雄，名为亚布达·赛罕。当时人体异常魁梧，此人马鞍的阔度如指尖伸至胸部中间那样的距离。据说，那只马鞍在库伦仍然保存至今。亚布达·赛罕身经百战之后，决意把一种宗教信仰传入蒙古，而当时蒙古人仍未知有喇嘛教的黄教一派。他单骑匹马赴西部，最后到达发现宗教信仰的地方，在那里审慎地到处找寻，因为他自己也不知道哪种才是真正的信仰。结果找到一个简陋的营幕，那里发现了一位穷苦老妇，她剃了头发，也算为喇嘛一种。

赛罕见了她之后便和她长谈，以至成为友好，于是向她询及当地是否有庙宇。她说："这里有庙。"复问："这里能够找着一个好喇嘛吗？能够把活佛神像带到我的家乡去吗？"她答："是，能够；但你如何能够把它拿走呢？""我将向那些喇嘛袭击，然后带走神像。倘若有一个喇嘛，我的刀剑不能把他杀死的话，他必定是好喇嘛，我把他一起带去。"由此可见古代蒙古人在未有宗教信仰之前是如何忍心和粗野！

那个老妇听了之后，立刻说："不，你不应这样干。另外还有好法，但我不能告诉你，因为一告诉你，我便有丧身之祸。"赛罕问她："你会死？何以会死呢？"她答："因为在庙宇里藏有墨尔根（智慧）经典一部。他们把它翻看，即能知道是我告诉你的。"

"啊！真的有这经典吗？""确经是有的。或许另有良策，使我能够以间接方法来告诉你。你待我真好，差不多等于我的儿子。让我想想看。"

于是她教赛罕掘一个深洞，在洞里置以大镬，让她坐在镬里，把另一个镬盖在上面，在上面的镬凿一小孔，孔内插以喇嘛所吹奏的那种号筒。然后把坑洞填满，只剩喇嘛的口部留在地上，复覆以螺壳（也是举行喇嘛仪式时所用的乐器），然后把他耳朵凑近喇叭口，静听那老妇说话。

她吩咐他直赴庙宇，向那些喇嘛索要一位好喇嘛和一尊神像。于是，他照办；结果喇嘛告诉他：随便任何东西他都可带走，但他自己须负选择的责任；因为如果错了，他会责备他们的。赛罕听了，立刻又向该老妇征求意见。她说："你可以命令那些喇嘛排成行列，把刀尖朝着他们，使其畏缩。当你行至行列的西端，那边有一年青的小喇嘛全无畏惫的状态，你可把他带走。然后进入庙内，以手巾盖覆每一神像的面部，在西端，你又可以找着一神像，当其面部被手巾覆盖时，全庙即显成黑暗世界。那末，你也把它带走。"

赛罕一一照办，乃选择了那个年青的小喇嘛。表面上并无若何特殊象征，然而他将来却要成为崇高的格根。而神像便成为额尔德尼召（珍贵的庙宇之意）的藏宝。该庙在外蒙旧都和林的废墟附近，像的前额镶有珍珠一粒，闪耀如明灯。庙前有土阜，中有凹口，其内筑一石台。夜间，你从那里可以眺见镶在神像前额的珍珠发出灿烂的光辉。

赛罕以一臂挟喇嘛，一臂挟神像，乘骑直赴外蒙古。庙宇内的喇嘛均□然相对，互相诧异，自语说："他对于教义毫无所知，何以能够选去我们最优秀的喇嘛及伟大的神像呢？必定是有人告诉他。然而究竟是谁？让我们看看预卜先知的墨尔根经典罢。"

他们在经典上发现一段预言：镀底，镀顶，镀尖，骨耳；一个年老的女医人。他们觉得很怪，这是什么意思？完全没有意义。简直没有这一回事。这经典可谓全无价值。盛怒之余，遂火焚之。而同时，老妇亦乘机遁去。其实并不是这经典未曾发现她所为，而是由于那些喇嘛未能加以解释。该庙和地区最初即以这部经典而著名的。

赛罕因为要找寻营幕，或小便，以至其他原因，半途中停下来。他把神像置于山峰上，然后办理他的事情。回来后想把神像带走，但神像紧附在山峰上，不能移动。赛罕说："□！你不肯随我走么？"遂以利刃把它斩成两部，把上半截带走。一个古代英雄的忍心可以想见。

赛罕返国后，即替喇嘛及神像建筑庙宇。然后补足神像下半截。而带来的喇嘛即成为该庙（即额尔德尼召）的格根，但转世后便不继续在该庙留居，而成为哲布尊巴呼图克图（库伦活佛）。

原来当时蒙古人民尚未信仰黄教，许多敌人都在抨击此教的宣传。有一个敌人计划暗杀格根。他决定了之后，遂开始把刀磨利，但磨了七日，刀仍然迟钝如故。及后，格根向此人当面说："如果你想把刀磨利，唯一的好方法是以枞木一片来磨它，便能如愿以偿。"

格根言罢离去。此人遂依他所嘱来磨刀，一磨即立成利刃。他立刻找到格根，以刀刺其腹，洞穿之。然后问他："你是一位伟大的喇嘛么？但你死后还会回来？"格根答："我将回来。"那人复刺之，又问："你还回来吗？"答："我将回来。"他总共刺了七次，而格根每次都答："回来。"最后一次，便寂然不作声了。

格根确然回来，但因为暗杀恶行发生的地点在额尔德尼召，所以他转世后并未回到那里去，而以库伦哲布尊丹巴呼图克图的名称出现。他复活了七次。最后一次的活佛死于一九二三年①；从此后即不复回来。关于他再度转世消息，常有预言及宣示，但未实现；因为他已经回来七次了。（按：自外蒙古"革命"后，活佛遂被废除。）

《中央周刊》

重庆中央周刊社

1941 年 3 卷 52 期

（李红权　整理）

---

① 应为一九二四年。——整理者注

蒙古德王一行访问日"满"①

作者不详

"蒙古联合自治政府"，鉴于国际情势之紧迫，为建设"东亚共荣圈"计，以为有互相紧密提携之必要，故特组织以德政府主席为首席之盟邦日"满"访问团，乘十一日午后一时五分张家口出发之列车起身，预定十五日午后三时廿五分，到抵东京，于十四日午前七时十五分，于下关上陆，直赴东京。访问团一行，系由德主席、金井最高顾问、李守信蒙古军总司令等十八名构成，皆为政府之最高首脑。关于该访问团之使命，"蒙古政府"发表如左：

> 蒙古政府发表，自本政府成立以来，日满两国朝野，寄与颇大援助。兹特前往致谢，及对要人说明现地实情，陈述希望，俾强化日、"满"、蒙不可分关系，俾本政府，充为东亚协和体之一翼，以贯彻特殊使命也。

德王畅谈访日"满"之使命

在日"蒙"提携建设之进行途上，将愈趋多事之"蒙古联合

---

① 本篇作者的侵略者立场十分明显。为保持资料原貌，照录原文，请读者明鉴。——整理者注

自治政府",此次组织德政府主席以下之日"满"访问团,十一日出发,同日午前德主席于公馆与新闻记者团会见,谈此次访日"满"之使命如左:

今得再度访问盟邦日本及满洲国,实不胜欣悦。我等一行之使命,如前此政府之声明。本政府树立以来,对两国之绝大援助,表示答礼,是为此次之主要目的。同时当此国际情势下,协力东亚共荣圈之建设,欲借此机会,关于蒙古人今后之问题,充分交换意见。日、满、蒙之利益,今日固已一体,日满之利益,即蒙古之利益,故我国地域建设之成否,无宁谓为日满两国国策之成否。今后之蒙古建设,当以日本为盟主,竭力协助共荣圈各国,始克完成。此万人瞩目之功绩,故当此次访问,欲明确盟邦之施策,本诸其原则,而划就确立蒙古建设之方向。

访问团人员

以一月之期间,前往访问盟邦日"满"两国之"蒙古政府",日"满"访问团之氏名如左:

首席,政府主席,德王。引导者,最高顾问,金井章二。引导者,蒙古军总司令,兼参议府议长,李守信。随员(首位),主席府秘书处长,村谷彦次郎。随员,榷运清查总署长吉尔嘎朗。随员,民政部庶务科长,木村祐次郎。随员,参议府秘书官,中岛万藏。随员,主席府秘书官,朝克巴达尔夫。随员,主席府秘书官,瑞永。随员,主席副官,李广珍。随员,总司令副官,那木四郎。外七名,计十八名。

德王抵下关时之发表声明

"蒙古联合自治政府"主席德王，自该政府创设以来，颇蒙日本朝野之援助。此次为躬致谢忱，并阐明内蒙地方之情况，乃偕同蒙古军总司令李守信上将及随员等，东渡修礼。十四日晨乘关釜连络船，入下关港，受多数日本官民之欢迎。上陆少憩，下榻于山阳旅馆，并将乘同夜八时半之特急列车东上。该主席与李大将，会见记者团时，谈话如下：

余之访日，此为第二次，目睹东亚建设之进展，欢喜莫名，将来与日本更谋进一步之提携，以达成蒙古政府之特殊使命，并发表声明如左：

余于成吉思汗纪元七百三十三年（昭和十三年）初次访日时，备受日本朝野之欢迎款待，得认识大和民族之伟大精神，且对日本之产业、文化之发展，惊叹无已。此次对日本之援助蒙古，敬致谢忱，并为增进两国间之互相认识，促进东亚新秩序之建设，尚望日本朝野各位，倍加指导援助是幸。

又一行将于十五日午后三时，到抵东京，滞留至廿日，历访名古屋、大阪及其他各地后，即行归国云。

德王一行已抵东京

蒙古盟主之"蒙古联合自治政府"主席德王，偕蒙古总司令官李守信将军以下随员十六名，十五日午后三时二十五分抵东京驿，而两度入京矣。驿头有先到之金井最高顾问，大桥外务次官，山本东亚局长，褚民谊"驻日中国大使"，冈部、酒井两中将等官民多数欢迎，德王一行于驿前广场，于高举日"蒙"国旗之市民欢迎中，至二重桥前，遥拜宫城后，入宿舍帝国旅馆，于蒙古服佩前回来朝获赐之勋一等旭日章副章，及其他勋章，时留声机传出德王前次入京广播致辞之录音，德王聆已，面现微笑，继之谈话如次：

今回之访日目的，已在下关声明。昭和十三年第一回访日之际，亲接日本泼剌之姿，即蒙古新生命之源，故深望再度访日。蒙古民族之将来，惟赖日本。今谨将此意志，与日本朝野强调，此今次来朝最大目的也。现在之蒙古，治安状态甚佳，更向新明朗之目标迈进。青年爱国运动甚热烈，其指导方针与日本之亚细亚指导方针相同。又蒙古军为蒙古民族之任务，与日本之任务同，其成功即日本之成功，此余无时不在念者。防共第一线之蒙古军强化，有绝对必要，亦即日本军之强化也。蒙古民族为东亚共荣圈之民族，须真挚协力日本之东亚新秩序建设。

《国际时报》（月刊）

新京满洲帝国外交部调查司

1941 年 5 卷 1 期

（朱宪　整理）

额旗军民联欢记

塞外通讯

张隽　撰

微弱的朝晖刚钻出地平线来，广漠的机场上就排列起整齐的行列，凛然的挺立在晓风晨光的抚吻中，似乎驻屯在边关辛勤的战士们，比昼出夜没的阳光还要辛勤些！

阳光，慢慢的奔腾上升，在无限的天空尽量扩大着它的领域，顷刻间，东方半个天空沉沉的脸，被它涂上了层层的颜色，由淡黄而殷红，像摩登少女的两颊红晕，这红晕，反射着飘拂在凌空的一面国旗，辉映着战士们赤黑的面孔，雪亮的刺刀，点缀着萋萋的草叶，和密密的树梢，大地上现出一种肃穆而幽静的自然之美，在这微渺的刹那间，也许就是塞外高原上唯一值得流恋的"良辰美景"吧！

"的哒的——"

在人们正领略这幽美的情景之当中，一声突然而尖锐的号音，统摄了每个人不同的心情。旅长塔司令和各界来宾的雄姿英影，渐渐的接近了每个战士的视线，彼此都投以亲切的敬礼，精神上情感的交流，都表现在一种沉默的无言中。只有雄壮的号音，沙沙的步伐，横过人们的耳际，好像拍着交响的前奏曲，这是阅兵的开始。

检阅完毕了，接着就是举行纪念大会的典礼。队伍经过一阵调动以后，马上又复转移了一个方向与阵容，严肃的密集在扎着彩棚、匾额的会台面前，穿红系绿的蒙古同胞和商界来宾，也横列在会台的两旁，台口墙面的彩色标语和漫画，正映入群众的眼帘，而投以新奇的目光。

开会中间，首由旅长主席报告，大意为勖勉我们于物质上建设的规模粗备以后，进一步应加紧建军的工作，其要点为研究革命道理，严守纪律，加强训练，巩固团体，使敌奸闻声胆寒，不敢有所进窥，以达成我们保卫边疆的任务。这豪壮的训示，赋予我们以艰巨的使命，每个人都深觉自身负荷的重大与□努力以赴的必要——心理上似乎有一种新的感动和刺激！接着，远道光临的来宾，也都相继致词，语多奖励勖勉，令人听了，心中更起无限感奋！我们只有以今后极艰苦的努力，来报答各方殷切的期□，我想每个人当时的心情，也同有如斯之感吧！

随后，全体的官兵与来宾，都在操场上作野外的聚餐，羊肉罐头狼吞虎咽，偶而吹过了一阵旋风，菜盘里就平添了无数细沫，但这是塞外时有的"飞沙走石"，可不是城市上惯用的五味大料！虽然，每个人都还是口角流涎，颇觉得津津有味，这种野餐的风味，绝非都市的人们所能想像或尝试得到的，当碗筷狼藉，腹满肠肥的时候，旅长又作了一次饭后的讲话，词意激昂慷慨，直有"灭此朝食"之概！

时间由三时半直延至十点，阳光由可爱的绯颊变成了可憎的面孔，晴空万里，一轮骄阳，人们都在这炎闷的淫威逼射之下，一堆一列的坐满了半个广场，那些围在一旁绿带红袍的蒙古同胞，好像是新雨过后湿地里怒苗的一簇簇红紫黄绿的□，给平凡而单调的广场上点缀了一些新异的景象。

随着咿哑不通的蒙古同胞歌喉的□叫，从舞台两侧引出四个几乎是裸体一般的蒙古人来，开始在一扭一拉的摔搏。个人施展个人的力量和技术，直到把对手摔倒了，就算分出了胜负而各自罢手复返。这就是蒙古同胞"角力"的戏法，我虽然在这里住了一年的时间，而此种戏技，还是初次观摩。他们那种一幕幕滑稽的姿态，博得了观众无穷的欢笑和掌声！作者的一枝拙笔在这里是无法形容的。

角力结束，接着又是本团战士们国术与器械体操的表演，以及蒙古青年骑术的竞赛，每个人都是各显身手，各逞英武，从这里，充分的表现了蒙汉健儿剽悍勇迈的精神和气魄！谁说中华民族是可以随便任人凌侮的？

时间一直延续到下一点，沙漠中盛暑的气候，使人头顶发烧，脚底发热，各种技艺的表演，也暂时告一段落。

当一抹淡淡的斜阳，挂在树林梢头，减低了它正午的那种炎威的时候，人们又重复集拢在会台前的广场，渴盼着《塞上风云》的演出。

也许是上午热的过度了吧？在《塞上风云》的剧目还未演出以前，忽然湛蓝的天空激起了一层厚厚的黑云，静穆的地面，卷来了一阵呼呼的狂风。霎时间，风云弥漫了整个天空，而暴雨也跟着浸润了大地，每个人的浑身，都被无情的雨点浸透了，虽然是"天不作美"，但这种风雨不定的变幻，也正恰合了这幕剧的情景。狂风暴雨断续的飘摇了个把钟头，地下虽然湿得□□滑泥，而人们却毅然忍受着这风雨的飘零，未曾轻易离开过原来的座位，于是台上的话剧就在这种风雨潇潇的傍晚开始一幕幕的演出。

狂风暴雨是气候的一种反常状态，起初一般的预料决不会常久不止的。果然，四幕剧还未演完一幕，风雨都一起停止了，继续出现的是一轮奄奄的落日，和一副〔幅〕美丽的天空。的确，雨后黄昏的天空之美，有非画家的彩笔所能描绘其万一啊！

一幕幕令人惊心动魄的剧情，映入了观众的眼帘，深印于观众的脑海，从这幕剧中暴露出来的是日本军阀狰狞的面孔，贪婪的阴谋，和蒙古青年最后的觉悟。现在，蒙汉同胞应该不仅是消极的觉悟，而更当是紧密的携手团结，共卫祖国的时候了吧！

夜，渐渐的深了。东方，新月横空，疏星闪烁。台上，灯光明灭，人影舞乱。当演剧宣告终了的时候，人们披着满天的星月，带着整日的疲乏和无限感慨，仍然严肃的各自散去。

八·四于额济纳防次

《政论》（半月刊）

兰州政论社

1941 年 5 卷 3 期

（李红权　整理）

蒙古政府机构改革①

作者不详

蒙古政府日前发表机构改革，最近即公布施行官制。然此次机构改革之特色，为明确立对处复杂多歧之国际情势，顺应战时体制之简素强力之行政机构，断行政府各部局之改废统合，以期命令单一化，指挥系统，图行政力之渗透，同时顾虑现地系职员，应其职域更加一层活跃。

又新设回教、兴蒙两委员会，图蒙古、回教两民族之复兴向上，与以经济的安定。总力委员会在亲日灭共之实践组织下，整备确立治安之动员体制为各部局之中枢机能的总务厅，比从来总务部，更加一层强化，为政务院之幕僚机关，担任综合的基本施策之计画指导，同时负担各部、局、政厅、盟之连络统制调整，成为蒙疆建设之推进力。

并合部局

蒙古政府此次之机构改革，期政令之透彻强化，图机构之单一，断行部局之废合，从来于政务院直辖下之总务、民政、财政、

---

① 作者是站在日伪立场上行文的，为保持资料原貌，照录原文，请读者明鉴。——整理者注

产业、治安、司法、交通七部，总务部改为总务厅，废合民政、治安、产业、财政四部，改为内政及经济二部，司法部合于司法委员会，交通部与邮电总局相合，改为交通总局。

机构改革要旨

蒙古政府由于急激的国际情势变化，为在战时体制下，确立蒙古行政的指导方针，本诸适地适应之能率的组织，以减轻财政负担计，树立总动员体制，乃断行政府机构之一大改革，目下进行审议中。其机构改革要旨如左：

一、期确立顺应战时体制之强力的行政机构。

一、考虑事务之繁简，力行人员并部科之废合，确立简素强力的组织。

一、各部局之外局，在可能的整理统合之。

一、考虑令现地系职员，应其职域，更加一层之活跃。

一、务求蒙古国民之协力，以期行政确立。

一、期减轻财政负担，特别是一般行政费。

新机构组织表

"蒙古联合自治政府"，于第四次政务院会议，通过改革政府机构，其改革要纲，已如前述。将依照政府新组织表，施行机构改革，其组织表如下：

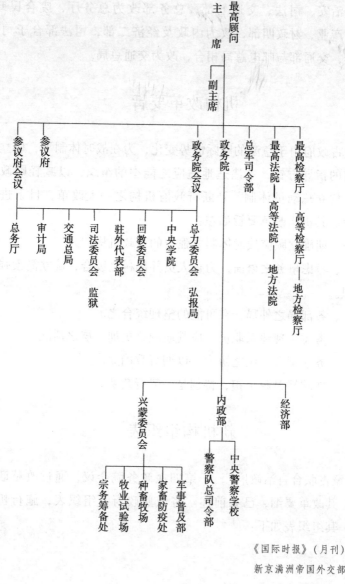